중국의 형상1
키타이의 전설

쩌우닝(周寧) 지음 · 박종일 옮김

중국의 형상1
키타이의 전설

대여행은 유럽인의 세계관념을 바꾸어놓았다.
유럽인들은 그들의 고향이 세계의 중심이 아니라 오히려 세계의
한쪽 구석에 불과하다는 사실을 알게 되었다.
세속의 천당은 아시아의 동쪽에 있었고 그곳이 "대 칸의 나라",
마르코 폴로가 말한 키다이와 만자였다.

인간사랑

일러두기

원저

이 책은 『中國的形象: 西方的學說與傳說』, 周寧 저(北京: 學苑出版社,
2004년)을 번역했다. 원저는 8권으로 구성된 총서이며 각권의 제목은 다음과 같다:
제1권 『契丹的傳奇』, 제2권 『大中華帝國』, 제3권 『世紀中國潮』, 제4권 『阿片
帝國』, 제5권 『歷史的沈船』, 제6권 『孔敎烏托邦』, 제7권 『第二人類』, 제8권
『龍的幻象』(上, 下).

원저체제와 번역서체제

총서 각권은 본문과 문선(文選)으로 구성되어 있다. 문선은 본문에서 인용한
참고문헌 가운데서 중요한 것들을 전문 또는 부분 형태로 수록하고 있다. 각권
본문과 문선의 분량은 대체로 대등하나 어떤 경우에는 문선이 분문보다 많다.
본문을 통해 입증(또는 주장)된 논지의 근거를 직접 확인할 수 있다는 데서 문선을
수록한 의미는 있다. 그러나 일반 독자의 입장에서는 근거 문헌까지를 확인하는
일은 얼마간 부담스럽다고 생각된다. 번역서에서는 문선에 수록된 문헌의 제목과
출처만 목록의 형태로 정리하였다.

중국어 표기

원저는 중국대륙에서 통용되는 간체자로 쓰였다. 중국어 표기가 필요한 경우
한국 독자에게 익숙한 번체자로 표기하였고 발음도 우리식 한자 발음을 따랐다.

contents

집필의도와 총서의 구성

『마르코폴로 여행기』(1298년 경)가 세상에 나온 후로 7세기 동안 서방의 여러 문헌이 만들어 낸 중국 형상은 하나의 관념적 전통을 형성했다. 그 속에는 연속과 계승도 있고 변이와 단절도 있다. 서방의 중국 형상의 전통이 생성되고 진화하는 과정과 그것이 갖는 여러 가지 의의를 살펴보는 것이 본 총서 『중국의 형상: 서양의 학설과 전설』의 목적이다.

1

사람은 타인이 '주목'할 때 비로소 자아의식을 갖게 된다. "……타인은 내가 누구인지를 나에게 드러내 보여줄 뿐만 아니라 나를 새로운 존재 유형으로 구축해준다."[1] 사르트르는 『존재와 무』에서 개인의 심리 경험 측면에서 문제를 분석했지만 이러한 분석은 민족의 문화적 경험에도 마찬가지로 적용될 수 있다. 한 민족은 다른 민족이 '주목'을 할 때 자기 문화의 의의를 인식할 수 있다.

중국인은 지금까지 다른 민족이 자신을 바라보는 관점에 대해 개의치 않았거나 혹은 근본적으로 의식하지 못했다. '야만인'의 '관점'이나 '평가'는 허튼 소리일 뿐이었다. 매우 오래전부터 중앙아시아 지역에는 중국인의 자기도취와 과대망상을 지적하는 우스갯소리가 있었다. "중국인은 자기들만 눈이 두 개이며 다른 민족은 외눈박이인 줄로 안다." 이 우스갯소리는 아마도 마르코 폴로 시대에 유럽에 전해진 것 같다. 스페인의 사절 클라비호(Ruy Gonzalez de Clavijo)는 1404년에 사마르칸드의 티무르 왕궁에서, 그리고 이탈리아의 사절 바르바로 ((Josafat Barbaro)는 1436년에 페르시아에서 이 얘기를 들었다.[2] 중국

---

1 『존재와 무』, 사르트르 저, 진선량(陳宣良) 등 역, 삼련(三聯)서점, 1978년, p. 298. 자세한 설명은 제3권 제1장 「타인의 존재」 참고.
2 『클라비호 동방사절기』에서는 다음과 같이 전하고 있다. "키타이인은 모두가 솜씨가 뛰어난 장인이다. 그런데 그들은 세상에서 두 눈을 가진 사람은 자기들뿐인 줄 안다. 프랑크인은 외눈박이이고 무어인은 장님이다. 그래서 그들은 자신이 세상에서 가장 우수한 종족이라 생각한다." *Narrative of the Embassy of Ruy Gonzales de Calvijo to the Court of Timour at Samarcand, A.D. 1403–1406*, trans. by C. R. Makham, London, p. 133. 또한 *Cathay and the Way Thither*, by Sir Henry Yule, London, p. 128을 보라. 바르바로는 페르시아 국왕이 자신에게 준 중국 비단의 정교하고 아름다움을 찬양했다. 국왕 하산은 바르바로에게 이렇게 말했다. "페르시아에는 이런 속담이 있습니다. '중국인은 눈이 두 개고 프랑크인은 눈이 하나다.'" 이슬람세계에서는 유럽인을 통칭 프랑크인이라 하였다. 서기 1500년 전후에 중국에 사신으로 간 부하라의 상인 사이드·알리-아크바르·키다이가 쓴 『중국지』에도 다음과 같은 기록이 나온다. "……중국인과 칸의 마음속에서는 그들이 천하제일의 종족이고 중국이 바로 전 세계이다. 그

인은 자아를 인식하지 못할 정도로 자기도취와 과대망상에 빠져 있었다. 그들은 '타인'의 시선을 의식하지 않았다.

근대 이후로 상당한 기간 동안 중국인은 타인의 '시선'과 '평가', 특히 서방인의 그것을 지나치게 중시했다. 중국인은 서방 현대와 같은 진보가 없는 중국 역사의 정체(停滯)를 비판했다. 중국인은 서방식의 민주와 자유와 다르다고 하여 중국의 전제주의를 비판했다. 서방인이 오늘날 중국의 실패는 서방과는 다른 '민족성' 때문이라고 하자 중국인은 자신의 국민성을 돌아보았다. 서방과 같은 계몽주의와 이성정신을 배양하지 못했다고 하여 중국인은 중국의 전통문화를 부정했다……. 우리는 서방의 시선으로 자신을 살펴보는데 익숙했다. 서방은 중국 문화의 자아의식의 척도였다.

19세기부터 중국 문화는 세계를 향하는 동시에 자신을 돌아보았다. 우리는 서방이 중국의 거울이라고 말해왔다. 이 거울 속에서 우리는 자아를 찾아냈고, 자아의 형상을 표현하고 빚어냈다. 우리는 이 거울을 보고 희망과 실망, 초조와 결핍감, 자신감과 자기비하를 느꼈다. 우리는 자신을 회의했고 또한 자신을 개조했지만 이 거울에 대해 회의하거나 거울을 바꾸려고 한 적은 없었다. 이 거울이 우리를 바라보는 시선은 거의 절대적이었다. 우리는 지나친 자기도취와 지나친 자기비하의 역사를 경험했다. 1840년 이전의 우리는 지나친 자기도취에

들은 자신의 제국을 제외하고는 세상에 어떤 문명국도 존재하지 않는다고 생각한다."『실크로드(絲綢之路): 중국-페르시아교류사』, A. Mazalleri 저, 경승(耿昇) 역, 중화서국, 1993년, p. 159.

빠져 있었고 그 후로 한 세기 동안은 지나친 자기비하에 빠져 있었다. 1949년 이후 일정 기간 동안 우리는 자기도취를 회복했고, 1979년 이후로 다시 자기비하에 빠지기 시작했다. 자기비하건 자기도취건 서방은 늘 절대적인 시선이었다. 서방은 세계였고, 자아 이외의 세계의 전부였다.

타인의 '시선'이 절대화되면 자아는 타인의 대상 혹은 '타인이 만든 사물'이 된다. 이런 맥락에서 사르트르는 '타인이 바로 지옥'이라는 유명한 명제를 내놓았다. 서방의 중국에 대한 관점과 평가는 '압박하는 시선'이었다. 이 시선이 현대 중국의 '문화적 처지'를 만들어 냈다. 중국 현대 문화는 서방 문화의 시야 안에서 자신을 구성해 냈다. 심하게 말한다면 중국 현대 문화는 서방 문화가 만들어 냈다. 이것이 중국 문화의 현대화와 소외라고 하는 '문화적 곤경'이다.[3] 중국문화는 이전에는 타인을 의식하지 않았기 때문에 자아가 없었지만 지금은 타인(서방)이 주체가 된 관념의 확장 때문에 자아를 상실했다.

중국 문화는 현대화 과정에서 서방 중심의 정치 경제적 질서 속에 진입했을 뿐만 아니라 서방 중심주의라고 하는 문화 관념적 세계 질서 속에 진입했다. 개혁개방 초기에 종숙하(鐘叔河) 선생이 중국 근대 인물의 서방 여행기를 모아 『세계를 향하여(走向世界)』란 이름의 총서를 엮어냈다. 책 제목은 세계를 향한다고 하였으나 내용은 '서방'을 향했다. 의식하지 못하는 사이에 서방이 세계가 된 것이다. 1990년대

---

3   졸고 "정체/진보: 서방의 형상과 중국의 현실(停滯/進步: 西方的形象與中國的 現實)," 『서옥(書屋)』, 2001년 10월호 참조.

초(1991년)에 학림출판사가 흔검비(忻劍飛)의 『세계의 중국관(世界的中國觀)』을 펴냈는데 책의 부제가 "지난 2천 년 동안 중국에 대한 세계의 인식의 역사"였다. '세계의 중국관'이라 하였지만 실제 토론한 내용은 '서방의 중국관'이었다. 이 책에서 주목할 만한 문제는 두 가지였다. 그것은 1) 서방이 세계라고 하는 관점, 서방적 관념과 가치의 절대화, 2) 서방의 중국에 관한 '관념'을 '인식'과 동등하게 본 점, '관념'을 진리라고 가정한 점이었다. 여기서 우리는 질문을 던지게 된다. 서방 내지 서방의 중국에 대한 관점은 절대적인가? 20세기 말에는 사람들의 사고방식이 바뀌어서 그랬는지는 모르나 황흥도(黃興濤)와 양념군(楊念群)이 편저한 번역 총서는 『서방 시야 안의 중국 형상(西方視野裏的中國形象)』이란 제목을 달았다. '서방의 시야'라고 했을 때는 이미 상대성을 가정하고 있으므로 서방은 더 이상 '세계'를 대표하지 않는다. '중국관'이 아니라 '중국 형상'이라고 했을 때는 지식의 상대성을 의미한다. 편자들이 책의 서문에서 말했듯이 서방의 중국 형상은 "중국에 관한 진실의 일면을 반영하지만 변형과 왜곡의 일면도 피할 수가 없다. 서방 사회의 문화 심리적 요구 때문에 우선 섭취하거나 과장하여 반영된 부분이 있는가 하면 알면서도 무시해버린 '맹점'도 있다……."[4] 여하튼 편저자들은 중국 형상은 중국에 대한 인식이며 중국의 사실을 일정 정도 반영하고 있다고 여전히 믿고 있다.

　　필자는, 서방의 중국 형상은 서방 문화의 중국에 대한 상상과 지

4　황흥도(黃興濤)와 양념군(楊念群)이 총서 『서방 시야 안의 중국 형상(西方視野裏的中國形象)』을 위해 쓴 편집자 서문.

식이 뒤섞인 '재현(representation)'이라고 본다. 서방이 세계를 대표할 수 없을 뿐만 아니라 '중국 형상'도 중국에 관한 완전하고도 진실된 반영(혹은 인식)이라고 할 수 없다. '재현'으로서 중국 형상은 서방 문화가 세계관념 질서 안에서 자기인식을 위해 만들어 낸 문화적 '타자'이다. 현대 사상에서 '담론(discourse)'과 '타자(other)'는 두 가지 핵심 개념으로 철학, 역사학, 심리학, 문학, 비교 문화학에서 매우 중요하다. '담론'은 특정 사회의 언어 환경 속에서 의미를 생산하는 방식을 말한다. 초기 구조주의 언어학에서 담론은 언어가 의미를 구성하는 대화를 의미했고, 영미 신비평에서 사용된 담론은 기본적으로 문학 장르(genre)라는 개념과 같은 것이었다. 보편적인 담론에 문화연구의 의미를 부여한 사람은 푸코(M. Foucault)였다. 담론은 언어로 인간의 사회적 경험을 체계적으로 표현하고 나아가 지식을 구축하는 방식이다. 담론은 지식의 척도와 제도를 수립하면서 동시에 지식을 통제하고 배척하는 이중 기능을 갖고 있다.[5] '자아' 혹은 '주체'의 상대적 개념으로서 '타자'의 근원은 헤겔의 욕망 주체이론에까지 거슬러 올라간다. 타자는 주체가 자신을 인식하고 확장한 외부 영역이다. 사르트르의 이원본체론에서는 분열된 주체가 세계와의 통일을 추구하는 욕망의

---

5 *A Dictionary of Cultural and Critical Theory*, ed. by Michael Payne(London: Blackwell Publishers, 1996); *Critical Terms for Literary Study*, ed. by Frank Lentricchia and Thomas Mclaughlin(Chicago: Uni. of Chicago Press, 1990); *Key Concepts in Cultural Theory*, by Andrew Edgar & Peter Sedgewick(London: Routledge, 1999); *A Concise Glossary of Cultural Theory*, by Peter Brooke(London: Oxford Uni. Press, 1999)의 "discourse" 항목.

대상으로 타자를 가정한다. 라캉의 정신분석학에서 타자는 다시 무의식 영역과 자아와 대립되면서 자아를 확인하는 일종의 상징질서혹은 상징성의 지점이 되며, (담론이란 형식을 통해) 주체가 반드시 추구해야 하는 대상을 확정함으로써 주체의 욕망을 인도한다. 데리다(J. Derrida)는 타자를 영원히 동일시될 수 없는 무한한 차이(延異)로 가정한다. 레비나스(Levinas)에 이르면 동일자와 타자는 가장 기본적인 개념의 짝을 이루는데, 동일자는 세계의 총체성을 가리키고 타자는 동일자에 포용될 수 없는 대상을 말한다.[6] 문화학에서 타자의 개념은주로 푸코와 사이드(E. Said)의 이론에서 나왔는데, 한 문화가 자신을중심으로 가치와 권력질서를 확립하고 자기동일시 하기 위해 만들어낸 (자신과 대립되며 자기 문화보다도) 낮은 문화의 영상을 가리킨다. 문화의 '타자'는 특정 문화공동체 내에서 이역을 지칭하는 담론으로서 현실적인 대상과는 필연적인 관계가 별로 없고 오히려 문화주체 자신의관념, 상상, 가치, 신앙 혹은 감정을 표현한다.[7]

---

6 *Subject of Desire: Hegelian Reflections on 20th Century France*, by Judith P. Butler(New York: Columbia Uni. Press, 1987); Emmanuel Levinas, *Problem of Ethical Metaphysics*, ed. by Edith Wyschogrod(Hague, Netherlands: Martinus Nijhoff, 2000)을 참고.

7 *Key Concepts in Cultural Theory*, by Andrew Edgar & Peter Sedgewick, Routledge, 1999와 A *Concise Glossary of Cultural Theory*, by Peter Brooke(London: Oxford Uni. Press, 1999)의 "other" 항목을 참조.

2

『중국의 형상: 서방의 학설과 전설』 총서는 중국 형상을 서방문
화가 '타자'를 표현하는 담론으로서 파악하고 마르코 폴로 시대 이후
7세기 동안 서방의 중국 형상이 생성되고 진화한 과정을 탐구하려
한다. 이 총서는 '문화적 타자'와 관련된 담론으로서 서방의 시야에
등장한 중국 형상이 언제 어떻게 생성되었는지, 어떠한 언어 환경 속
에서 발생·진화·단절 혹은 연속·계승되었는지 관찰하려 한다. 또한
이 총서는 지식과 상상으로서의 중국 형상이 어떻게 서방 문화 안에
서 규범화되고 체제화되었는지, 어떻게 권력에 침투하고 권력을 발휘
했는지, 어떻게 식민주의와 제국주의와 전 지구적 이념의 필수요소가
되었는지 분석하려 한다. 학술적 입장에서 보면, 이 연구는 서방의
중국 형상은 중국을 인식하는 거울이라는 (유행처럼 번져있는) 주장에
동의하지 않으며, 이런 주장의 배후에 자리 잡은 인식론과 본질주의
를 반영하는 관점에도 동의하지 않는다. 그와는 반대로 필자는 서방
의 중국 형상은 서방 문화의 표현이며, 서방 자신의 역사적 경험을 바
탕으로 해서 형성된 문화적 '타자'라고 본다. 시인 엘리엇(T. S. Elliot)이
말했듯이 '중국'은 하나의 거울이지만 이 거울은 불투명한 거울이다.
이 거울 속에서 당신은 영원히 중국을 볼 수 없으며 단지 서방 자신
의 모습만 볼 수 있을 것이다.[8]

---

8 저명한 비평가 리처즈(I. A. Richards)는 중국을 연구하는 데 많은 정력을 쏟았다.
    시인 엘리엇이 그에게, 중국은 거울이지만 그 거울 속에 보이는 것은 자신의 모

집필의도와 총서의 구성 13

이 총서는 서방의 중국 형상의 의의와 원칙 그리고 역사과정을 총체적으로 보여줄 것이다. 또한 규모면에서 지금까지 나온 동류의 저작들을 능가할 뿐만 아니라 학술적 측면에서도 기왕에 국내에서 출판된 저작들과 다르다. 서방이 세계를 대표할 수 없을 뿐만 아니라 서방의 중국 형상 또한 엄격한 의미의 인식이라고 할 수 없다. 그러므로 본 총서는 중국 문화를 연구하기보다는 서방 문화를 연구하고 있다고 해야 할 것이다. 그 가운데서 이 책에 나오는 중국 형상은 서방 문화의 세계 관념에서 나온 모종의 상징일 뿐이다. 우리는 7세기 동안의 '서방의 중국 형상'과 그 변천의 역사를 논하기에 앞서 먼저 개념상의 경계를 명확히 해두어야 한다.

서방은 세계가 아니며 이른바 구미와도 같지 않다. 서방은 하나의 지리적 개념이자 문화적 개념이다. 중국 고대에 사용된 서방이란 중앙아시아, 인도, 페르시아, 아라비아를 가리켰다. 유럽인이 중국에 왔을 때 중국인은 그들의 고향을 '태서(泰西)'라고 불렀다. 서방인의 서방 개념은 동·서방 이원 대립적 개념에서 나왔다. 서방은 처음에는 고대 그리스와 로마만을 가리켰다. 고대 로마는 영역이 유럽, 아시아, 아프리카 세 대륙에 걸쳐 있었기 때문에 서방과 동방이란 개념을 거의 사용하지 않았다. 중세의 서방은 지역적으로는 기본적으로 라틴 기독교세계와 일치했으며 동방정교회 지역(동방)과 상대되는 개념이었

습뿐이며 거울의 이면인 중국은 영원히 볼 수 없다고 말했다. 조의형(趙毅衡), "리처즈: 거울 양쪽의 중국의 꿈," 『중화독서보(中華讀書報)』, 2000년 5월 23일자 참고.

다. 지리상의 대발견과 자본주의의 확장으로 아메리카가 서방의 문화 개념 속에 포함되자 서방은 유럽에서는 서북유럽으로 축소되고 동시에 대서양을 건너 북미대륙과 더 나아가 오스트레일리아와 뉴질랜드까지 확장되었다. 하나의 지리-문화 개념으로서 서방은 역사 속에서 끊임없이 변화해왔다. 노먼 데이비스(N. Davies)는 『유럽사』에서(로마에서 NATO에 이르기까지) 12종류의 서방을 제시하고 있다.[9] 결론적으로 지리 개념상의 서방은 갈수록 모호해진 반면에 문화 개념상의 서방은 갈수록 명확해졌다. 서방은 경제적으로는 자본주의, 정치적으로는 민주주의, 문화적으로는 기독교세계를 가리켰다. 냉전시대에 동서방의 경계는 가깝게는 유럽의 베를린장벽부터 멀게는 아시아의 남북 베트남까지 이르렀다. 우리가 사용하는 서방이란 오늘날 역사에서 형성된 고전적인 서방, 주로 서유럽과 북미를 가리킨다. 이것은 실제로 현대 중국에서 쓰이는 용법과 거의 일치한다.

지리-문화적 개념으로서의 중국은 역사에서도 상대적으로 안정되었을 뿐만 아니라 서방의 관념 속에서도 가리키는 바는 기본적으로 명확했다. 마르코 폴로 시대에 전설적인 '키타이(契丹, Cathay 또는 Khitai)'와 '만자(蠻子, Manzi)', 상인도 혹은 대인도는 모두 하나의 지역을 가리켰다. 1600년 무렵이 되자 서방인은 키타이가 바로 고대 전설에 나오는 비단이 나는 나라(Seres)라는 사실을 분명히 알게 되었고 키타이와 중국(China 혹은 대명大明)이 같은 나라임을 증명해냈다. 재미

---

9   *Europe: A History*, by Norman Davies(London: Oxford Uni. Press, 1996), pp. 22 – 25 참고.

있는 것은, Seres(비단이 나는 나라)에서 Cathay(契丹)를 거쳐 China(支那)에 이르기까지 모두가 외국인이 중국을 부르는 호칭이었다는 점이다. 중국은 고대로부터 왕조의 이름으로 자신을 표현했다. 진(秦)나라 때는 진인(秦人), 한(漢)나라 때는 한인(漢人), 당(唐)나라 때는 당인(唐人), 청(清)은 대청국인(大清國人)이라 불렀다. '중국(인)'이란 호칭은 제국의 시대가 끝나고 나서 비로소 사용되기 시작했다. 우리가 사용하는 중국이란 전통적인 의미에서 지리-문화적인 통일체를 강조하는 개념이며 중화 문명의 대표를 의미한다.

'서방의 중국 형상'이라고 할 때 가장 중요하면서도 경계를 확정하기 어려운 개념이 형상이다.

중국 형상은 중국관 또는 중국학과는 다르다. 중국관 혹은 중국학은 서방 엘리트계층 내부의 중국에 관한 연구만을 가리키며 일종의 전문화된 지식을 가정한다. '중국 형상'은 그 사회 내에 유행하는 중국에 관한 '표현' 또는 '서술'의 총체적인 체계이며 그 안에는 지식과 상상, 진실과 허구가 동시에 포함된다. 중국 형상은 대중화된 다양한 문헌―통속 문학에서 정치 평론, 신문보도, 학술연구에 이르기까지―이 공동으로 만들어 낸 것이며, 역사의 매 시기마다 끊임없이 약간의 변이를 되풀이 하지만 일종의 원형이라고 할 형상은 계속 유지되어 왔다. 원형적인 형상의 주요 내용에는 지리적 현실로서의 중국에 대한 인식은 물론이고 중국-서방 관계에 대한 우려와 기대, (그리고 당연한 얘기지만) 서방 문화의 자기인식의 은유적 표현이 더 많이 포함되어 있다. 중국 형상이 문화적 타자의 표현이라면 그것은 중국을 설명하기보다는 서방을 설명한다고 보아야 하며, 중국에 대한 인식이라기보다는 서방의 자기인식이라고 보아야 한다. 중국 형상은 서방문화 자신의 변화와 중국-서방 관계의 변화에 따라 변해왔을 뿐 중국의 현실에 따라 결정되지는 않았다.

담론 방식 또는 사유 방식으로서 '중국 형상'에는 자신의 역사와 전통이 있다. 7세기라는 기나긴 시간 동안 서방 문화는 연속되는 무수한 개별적 경험─탐험, 선교, 교역, 군사 활동 등─에서 축적된 산발적인 정보를 가지고 집단 심리의 원형을 만들어 냈는데, 이 원형은 현실 세계와는 관련이 없었다. 요컨대 "형상은 형상 밖의 그 어떤 것도 대표하지 않았다."[10] 서방 문화는 보편적으로 받아들여지는 현실의 중국과는 관련 없는 '서방의 중국'을 창조해냈다. 그것은 서방 문화의 심리구조 가운데서 상상된 타자였다.

표현 체계 또는 담론으로서 중국 형상은 일단 형성되자 다양한 문헌에 중국을 표현하는 수사(修辭) 기교와 어휘를 제공하였고, 사이비 진리가 되어 서방의 중국에 관한 '관점'을 좌우하였으며, 정치·경제·도덕 권력에 침투하여 일종의 권력구조로 자리 잡기 시작했다.

3

서방의 중국 형상을 연구한다고 했을 때 연구대상은 중국의 현실이 아니라 서방 문화, 서방 문화가 구축한 중국 형상의 의의, 서방 문

---

[10] *Archetypal Psychology: A Brief Account*, by James Hillman(Dallas: Spring Publications, Inc., 1981), pp. 6-7.

화의 관념적 시야이다. 7세기 동안 서방의 여러 문헌에서 구축된 중국 형상은 중국의 현실에 관한 인식이나 중국 현실의 재현이 아니라 서방문화가 필요로 했던 타자에 관한 의미였다. 알튀세르(L. Althusser)는 이념의 의의를 연구하면서 전통적 인식론의 진위구분을 피하기 위해 '상상계(Imaginary)'라는 개념을 도입했다. 그는 이념이란 "개념, 사상, 신화 혹은 형상을 포함하는 표현체계이며 사람들은 이것을 통해 자신과 현실 존재의 상상의 관계를 느낀다"고 하였다.[11] 문화의 의의를 연구한 홀(S. Hall)은 '표현'이란 용어를 사용했다. 그는 '표현'이란 동일 문화 내부의 구성원들이 의미를 생산하고 교환하는 기본 방식이며 관념과 언어를 연결하여 현실 세계를 지향할 수도 상상의 세계를 지향할 수도 있다고 하였다.[12] 푸코는 '이념'이란 용어의 사용을 반대하고 '담론'으로 대체하자고 제안하였다. 그의 주장에 따르면 이념은 진실과 허위의 구별을 가정하는데 반해 '담론'은 그런 구별을 초월하여 의미를 일종의 순수한 문화 구성요소로 파악한다. 담론 이론은 특정 사회의 문화적 맥락 안에서 의미가 생산되고 조직되는 방식에 주목한다. 담론은 지적 대상의 표현 체계이며 그 안에는 지식과 권력의 관계가 포함된다. 사이드는 푸코의 담론 이론을 이용하여 '오리엔탈리즘'을 연구했다.[13] 오리엔탈리즘은 서방의 동방을 만들어 냈고 이

---

11 *Reading 'Capital'*, by Louis Althusser and Étienne Balibar, trnas. by Ben Brewster(London: Verso, 1979), "Introduction."

12 *Presentation: Cultural Representations and Signifying Practices*, ed. by Stuart Hall(London: The Open University, 1997), Ch. I, "The Works of Representation".

13 『오리엔탈리즘(東方學)』, 에드워드 사이드 저, 왕우근(王宇根) 역, 삼련서점,

동방은 영구불변의 괴이하고 저열하며 피동적인 문화적 타자이다. 오리엔탈리즘은 동방을 식민 담론의 지식/권력 대상으로 규정했다. 사이드는 오리엔탈리즘을 세 가지로 구분해 설명했다. 1) 동·서방 이원대립적 인식론과 본체론을 바탕으로 하는 사유방식, 2) 서방이 동방의 사회 문화를 연구하는 학문분야, 관련된 문헌과 관념체계 전체, 3) 제국주의와 식민주의의 문화 이념의 표현이 그것이다. 담론으로서의 오리엔탈리즘의 주요 내용은 자유와 노예상태에 관한 담론, 진보와 정체의 담론, 이성과 감성의 담론이 포함된다. 동방은 계몽 대서사의 부정적인 면 혹은 타자로서 등장하여 전제체제와 노예상태, 정체와 폐쇄성, 우매함과 타락의 상징으로 변했으며[14] 서방의 현대적 자아를 확립했다는 데서 의의를 가진다.

사이드의 연구는 관념과 방법 양면에서 보편적 의의를 갖는다. 1970년대 이후로 『오리엔탈리즘』만큼 인간의 문화 관념에 영향을 미친 저작은 없을 것이다. 사이드의 이론은 문화비평부터 문학비평에 이르기까지 광범위하게 인용되었다.[15] 그런데 사람들은 『오리엔탈리

1999년 판을 참고.

14 *Lineages of the Absolute States*, by Perry Anderson(London: New Left Books, 1974)를 참고.

15 Bill Ashcroft와 Pal Ahluwalia는 다음과 같이 지적했다. "『오리엔탈리즘』이 지난 30년 동안 출판된 어떤 저작보다도 당대의 사상에 더 큰 충격을 주었음은 의심의 여지가 없다. 이 책은 우리가 문화와 정치의 관계를 사고하는 방식을 바꾸었다." *Edward Said* by Bill Ashcroft and Pal Ahluwalia(London/New York: Routledge, 2001), p. 137 참고.

즘』의 '오리엔트(동방)'를 19세기 이후의 서아시아 이슬람지역으로 한정하고 그 이전(예컨대 문예부흥시대와 계몽운동시대)과 그 밖(예컨대 중국과 인도)을 포함시키지 않았으며, 서방 사회의 비판적 사조 속에 포함되어 있는 동방에 대한 찬양과 긍정(예컨대 계몽운동에서부터 20세기 서방 좌익운동에 이르기까지의 중국에 대한 존경과 흠모)은 무시한다. 『오리엔탈리즘』은 여러 가지 문제를 해결했지만 한편으로는 더 많은 새로운 문제를 제기했다. 『오리엔탈리즘』은 동·서방 이원대립적 세계 관념을 비판하였으나 동시에 동일한 이원대립의 틀 안에서 사고하고 이 틀이 포함하는 대립과 적의를 인정한다는 문제를 안고 있다. 『오리엔탈리즘』은 푸코의 담론 이론을 이용하여 '과학'과 권력의 공모 관계를 드러내 보여주기는 했지만 이 담론을 뛰어넘어 '진실한 동방'을 보여주는 방법은 제시하지 못했다. 서방이 동방을 인식할 수 없다면 동방 자신은 자신을 인식하고 설명할 수 있는가? 오리엔탈리즘이 서방, 나아가 세계의 모더니티 기획(Project of Modernity)의 구성 요소라고 한다면 모더니티를 초월하는 모더니즘(Modernism)과 포스트모더니즘(Postmodernism)은 비판만 있고 대안은 제공하지 못한다. 그렇다면 두 가지 위험이 따른다. 하나는 반(反)현대화에 따르는 우매주의와 본토주의 경향이며, 다른 하나는 잠재적인 문화적 자기도취와 폐쇄적인 민족주의다.[16] 오리엔탈리즘을 극복하고 글로벌리즘으로 나아가야 한다면 동

---

16 *Orientalism Enlightenment: the Encounter Between Asian and Western Thought*, by J. J. Clarke(London and New York: Routledge, 1997), Ch. 2: Orientalism Some Conjectures와 *Orientalism, Postmodernism and Globalism*, by Bry-

일성과 연속성을 강조하는 태도를 취해야 하며, 세계 역사 발전과정에서 문명의 상호 연동관계를 강조하고, 다른 인종과 문화 사이의 이른바 '문명 간 공공 공간'이란 발전 동력을 강조하고, 다른 문명 사이의 분계(分界, demarcation)는 상호 대립과 배척의 과정이면서 동시에 경계를 넘어 상호 융합하고 삼투(滲透)하는 과정임을 강조해야 한다.

글로벌리즘으로 오리엔탈리즘을 대체하려면 동·서방이라고 하는 지정학과 문화적 편견을 벗어나야 하고 좁은 의미의 민족주의와 국가주의를 탈피해야 한다. 21세기를 맞으면서 우리가 염려하는 바는 미국이 20세기 초의 대영제국의 절대적인 세계패권을 그대로 계승하여 서방의 정치·군사·문화 패권을 다시 한 번 일으켜 세우지 않을까 하는 것이다. 이런 관점에서 본다면 20세기에 벌어진 두 차례의 세계대전으로 말미암아 생겨난 반(反)식민주의 운동과 공산주의 운동, 그리고 냉전은 5세기 동안의 서방의 확장기에서 (17-18세기에 중간 휴지기가 있었던 것처럼) 일시적인 휴지기에 불과하다. 또 다른 관점에서 보면, 비서방 지역 국가에서 반미정서가 갈수록 격렬해지는 상황은 경제적으로는 서방화가 글로벌리즘과 동일시된 결과이며 문화적으로는 글로벌리즘이 서방화와 동일시된 결과의 반영이라고 평가하는 사람들도 있다. 글로벌리즘으로 오리엔탈리즘을 뛰어넘을 수 있을까? 현실은 잔혹한 것 같다.

---

an S. Turner(London and New York: Routledge, 1994), Part 3: Globalism을 참고.

4

『중국의 형상: 서방의 학설과 전설』 총서는 담론으로서 서방의 중국 형상을 토론하고 있으며 관념과 방법론에서는 『오리엔탈리즘』의 영향을 많이 받았다. 서방의 중국 형상이란 무엇보다도 원형적인 의미에서 특정 타자인 중국에 관한 서방의 총체적인 담론이자 전형적인 (representative) 서술이다. 역사를 통해 생성되고 변화한 이 담론은 상당할 정도로 전설적이고 허구적인 특징을 확정하는데 기여하였고, 사람들이 이를 당연히 '본질'로 받아들임으로써 역사의 산물이 초역사적 의의를 지니게 되었다. 이 총서에서는 하나의 주제에 관한 여러 저작의 내용을 '세밀히 대조'하는 방식을 채택하여 특정 주제의 범위 안에서 중국에 관한 문헌이 채용된 서술 방향과 서술 유형, 주제의 종류와 그 변화를 살펴보았다. 그 다음에 문헌의 저술과 전파, 특정 사회의 문화체제 사이에 어떤 관계가 있는지를 살펴보았다. 서방의 중국 형상은 문헌 속의 형상에 깃들어 있으므로 문헌을 광범위하게 섭렵했다. 필자는 여러 유형의 문헌을 표본으로 선정하여 분석함으로서 특정 시대, 특정 주제의 범위 내에서 서방의 중국 형상의 의의를 드러내 보여주고자 했다. 또한 필자는 여러 문헌 사이의 협력과 상호인증 관계도 밝혀내려 했다. 예컨대 통속적인 작품과 학술 저작은 담론의 방식은 다르지만 결국은 동일한 중국 형상을 중복적으로 증명하고 있기 때문이다.

『중국의 형상: 서방의 학설과 전설』 총서는 총 8권으로 구성되어 있고, 각 권마다 본문과 문선(文選)이라는 두 부분으로 나뉘어 있다.

22   키타이의 전설

'본문'은 어떤 시기 혹은 어떤 주제 유형의 중국 형상의 의의, 구조, 변천과정을 체계적으로 분석하고 있으므로 하나의 완전한 전문 저작이 될 수 있다. 예컨대 8권의 본문만 따로 떼어 연결시키면 700년 동안의 서방의 중국 형상사 한 권이 된다. 본문 뒤에 붙어 있는 문선은 1298년 무렵에 나온 『마르코 폴로 여행기』부터 1998년에 나온 페턴(Christopher Francis Patten)의 『동방과 서방』에 이르기까지 관련 문헌을 연대별로 배열하였다. 지면의 제약 때문에 문선에는 원저에서 중요한 관련 부분만 수록하였는데, 모두가 필자가 근래에 국내와 영미 대학의 도서관에서 찾아낸 표본적인 문헌이며 대다수가 중국어로는 처음 번역되었다.

본문이 중국의 형상을 찾아가는 길잡이이자 설명이라면 문선은 형상의 가장 좋은 증명이다. 본문 뒤에 문선이 나오는 이유는 본문이 제기한 문제와 관점의 증명이기 때문이다. 문선의 의의는 중요하다. 어떤 의미에서는 서방의 중국 형상은 거대한 상상의 박물관이다. 그곳에 소장되어 있는 각종 저작, 회화, 지도, 사진, 영화 자체가 '의의'를 드러낸다. 표본적인 문헌을 선정했다고 한 까닭은 그것들이 충분한 대표성을 갖고 있기 때문이다. 그것들은 특정 시대에 비교적 널리 유포되었고 대중의 관념과 상상을 대표하는 문헌이었으며 또한 약간의 변이를 가미하면서 역사에서 일관된 원형적 보통 문헌이었다. '1차' 문헌보다 중국 형상을 생동감 있게 보여줄 수 있는 자료는 없다. 연구의 기본 방식은 분석과 종합이지만 문헌의 열독은 결코 건너뛸 수 없는 과정이다.

『중국의 형상: 서방의 학설과 전설』총서는 총 8권이다. 그 중에

서 『키타이의 전설』, 『대중화제국』, 『세기의 중국풍』, 『용의 환상』은
13세기에서 20세기까지 서방의 시대별로 다른 주제의 중국 형상을
논하고 있고, 『아편전쟁』, 『역사의 난파선』, 『유교 유토피아』, 『제2 인
류』는 여러 시대를 관통하는 동일한 주제의 중국 형상을 논하고 있
다. 전반부 4권의 제목은 기본적으로 연대별 특징을 나타내며 후반
부 4권의 제목은 보다 전문적인 주제에 관한 연구를 강조했다. 7세기
동안의 서방의 중국 형상을 하나의 전체로 본다면 그것은 여러 가지
인상, 상상, 비유, 상징, 관점, 판단 등으로 편직(編織)된 한 폭의 천에
가깝다. 수많은 사조가 종횡으로 얽혀있고 동일한 소재가 시대마다
다른 시야에서 완전히 다른 의의를 드러내고 있다. 그러므로 시대별
연구와 주제별 연구의 경계가 분명할 수는 없다. 소재가 상호 교직(交
織)하고 있을 뿐만 아니라 관점도 상호 연관되어 있다. 『키타이의 전
설』은 마르코 폴로 시대의 서방의 중국 형상을 논하고 있거니와 그
시대는 중국 형상이 생성된 기점이기도 하다. 『대중화제국』이 논하고
있는 시기는 16세기와 17세기에 걸치며 이베리아 확장 시대의 중국
형상이 중점 논제이다. 『세기의 중국풍』은 계몽운동 전후에 중국을
전면적으로 미화하는 서방의 열기와 풍조를 소개한다. 『아편전쟁』과
『역사의 난파선』은 전문적인 주제에 관한 연구이기는 해도 시대사적
인 배경을 갖고 있다. 이 두 권의 내용은 19세기 범위 안에 머물러 있
다. 어떤 의미에서 19세기는 서방의 중국 형상이 완성되는 단계였다.
많은 '관점'이 모두 이 시기에 형성되었고, 내용이 풍부해지고 복잡해
졌으며, 20세기 서방의 관점을 결정하거나 영향을 주었다. 이 책들은
19세기 서방의 중국 형상의 두 가지 가장 중요한 측면을 다루고 있으

면서 연대별로는 19세기 서방의 중국 형상사에 속한다고 할 수 있다. 1750년은 중국과 서방의 관계, 나아가 동서방 관계에 있어서 서방 자본주의가 확장하고 아시아 제국이 쇠락에 접어드는 전환점이면서 서방의 중국 형상의 전환점이기도 하다. 1250년부터 1750년까지 5세기 동안 서방의 중국 형상은 (기물에서 제도와 사상에 이르기까지) 끊임없이 미화되어 왔다. 이 당시는 동풍서점(東風西漸)의 시대였고, 동풍서점의 단계와 과정도 훗날 서풍동점(西風東漸)의 단계와 과정(기물-제도-사상)과 같았다. 이 전환점에 관해 우리가 강조해야 할 것은 서방의 중국 형상의 역사가 단절되었다는 점이지만 일종의 잠재적 연속성이 있었음도 무시해서는 안 된다. 『제2 인류』는 서방의 역사에서 등장한(인종의 특징과 민족성에 관한 관점을 포함해) 중국인의 형상을 소개하고 있으며 또한 그 속에 포함된 변이와 연속성, 비하와 미화의 실상을 분석한다. 『유교 유토피아』는 7세기 동안 서방의 중국 형상 가운데서 때로는 드러나고 때로는 드러나지 않았던 이상화의 줄거리를 찾아내려 한다. 사실상 서방의 중국 형상은 지금까지 양극단 사이를 오갔다. 때로는 좋은 모습, 때로는 나쁜 모습, 때로는 밝은 모습, 때로는 어두운 모습으로 그 모습은 전적으로 서방 문화의 자의식의 변화에 따라 결정되었다. 중국 형상은 서방 문화의 자기인식 과정에서 타자로서 등장한 환상이었다. 『용의 환상』은 20세기라는 시대 범위 안에서 이 점을 설명하고 있다.

『중국의 형상: 서방의 학설과 전설』 총서는 8권으로 구성되어 있지만 내용상으로는 전체가 한 권을 구성한다. 그 중에서 『키타이의 전설』은 시대 배열로나 논리적으로 총서의 출발점이 된다.

무엇보다 말 등 위에서 천하를 내달린 '야만인들'에게 감사하지 않을 수 없다. 몽고 시대는 인류 역사상 중요한 시기이다. 칭기즈칸 가족이 유라시아 대륙을 휩쓸고 마침내 구대륙의 동서 경계를 허물고 남북 경계를 넓혀 놓았다. 동서 5대 문명은 하나로 연결되었고, 남북의 농경 문명과 초원 문명이 교류하게 되었고, 그리스화 이슬람화 시대 이래로 가장 철저하게 유라시아 대륙을 중심으로 세계 일체화를 완성했다. '몽고의 회오리바람'이 가져온 '세계의 평화'는 눈 깜짝할 사이에 유라시아대륙 문명 일체화의 길을 열어놓았다. 여행과 교역, 관념과 지식이 한바탕 혁명을 시작했다. 세계시장의 초기 형태가 등장했고 세계지리라는 관념이 형성되었다. 칸발릭(Cambalech, 汗八里, 오늘날 북경)이나 킨사이(Kinsay, 行在, 오늘날 항주[杭州])에서는 중앙아시아, 서아시아, 유럽에서 온 상인을 볼 수 있었고 베니스와 리용에서는 서아시아의 직물과 보석, 인도와 자바의 향료, 중국의 비단실과 자기를 살 수 있었다. 가장 혁명적인 영향을 받은 곳은 역시 유럽이었다. 유럽은 야만적인 정복과 약탈을 면했을 뿐만 아니라 전쟁 때문에 이익을 보았다. 성 프란치스코회 수도사 카르피니(Giovanni da Plan del Carpine)가 교황의 명을 받고 몽고에 사절로 간 1245년부터 1347년 마리뇰리(John of Marignolli)가 자이툰(Zaytun, 刺桐, 지금의 천주[泉州])에서 배에 올라 유럽으로 돌아오기까지 한 세기 동안에 중국에 온 유럽인은 역사 기록에 정확한 이름이 남아 있는 사람만 100명이 넘는다. 그 중에서 가장 유명한 인물이 마르코 폴로이다. 물론 그 말고도 많은 여행자들이 있었지만 이름을 남기지 않았다. 여행과 기물의 교류는 관념의 변화를 불러왔다. 중세 기독교의 편협한 세계 관념은 대폭 확대되었고 세계는 갑자기 광대한 곳으로 변했다. 그 가운데서 사람들을 가장 크게 감동시킨 것은 이 광활한 세계의 끄트머리에 대 칸이 통치하는 키타이와 만자라는 나라가 있다는 사실이었다.

1247년에 리용으로 돌아온 직후에 카르피니는 『몽고여행기』에서 타타르제국의 기원을 설명하면서(제5장) '키타이(契丹)'라 불리는 나라를 소개했다. 이것이 몽고의 세기에 유럽의 문헌에서 중국에 관한 암시가 등장한 첫 번째 사례였다. 루브룩(William Rubruk)의 『동방여행기』는 카르피니의 『몽고여행기』보다 10년 뒤에 나왔지만 키타이에 관해 언급한 내용은 두 배나 많았다. 그는 키타이에서 최고급 비단이 나온다는 사실을 알고 있었고, "키타이가 바로 고대 비단이 나는 나라"라고 단정함으로써 서방 역사의 '비단'에 관한 전설을 부활시켰고, 대여행시대가 가져다 준 새로운 지식을 전통이 받아들일 수 있는 시야 속으로 끌어들였다. 카르피니가 『몽고여행기』를 쓴 1247년부터 포기오 브라치올리니(Poggio Bracciolini)가 『만국통람』의 저술을 완성한 1447년까지 정확히 2백 년 동안 서방의 여러 문헌—여행기, 역사지, 서간, 통상 안내서, 소설과 시가—에서 키타이와 만자에 관한 기술이 등장하지 않는 경우가 없었다. 그 중에서 영향력이 가장 컸던 것이 『마르코 폴로 여행기』와 『맨더빌 여행기』였다. 『마르코 폴로 여행기』

는 서방의 집단기억 속에 '키타이 전설'을 창조했다. 여행기에서는 키타이의 칸발릭이건 만자 성의 킨사이이건 모두가 세속에서 볼 수 있는 가장 번화한 곳으로 묘사하고 있다. 중국 형상의 가장 큰 매력은 도시의 물질적 번영과 대 칸의 권력과 영광이었다. 그 당시에는 『맨더빌 여행기』가 『마르코 폴로 여행기』보다 더 널리 유포되었던 것 같다. 유감스럽게도 중국 내에서는 이 책에 관해 아는 사람이 별로 없어서 필자는 번역문 전문을 문선에 수록하였고 『마르코 폴로 여행기』는 중국에서 "너무나 유명하기" 때문에 중국 관련 부분만 수록하였다. 『마르코 폴로 여행기』와 『맨더빌 여행기』는 지리대발견이 있기 전에 유럽인들이 갖고 있던 동방에 관한 지식의 백과전서였다. 맨더빌(Sir John Manderville)도 다른 여행기 작가와 마찬가지로 거의 도식화된 상투적 표현을 동원하여 중국의 풍부한 물산과 도시의 번영을 찬양했고 특히 깊은 관심을 표시한 부분은 대 칸의 위엄, 광대한 국토, 공정한 통치, 무수한 금은보화, 세계에서 가장 강력한 군주였다.

중국과 유럽의 교류를 말하자면 마르코 폴로 시대의 여행자들은 진정한 선구자였다. 유럽의 중국 형상에 관해 말하자면 마르코 폴로 시대 사람들이 진정한 창시자였다. 몽고의 세기는 유럽의 중국 형상이 형성된 기점이었다. 그 이전 비단이 나는 나라(Seres)에 관한 여러 가지 전설은 대부분이 모호한 추측뿐이었다. 몽고의 세기에 유럽의 여행자들이 중국에 왔고 이들은 여행기, 동방역사지, 교역 안내서 등의 문헌을 남기면서 상호 참조와 인증을 통해 번화하고 부유한 세속 낙원의 상징으로서 '키타이 형상'을 공동으로 창조해냈다. 이러한 최초의 중국 형상에서 우리는 당시 서방 여행자들의 견문, 그들의 중국에 대한 인상과 전설, 13-15세기 유럽인의 중국에 관한 지식과 상상, 이역 형상 가운데 은유적으로 표현된 서방 문화의 정신을 볼 수 있다.

『키타이의 전설』에서는 현실 세계의 여행과 문헌 세계의 여행이란 두 측면에서 몽고의 세기에 서방의 중국 형상이 생성된 과정과 의의를 살펴본다. 현실 세계의 여행에서는 상인과 선교사들이 중국으로 왔고 이것은 중국-서방교류사에서 시대의 획을 긋는 대사건이었다. 문헌 세계의 여행에서는 중국 형상이 유럽으로 왔고 이것은 유럽 문화사의 대사건이었다. 그들이 유럽 중세 말기라는 세속 문화의 배경 하에서 만들어 낸 중국 형상은 부와 왕권의 상징이 되었고 자본주의 초기에 싹튼 세속 정신을 표현했다. 문헌은 하나의 거울이다. 이 거울 속에서 우리는 중국의 형상을 볼 수 있고 또한 서방 문화의 정신적 상징을 볼 수 있다. 양자의 관계는 일종의 무의식의 은유 관계이다. 그들이 중국의 광대한 영토, 풍부한 물산, 도처에 널린 부, 수많은 도시, 종횡으로 연결된 도로를 언급했을 때는 그들 자신이 느끼는 결핍감, 억압과 불만을 표출했고 나아가 자신의 욕망과 선망을 표출했다. 다른 문화와의 교류는 역사발전의 동력이다. 진실이건 허구이건, 전설이건 역사이건 '키타이의 전설'은 유럽인의 세계 관념을 바꾸었고 더 나아가 서방 현대 자본주의 문명의 최초의 동기와 영감을 유발했다.

6

몽고의 세기에 유럽이 구세계를 발견한 최대의 의의는 중국의 발견이었고 중국을 발견한 최대의 의의는 직접 신대륙 발견에 이르게 되었다는 점이었다. 콜럼버스(C. Columbus)가 대서양을 건너 아메리카를 발견했고 바스코 다 가마(Vasco Da Gama)는 희망봉을 돌아 인도에 도착했다. 애덤 스미스의 표현을 빌린다면 이것은 인류역사에서 가장 위대한 두 사건이었다. 이 두 사건에서 우리는 '중국 형상'의 그림자를 발견하게 된다. 마르코 폴로 시대의 대여행이 유럽인의 세계 관념을 바꾸어 놓았다. 유럽인은 자신의 고향이 세계의 중심이 아님은 물론이고 세계의 한 귀퉁이에 지나지 않는다는 사실을 알게 되었다. 세속의 천당은 아시아의 동쪽, '대 칸의 땅'에 있었다. 콜럼버스가 항해에 나선 동기는 천당 같은 대 칸의 땅을 찾는 것이었다. 항해의 전 과정에서 그는 어느 맑은 날 아침에 수면 위로 칸발릭 혹은 킨사이의 금빛 찬란한 지붕이 떠오르기를 기대했다. 구대륙을 찾아 나섰다가 그들은 신대륙을 발견했다. 중국을 찾아 나섰다가 그들은 세계를 발견했다. 몽고의 세기에 창조된 키타이의 형상이 지리대발견의 최초의 동기이자 영감이 되었다.

『대중화제국』은 『키타이의 전설』에 이어 지리대발견 시대(대략 1450–1650년)의 서방의 중국 형상에 관해 논한다. 중국은 지리대발견 시대에 동서 항로의 종점이자 "세상에서 가장 먼 해안"이었다. 포르투갈이 서아프리카 해안에서부터 인도양에 이르는 무역·식민체계를 건설하고 해상 제국을 중국까지 확장했다. 스페인이 중남미와 필리핀을 정복하였고 그들이 건설한 유럽, 아메리카, 아시아 세 대륙에 걸친 식민·제국 세력은 또한 중국에까지 영향을 주었다. 그러나 이베리아인이건 뒤를 이은 네덜란드인이건 그들의 확장은 중국 해안에서 저지

되었다. 이때 중국은 서방 확장의 극한이었다. 선교사들이 상인과 사절이 가지 못한 길을 열어갔다. 선교사들은 중국 선비의 복장을 하고 광주(廣州)를 출발하여 북경에 진입했다. 중화제국에 관한 정보가 점점 더 많이 유럽에 전해지기 시작했으나 관념의 발견은 세계의 발견보다 훨씬 느렸다. 16세기는 인민의 시대였다. 새로운 정보와 낡은 전설, 지식과 상상, 허구와 진실이 사람들의 두뇌와 생활 양쪽을 더 풍부하게 만들었다. 서방의 중국 형상은 전설과 역사가 뒤섞여 있었다. 많은 유럽인이 키타이와 중국이 현실에서 존재하는 국가인지를 분간하지 못하고 있었음에도 이상화된 '대중화제국'의 형상이 이미 등장했다. 그것은 어느 정도는 키타이 전설의 연속이면서도 더 많은 역사적 의의를 갖고 있었다. 『대중화제국지』의 출판은 키타이의 전설 시대가 끝났다는 표지였다. 중화제국이 처음으로 서방의 문헌과 문화에서 역사화되고 완전하고 분명한 형상을 갖게 되었다. 『대중화제국지』는 훌륭하고 우월한 중화제국의 형상을 만들어 냈다. 『대중화제국지』는 어느 한 방면의 진실과 정보를 제공하지 않고 서방 문화의 시야에 종합적이고 권위 있는, 혹은 가치 표준화된 중국 형상을 보여주었다. 이것은 이후 2세기 동안 유럽에서 일었던 '중국 숭배' 풍조의 지적, 가치적 시발점이 되었다. 『대중화제국』의 문선에는 멘도사(Juan González de Mendoza)의 『대중화제국지』 외에도 그 시대에 영향력이 있었던 두 권의 책을 수록하였는데, 하나는 포르투갈 여행자 핀토(F. M. Pinto)의 『동방여행기』이고 다른 하나는 네덜란드 사절단의 수행원 뉴호프(Johan Nieuhof)가 쓴 『네덜란드 사절 최초 중국방문기』이다.

서방 문화는 세레스 신화에서 시작하여 키타이 신화, 다시 중화

제국 신화에 이르는 중국 형상의 연속적 진화를 완성시켰다. 중화제
국의 형상은 여러 방면에서 서방 자신의 문명보다 우월한 유토피아로
묘사되었다. 역사 정신과 도덕적 색채가 갈수록 더 많이 중국 형상
안에 스며들었다. 물질적으로 풍요하고 왕권이 강력한 키타이의 형상
은 지혜와 도덕적 질서가 지배하는 중화제국의 형상으로 진화했다.
키타이 신화 속의 일부 요소는 잊히고 일부 요소는 새로운 중국 신화
속에 이식되었다. 그들이 중국의 많은 인구, 광대한 국토, 도처에 늘
려 있는 도시, 수많은 하천과 강, 풍족한 재화를 묘사한 데서 우리는
키타이 신화가 여전히 계속되고 있음을 느낄 수 있다. 그들이 중국의
사법제도, 문관제도, 고시제도, 중국의 성현 정치, 중국의 언어, 중국
인의 근면함을 관심 깊게 언급한 데서 우리는 새로운 담론 혹은 신화
의 탄생을 본다.

　　16-17세기에는 중국 형상의 물질적 측면은 확정되었지만 정신적
측면은 아직 모호했다. 멘도사 신부가 대중화제국 형상의 기초를 놓
았고 뒤를 이어 트리고(Nicolas Trigault), 마르티니((Martino Martini), 키
르헤르(Athanasius Kircher) 신부 등이 그 내용을 풍부하게 채웠다. 민감
하고 개방적인 사람들은 우선 종교, 역사, 문화, 인성 등의 관점에서
중국과 서방 문명의 공통된 기초를 찾아내려 했다. 이 기초는 기독교
보편주의일 수도 있었고 인문주의적 세계주의일 수도 있었다. 선교사
들이 중국의 민족, 언어, 종교가 기독교와 근원을 같이한다는 무리한
논리(神聖同源性)를 제시했을 때 철학자들도 같은 논리를 세속적 이념
에 끌어들일 수 없는지 고려하기 시작했다. 공자와 소크라테스 가르
침의 공통된 의의는 무엇일까? 중국의 도시 관리기법은 유럽의 도시

관리에 모범이 되지 않을까? 윤리 관념을 규범으로 하는 사회질서가 법률적 구속을 대체할 수는 없을까? 문사(文士) 혹은 공자사상으로 훈련된 철학자가 관리하는 국가는 현실세계의 이상이 될 수 없을까? 17세기 후반 유럽에 '공자의 중국' 형상이 등장했다는 것은 유럽의 중국 형상이 철학의 시대로 진입했다는 표지였다.

서방 문화의 여러 역사 시기마다 중국의 형상이 불려나오고 빚어진 데는 그때마다 특정한 문화적 동기가 있었다. 17세기 서방의 중국 형상은 더 이상 엽기적 흥미를 유발하는 전설은 아니었다. 현대 문명의 초입에 들어선 유럽에게 중국 형상은 사회를 개조하기 위한 일종의 동력이었고 나아가 엘리트 계층에게는 사회적인 이상이었다. 경탄스러운 중화 문명은 문예부흥 시대의 자기초월의 모델이었다. 대중화제국의 형상은 서방이 현대 의식을 갖기 시작할 때 호기심 많고 개방적인 정신의 산물이었다. 자존심 강한 겸손과 진취적인 진지함의 심리상태 가운데서 서방은 자기 초월의 모델이 필요했다. 때마침 멀리 떨어진 곳에 있는 중국이 그 역할을 맡아주었다.

7

1250년부터 1750년 무렵까지는 서방의 중국 형상이 끊임없이 미화된 단계였다. 17-18세기 사이에 서방사회의 문화생활에는 중국을 숭배하는 사조가 보편적으로 등장했는데 이를 일컬어 '중국풍(chinoi-serie)'이라고 하였다. 이것은 일반적인 의미에서는 서방인의 중국적 사물에 대한 열정을 가리켰고 특정하게는 예술분야에서 '중국 품격'에 대한 추종과 모방을 의미했다. '중국풍'은 1650년 무렵에 시작되어 1750년 무렵에 끝이 났다. 한 세기 동안 중국풍은 오묘한 철학에서부터 엄숙하고 묵직한 정치와 가볍고 유쾌한 예술과 오락에 이르기까지 물질문화의 각 방면에서 표출되었다. 공자의 도덕철학, 중화제국의 유구한 역사, 중국어의 보편적 의의, 중국의 자기·비단·차·칠기, 중국 공예의 장식, 조경예술, 시와 희곡이 일시에 서방인의 생활 속으로 들어와 대화 주제가 되고 모방의 대상이 되었으며 창조의 영감을 주었다. 중국 형상은 유럽 사회가 "늘 바라던 행복한 생활의 전망"을 보여주었다.[17]

중국 물품의 정교함, 화려함, 기이함은 당시 서방인을 매료시켰고 그들의 새로운 감성 생활에 이상과 품격을 제공해주었다. 중국풍은 그 시대 서방인이 좇던 이국정취의 한 표현이었다. 중국보다 더 먼 곳은 없었고 (사상과 관념, 인물과 물산, 생활방식을 포함하여) 중국보다 더 신비롭고 매력적인 곳도 없었다. 중국풍을 일으키고 끌어간 사람은 상인과 선교사였다. 상인들이 실어온 비단과 자기, 차와 칠기가 유럽에서 '중국풍'을 일으키고 있을 때 선교사들이 가져온 공자의 철학, 중국의 도덕과 신학이 유럽의 사상계에 또 하나의 '중국풍'을 일으키고 있었다. 중국의 사상과 제도는 엘리트계층의 유행이 되었다. 선교사들은 중국에서 돌아오면 곧바로 사회의 저명인사가 되었다. 그들은

---

17 *China and Europe: Intellectual and Artistic Contacts in the Eighteenth Century*, by Adolf Reichwein, Kegan Paul, Trench, Trubner Co., Ltd., 1925, pp. 25 – 26.

중국식 긴 두루마기를 입고 현명한 강희(康熙) 황제의 정치와 오묘한 공자의 철학을 논했다. 그들이 소개한 중국 저작들이 사회에 유포되자 급진주의자들은 흥분했고 정통주의자들은 두려움을 느꼈다. 철학자들도 침묵하려 하지 않았다. 그들은 중국 철학이 무신론인지 여부를 두고 논쟁을 벌였다. 중국의 도덕철학으로 기독교 신학을 대체할 수 있을지도 모른다는 모험적인 사고를 하는 사람도 있었다. 라이프니츠(G. W. Leibniz)는 중국과 유럽 사이에 "상호 교류와 인식의 새로운 관계"를 세우려는 생각을 갖고 있었다. "우리의 도덕이 퇴락한 현실에 비추어볼 때, 우리가 성직자를 파견하여 중국에 계몽 신학을 가르치듯이 그들이 성직자를 파견하여 우리에게 자연신학의 운용과 실천을 가르쳐 줄 수 있을 것이다……" 중국에 대한 라이프니츠의 백과전서식 기대와 희망은 계몽시대 백과전서파 철학자들에게서 도덕철학으로 완성되었다. 볼테르는 중국 문명의 유럽에서의 이용 가치를 정확하게 파악했다. "…… 중국인은 도덕과 정치경제학, 농업, 생활에 필수적인 기능 등의 방면에서 이미 완벽의 경지에 이르렀으나 나머지 방면의 지식에서는 오히려 우리가 그들을 가르쳐야 한다."

계몽철학자들은 중국 형상에서 비판의 무기를 찾아냈다. 1700년 무렵의 유럽 문화에서 중국 형상은 점차로 내용이 풍부해지고 명확해졌으며 회피할 수 없는 주제가 되었다. 그것은 하나의 척도이자 시야였다. 중국 형상에서 어떤 사람은 위협을 느꼈고 어떤 사람은 희망을 보았다. 중국 형상에서 어떤 사람은 두려움을 느꼈고 어떤 사람은 감동을 받았다. 계몽운동 시대의 유럽, 특히 프랑스 철학자들은 중국을 서양이 본받아야할 모범으로 인식했다. 그들은 교회를 공격할 때 중국의 도덕철학과 종교적 관용을 칭송했다. 그들은 유럽의 폭정을 비판하면서 선교사들이 제공한 중국의 도덕정치와 강희 황제의 현명한 통치를 내세웠다. 중국은 개명군주 독재의 모범이 되었다. 그들은 군주정치에 실망했을 때, 그리고 경제사상을 만들어 내면서 중국 형상의 이용가치를 알아냈다. 중국은 중농주의 정치경제학의 모델이 되었다. 중농주의자는 서방 계몽철학자들 가운데서 최후의 '중국광'이었다.

'중국풍'의 세기에 서방의 중국에 관한 저술은 수량 면에서는 후세에 비해 훨씬 적었으나 사회 문화에 대한 영향력 면에서는 후세보다 훨씬 컸다. 영향력과 대표성을 기준으로 한다면 많은 문헌을 선정해야 할 것이다. 『세기의 중국풍』에서는 뒤 알드(Jean Baptiste du Halde) 신부가 쓴 『중화제국통사』 한 권만 선정했고 그 중에서도 제2권만 문선에 수록했다. 계몽운동 시대의 중국에 관한 백과전서라고 할 수 있는 이 저술은 도합 4권으로 구성되었는데 제1권은 중국의 지리 역사, 제2권은 중국의 정치경제와 문화 교육제도, 제3권은 비교적 방대하고 복잡하여 종교 의학에서부터 희곡 대본(『조씨고아(趙氏孤兒)』)까지, 제4권은 만주, 몽고, 티베트를 소개하고 있다. 방대한 이 저서에서 제2권이 서방 계몽운동에서 가장 주목받았던 부분이다.

중국 형상은 (종교 방면의 자연신론에서 무신론과 관용주의에 이르기까지, 정치 방면에서는 개명군주독재에서 철인통치와 동방전제주의에 이르기까지) 서방 계몽문화에 의해 끊임없이 이용되었다. 중국 형상은 종교논쟁, 철학과 종교의 논쟁, 철학과 정치의 논쟁, 정치논쟁을 겪었다. 주목해야 할 것은, 매번 논쟁의 결과는 모두 서방의 중국 형상에 불리했다는 점이다. 종교논쟁은 중국인은 무신론자가 아니라 원시적인 다신론자임을 증명해냈다. 정치논쟁에서 중국은 개명된 군주독재가 아니라 몽둥이에 의존하는 공포정치가 실행되는 동방전제주의 폭정의 표본임을 증명했다. 경제논쟁은 중국은 부유한 나라가 아니라 빈곤한나라이며 중국 사회는 농업을 기반으로 발전하는 사회가 아니라 농업에 정체된 사회임을 증명했다. 사람들은 18세기에 들어와 유럽의 중국 형상이 긍정적인 모습에서 부정적인 모습으로 바뀐데 주목한다. 이런 전환은 한 순간에 특정 개인이나 하나의 문헌에 의해 완성된 것이 아니라 중국에 관한 여러 차례의 논쟁을 거치며 점진적으로 일어났다. 중국 형상의 색깔을 바꾼 것은 계몽운동 사상 자체의 진보였다(유신론에서 무신론으로, 개명전제주의에서 공화주의로, 전통적인 중농주의와 중상주의에서 현대 자본주의 정치경제 이론으로). 영국에서 산업혁명이 완성되고 프랑스에서 대혁명이 시작되자 봉건 전제적인 중화제국은 어떤 논리에서건 더 이상 서방 문명 발전의 모델이 될 수 없었다.

8

'중국풍'은 18세기 중반에 정점에 올랐다가 퇴조하기 시작했다. 5세기 동안의 훌륭한 중국 형상의 시대가 끝났다.

18세기 후반 유럽 문화 속의 중국 형상은 놀라울 정도로 바뀌었다. 폄하와 혐오는 물론이고 더 놀라운 것은 망각이었다. 5세기라는 긴 시간 동안에 걸쳐 끊임없이 강화되어온 중국에 대한 열정이 혁명이 끝난 후에는 씻은 듯이 사라졌다. 이런 관념의 변화를 촉발한 것은 중국의 현실이 아니라 서방의 문화정신, 중국-서방 무역과 정치 군사 관계의 변화였다. 관념사 혹은 지식사 연구의 관점에서 접근하는 필자는 역사에서 끊임없이 변화해 온, 흔히 비연속적인 관념과 상상 가운데서 어떤 문화적 계획과 논리를 찾고자 한다. 유일한 근거는 문헌이지만 그 문헌이 등장하게 된 배경과 상황은 문헌이 반영하고 있는 현실 대상(중국)이 아니라 문헌이 쓰인 사회의 환경과 담론체계 (서방 문화)이다.

서방의 중국 형상이 등장한 시기는 중세 말기 혹은 문예부흥 초기인데,[18] 이때는 서방 현대 문명의 기점이었다. 보데(H. Baudet)는 *Paradise on Earth*란 저서에서 근현대 유럽인과 비유럽인의 관계를 고찰하면서 두 가지 측면에서 접근하였다. 하나는 물질적, 현실적, 정치경제적 측면의 관계, 다른 하나는 문화적 혹은 신화적 측면의 관계였다. 두 종류의 관계는 상호 독립적이면서도 연관되어 있었다.[19] 서방 현대 문명의 확장은 정치·경제·문화영역에서 전면적으로 추진되었는데 처음에는 무역과 선교에서부터 시작되었다. 계몽운동 이후의 확장

---

18 마르코 폴로는 단테와 동시대인이다. 엥겔스는 단테를 중세 최후의 시인이자 문예부흥 시대 최초의 시인이라고 평가했다. 1350년 무렵은 중세 말기에 속한다. 사학계에서는 문예부흥이 1350년 무렵부터 시작되었다고 인식한다. 그러므로 중세 말기는 근대의 기점이기도 하다. 『이탈리아 문예부흥의 역사배경(意大利文藝復興的歷史背景)』, 데니스 헤이 저, 이옥성(李玉成) 역, 삼련서점, 1988년 판 참조.

19 *Paradise on Earth: Some Thoughts on European Images of Non-European Man*, Henri Baudet, trans. by Elizabeth Wentholt(New Haven and London: Yale University Press, 1965)를 참고.

은 스스로 현대 문명을 전파하는 사명을 떠맡았다. 이 확장은 자기 긍정과 대외 부정의 성격을 띠고 있었다. 외부세계는 경제적 확장, 군사적 정복, 정치적 통치의 대상이자 기독교 혹은 현대 문명 전파의 대상이었다. 그러면서도 동시에 서방 문명의 관념과 심리에는 자기 부정과 대외 긍정의 경향이 남아 있었다. 그 구체적 표현이 이른바 동방신화였는데, 동방신화도 서방 역사상 중국 숭배를 이해하는데 필요한 심리 문화적 배경이다.

동방신화는 서방 문화의 시발점에 뿌리를 두고 있다. 고대 그리스와 히브리 문화에는 동방의 줄거리가 짙게 배어 있다. 고대 그리스문명의 뿌리는 근동 문명이었다. 고대 그리스의 문화심리 속에는 동방세계에 대한 두려움과 동경이 동시에 자리 잡고 있었다. 이런 심리는 중세까지 이어졌는데, 이때 두려움의 근원은 이슬람의 위협이었고 동경의 대상은 전설에서 풍부한 황금이 나오는 인도와 장로 요한의 나라였다. 다시 마르코 폴로의 키타이 전설이 동경의 대상을 중국으로 옮겨 놓았다. 중국은 서방이 상상하는 세속의 천당으로 변했다. 지리대발견은 혁명이었다. 지리대발견으로 세계가 바뀌고, 서방도 바뀌고, 세계와 역사를 보는 관점도 바뀌었다. 자신을 보는 관점도 바뀌자 서방 문명은 유일한 문명도 아니고 가장 우수한 문명도 아니었다. 이로부터 종교와 문화상의 관용 정신이 형성되었다. 세계를 보는 관점이 바뀌자 세계는 인간 아니면 괴물로 구성된 세계가 아니라 여러 민족·국가·풍습·법률로 구성된 세계가 되었다. 역사를 보는 관점이 바뀌자 역사는 문명의 진행과정이 되었다. 이러한 문화적 상대주의는 문예부흥 시대에 등장하여 계몽운동 시대에 최고조에 이르렀다.

동방신화는 지리대발견을 촉발했고 지리대발견은 다시 동방신화를 확증해주는 듯했다. 대중화제국이 우월한 이역 문명 혹은 현세의 유토피아로서 계몽운동 시대에 등장하자 중국-서방 관계는 관념과 심리 면에서 서방 문화에 대한 거대한 "현실적 가치와 신화적 힘"이 되었다. 중화제국은 사회생활 면에서 유행과 취미의 낙원이었고, 사상 면에서는 신앙의 자유와 관용의 고향이었고, 정치제도 면에서는 개명 군주제도, 더 나아가 철인 왕의 모델이었다. 동방은 우수한 문명을 만들어 냈다. 동방신화는 중화제국의 형상에 새롭고 현실적인 해석을 덧붙였다. 계몽운동은 문화 대발견의 시대였다. 계몽주의자들은 광활한 세계에 대한 이해를 통해 자신의 문화를 더 잘 인식하고 개조할 수 있다고 믿었다. 계몽주의 이성의 배경에는 유토피아에 대한 깊은 동경과 낭만주의 정신이 깔려 있었다. 그들은 중화제국의 문명을 흠모했을 뿐만 아니라 이슬람 문명으로 유럽 문명을 비판했다.

서방인이 정치 경제적으로는 외부세계로 확장하고 정복하면서 문화면에서는 자신에게 정복당하고 있는 세계를 흠모하고 찬양한 점은 주목할 만한 일이다. 동·서방 관계에서 관념적인 측면과 현실적인 측면은 전혀 상반된 경향을 보였고 그러면서도 두 경향이 상호촉진 작용을 하였다. 동방에 대한 흠모와 찬양은 정치 경제적인 확장을 자극했고, 동방에 대한 지식을 넓혔으며, 동방에 대한 기존의 열정을 더 부추겼다. 두 가지 완전히 상반된 경향은 상호보완하면서 일종의 역사의 장력(張力)으로 작용했다. 동풍서점(東風西漸)의 시대를 연구하다 보면 그것이 서방에 미친 영향과 서풍동점(西風東漸) 시대에 그것이 중국에 미친 영향을 비교해 볼 수 있다. 이 비교를 통해 우리는 한 가지 문제를 생각하게 된다. 중국에서 서풍동점의 시대에 문화 개념상으로는 서방을 흠모하고 동경했고 정치 경제적으로도 서방 확장 세력의 압박과 침략을 받았지만 관념과 현실 사이에는 내향과 외향의 장력 관계가 형성되지 않았다. 이 때문에 문화 심리상태와 사회 구조는 균형상실 상태에 빠졌고 대외적인 흠모와 동경은 대내적인 자기비하 자기경멸 심리와 함께 등장했다. 이것은 제3세계 혹은 전체 동방의 현대화 과정에서 당면한 공통 문제였다.

서방 현대의 확장의 역사는 그 시발점이 십자군 원정에까지 소급될 수 있다. 광대한 동방세계에 대한 그들의 심리상태는 기본적으로 개방적인 동경이었다. 18세기에 이르기까지 동방은 상대적으로 여전히 강대했다. 아시아 유목 문명의 확장은 역사상 최고조에 도달했다. 페르시아에 샤파비(Safavid) 제국이 세워졌고 인도에는 무굴(Mughal) 제국이, 중국에서는 청(淸)이 들어섰다. 유목 문명과 농경 문명이 결합된 이들 동방제국은 경제·기술면에서는 상대적으로 정체되었지만 정치군사적·종교문화적 확장은 여전히 계속되고 있었다. 1650년에서 1750년에 이르기까지 서방의 확장은 정지와 조정기에 들어갔다. 네덜란드 동인도회사는 쇠락하기 시작했다. 서방 확장의 제1차 고조기는 종결되었고 제2차 확장은 아직 시작되지 않았다. 동방에 진입한 서방 확장 세력은 이들 대제국의 해안에서 저지되었다. 1750년 무렵부터 이러한 형세에 변화가 생겼다. 이때 유럽은 스스로 대량으로 생산할 줄 알게 되었다. 공예 또한 비교적 큰 진전이 있었고 서방사회의 수요를 기본적으로 만족시킬 수 있어서 더는 머나먼 중국으로부터 고가에 수입할 필요가 없게 되었다. 자기의 가격은 떨어져 보통 백성도 사용할 수 있게 되었다. 칠기와 벽지는 수입 중국산보다 품질이 나았다. 영국인에게 차 마시는 습관이 생기자 상인들이 대량으로 차를 실어 왔다. 1726년에 영국 동인도회사가 설립되고 광동과 직접 교역을 시작했다. 차 관세는 세기 초에 100%에서 세기 중반에 12.5%로 낮아졌고 차 가격도 지속적으로 떨어졌다. 1750년 영국의 연간 차 수입량은 3,700만 파운드에 이르렀고 이제 차도 서민의 일상 음료가 되었다. 더 중요한 것은 그들이 마침내 중국인이 원하는 상품을 찾아냈다는 점이었다. 그것은 아편이었다. 대 중국 교역에서 무역수지 흑자가 발생했다. 영국 동인도회사는 사실상 인도 아대륙을 지배했고 유럽-아시아 교역에서 아시아는 완성품 수출지역에서 원재료 수출지역으로 변했다. 유럽은 경제적인 우위를 차지했을 뿐만 아니라 정치 군사적인 우세도 과시했다. 유럽-아시아 교역은 중상주의 자유협력 무역에서 제국주의 식민약탈 무역의 시대로 진입했다. 빈곤하고 값싼 상품과 원재료를 생산하는 피약탈 국가, 머지않아 정복될 국가를 사람들이 흠모하고 중시할 수 있을까? 유럽에서 중국 형상과 중국 차는 동시에 가치가 떨어졌다. 부유한 선진 국가와 민족의 풍습을 추종할 수는 있지만 낙후하고 타락한 국가의 생활, 사상과 예술을 모방할 수는 없다.

1750년 무렵은 서방 확장사, 동·서방 관계사, 서방의 중국 형상사에서 다 같이 중요한 전환점이었다. 1750년 무렵 영국은 인도 식민 통치 체계를 완성했고 영국을 선두로 하는 세 번째 서방확장의 물결이 일기 시작했다. 이와 함께 모든 동방제국에서 쇠락의 조짐이 나타나기 시작했다. 첫 번째가 샤파비 왕조, 두 번째가 모굴 왕조, 마지막

이 청 왕조였다. 세계정세의 판도가 바뀌었다. 영국의 군사력과 경제적 실력은 낡은 평형을 무너뜨릴 수 있을 만큼 강대해졌다. 한 세기 동안 영국은 혁명의 소모를 제때에 피해갔고 유럽에서의 패권 경쟁에서 빠져나왔다. 그들은 국내 경제를 발전시키는 한편 국제시장에서의 경쟁력을 강화했다. 그들은 아메리카와 인도에서 프랑스를 꺾었고 플라시 전투(Battle of Plassey)에서 승리하면서 인도에 대한 전면적인 정복을 완성하고 식민통치를 시작했다. 영국의 인도 식민통치는 영국 본토를 향해서는 산업혁명을 완성하는 데 도움을 주었고 동방 확장을 추진하는 데 있어서는 중국의 문을 여는 기지가 되었다. 영국인은 우선 아편을 이용해 3세기 동안 지속된 대 중국 무역역조를 반전시켰고, 다음으로는 인도를 기지로 하여 인도의 보급품과 용병을 이용해 아편전쟁에서 승리했다. 서방이 3세기 동안 추진해왔던 동방으로의 확장 과정이 비로소 완성단계에 접근했다.

9

1750년 무렵 서방의 중국 형상에도 분명한 변화가 일어났다. 더 적확하게 표현하자면 서방의 중국 형상은 명백하게 반전되었다. 마르코 폴로 시대 이후로 5백 년 동안 서방이 미화해왔던 중국 형상은 끝나고 추악한 쪽으로 바뀌기 시작했다. 영국의 해군 제독 앤슨(G. Anson)과 프랑스의 철학자 몽테스키외의 저작이 앞장서서 중국의 어두운 면을 폭로했다. 『법의 정신』(1748년 출간)은 "중국은 전제국가이며 그 체제의 원칙은 공포"라고 주장했다. 그 후 한 세기 동안 사악하고 타락한 동방 전제제국이란 중국 형상이 서방에서 끊임없이 강화되었다. 맥카트니(G. Macartney) 사절단의 중국 방문은 경제와 정치면에서는 별다른 성과를 거두지 못했으나 문화적인 영향은 매우 컸다. 사절단이 가져온 중국에 관한 각종 보도는 "중국인의 명성을 땅에 떨어뜨리기에" 충분했다. 반(半)야만적인 전제제국은 '비열한 폭정'에 시달리고 있으며 머지않은 장래에 몰락할 것이다. 그곳의 "상인은 속임수를 쓰고 농민은 도둑질하며 관리는 타인의 재산을 착취한다." 아편전쟁이 폭발하자 서방의 중국 형상은 마침내 또 하나의 극단—폐쇄·정체·사악·타락한 아편제국—으로 치달았다. 이제 중국은 서방이 상상하는 동방 암흑세계의 중심이 되었다.

18세기 말에 등장한 부정적인 중국 형상은 19세기에 이르러 최고조에 이르렀다. 이 단계의 중국 형상의 특징은 주로 중국에 관한 총체적 상징적 표현(『아편제국』), 중국의 제도와 역사에 대한 관점(『역사의 난파선』), 중국 민족성에 관한 고찰(『제2 인류』) 등 세 분야로 언급되고 있다. 『아편제국』, 『역사의 난파선』, 『제2 인류』 등 3부는 전문 주제에 관한 토론이기는 하지만 그래도 하나의 시대사로서 분류될 수 있는 이유는 그 중점이 19세기에 있고 19세기 서방의 중국 형상의 가장 뚜렷한 세 가지 측면이라고 할 수 있기 때문이다.

『아편제국』은 서방(주로 영국)이 19세기에 아편의 동방성을 둘러싸고 어떻게 중국 형상을 만들어 냈는지를 논한다. 현실 세계에서나 상상 속에서나 아편은 중국과 영국을 연결해주는 매개가 되었다. 아편무역과 아편전쟁은 영국 식민세력이 중국에 가져온 재앙이었다. 영국의 아편 중독자이건 영국의 선교사나 상인이건 중국에서 '본 것'은 모두가 동일한 것―암흑, 우매함,.타락, 잔혹함, 유혹과 공포, 영원히 변화가 없는 정체와 단일성, 변할 수 없는 야만―이었다. 이런 풍경은 선교사들의 사회·역사 저작에 등장했고, 문학가의 자전적 참회록에 등장했고, 철학자들의 엄숙한 사유에서도 등장했다. 각종 문헌은 동일한 담론 혹은 동일한 중국 형상―타락, 쇠퇴, 죽음을 앞둔 아편제국―을 반복적으로 표출했다. 아편을 피우는 중국은 우매하고 야만적이며 철저한 동방성을 드러냈다. 이러한 중국 형상은 사람들이 중국을 표현하는 표본이 되었다. 문학적 경험 면에서는 문학가들은 아편을 통해 중국에 진입했다. 현실 경험 면에서는 상인, 정객, 선교사도 아편을 통해 중국에 진입했다. 헤겔(Hegel)의 철학, 콜리지(Coleridge)와 드 퀸시(De Quincy)의 문학, 메더스트(Medhurst)의 역사도 여러 가지 저작을 통해 하나같이 아편제국이란 중국의 형상을 만들어 냈다. 집단심리의 심층에서 아편은 도취, 타락, 우매함, 암흑, 잔혹 같은 동방성을 암시했다. 중국인이 아편을 즐긴다는 것은 동방적 특징의 철저한 표현이었다. 아편을 통해 수립된 서방과 중국의 관계는 일련의 이원대립적 관계를 확립했다. 서방(영국)과 동방(중국), 이성과 탐닉, 건강과 타락, 문명과 우매함, 광명과 암흑, 자애와 잔혹이라는 ······.

아편제국의 형상에서 아편은 핵심 요소였다. 아편은 중국의 동방성을 확립했을 뿐만 아니라 중국과 서방의 관계를 확립했다. 어떤 의미에서 아편은 서방 문화가 구축한 관념적 세계질서와 그 질서 안에서 중국과 서방의 관계를 확립했다. 문화와 이념의 중요한 기능은 역사 속의 의의를 자연화하는 것이다. 상상이 빚어낸 특징을 본질로 바꾸는 것이 바로 문화 의의의 자연화 과정이다. 아편은 원래 역사의 산물이고 중국의 입장에서 보자면 외부에서 들어온 물건이었다. 그런데 아편과 관련된 저작이나 문헌에서 아편은 중국의 본질로 규정되었다. 아편은 동방성을 두루 갖추었고 중국은 동방성의 대표였다. 중국의 가장 철저한 동방성은 아편에 대한 탐닉과 아편으로 인한 타락으로 구체화되었다. 아편은 동방성의 결과이자 원인이기도 했다. 상상 속의 사이비 관계가 태생적 본질로 치환되었다. 중국의 동방성은 중국을 아편에 빠지게 만들었고 아편은 다시 중국을 동방성에 빠지게 만들었다. 아편이든 동방성이든 원래는 모두가 역사 혹은 문화의 산물인데 서방 문화의 관념 속에서 이것들은 오히려 자연의 산물, 역사적으로 개조할 수 없는 본질로 바뀌었다. 그러므로 이런 본질에 의해 결정된 세계질서도 바뀔 수 없는 것이었다. 서방의 중국 형상은 서방이 중국에 부여한 일종의 사이비 문화의 본질이자 서방이 관념과 행위 면에서 중국을 파악하는 방식이었다. 모든 문헌은 문화와 역사의 맥락 안에서 분석되어야 한다. 서방 문화가 중국 형상을 빚어낼 때 중요한 것은 서방의 세계 관념질서 속에서 중국의 위치를 확정하고, 중국 형상과 서방 문화가 서방의 자기 인식 과정에서 차이와 대립의 관계를 갖도록 하는 것이었다.

이역 형상의 의의는 그것이 특정 본토 문화의 질서 속에서 갖는 의의이다. 이역 형상이 생성되고 교류되는 과정에서 본토 문화 특유의 구조 원칙을 따를 수밖에 없다. 서방이 1750년 무렵부터 운용하기 시작한 부정적인 중국 형상은 두 차례의 아편전쟁 기간 동안에 완성되었고 별다른 변화 없이 그대로 20세기 초까지 이어졌다. 이렇게 정형화 또는 유형화된 중국 형상은 같은 시기 여러 작가들의 다양한 저작 가운데서 반복적으로 등장했다. 시인, 철학자, 선교사, 군인, 상인들은 각기 다른 지식과 경험의 배경을 갖고 있었고, 동기와 방법도 달랐으며, 여러 형태의 저작에서 다루는 주제도 달랐지만 그들이 표현한 중국 형상은 놀랄 만큼 유사했다. 아편제국의 형상은 이미 일종의 담론으로 변했다. 아편제국은 토론의 대상이 되는 주제가 아니라 그대로 표현만 하면 되는 현상이었다.

서방 제국주의 문화에서 아편제국이란 '타자'의 형상이 서방 제국주의가 중국에서 식민지 확장을 시작하면서 동시에 등장했다는 것은 현실 권력구조가 문헌과 저작을 창조하고 있었을 뿐만 아니라 문헌과 저작에 등장하는 타자의 형상도 현실을 창조하고 있었음을 설명해준다. 이것이 담론의 권력적 측면이다. 서방 현대 문명의 제국주의적 확장이 정복과 통치 방식에 있어서 이전 시대와 전혀 다른 점은 바로 그 문화적 패권이었다. 아편무역과 아편전쟁의 죄악을 은폐하기 위해서 뿐만 아니라 약탈과 침입을 '정의로운 이유'로 장식하기 위해서도 부정되어야 할 사악한 중국 형상을 만들어야 했다. 부정해야 할 사악한 중국 형상은 서방 제국주의에게는 역사와 문명의 '신정한 권력'을 부여하였고 서방 패권주의 질서의 피해자에게는 '당연한 귀결'이란 느낌을 갖게 했다. 다양한 저술에서 질서를 창조하고 또한 그 질서를 공고하게 만들고 있었다. 아편 흡연은 중국 동방성의 본질이었고 아편을 가져와 파는 행위는 그러한 중국인의 본질이 실현되도록 돕는 일이었다. 아편의 몽환에 빠져 쇄락해가는 사악한 국가는 문명의 포화를 동원해 '각성'시켜 주어야 하고 그들이 겪는 고난과 굴욕은 진보를 위해 치러야 할 당연한 대가이다. 그러므로 침략이 바로 계몽이다……. 『아편제국』의 문선에는 마틴(William Alexander Parsons Martin, 중국명 정위량丁韙良)이 『중국의 각성』에서 묘사한 이른바 중국 각성의 5막 극을 줄거리로 삼아 19세기에 서방에서 나온 중국을 묘사한 대표적 저작을 선정 수록하였다. 맥카트니의 『중국 견문』, 랭던(William Langdon)이 쓴 중국문물 전람회 소개 책자, 빙햄(E. Bingham)과 스윈호우(Robert Swinhoe)와 마틴 등이 두 차례의 아편전쟁과 의화단 사건을 경험하고 남긴 기록 등이 그것이다. 아편제국 담론이 서방의 중국 형상의 가치핵심이라고 한다면 상술한 '역사적 사건'에 관한 구체적인 묘사는 바로 그 가치핵심의 체현이라고 할 것이다.

10

18세기 서방은 계몽운동 서사 가운데서 중국을 찬미했는데 19세기의 계몽운동 서사에서는 중국을 비판했다. 아편제국의 특징인 정신적 우매, 도덕적 타락, 정치적 전제, 역사적 정체는 서방 계몽운동의 가치인 이성, 소박함, 자유, 진보 등과는 전혀 상반된 것이었다. 계몽운동이 만들어 낸 중국 형상은 서방의 세계관 질서에서 중국 형상이 차지하는 위치를 확정하였고, 서방의 자기인식 과정에서 중국 형상과 서방 문화가 대립과 차이, 우열 등급의 관계를 형성했다는 데서 중요한 의미를 가진다. 중국 형상의 역할은 어느 정도 중국의 현실과 중국에 대한 인식을 반영하는 것이 아니라 '타쟈'로서 서방의 다른 문명에 대한 관념과 질서를 확립하는데 도움을 주는 것이었다.

『역사의 난파선』은 계몽운동 시대의 중국 형상의 문제에 관해 계속 토론한다. 진보와 자유는 서방 현대성 '대서사'의 핵심 개념이다. 중국 형상은 '타자'로서 바로 이 핵심 개념의 대립항인 정체와 전제를 상징했다. 서방 현대문화가 구축한 세계관념과 세계질서 안에서 중국 형상은 차이를 표현하고 서방 현대 문명의 자기인식을 완성했다는 데서 의의가 있다. 중국은 진보 질서의 타자로서 정체된 제국이어야 했다. 중국은 자유 질서의 타자로서 전제적인 제국이어야 했다.

문예부흥 시대가 지리대발견의 시대였다고 한다면 계몽운동 시대는 문화대발견의 시대이자 서방 현대 문명의 자의식이 등장한 시대였다. 현대 자본주의 문명의 세계관념은 이 시대에 기틀을 잡았다. 이 세계관념은 대서사의 형식으로 표현되었다. 대서사(Grand Narrative)는 메타서사(Meta-narrative)라고도 하는데, 구체적인 서사를 통합하고 지식에 합법성을 부여하는 일종의 초월적 서사를 가리킨다. 계몽운동 시대에 구축된 (현대성에 관한) 이성, 자유, 진보, 인민 등을 주제로 한 대서사가 지식의 규범을 확립했을 뿐만 아니라 권력의 체제를 확립한 것이 그 예이다. 대서사는 어떤 의미에서는 거대서사(Master narrative)이기도 하다. 계몽주의 대서사의 세계관념과 세계질서는 시간적으로는 현대와 고대, 공간적으로는 서방과 동방이란 이원대립의 범주 위에 구축되었다. 동방과 서방이란 이원대립의 세계 구조, 유럽 중심적이고 진보와 자유를 가치척도로 하는 세계질서는 일종의 지식질서였다. 이 질서 안에서 모든 민족은 동방과 서방, 정체와 진보, 전제와 자유라는 범주의 어느 한쪽에 반드시 귀속되어야 한다. 또한 계몽주의 대서사의 세계관념과 세계질서는 일종의 가치 등급질서였다. 이

질서 안에서 모든 문명은 세계와 역사 속에서의 위치에 따라 문명이거나 야만, 우등이거나 열등으로 분류되었다. 동방에 살고 있고 과거 속에 정체되어 있으며 전제주의에 빠진 민족은 야만이거나 반야만의 열등한 민족이었다. 계몽주의 대서사의 세계관념과 세계질서는 일종의 권력질서이기도 했다. 이 질서는 서방 자본주의 경제와 정치 확장의 이념적 기초가 되었고, 그리하여 야만적인 침입과 약탈은 정의와 진보와 자유를 위한 수단이 되었다.

『역사의 난파선』은 서방 현대의 진보/자유라는 대서사 가운데서 타자로서 구축된 부정적인 중국 형상이 생성되고 진화한 과정을 탐구한다. 정체된 문명으로서의 중국 형상은 18세기 말에 등장했다. 중국의 유구한 역사를 선망하던 서방은 곧 유구한 역사의 중국이 역사의 과거 속에 정체되어 지금은 야만 상태로 후퇴하고 있음을 알게 되었다. 문명의 유구함과 문명의 정체는 동전의 양면이었다. 역사의 유구함이 역사의 정체를 의미하게 되자 영광은 치욕으로 변했다. 콩도르세와 맥카트니의 중국관은 서방의 중국 형상사가 전환점을 맞았을 때 등장했다. 두 사람은 약속이나 한 듯 중국 문명의 특징을 정체와 쇠퇴에서 찾았고 정체와 쇠퇴의 원인은 동방 전제주의의 우매한 폭정이라고 규정했다.

정체된 중국의 형상은 유럽의 진보를 핵심으로 하는 계몽주의 사관이 확립되는 과정에서 등장했다. 유럽인들은 중국 문명의 정체된 형상을 확립하고 그 원인을 규명함으로써 서방 문화의 가치와 우월성을 증명할 수 있었고 한편으로는 서방 확장과 정복의 이념적 근거를 마련할 수 있었다. 정체된 문명으로서의 중국의 형상은 계몽운동 후기에 프랑스와 영국에서 등장하여 19세기 초 독일 고전철학에서 완벽하게 해석됨으로써 표준적인 담론의 정형(定型)이 되었다. 그것은 교조적이고 규범적인 의미의 지식으로 표현되었을 뿐만 아니라 현실적 효능을 가진 권력으로서 표현되었다. 중국의 정체를 이론적으로 설명할 때 대외적으로는 식민주의적 확장이 정의로운 이유를 제시할 수 있었고 대내적으로는 서방 문명의 자기인식과 자기 경계(警戒)의 근거가 될 수 있었다. 영원히 정체된 민족은 그 자체로서는 어떤 의미도 가질 수 없고 다른 민족의 거울이 되었을 때 비로소 존재의의를 가질 수 있었다. 영원히 정체된 민족은 스스로 자신을 구원할 수 없고 다른 민족의 충격에 의존할 수밖에 없었다. 진보는 인류역사의 법칙인 반면에 정체는 공인된 '중국의 사실'이었다. 이런 문제가 확정되자 서방인의 중국 침략을 정의로운 행동으로 바꾸는데 유일한 관념상의 장애는 인도주의가 역사에 뿌려놓은 도덕적 동정심이었다.

계몽주의의 진보 신화는 자본주의가 전 세계로 확장할 때 사상적 무기가 되기는 했지만 필연적인 이념의 단계로 완성되지는 않았다. 사회적 다원주의가 계몽사상의 온정주의를 피하기 위해 진보의 개념을 대체하는 진화의 개념을 내놓았다. 진화의 과정은 적자생존이라고 하는 잔혹한 경쟁 과정이었다. 진화의 보편적 법칙에 비추어 볼 때 과정의 잔혹함과 고통은 필연이었다. 우월한 유럽민족이 창조한 우수한 서방 문명이 최종적으로 열등한 동방민족과 그들의 정체 낙후된 문명을 소멸시키는 것은 필연적인 과정일 뿐만 아니라 정의로운 일이었다. 문명의 행진곡은 우등 민족의 개선가와 열등 민족의 신음이 어우러진 합주곡이었다. 이 곡의 절반은 창조이고 나머지 절반은 파멸이었다. 사회적 다원주의는 생물학의 적자생존 관념을 사회과학에 이식하여 역사발전을 해석했다. '진보'는 '진화'로 바뀌었다. 표면적으로는 훨씬 더 과학적이었으나 실질적으로는 지식이 과학의 가면을 쓰고 이념으로 변신했다.

진보와 자유가 계몽 대서사의 긴밀하게 연결된 한 쌍의 긍정적 개념이라고 한다면 정체와 전제 또한 긴밀하게 연관된 부정적 개념이었다. 고대 그리스까지 소급되는 '동방 전제주의' 개념의 '관념사 과정'에서 계몽운동 시대 서방의 동방 전제주의 담론이 중국 형상을 수용했음을 알 수 있다. 무엇보다 몽테스키외의 『법의 정신』에서는 다음과 같이 무리하게 단정했다. "어느 면에서 봐도 중국은 전제국가이며 그 체제의 원칙은 공포이다." 니콜라 블랑제(N. Blanger)는 『동방 전제제도의 기원』에서 중국은 기나긴 역사를 통해 시종 전제주의였다고 단정했다. 헤겔이 전혀 거리낌 없이 결론을 내렸다. 중국의 정치체제는 동방 전제정체 중에서도 가장 나쁜 것이며, 중국은 "충분하고도 기이한 동방식 국가이다!" 여기서 '충분하다'는 동방 전제국가의 극단적 형식이란 의미였고 '기이하다'는 중국의 전제정체는 가부장적 전제라는 독특한 특징을 갖고 있다는 의미였다. 중화제국 전제체제의 "가부장적 원칙이 전체 민족을 미성년 상태에서 통치하고" 있었다. 몽테스키외에서 헤겔에 이르기까지 서방 사상계는 중국 형상의 동방 전제주의 내용을 끊임없이 확정해 왔다. 중화제국의 동방 전제주의 형상은 최종적으로 서방의 동방 전제주의 담론에 수용되었을 뿐만 아니라 동방 전제주의의 가장 극단적인 대표로 규정되었다.

중화제국의 전제주의 형상은 일단 확립되자 지속 반복적으로 내용을 보강해가면서 점차로 보편적인 '상식'으로 자리 잡았다. 이 담론은 서방사회의 중국에 대한 시야와 개별 문헌과 저작의 화제와 내용을 좌우하였고 나아가 실천의 영역에서는 중국과 서방의 관계 또는 대 중국 서방 정책을 좌우했다. 담론은 특정 주제와 관련하여 역사 속에서 생성된 일련의 기율과 지식을 가리키며 권력의 표현체계를 드러낸다. 담론은 언어와 행위, 관념과 실천이 모두 불가분의 관계라고 가정한다. 담론은 의미와 의미의 표현 방식을 결정할 뿐만 아니라 행위의 방식도 결정하며 더 나아가 행위 자체가 담론이 된다. 중국의 동방 전제주의 형상은 중국을 대립적이며 부정되어야 할, 저열한 위치에 자리 매김함으로써 제국주의의 확장과 침략에 필요한 이념을 제공해주었다. 푸코는 지식과 권력은 분리될 수 없는 관계이며 지식은 진리의 권력을 가정할 뿐만 아니라 권력을 진리로 바꾼다고 주장했다. 민주와 전제, 문명과 야만의 대립 관념이 확정되고 나아가 전제는 민주에 의해 소멸되고 야만은 문명에 의해 정복되어야 한다는 역사 진보의 필연법칙이 긍정적으로 받아들여지고 중국 형상이 전제와 야만으로 자리매김하자 서방의 약탈적, 야만적 전쟁은 정의로운 행동으로 해석되었다.

『역사의 난파선』편은 철학과 정치학과 역사학을 다루고 있으며 문선에는 우리가 잘 알고 있는 명사들의 글을 수록했다. 볼테르의 『풍속론』, 몽테스키외의 『법의 정신』, 헤겔과 마르크스의 관련 논저가 여기에 해당된다. 이들 명저의 모범적인 역서가 이미 많이 나와 있으므로 관련된 일부 단락만 문선에 수록하였다. 관심 있는 독자는 어렵지 않게 전문을 구해볼 수 있을 것이다.

11

서방이 만들어 낸 정체된 제국으로서의 중국 형상은 서방 제국주의 이념의 한 부분이었다. 사이드의 『오리엔탈리즘』은 학문적 지식으로서 오리엔탈리즘이 어떻게 정치권력의 영역에 '분배'되었는지를 연구하였다. 동방 전제주의 형상은 철학과 정치학에서 만들어졌으며 정체된 제국의 형상은 역사학에서 만든 것이었다. 이와 함께 인류학은 중국의 국민성 신화를 만들어 따로 추악한 중국인이란 형상을 확립함으로써 이원대립의 세계관념 구조 안에 이른바 인종지적(人種誌的) 내용을 보완해주었다. 20세기 후반에 등장한 '포스트모던 인류학'은 19세기 인류학의 지식과 체계를 되돌아보는 과정에서 (인류학이) 서방의 식민 확장, 제국주의 이념과 긴밀한 관계가 있음을 발견했다. 19세기 인류학은 서방이 식민지 민족에게 부여한 여러 가지 '타자'로서의 특징을 이른바 민족성으로 '본질화'했다.

서방의 중국인에 관한 터무니없는 전설은 고대 그리스 시대부터 등장하기 시작했다(세레스인). 마르코 폴로 시대에 이르러서야 그것이 희미하게나마 현실적인 인상을 갖게 되었다. 계몽 철학자들은 완벽한 도덕적 이상형으로서의 중국 철인을 그려내는 데만 관심을 가졌고 실제 중국인에 대해서는 별 관심이 없었다. 뒤 알드 신부의 『중화제국통사』는 계몽운동 시대 유럽의 중국관련 백과사전이었다. 이 저서에서 뒤 알드 신부가 묘사한 중국인의 성격적 특성은 매우 복잡하고 상호 모순되며, 긍정적인 면도 있고 부정적인 면도 있었으나 총체적으로 볼 때 부정적인 면이 긍정적인 면보다 많았다. 그는 중국인은 일반적으로 매우 온순하며 인정미가 넘치고, 생각이 고상하고 행동거지가 우아하며, 야비한 짓을 하지 않으며 화를 내는 경우가 거의 없다고 말했다. 물론 뒤 알드 신부는 반대되는 특징도 열거했다. 계몽운동 후기부터 서방인의 관심은 중국의 제도에서 중국인의 성격으로 옮아갔다. 예절을 중시하는 중국인의 성격에서 어떤 서방인은 손님을 환대하는 열정을 보았고 어떤 서방인은 허위와 가식을 보았다. 전쟁을 좋아하지 않는 중국인의 기질에서 어떤 사람은 평화에 대한 사랑을 보았고 어떤 사람은 겁이 많은 탓이라고 해석했다. 그들은 관념도 다르고 신분도 달랐고 관점도 달랐다. 예수회 선교사와 철학자들은 긍정적인 면을 보았지만 상인과 식민 사업에 나선 군인들은 부정적인 면을 보았을 것이다. 서방인들은 중국인의 민족성을 관찰하는 한편 그런 성격이 형성된 자연과 역사의 원인을 생각했다. 몽테스키외는 자연 환경의 결정 작용을 강조했다. 흄(D. Hume)은 제도와 관습의 영향을 강조했다. 헤르더(Johann Gottfried Herder)는 민족성의 형성에 작용하는 요인으로서 지리환경과 기후조건, 사회제도 이외에 유전적 요소를 지적했다. 헤겔에 이르자 아예 중국인은 태생적으로 노예근성을 갖고 있다고 규정되었다. 아직 자유정신이 피어나지 않은 동방 제국에서의 민족성은 복종적이고 연약하며, 비천하고 몰염치했다. 중국인은 명예와 존엄에 대한 감각이 전혀 없어야 했다. 중국인은 진취적이고 저항적일 수가 없었다. 중국인은 자기비하와 순종의 대상일 뿐이었다. 그들은 미신과 음모에 익숙할 뿐 진정한 우정이나 지식은 그들과는 상관이 없어야 했다…….

성실과 정의 혹은 사악함과 교활함, 용감함 혹은 비겁과 무능함,

근검절약 혹은 나태와 산만함, 허세 혹은 열정적 우애, 무지한 과대망상 혹은 자기비하, 탐욕과 향락 혹은 엄숙함…… 결론적으로 말해 여러 가지 모순된 성격의 특징이 중국인에게서 반복적으로 나타났고, 서방인들은 그것을 '발견'했으며, 그것이 중국인의 성격이 되었다. 중국인이란 국민 전체를 가리킨다. 한 개인에게서 나타나는 성격적 특징이 국민 전체의 성격을 대표할 수 있을까? 더욱이 서방인들이 발견했다고 하는 중국인의 성격적 특성에는 늘 예외와 상호 모순이 있었다. 보편적으로 유효하고 민족 전체가 공유하는 본성을 대표할 '원형'을 찾지 못했다면 어찌 민족의 성격을 발견했다고 말할 수 있는가? 서재에 틀어박힌 철학자들의 머릿속에서 중국인의 본성은 분명하고 또렷하게 드러날 수 있을지 모른다. 먼 이국을 떠도는 여행자라면 낯선 무리에 섞여 온갖 사람과 사건을 볼 것이고 그런 그들에게 일상적으로 마주치는 중국인의 개성은 오히려 모호하고 혼란스러울 것이다. 서방인의 중국인에 대한 관점은 다양할 수밖에 없다. 중국인이 세상에서 가장 사악한 민족이라고 말한 사람도 있었고 '천조(天朝)'의 사람들은 세상에서 가장 우호적이라고 말한 사람도 있었다. 견문이 얕은 때에는 말이 많지만 견문이 깊어지면 오히려 말이 적어진다. 좋게 평가할 그 무엇을 찾아내지 못한 탓인지 아니면 정말로 좋게 평가할 수 없는 그 무엇을 발견한 때문인지 각종 견문은 상호 모순되고 혼란스럽기 짝이 없었다. 이해가 늘어날수록 중국인의 성격은 더욱 모호해졌다. 아편전쟁 이후의 반세기 동안에 서방의 중국에 관한 지식은 빠르게 쌓였다. 이 시기에 서방이 형성한 중국인의 성격에 관한 기본 관념은 1940년대까지 별다른 변화 없이 그대로 이어져 내려왔다.

19세기에 서방은 부정적인 관점에서 중국인의 성격의 복잡 다면성을 지속적으로 찾아나가는 한편 중국인의 형상과 성격을 간략화, 고정화, 유형화하려 했다. 그 방법은 이류화(異類化), 추악화, 희화화였다. 서방인은 중국인을 집단 상상 속에서 어떤 '원형'으로 고착시켜나갔다. 그것이 변발(辮髮), 우산 쓴 모습, 돼지 눈처럼 옆으로 찢어진 눈, 튀어나온 배, 교활한 웃음, 무디고 기계적인 동작, 쥐까지 먹어치우는 식습관, 거짓말하는 습성이었다. 누구도 이런 특징의 합리성에 대해서는 알아보려 하지 않았다. 서방인의 입장에서 중요한 것은 현실의 중국인을 인식하는 일이 아니라 지식과 실천을 통해 중국인을 배척하고 매도할 수 있는 '타자'로 확정하는 일이었다. 그러므로 중국인의 형상과 성격에 관한 담론은 서방 문화가 특정한 환경에서 환상에 기대어 중국에 대한 욕망과 공포를 배제하려는 문화방식이었다.

19세기의 종족진화론은 중국인의 성격에 관한 토론에서 이론적 사상적 배경을 제공했다. 서방 대중이 중국인을 희화화, 추악화 할 때 선교사들도 직접 경험을 바탕으로 하여 현실의 중국인과 그들의 복잡 다양한 성격을 묘사하려 했다. 그들은 중국인의 성격적 특성을 가능하면 복잡하게 표현하려는 경향을 보였고 모순되는 특징을 부각시켰으며 심지어 그 모순을 해석하려 시도했다. 윌리엄스(S. Wells Williams, 중국명 위삼외韋三畏) 목사는 기이한 풍경을 찾아가는 여행가이건 물건을 사고팔려는 상인이건 진정으로 중국인을 이해하기란 불가능하다고 주장했다. 중국인의 성격에 관해서는 그와 그의 동업자들은 하나님의 이익을 위해 중국인 사이에서 십수 년 혹은 수십 년을 살고 나서야 발언권을 가질 수 있었다. 윌리엄스는 중국인의 성격 가운데는 "전혀 조화되기 어려운 미덕과 사악함이 동시에 존재한다"는 말로 중국인의 성격의 복잡하고 난해한 면을 지적했다. 스미스(Arthur Henderson Smith, 중국명 명은부明恩溥)는 이러한 복잡성을 정리하려 했다. 그는『중국인의 성격』이란 저서에서 중국인의 성격을 26가지 특징으로 분류했다. 이 책은 당시의 보편적 사조를 담고 있을 뿐만 아니라 서방이 한 세기 동안 중국인의 성격에 관해 탐구한 최종 성과를 대표했는데, 내용면에서 볼 때 상대적 객관성이나 광범위하고 절대적인 영향력이란 면에서 동류의 다른 저작과 비교할 바가 아니었다.『중국인의 성격』은 한 시대를 마감하는 작품이자 그 시대를 대표하는 작품이었다. 19세기 서방의 중국인의 성격에 관한 토론은 스미스의『중국인의 성격』에서 완결되었다.

서방이 중국인의 인종적·성격적 특징에 관해 관심을 가지기 시작한 것은 18세기부터였지만 서방의 중국인의 형상과 성격 문제에 관한 토론은 19세기에 집중되었다.『제2 인류』의 문선에는 19세기 중·후기에서 20세기 초의 저작들이 집중적으로 수록되어 있는데 그 가운데서 윌리엄스의 중국인의 신앙과 생활풍습에 관한 글, 스미스의 중국인의 성격적 특성에 관한 결론은 가장 핵심적인 부분이다. 서방문헌 가운데서 관련 논술은 대다수가 분산되어 있다. 본 문선에서 여러 저작에 나오는 관련 단락을 선별하여 수록한 까닭은 주도적 '관점'과 '논리'를 다른 측면에서 보강하려 했기 때문이다. 그 가운데는 설득력 있는 견해도 있고 편견도 있으나 어느 쪽이든 모두가 대표성을 갖고 있으며 오늘날까지도 서방인의 중국인에 대한 인상에 절대적인 영향을 미치고 있다.

서방의 중국인의 성격 문제에 관한 토론은 19세기에 최고조에 이르렀고 20세기에 들어서는 이렇다 할 진전이 없었다. 그런 중에도 의화단의 난과 한국전쟁은 서방인의 마음속에 중국인의 용감성과 잔인성을 각인시켰다. 1930년대 펄 벅(Pearl Buck, 중국명 새진주賽珍珠)의 소설로 대표되는 일부 저작과 신문보도는 중국인의 소박, 선량, 근면, 낙관, 영민함 등의 미덕을 부각시킴으로써 많은 서방인의 중국인에 대한 인상을 바꾸어 놓았다. 그러나 좋은 인상의 시대는 빠르게 지나갔다. 1930년대에 서방이 중국인을 "우러러 봤을 때"에도 중국인에 관한 저열한 형상은 여전히 존재했다. 19세기가 그들에게 물려준 중국인의 형상과 품성에 관한 부정적 소재는 너무나 많았다. 중국인이라고 하면 곧바로 무디고 개성이라고는 전혀 없으며 방대한 인간의 집단이 떠올랐다. 중국인은 가난과 굶주림 속에서 한 무리씩 죽어갔고 그렇게 한 무리씩 태어났다. 그들은 약자였지만 약자 특유의 교활함과 음험함이 있었다. 그들은 무능했지만 잔인함과 야만성이 있었다. 20세기 서방의 중국인의 형상에는 흉측하고 위험한 색채가 보태졌다. 중국인은 과거의 전설처럼 온순하고 유약하지 않았다. 난폭하고 잔인하며 야만스러운 그들에게서 서방인은 두려움을 느꼈다. 유약하고 순종적인 중국인이 흉포하고 강대한 중국인으로 변했다. 이것이 중화인민공화국이 수립되고 나서 서방인 마음속의 중국인 형상에 일어난 일대 변화였다. 신 중국 성립 후 일어난 또 다른 변화는 과거에 서방이 본 것은 모래알처럼 흩어진 중국의 무수한 개인과 가정이었지만 이제 중국의 개인은 공산주의라는 큰 물결 속에서 갑자기 사라지고 중국인은 통일된 집단으로 변했다는 사실이었다. 이렇게 되자 중국인의 개성이라고는 전혀 없는 전통적 특징이 새로운 함의를 지니게 되었다. 개성 없는 무수한 개인이 하나의 기묘한 사상으로 무장하여 두뇌는 하나뿐이지만 손은 수천 개인 거인 혹은 마귀로 변했다. 20세기 후반에 중국을 찾은 서방인이 '목격한' 모습은 50년 전에 길렝(R. Guillain)이 본 모습이나 200년 전에 맥카트니 사절단이 본 모습과 다르지 않았다. 중국인은 전혀 개성이 없는, 홍수나 안개처럼 몰려다니는 고깃덩어리 집단이 아니라 더럽고 무표정하며, 허약함 때문에 허리가 굽은 개인이었다. 그들은 강력한 번식력을 갖고 있어서 머지않아 세계의 식량을 다 먹어치울 것이다. 그들은 잔인하고 난폭하며 영아를 살해한다. 그들은 사악하기 때문에 도시는 탐욕 속에서 타락하고 있고 농촌은 빈곤 속에서 타락하고 있다.

12

서방의 중국 형상은 18세기 이래로 꾸준히 '악화'되어 왔지만 그렇다고 해서 온통 암흑 일변도는 아니었다. 중국 형상의 아름다운 면은 다양한 방식으로 여러 시대에 드러났다. 그러나 유감스럽게도 그 영향의 범위와 시간이 매우 제한적이었다. 보데(Henri Baudet)는 *Paradise on Earth*란 저서에서 다음과 같이 지적했다. "유럽 문화에는 이역을 인간낙원으로 이상화하는 뿌리 깊은 심리가 자리 잡고 있다."[20] 중

---

20 *Paradise on Earth: Some Thoughts on European Images of Non–European Man*, Henri Baudet, trans. by Elizabeth Wentholt(New Haven and London: Yale

국 형상이 서방 문화에 진입하자 "비단이 나는 나라"의 전설에서부터 18세기 '중국 열풍'이 불 때까지 긴 시간 동안 서방은 여러 각도에서 끊임없이 중국을 이상화했고 이상화된 중국 형상에 시대마다 다른 의의를 부여했다. 고대 전설 속의 세레스는 행복과 장수의 땅이었고, 마르코 폴로 시대의 대 칸의 나라는 믿기 어려운 번영과 부강의 제국이었고, 그 후 예수회 선교사들이 윤리와 정치면에서 중국을 미화하자 중국은 철인 왕이 통치하는 유교 유토피아가 되었고, 계몽시대에는 철학자들이 중국을 표본으로 삼아 유럽을 비판했다……

『유교 유토피아』에서는 때로는 단절된 것처럼 보이지만 7세기를 관통하는 서방의 중국 형상의 어떤 연속성을 살펴보고자 한다.

우선 서방은 문예부흥과 지리대발견이란 역사 배경과 유토피아를 상상하는 전통 시야 속에서 중국 형상의 문화적 의의를 구축하고 해석했다. 그들은 중국에서 철인 왕을 발견했고, 철인이 정치를 담당하는 제도를 발견했고, 이상화된 윤리적 정치질서를 발견했다. 중국은 유교 유토피아가 되어 초기 계몽철학자들의 보편적 유토피아 구상 속에 등장했다. 계몽철학자들의 유토피아의 현실성과 역사성에 대한 신념은 두 가지 기본 관념에서 나왔는데, 하나는 성선설이고 다른 하나는 정치 권위를 통해 사회의 정의와 행복을 달성할 수 있다는 도덕적 이상이었다. 그런데 이 두 가지 기본 관념은 유교 유토피아란 관념과 제도의 원칙으로 구체화되어 있었다. 이것이 그들이 중국 형상을

University Press, 1965), pp. 74-75.

이용하여 유토피아를 역사 속에 도입하려던 근거였다. 철인정치가 실현되면 가장 완벽하고 가장 개명된 정치가 구현될 수 있다. 중국 형상의 의의가 이것이었다. 철인정치는 계몽주의자들이 떠받드는 새로운 형태의 정치와 사회윤리의 이상적인 척도였다.

유토피아는 지리대발견 시대의 지도 위에서 계몽운동이란 세계 역사 속으로 자리를 옮겼다. 유토피아는 지리적 현실성과 역사적 현실성을 증명할 수 있는 역사적 기회를 맞았다. '유교 유토피아'는 개명 군주전제를 체현하고 있었다. 유럽의 군주들이 중국의 황제처럼 될 수 있다면 플라톤의 이상국은 더 이상 유토피아로 머물러 있지는 않을 것이다. 세계를 개조하는 일은 군주를 개조하는 일로부터 시작된다. 계몽주의자들은 이성적 도덕교육을 통해 개명 군주를 양성함으로써 인류의 행복과 정의를 성취할 수 있다고 믿었다. 계몽주의자들은 진정한 의미의 낙관주의자였다. 그들은 인간이 이성을 존중하고 이성에 따라 제도를 운용하면 유토피아는 역사의 진보를 따라 머지 않은 장래에 현실이 될 것이라고 확신했다. 유교 유토피아는 계몽주의자들이 현실을 비판하고 개조하려는 무기가 되었다.

유교 유토피아는 서방 문화에서 유토피아가 문학의 영역에서 역사의 영역으로 건너가는 가교 역할을 했다. 그러나 유감스럽게도 계몽주의 이성은 하나의 신화를 제거하면서 동시에 다른 하나의 신화를 만들어 냈다. 프랑스대혁명의 위험과 낭만이 역사를 문학화 했다. 유토피아의 원칙을 적용하여 사회를 개조하려는 환상이 '역사의 필연성'이란 이름을 달고 등장하자 또 하나의 역사적 재난이 배태되었다. 계몽운동은 중국 형상을 빌려 유토피아를 역사 속으로 끌어들였다.

다시 프랑스대혁명이 서방 역사에서 유교 유토피아를 추방함으로써 유교 유토피아는 순수하게 문학적이며 낭만적이고 이국정취가 넘치는 (문학적) 주제가 되어버렸다. 세속에 들어온 유교 유토피아는 탈속적인 전원의 목가가 되었다.

여기서 주목해야 할 것은, 19세기 서방의 중국 형상은 암흑 일색이었다는 사실이다. 한 때 아름다웠던 중국 형상은 동방 정취가 되어 낭만적이고 순수한 문학적 환상 속으로 숨어 들었다. 중국이 오히려 서방의 유토피아 환상을 현실 역사 속의 혁명으로 끌어들여 유토피아 혹은 이상주의적 색채가 강한 새로운 중국을 세우자 서방인은 다시 중국을 향해 '성지순례'를 떠나기 시작했다. 그들은 사회주의 중국이란 큰 울타리 안에서 유교 유토피아를 목격했고 모택동이란 인물에게서 철인 왕의 면모를 발견했다. 정체되고 관용적이던 유교 유토피아가 급진적 변혁을 추구하는 '모택동주의 유토피아'로 변했다. '모택동주의 유토피아'의 특징은 여러 방면에서 유교와 완전히 대립했다. 유교 유토피아가 심미적 기대에서 정치적 기대로 돌아가는 역사 과정에서 서방에서의 중국 유토피아의 의의는 하나의 극단에서 다른 극단으로 변했다. 계몽주의 '대서사'는 중국 문명이 정체되었다는 이유로 유교 유토피아를 포기한 바 있는데 이제는 '모택동주의 유토피아'가 다시 세계적 범위에서 인류 진보의 모델이 되었다. 19세기 중반에 서방은 중국을 도덕적으로 타락하고 정치적으로 부패한 아편제국으로 취급했는데 20세기 중반에 중국은 다시 혁명을 통해 사회와 인간이 완벽해지는 '도덕적 이상국'을 추구하는 나라로 변했다. 서방이 '모택동주의 유토피아'에서 기대한 가치와 이상이 왕년에 유교 유토피아에서 기대했던 바와 완전히 일치하지는 않았지만 최종적으로는 도덕 정치를 기대했다는 점은 주목할 만하다. 서방이 중국 형상을 끊임없이 유토피아화한 역사에서 우리는 담론의 단절과 연속을 동시에 발견할 수 있다.

『유교 유토피아』의 오랜 역사 때문에 문선에는 16세기 마테오 리치(Matteo Ricci, 중국명 리마두利瑪竇) 신부의 글부터 1970년대 미국 여행가의 여행기까지 수록했는데 그 중심은 18세기와 20세기의 문헌이다. 부베(J. Bouvet, 중국명 백진白晉) 신부의 『강희제전(康熙帝傳)』, 볼프(C. F. von Wolff)의 중국 윤리와 정치 관련 강연집, 볼테르의 관련 논문, 케네(Quesnay)의 『중국의 개명군주제』, 디킨슨(G. L. Dickinson)의 『중국인의 편지』, 니어링 부부(Scott and Helen Nearing)의 『아름다운 신세계』, 솔즈베리 부인(Charlotte Y. Salisbury)의 『중국일기』 등이 문선에 수록되었다. 이들 문헌과 저작은 대부분이 이상국 혹은 유토피아 사상을 배경으로 하여 중국의 제도와 중국의 군주를 소개하고 있으며, 특정시대의 서방 문화의 비판과 기대 — 특히 서방 지식분자의 급진적인 태도와 상상 — 를 표현하고 있다. 『유교 유토피아』는 내용상 『대중화제국』, 『세기의 중국열풍』과 연결되며 문선에 수록된 문헌의 출처도 같으나 다만 인용된 부분은 차이가 있다.

13

서방의 중국 형상은 18세기 이후로 끊임없이 '악화'되었다. 20세기 서방의 중국 형상은 양극단 사이를 왔다 갔다 했지만 전체적인 추세는 지속적인 '악화'였다. 『용의 환상』은 양극단 사이를 오간 20세기 서방의 중국 형상에 대한 묘사와 분석인 동시에 7세기에 걸친 서방의 중국 형상 생성과 진화의 역사에 대한 일종의 종합 결론이라고 할 수 있다. 20세기 서방의 중국 형상은 양극단 사이를 오갔기 때문에 서방 700년 중국 형상사의 두 가지 원형—1750년 이전의 아름다운 중국 형상과 1750년 이후의 기본적으로 사악한 중국 형상—을 압축해서 극렬하게 표현하고 있다. 서방 역사에서 형성된 중국 관련 담론의 전통이 그들이 중국을 감지하고 표현하는 내용뿐만 아니라 그 방식도 결정했다.

서방 문화에서 중국 형상의 진정한 의의는 지리적으로 확정된 현실 국가가 아니라 문화적 상상 속에서 특정 윤리를 대변하는 허구의 공간, 서방보다 더 좋거나 나쁜 곳, 샹그릴라 혹은 인간 지옥이었다. 이것이 서방 문화가 이원대립이라는 원칙 하에서 '타자'를 상상하는 방식이다. 서방의 상상 속에서는 두 종류의 중국이 있었다. 하나는 낙원과 같은 광명의 중국이고 다른 하나는 지옥과 같은 암흑의 중국이었다. 동일한 중국이 서방 문화 안에서는 전혀 다른 두 가지 형상으로 표현되었다. 이 두 가지 형상은 역사의 여러 시기에 약간의 변화가 가미된 형태로 다양한 종류의 저작과 문헌에 반복적으로 등장함으로써 일종의 원형이 되었다. 20세기 서방의 중국 형상은 선망과 혐오, 존경과 공포의 양극단 사이를 오갔다. 그것은 암흑에서 시작하여 암흑으로, 이유를 설명할 수 없는 공포에서 시작해 이유를 설명할 수 없는 또 다른 공포로 끝났다.

20세기가 시작되었을 때 선교사, 군인, 정치가들이 전해준 정보에서부터 문학작품에 이르기까지 서방 문화가 표현한 중국 형상은 기본적으로 가난하고, 더럽고, 혼란스럽고, 잔인하고, 위험한 지옥이었다. 그런 형상이 집중적으로 표현된 사례가 '황화론(黃禍論)'과 의화단(義和團)운동이었다. '황화'는―의화단사건이 '황화'의 공포를 증명했듯이―역사적 사건으로 체현될 수도 있었고 허구의 문학작품에 등장하는 상상의 인물―푸 만추 박사(Dr. Fu Manchu, 傅滿洲)―을 통해서도 체현될 수 있었다. 또한 '황화'의 기초는 중국 본토의 방대한 인구일 수도 있었고 서방에 스며든 차이나타운의 중국 이민일 수도 있었다. 어느 쪽이든 간에 현실은 상상의 소재였고, 상상은 서방이 현실에서 체험한 중국에 대한 여러 가지 욕망과 초조함과 공포를 각종 은유의 방식으로 표현하고 있었다. '황화'의 공포는 대부분 서방 문화의 자학적 상상이었다.

　암흑의 중국 형상 언저리에서 한편으로는 밝은 빛이 흘러나왔다. 『중국인의 편지』 같은 작품은 중국을 지혜와 평온과 순박함이 넘쳐나는 인간 낙원으로 묘사했다. 서방의 지식 엘리트들은 중국의 전통 철학과 평화로운 생활이 탐욕과 상호 복수에 빠져 '몰락'하는 서방에게 어떤 계시가 될 수 있다고 상상한 적이 있었다. 제1차 세계대전이 끝나자 지식 엘리트 계층에서 이런 사상적 움직임이 있었지만 대중적 기초를 갖지 못한 체 엘리트 계층의 '가상'으로 끝났다. 1930-40년대에 이런 '가상'이 대중적 표현 방식을 찾아냈다. 서방 사회, 특히 미국은 통속 소설에서 신문 보도에 이르기까지 중국을 순박하고 지혜로운 전통 사회로 인식했다. 그들은 중국의 용감한 인민이 영명한 지도자의 영도 아래 파시스트에 반대하는 전쟁에서 "영웅적으로 일어나" 중국이 문명국가가 되기를 기대했다.

샹그릴라 식의 상상은 빠르게 사라졌다. 1940년대 후반에서 50년대 사이에 서방의 중국 형상은 광명에서 암흑으로 빠르게 떨어졌다. 서방의 상상 속에서 붉은 중국은 인민이 전제체제의 노예노동과 기아에 시달리는 악마의 소굴이었다. 이 악마의 소굴은 현실 세계를 위협할 뿐만 아니라 세계와 인간에 대한 선량한 관념과 신앙까지도 위협하고 있었다. 그들은 과거에 중국을 미화했던 자신의 '과오'를 반성하고 '유치함'에 부끄러움을 느꼈다. 그러나 얼마 지나지 않아 그들은 자신의 과오와 유치함뿐만 아니라 건망증까지도 발견하게 된다.

1950년대 말에서 70년대 초까지 '좌익' 사조의 영향 아래서 중국 형상은 서방에서 점차로 암흑에서 광명으로 바뀌었고 심지어 사회개조의 유토피아로 평가되기도 했다. 붉은 중국은 '멋진 신세계'가 되었다. 그들은 그곳에서 인류의 미래와 희망을 보았다. 19세기 서방의 진보 담론은 중국을 '정체된 제국'이라 하여 문명사의 바깥 혹은 문명사의 시발점으로 축출했으나 100년 후 혁명을 치른 중국은 다시 역사 진보의 표본이 되었다. '성지순례'를 위해 붉은 중국을 찾은 서방의 지식인들은 중국에서 인류의 미래를 보았고 모택동이 영도하는 중국 혁명이 새로운 문명과 인류를 창조했다고 찬양했다.

중국을 미화하거나 추악화 하는 것은 모두 진실이 아니다. 진실에 관한 우리의 가정이 핵심이다. 어떤 시기에 등장한 중국 형상은 당연히 오해에서 비롯된 허위라고만 서방이 주장한다면, 그 시기의 역사는 당시의 구체적 문제를 토론할 뿐이라고 주장한다면, 이런 오해가 여러 시기에 약간의 변화를 보이지만 대부분 반복적으로 등장한다면 어느 한 시대의 서방의 중국 형상과 그것을 생산하는 방식의 특징이 의심을 받아야 하는 것이 아니라 서방의 중국 형상 구성의 본질과 서방 문명이 이방 문명을 인식하는 객관적 능력 자체가 의심받을 수밖에 없다. 우리의 연구가 '중국관' 혹은 '중국학'이란 용어를 사용하지 않고 '중국 형상'이란 용어를 사용하는 이유는 연구 대상에 내포된 '대중의 집단상상물'이란 성격을 강조함과 동시에 이론적 방법론이나 관념상으로도 중국 형상이 능동적이고 자발적인 선택에 따라 표현되고 생성된 담론의 결과란 사실을 강조하기 위해서이다. 이른바 객관적 진실이란 개념은 이론 위주의 환각일 뿐이다. 결국 서방의 중국 형상의 의의를 결정하는 유일한 척도는 그것이 서방의 문화체계 안에서 갖는 유효성뿐이다.

우리가 여러 시대 서방의 중국 형상의 변이와 극단적 표현을 분석하는 이유는 어느 시대 서방의 어떤 중국 형상은 틀렸고 다른 형상은 옳거나 어떤 것이 다른 것보다 더 객관적이거나 진실에 가깝다는 사실을 증명하기 위해서가 아니다. 우리의 목적은 이원대립의 양극 전환 방식의 과정과 내용을 분석함으로써 서방의 중국 형상의 구성 원칙을 밝히려는 것이다. 반복적으로 등장하는 천당과 지옥의 형상, 미화되거나 추악화된 양극단 유형으로 표현된 이원대립의 원칙, 그리고 상반된 두 가지 중국 형상이 서방 문화의 자기 인식과 자기 초월에 작용한 기능을 밝히는 것이 우리 연구의 이론적 전제이자 목적이다.

'모택동주의'의 붉은 유토피아 형상은 1970년대에 파멸을 맞이했다. 서방인은 그 아름다운 중국 형상이 또 다른 '속임수'였음을 알았다. 1980년대 서방의 중국 형상은 한편으로는 여전히 문화대혁명의 어둠 속에 갇혀 있었다. 그 당시는 '포스트 문화대혁명 시대'였다. 다른 한편으로 개혁개방은 중국을 서방인의 눈에 빠르고 즐겁게 서방화 하는 국가로 비치게 했다. 수세기 동안 선교사들이 기독교화 하려던 중국, 상인들이 시장화 하려던 중국, 정치가들이 민주화 하려던 중국의 신화가 일시에 현실이 되는 것 같았다.

그러나 새로운 환상은 하룻밤 사이에 무너졌다. 1989년에 발생한 극적인 정치 풍파는 서방의 중국 형상을 암흑 속으로 밀어 넣었다. 이번에 서방은 후회했을 뿐만 아니라 분노했다. 90년대 서방의 중국 형상 가운데서 중국은 영원히 변할 수 없는 동방 전제사회에 가까웠다. 중국에서 인권은 짓밟히고 정치는 부패했으며 도덕은 타락했다. 경제가 발전하고 있는 것은 분명한 사실이지만 경제 발전은 기뻐해야 할 일이 아니라 두려워해야 할 일이었다. 경제 발전은 결국 "사악한 세력을 도와줄 것"이기 때문이다. 특히 서방인들은 한때 "민주적 서방을 열렬히 사랑하던" 중국의 청년학생들이 민족주의 열정 때문에 반미 시위를 벌이는 것을 보고 (사건의 원인은 살펴보지 않고서) 절망과 공포만 느꼈다. 20세기 서방의 중국 형상은 '중국위협론'이란 배경 아래서 종결되었다.

20세기 서방의 중국 형상은 그 내용이 방대하고 갈래가 복잡하다. 우리는 그것을 네 단계로 나누고 문선에 수록한 문헌(부분) 또한 네 단계의 주제에 따라 선정했는데 대부분이 중국에서 처음 번역되었다. 이들 문헌은 상호 인용과 참조, 동일한 화법을 동원해 20세기 서방의 중국 형상의 여러 측면을 공동으로 구성하고 있다. 수록된 문헌은 1900년에 나온 시드모어(Eliza Ruhamah Scidmore)의 『만세의 제국(China, The Long-Lived Empire)』, 1901년에 나온 하트 경(Sir Robert Harte)의 『시님에서 온 것들(These From The Land of Sinim)』에서 시작하여 1998년에 나온 홍콩의 마지막 총독 패턴(C. Patten, 중국명 팽정강彭定康)이 쓴 『동방과 서방』에서 끝나는데, 시기로는 근 백년에 걸치고 문헌 유형도 학술서적부터 신문보도와 여행기에 이르기까지 다양하다. 이들 문헌을 통해 드러나는 중국 형상은 이유 없는 공포에서 시작하여 이유 없는 공포로 끝나는데, 그 사이에 광명과 암흑의 양극단을 끊임없이 넘나든다. 이 시기 동안 서방의 중국 형상은 완전히 상반되기도 하고 같은 시기에도 사회계층에 따라 중국의 형상이 완전히 달라진다.

중국 형상은 서방의 문화담론의 산물이다. 이 담론은 역사 시기에 따라 단절되기도 했고, 부단히 변화하면서 어느 때는 상반되기도 했고, 그러면서도 변화하는 가운데 어떤 원형의 연속성을 보여주었다. 20세기 중반에 미국인의 중국관에 대해 조사한 한 미국 기자는 중국은 부정과 긍정의 완전히 상반되는 두 가지 형상을 갖고 있다고 지적했다. "이 두 가지 형상은 때로는 침잠하고 때로는 부상하였고, 때로는 우리 마음속의 중심부에 자리 잡았다가 때로는 중심부에서 물러나기도 했다. 어느 한 쪽의 형상이 다른 형상을 완전히 대체한 적은 없었다. 두 가지 형상은 언제나 우리 마음속에 공존해 있다가 주변 환경이 변하면 즉시 표면으로 올라왔는데 그때마다 낡은 느낌이 전혀 들지 않았다. 두 가지 형상은 수시로 다량의 문헌과 저작의 행간에 등장했고, 모든 역사 시기마다 순환과 왕복을 거듭하면서 충실해지고 독특해졌다."[21] 이런 결론은 20세기 말에 와서 오류가 없음이 밝혀졌다. 다른 연구자는 20년이 지난 후에도 미국인의 마음속에서 중국 형상이 여전히 전통적인 양극단 사이를 오가고 있음을 발견했다. 무지, 오해, 자기중심적 해석, 기상천외한 발상이 여전히 미국 문화가 중국 형상을 만드는 기초였다.[22] 곤혹스러운 것은 '지구촌' 시대라는 지금에도 세계에서 통신이 가장 발달했다는 미국이 여전히 중국에 대해 낯설어 하고 무지하며 단절되었다는 사실이다. *China Misperceived*는 1980년대까지를 다루고 있지만 핵심은 1930–70년대이다. 맥케라스(Colin Mackerras)의 *Western Images of China*는 90년대 말까지를 다루고 있지만 핵심은 20세기의 마지막 20년 동안이다. 그는 이 20년 동안에도 서방—미국을 위주로—의 중국 형상은 양극단을 격렬하게 오갔고 그 전환점이 1989년이라고 지적한다. 맥케라스는 20세기 말 서방의 중국 형상은 한 세기만에 가장 복잡하고 명암과 영욕이 뒤섞여 있다고 지적한다.[23] 20세기 중국의 형상 전체 혹은 서방의 중국 형상사 전체로 볼 때 20세기 마지막 25년 동안 중국 형상은 기본적으로 '악화'되었다. 80년대의 중국 형상은 시종 문화대혁명이라는

---

21 『미국의 중국 형상』, 아이작스(Harold R. Isaacs) 저, 우전리(于殿利) · 육일우(陸日宇) 역, 시사출판사, 1999년 판, pp. 77–78.

22 *China Misperceived: American Illusions and Chinese Reality*, Stephen W. Mosher, A New Republic Book, 1990, pp. 1–4, "Prologue"와 "Introduction"을 참조.

23 *Western Images of China*, Colin Mackerras, Revised Edition, Oxford University Press. 1999, Part II, Western Images of the People's Republic of China를 참조.

공포스러운 사건의 그림자가 뒤덮고 있었고 90년대에도 다시 1989년 사건과 중국 위협론의 그림자가 뒤덮고 있었다. 20세기 내내 중국 형상은 50년대의 사악한 붉은 중국이란 형상의 연속이었다. 서방의 중국 형상사에서 1750년 이후 추악화된 중국 형상의 전통은 그대로 이어져왔다.

서방의 문화—심리 구조 안에 잠재한 중국 형상의 원형은 어떤 객관적 경험이나 외재적 경험보다도 견고하고 안정적이었다. 20세기 서방의 중국 형상은 사실상 천 년 가까운 역사를 통해 축적되고 농축된 경험의 결과적 산물이었다. 그 속에는 객관적 경험도 있지만 스스로 독특한 심리적 원형을 만들어 낸 환상이 훨씬 더 많았다. 서방인은 서방 정신 혹은 서방 문화의 전통적 무의식 속에 자리 잡고 있는 무의식적 원형을 기반으로 세계 질서를 계획하고 중국 형상을 '이해'하거나 '구축'했다. 이 원형은 광범위한 조직력과 소화력이란 보편적 모델을 갖고 있었다. 어떤 외부의 지식도 이 원형을 통과하면서 이해되는 형상으로 여과되고 재구성되었다. 서방인의 입장에서 중국 형상은 오랜 역사 경험을 통해 축적된 이역 경험의 총합이었다. 중국에 관한 모든 '사실'은 그 자체로는 설득력이 없고 반드시 기존 원형의 틀을 통과하면서 변형과 분석을 거쳐 충분히 서방화되고 기괴한 형상을 갖춤으로써 서방인의 상상과 그들의 세계에 대한 이해 체계에 자양분을 제공해야 했다. 꿈과 현실 사이에 떠도는 중국이란 '타자'의 형상은 서방 문화의 존재를 위해 참조할 만한 의의를 제공할 때에만 (서방에 의해) 받아들여졌다. 중국 형상은 서방 문화의 거울이었다. 그들은 거울 속에서 자신을 보았을 뿐 거울 뒤의 중국은 영원히 보지 못했다. 어쩌면 서방 문화는 근본적으로 중국의 현실을 볼 필요가 없었는지도 모른다. 그들에게 필요했던 것은 허구로서의 중국, 자신을 관조할 수 있게 해주는 대상으로서의 중국, 자신의 환상을 이해하기 위한 중국이었다. 그들은 중국을 통해 자신이 욕망하는 천당 혹은 두려워하는 지옥을 보고자 했다.

중국은 서방 문화가 자기 존재의 위치와 의의를 확정하고 자기 역사의 기점과 종점을 확정하는 데 도움을 주었다. 20세기 말에 시작된 지구화의 물결 속에서도 중국은 식민주의 물결이 휩쓸던 19세기와 마찬가지로 여전히 타자로서 배척당하고, 부정당하고, 폄하당하고 있고 공포의 대상이 되고 있다. 서방은 변한 적이 없고 중국 형상도 바뀐 적이 없다. 지구화 시대에도 서방 문화의 패권주의 경향은 역사상 어느 시대보다 더 강하고 철저하다.

세계사에서 위대한 순간을 고르라면 1250년 전후의 시기를 지목할 사람은 별로 없을 것이다.

이 시기는 그저 평범한 시대였다. 유럽인들은 각자의 속셈을 가지고 십자군의 깃발 아래 뭉쳤고 몽고인들은 중앙아시아와 서아시아를 휩쓸고 있었지만 아직 심각한 역사적 영향을 미치고 있지는 않았다. 남송(南宋)은 중국의 한쪽 모서리에 틀어박혀 평안을 즐긴 지 오래된 탓에 머지않아 닥쳐올 망국의 위기에 대해서는 무감각한 상태였다. 그러나 이런 큰 형세 하에서 당시 사람들이 별로 관심을 갖지 않았던 사소한 몇 가지 일들이 인류 역사의 방향을 결정지었다.

1245년, 성프란치스코 수도회(Order of Franciscans)의 수도사 요한 카르피니(Giovanni da Plan del Carpine)가 교황 사절로 리용을 출발하여 카라코룸을 다녀온 후 『카르피니 몽고여행기』를 썼다. 그로부터 8년 후 루브룩의 윌리엄(William of Rubruk)이 『루브룩 동방여행기』를 썼다.

두 사람은 카라코룸에서 처음으로 중국에 관한 정보를 접했고 이를 서방에 전달했다. 마르코 폴로 시대의 여행가들 가운데서 이들은 선구자였고 중국에 대한 유럽의 낭만적인 형상을 창조한 이들이었다.

역사가 큰 흐름을 바꿀 때 그 전조는 일반적으로 미세한 일들에서 나타난다. 카르피니와 루브룩이 사절로 다녀올 무렵 롱주모의 앙드레(Andrew of Longjumean)가 이끄는 사절단도 중국의 변경에 도달했고 그 직후에 우리에게 널리 알려진 마르코 폴로가 왔다. 카르피니 사절단의 몽고 방문에서 1347년 마리뇰리(John of Marignolli)가 자동(刺桐, Zaytun. 지금의 천주〔泉州〕)을 출발하여 배편으로 유럽으로 돌아오기까지 한 세기 동안 중국에 온 유럽인으로서 역사 기록에 이름이 남아 있는 사람은 100명이 넘는다. 당연한 일이지만, 더 많은 여행자들은 이름을 남기지 못했는데, 특히 상업적 이익을 쫓아 무리를 지어 여행한 상인들의 경우가 그러했다. 마르코 폴로가 천주 항을 떠날 무렵 코르비노(John Monte Carvino)는 칸발릭(汗八里, Cambalech. 지금의 북경)에 도착했고 1307년에는 교황으로부터 칸발릭 대주교로 임명되었다. 오도릭(Friar Odoric)은 1318년 베네치아를 출발하여 마르코 폴로가 베네치아로 돌아갈 때 택했던 노선을 따라 자동 항에 도착한 후 중국에서 6년 동안 생활했다. 그가 칸발릭을 떠날 때 마침 코르비노가 숨을 거두었으며 그 당시 중국의 가톨릭 신자는 천 명을 넘었다고 한다. 자동 주교 앙드레(Andrew of Perugia)는 천주 성 밖에 '화려하고 쾌적한' 천주교당을 지어 20여 명의 신자들에게 숙식을 제공하고 있었다. 이탈리아 선교사 마리뇰리는 1339년에 나폴리를 출발하여 3년 후에 중국에 도착하였고 칸발릭에서 3년을 머물렀다.

세 사람의 위대한 '요한'—카르피니, 코르비노, 마리뇰리—은 사도 요한의 뛰어난 계승자들이었다. 대항해시대에 중국으로 온 유럽인은 영혼을 수확하는 하느님의 사업에 뛰어들었거나, 부를 찾는 맘몬의 사업에 뛰어들었거나, 아니면 순수하게 "모종의 영혼을 구제하기 위해 대양을 건너 이단의 나라를 찾은" 여행가들이었다. 이들은 여행하며 듣고 본 바를 기록으로 남겼고 이런 기록으로부터 중국에 관한 전설이 문건을 통해 퍼지기 시작했다.

　저자는 현실세계의 여행과 문건을 통한 여행이란 두 측면에서 몽고족이 창건한 원(元) 왕조시기에 중국의 형상이 생성된 과정과 의의를 고찰하고자 한다. 상인과 선교사 등이 앞장선 현실세계의 여행은 중국과 서방의 교류사에서 진정한 의미에서 한 획을 그은 중대사였다. 문건을 통한 여행은 중국의 형상을 유럽에 전파하여 유럽인의 세계관을 바꾸었고, 더 나아가서는 서방 자본주의 문명의 최초의 동기와 영감을 유발했다.

　원 왕조시대는 인류 역사상 중요한 시기였다. 칭기즈칸과 그의 가족들이 구대륙을 휩쓸며 구축한 '세계의 평화'는 순식간에 유럽과 아시아 두 대륙의 문명이 하나 되는 길을 열었고 여행과 교역, 관념과 지식에서 한바탕 혁명이 일어났다. 이 혁명의 의의는 주로 다음 두 가지 방면에서 나타났다. 첫째는 초기 형태의 세계시장의 등장이며, 둘째는 세계지리 관념의 형성이었다. 칸발릭이나 킨사이(행재(行在))에서는 중앙아시아, 서아시아, 유럽에서 온 상인을 볼 수 있었다. 베네치아나 리용에서는 서아시아의 천과 보석, 인도와 자바의 향료, 중국의 생사와 자기를 살 수 있었다. 여행과 기물의 교류는 관념의 변화를 가져왔고 중세 기독교의 좁은 세계관은 크게 확대되었다. 세계는 갑자기 끝없이 넓어졌고 이 광활한 세계에서 대 칸이 통치하는 키타이(契丹)[24]와 만자(蠻子)는 가장 매혹적인 지역이었다. 허드슨(C. F. Hudson)은 『유럽과 중국』에서, 몽고족이 통치한 원 왕조시기에 유럽이 구세계를 발견한 가장 큰 의의는 중국을 알게 된 것이며 이것이 지리대발견 시대와 신세계의 발견으로 나아가는 길을 열었다고 지적하였다. "…… 유럽의 여행가들이 묘사한 몽고제국 시대의 중국은 유럽인들에게 깊은 심리적 충격을 주었고 라틴 기독교의 세계정치(Weltpolitik)관을 바꾸어 놓았다. 그런 의미에서 14세기는 중세 초기뿐만 아니라 고전시대도 초월하는 진보의 표상이었다 …… 몽고의 정복 이후 아시아는 전면적으로 모습을 드러냈고 아시아의 상황에 대한 이해는 고도로 정확해졌다. 그 결과 라틴인들은 지중해 중심적 사고방식을 결정적으로 탈피할 수 있었다. 그들은 자신들이 세계의 한쪽 구석에 갇혀 있다는 새로운 느낌을 갖게 되었으며 유럽이 인류 문명의 중심이 아니라 변두리에 위치하고 있다는 사실도 깨닫게 되었다. 여행가들이 아시아의 동쪽에 있는 한 제국이 인구와 부, 사치와 도시화에 있어서 유럽과 대등한 정도가 아니라 유럽을 초월한다는 사실을 알려주었고 …… 라틴 유럽은 중국에 관한 온갖 상상에 사로잡혔을 뿐만 아니라 자신의 관점을 바꾸게 되었다. 아시아의 어떤 지역보다도 중국을 향

---

24 [역주] 원저의 표기는 契丹이며 오래 전부터 서방에서 중국을 부르던 명칭이다. 한국의 독자에게는 '거란'이란 명칭이 더 익숙하지만 서방에서 부르는 호칭대로 '키타이'로 옮겼다.

하는 여행자가 늘어났다. 당시 유럽 여행자 대다수는 중국뿐만이 아니라 페르시아와 인도에도 갔지만 그들이 남긴 최고급의 묘사는 중국에 관한 것이었다…… 마르코 폴로 일가는 콜럼버스에 앞서 중세 유럽인들에게 새로운 대륙을 보여주었다. 명 왕조시대에 유럽의 선박들이 중국 해안으로 몰려온 일도 따지고 보면 '타타르인의 통치가 가져온 평화'의 여파라고 해야 할 것이다."[25]

'몽고선풍'—몽고제국이 전쟁을 통해 창조한 구대륙의 '세계평화'—은 최종적으로는 구대륙의 동서남북 경계를 허물고 동방과 서방 5대 문명을 하나로 연결시켰으며, 농경 문명과 초원 문명을 상호 융통시켰고, 그리스·이슬람화 시대 이후로 유럽과 아시아 대륙을 가장 철저하게 일체화시켰다. 카르피니는 1247년에 리용으로 돌아온 직후에 『몽고여행기』를 썼다. 그는 타타르제국의 기원을 설명한 제5장에서 '키타이(Cathay/Khitai)'[26]라는 이름의 나라를 언급했는데, 이것이 몽고의 세기에 유럽의 문헌에 등장한 중국에 관한 첫 번째 암시였다. 카르피니는 중국에 온 적은 없었고 중국에 관해 들은 바도 적었다. 루브룩의 『동방여행기』는 카르피니의 『몽고여행기』보다 불과 10년 뒤에 나왔지만 키타이에 관해 기술한 내용은 『몽고여행기』보다 두 배나 많

---

25 『유럽과 중국』, 허드슨(영국) 저, 왕준중(王遵仲) 등 역, 중화서국, 1995년 판, pp. 134, 135, 137.

26 키타이(契丹)(Cathay 또는 Khitai)는 중국 북방의 한 민족으로서 강대한 요(遼) 왕국을 건설했다. 13–15세기에 유럽인들은 몽고의 용법을 따라서 중국의 북방을 키타이라 불렀고 남방은 '만자(蠻子)'(Manzi 혹은 Manji)라 불렀다. 키타이는 때로 중국 전체를 폄하하는 호칭으로 사용되었다.

다. 루브룩은 키타이에서 가장 좋은 비단이 나온다는 사실을 알고 있었을 뿐만 아니라 "키타이가 바로 고대의 비단이 나는 나라(Seres)"라고 단정했다. 이때부터 서방 역사에서는 '비단이 나는 나라'의 전설이 부활했고 대항해시대가 가져온 새로운 지식이 전설을 현실의 세계로 끌어들였다.

카르피니가 『몽고여행기』를 쓴 1247년부터 브라치올리니(Poggio Bracciolini)가 『만국통람(萬國通覽)』을 완성한 1447년까지 200년이란 세월 동안에 서방의 여러 유형의 문헌—여행기, 역사서, 서간문, 통상안내서, 소설과 시가(詩歌)—은 모두 키타이와 만자에 관해 언급했다. 이런 문건 중에서 현존하는 주요 저작들은 다음과 같다. 『카르피니 몽고여행기(1247년)』, 『루브룩 동방여행기』(1255년), 『마르코 폴로 여행기』(1299년 경), 『코르비노 등 선교사들의 서간문』(1305~1326년), 『통상안내서』(1340년 경), 『마리뇰리 여행기』(1354년), 『맨더빌 여행기』(1350년 경), 『데카메론』(1348~1353년), 『캔터베리 이야기』(1375~1400년), 『칼비호 동방사절기』(1405년), 『만국통람』(1431~1447년), 『페르시아 사절기』(1436~1480년). 이들 문건의 저자는 선교사, 상인, 문학가이고 기술형식은 역사서, 여행기, 서신, 대화체 기술, 순수한 문학작품이다. 문건의 언어는 고상한 라틴어도 있고 통속적인 로망어도 있다. 문건의 내용을 보면 실록도 허구도 있지만 대체로 실록과 허구가 혼합되어 있다.

중세 말에 나온 동방여행기 중에서 영향력이 가장 컸던 것은 『마르코 폴로 여행기』와 『맨더빌 여행기』이다. 『마르코 폴로 여행기』는 서방인에게 환상을 심어주었다. 어떤 의미에서는 마르코 폴로가 서방의 집단기억 속에 자리 잡은 중국 형상을 창조했다고 할 수 있다. 중세 말의 서방은 한 상인의 시각을 통해서야 중국의 의미를 발견한 것이다. 『마르코 폴로 여행기』의 중국 관련 내용은 1)물산과 교역, 2)도시와 교통, 3)정치와 종교 세 가지로 나뉜다. 마르코 폴로는 키타이를 땅이 넓고 물자가 풍부하며, 도시가 번성하고, 정치는 안정되었으며, 상업이 발달하고, 교통이 편리한 나라로 묘사했다. 마르코 폴로는 17년 동안이나 중국에서 살았기 때문에 듣고 본 것이 방대했지만 그에게 가장 깊은 인상을 준 것은 중국의 물질 문명이었다. 그는 가는 곳마다 현지의 물산, 건축, 도로, 선박의 운항과 교량의 정황을 상세하게 기록했다. 키타이의 칸발릭이건 만자의 행재(Kinsay. 마르코 폴로는 수도라고도 번역했다. 지금의 항주(杭州))이건 현실세계에서 볼 수 있는 가장 번화한 도시였다.

키타이 밖에서 들은 소문과 키타이에서 직접 목격한 것은 전혀 다르지 않았다. 마르코 폴로는 루브룩이 전해준 키타이에 관한 대부분의 소문이 사실임을 확인했다. 그러나 그는 어떤 부분에 대해서는 주의를 기울이지 않았거나 알면서도 말하지 않았다. 루브룩은 중국의 전통 의학과 한자에 관해 언급했다. 만년에 가서 마르코 폴로는 자신의 여행기는 중국에서 보고 들은 바를 절반도 서술하지 못했다고 토로했으니 서술 자체가 처음부터 선택적이었던 셈이다. 강조된 내용은 서술자의 지식 정도와 흥미의 향방을 드러내고 생략은 무지와 무관심을 의미하기 마련이다. 마르코 폴로는 중국의 형상을 구체화하면서 동시에 물질화했다. 키타이와 만자에 관해 그는 매우 상세하게 소개했지만 모두가 물질 문명과 관련된 이야기였다. 마르코 폴로의 여행기는 문화에 대해 무지하고 무관심한 상인의 안목을 그대로 보여준다.

키타이와 만자의 최대 매력은 물질적 번영이었다. 경제적인 면이나 정치적인 면에서나 몽고 치하의 중국은 혼란하고 빈곤한 중세 말의 유럽과 비교할 때 지상의 낙원이라고 할 수 있었다. 다른 측면에서 보자면, 중세 말의 유럽문화 자체가 기독교문화의 질곡에서 벗어날수 있는 일종의 계시로서 물질화된 이역의 형상을 필요로 했다. 물질화된 키타이의 형상은 중세 말 서방 문화의 세속적 욕구를 분출시켰고 그것이 자본주의 문명을 발생시키는 동력이 되었다. 충만한 부와 권력의 상징으로서 중국 형상의 등장이 유럽문화 자체의 배경이 된것이다. 중국의 형상이 거울이라고 한다면 그것은 키타이의 형상을 비추어 보여주었다기보다는 서방 문화의 집단무의식적 환상을 비추어 보여주었다고 할 수 있다. 우리는 그 거울에서 흐릿한 중국의 형상을 읽어내는 동시에 중국의 형상 속에 투사된 서방 중세문화의 억압된 욕구와 공포를 발견할 수 있다.

황금이 부의 상징이듯 키타이 담론 가운데서 전설화된 대 칸은 권력과 명예의 상징이 되었다. 마르코 폴로, 오도릭과 마리뇰리가 쓴 문건은 한결같이 대 칸의 위엄을 묘사하고 있다. 대 칸의 형상 속에서 중세 말 유럽 세속정치의 이상이 은연중에 드러나고 있는 것이다. 마르코 폴로의 일화는 이탈리아 반도와 이베리아 반도 등 주로 남부 유럽에 유포되었다. 중세 말의 영국인, 프랑스인 또는 독일인은 『마르코 폴로 여행기』에 못지않게 널리 읽힌 동방 이야기인 『맨더빌 여행기』를 읽었다. 1500년 이전에 『맨더빌 여행기』는 유럽의 주요 언어로 번역되었다. 오늘날 우리가 볼 수 있는 『맨더빌 여행기』 필사본은 300여 종이나 되지만 『마르코 폴로 여행기』의 필사본은 119종에 불과하다. 유감스럽게도 작가 맨더빌은 책상 앞을 떠난 적이 없는 여행가였다. 그가 쓴 여행기는 모두가 허구였다. 그는 동방에 관한 새로운 지식과 이미 서방에 유포되어 있던 낡은 전설을 뒤섞어 한편으로는 중세 말 서방 통속문화의 관점에서 인식한 동방문화의 특색을, 다른 한편으로는 서방인의 지식과 상상 속에서 만들어지고 유형화된 키타이 형상 또는 동방 형상을 표현했다.

지리대발견 시대 이전에는 마르코 폴로의 사실적인 여행기와 맨더빌의 허구의 여행기가 유럽인이 갖고 있던 동방지식의 백과전서였다. 맨더빌은 다른 여행기 작가와 마찬가지로 규격화된 상투어를 사용하여 중국의 풍부한 물산과 도시의 번영을 찬양했지만 정작 그의 관심은 다른 곳에 있었다. 중국에 관한 장에서 대 칸의 이야기는 70%를 차지한다. 대 칸이 통치하는 국토는 광대하고 통치는 공정하고도 엄격하며, 대 칸은 엄청난 부를 소유하고 있고, 터키의 술탄과 마찬가지로 대 칸은 수백 명의 후궁을 거느리고 있고, 대 칸은 세계에서 가장 강대한 군주이며 장로 요한이라고 할지라도 대 칸보다 위대할 수는 없다. 맨더빌은 기독교 교리와 기사도의 시각으로 키타이의 형상을 개조했다. 허구와 진실을 가르는 객관적 척도가 없듯이 중세기에는 여행기와 영웅담 사이에 명확한 문학적 경계가 없었다. 유럽 중세 말의 중국 형상은 부와 절대 권력의 상징이 되었고 자본주의 초기에 싹튼 세속 정신을 표현했다. 문헌은 거울이다. 우리는 그 거울에서 중국의 형상과 동시에 서방 문화의 정신적 상징을 볼 수 있다.

양자 사이의 관계는 일종의 무의식적 은유의 관계였다. 유럽인들이 중국의 광대한 영토, 풍부한 물산, 도처에 널린 재화, 도시의 번영, 편리한 교통망을 언급할 때 그것은 다름 아닌 자신이 경험하고 있는 결핍, 억압과 불만, 아울러 자신의 욕구와 이상의 표출이었다.

몽고가 중국을 지배하던 시기는 유럽에서 중국의 형상이 탄생한 시발점이었다. 그 이전의 비단이 나는 나라에 관한 전설은 대부분이 근거가 없는 추측이었다. 역사 기록을 보면 몽고가 지배하던 시기에 중국에 온 유럽인은 최소한 백 명이 넘으며 절대 다수가 상인이었고 선교사도 있었다. 그들은 중국과 서방 사이에 직접 교류의 역사를 열었다. 밀라노와 리용의 직조 공장에 중국의 생사가 공급되었고 북경과 천주에는 기독교 교회당이 등장했다. 대항해시대에 나온 여행기, 동방역사지, 통상 안내서 등의 문건이 창조해낸 키타이 형상은 무엇보다도 번화하고 부유한 세속 낙원을 부각시켰다. 이런 문건들은 상호 인용과 상호 참조를 통해 서방 문화 속에 유포된 '키타이 형상'을 공동으로 만들어 냈다. 키타이 형상 속에서 우리는 당시의 서방 여행자들이 듣고 본 바, 그들의 중국에 관한 인상과 전설, 12~15세기에 유럽인이 갖고 있던 중국에 관한 지식과 상상, 이역 형상 가운데 은유적으로 표현된 서방 문화의 정신을 볼 수 있다. 카르피니가 동방을 향해 출발한 1245년부터 니콜로 콘티(Nicolo Conti)가 인도에서 돌아온 1441년까지 200년이 흘렀다. 몽고의 세기가 끝나고 문예부흥이 시작되었다. 서구 문명의 입장에서 보자면 이 200년은 결정적인 시기였다. 이 시기는 과도기이면서 시대를 가르는 분기점이었다. 이 시기에 전혀 새로운 정치경제 관념과 사회제도, 완전히 새로운 생활 양상이 국가와 민족, 개인의 가정을 바꾸고 있었다. 새로 발견된 키타이 형상과 고전 정신의 부흥이 서방 문화의 발전 과정에서 근대정신이라는 일종의 초자아적 신화를 만들어 냈다. 여러 여행기 작자들은 알지 못하는 사이에 비교의식을 노출했다. 키타이의 풍요와 유럽의 빈곤, 키타이의 질서와 유럽의 혼란, 대 칸의 권위와 유럽의 세속권력-교회권력의 갈등, 그로 인한 분열과 허약…… 키타이 형상은 욕구를 해방시키는 환상적인 동력이 되었다. 유럽인들은 키타이 형상 가운데서 자신이 경험한 결핍, 갈구, 자기비판의 고통을 보았고 이를 통해 각성과 희망을 찾았다. 상이한 문화 사이의 교류는 역사발전의 동력이다. '낭만적인 키타이'는 허구든 진실이든, 또는 역사든 전설이든 상관없이 현대 문명 전야의 서방의 생활양상을 표현하고 그것에 영향을 주고 있었다.

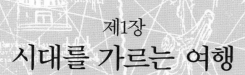

제1장
시대를 가르는 여행

마르코 폴로와 라반 사우마(Rabban Sauma)는 각기 구대륙을 가로질러 중국과 유럽으로 여행했다. 거의 같은 시기에 한 사람은 베네치아를 출발하여 북경으로 갔고 다른 한 사람은 북경을 출발하여 파리로 갔다.

지리대발견 이전에는 유럽과 아시아 대륙이 세계의 전부였다. 두 사람은 극한을 넘어 여행한 시대의 위인이자 행운아였다. 그리고 한 사람은 세상사람 모두에게 이름을 알렸고 한 사람은 조용히 역사에서 사라졌다.

몽고가 지배하던 시기에 많은 유럽인들이 중국에 왔고 유럽으로 간 중국인도 라반 사우마 한 사람만은 아닐 것이다.

1271년: 마르코 폴로, 베네치아에서 북경까지

격동의 시대였다. 세계가 갑자기 넓어졌고 모든 것이 그 여행과 함께 시작되었다 …….

십자군의 길을 따라서

1271년 여름, 마르코 폴로는 부친과 숙부를 따라 대 칸의 나라로 가는 여정에 올랐다. 베네치아를 떠날 때 그의 나이는 17세였다.

그들은 베네치아의 상인이자 대 칸의 사절이기도 했다. 10년 전에 그의 부친 니콜라스 폴로(Nicolas Polo)와 숙부 마테오 폴로(Matteo Polo)는 흑해 북안의 벨케(Berke) 칸의 영지로 가 장사를 하였다. 돌아오는 길에 전쟁을 피해 페르시아 쪽으로 우회하다가 뜻밖에 대 칸 쿠빌라이의 사절을 만나 카라코룸까지 따라갔다. 고향으로 가는 길은 갈수록 멀어졌다. 카라코룸은 몽고제국의 수도였다. 그곳에서 그들은 대 칸으로부터 융숭한 대접을 받았다. 대 칸이 라틴인을 만난 것은 그때가 처음이었다.

세 사람의 폴로 가족 일행은 베네치아에서 배에 오른 후 지중해를 건너 예루살렘 북쪽의 아크레(Acre, 지금의 이스라엘 하이파 북쪽의 아카)에 도착했다. 그곳은 십자군 동정 이후 프랑크인[1]이 유지하고 있는 마지막 거점이었다. 성 안에는 베네치아 상인들의 창고가 여럿 있었고 기독교 주교좌 교당도 있었다. 폴로 형제는 대 칸의 뜻을 교황에게 전달하는 사명을 띠고 있었다. 대 칸은 폴로 형제에게 "미신에 빠진 몽고인들을 기독교에 귀화시키도록 재능과 학식이 뛰어난 기독교도 백 명을 파견해달라는 뜻을 교황에게 전하고, 교황의 답변을 받아오

---

1   무슬림은 유럽인 또는 기독교도를 프랑크인(Franc)이라 불렀다.

●콘스탄티노플을 참배하는 폴로 형제(위)
●콘스탄티노플을 떠나 지중해로 향하는 폴로 형제(아래)
(대영박물관 소장 『마르코폴로 여행기』 필사본 삽화)

는 길에 예루살렘의 예수 무덤 앞에 켜진 등불의 기름을 가져오라"
는 사명을 주었다. 전임 교황 클레멘트 4세(Clement IX)는 2년 전에 사
망했고 새 교황은 아직 선출되지 않은 상태여서 대 칸의 요청을 처리
할 상대가 없었다. 폴로 일가는 무작정 기다릴 수가 없어서 본당 신부
로부터 등유를 조금 얻은 후에 배를 타고 북쪽 소아시아의 라야스
(Layas) 항으로 가는 배를 탔다. 그들은 라야스에서 새 교황이 마침내

선출되었다는 소식을 들었다. 새 교황은 그들에게 등유를 나누어 준 아크레 성의 대주교였고 새로운 이름은 그레고리 10세(Gregory X) 였다.

폴로 일가는 아르메니아 국왕 소유의 배를 타고 아크레로 돌아가 새 교황을 알현했다. 마르코 폴로가 태어난 해(1254년)에 아르메니아 국왕 헤툼 1세(Hethum I)는 몽고 칸의 궁정에 사신으로 간 적이 있었다.[2] 새 교황을 알현한 폴로 일행은 교황의 칙서를 받고 교황이 파견한 두 명의 선교사(백 명이 아니라)와 함께 다시 배에 올랐다. 때는 1271년 11월로 겨울이 다가오고 있었다.

라야스 항에 도착한 폴로 일행은 소아시아를 가로질러 흑해로 간 후 그곳에서 초원길을 따라 카라코룸으로 갈 준비를 했다. 10년 전 아버지 폴로 형제는 바로 그 길을 간 적이 있었다. 그들은 콘스탄티노플을 출발하여 북쪽으로 크리미아 반도 남단의 솔다이아(Solidaia, 지금의 수다크)로 갔다가 우크라이나 초원으로 들어가 볼가르(Bolghar) 또는 사라이(Sarai)에서 벨케 칸을 알현했다. 그들은 벨케 칸에게 보석을 바쳐 칸의 환심을 샀고 칸은 그들에게 "보석 값의 두 배가 넘는 돈을 주었을 뿐만 아니라 여러 가지 값진 예물도 주었다."

초원길은 황량하기는 하지만 상대적으로 안전했다. 돈 강을 건너면 바로 몽고제국 금장(金帳) 칸국(Golden Horde)의 영토였다. 대 칸이

---

2   헤툼 1세가 사절로 갔을 때 수행했던 키라코스(Kirakos Gandzaketsi)가 『아르메니아사』에 헤툼 1세의 몽고사행을 기록해 놓았다. 『헤툼 여행기·오도릭 동방여행기·샤 루흐 중국사절기』, 하고제(何高濟) 역, 중화서국, 1981년 판 참조.

하사한 '눈부신 황금 패' 덕분에 그들은 통행에 방해를 받지 않았다. 아크레에서 중국으로 향하는 보다 짧고 잘 알려진 노선은 유프라테스 강을 따라 바스라(Basra)로 간 후 페르시아 만에서 해로로 바꾸는 길이었다. 이 노선은 이슬람 지역을 통과해야 했기 때문에 기독교 상인의 입장에서는 안전하다고 할 수 없었다. 십자군 원정 때문에 무슬림과 기독교도 사이에는 뿌리 깊은 원한 관계가 생겼다. 서아시아 전체가 서기 1099년, 회교력으로는 492년 여름에 시작된 약탈을 잊지 않고 있었다. 붉은 머리의 프랑크인들이 긴 칼을 휘두르며 성도 예루살렘으로 쳐들어와 남녀노소를 가리지 않고 죽이고 재물을 약탈했

●마르코 폴로 집안에 황금 패를 하사하는 쿠빌라이 대 칸
(대영박물관 소장 『마르코 폴로 여행기』 필사본 삽화)

으며 주택과 회교사원을 불태웠다.[3] 그때부터 기독교도와 사라센인들(Saracens)[4] 사이에 2세기 동안 계속되는 전쟁이 시작되었다. 기독교도가 지중해 동쪽 해안에 세운 제국의 도시들을 무슬림 술탄들이 하나씩 탈환했다. 아크레는 십자군이 최초로 점령한 도시이자 셀주크 술탄이 프랑크인들로부터 수복한 마지막 도시였다(1291년). 베네치아라는 도시의 성장은 순전히 십자군 원정의 산물이었다. 베네치아의 선단이 지중해를 건너 십자군을 실어 날랐고 상인들은 십자군을 위해 각종 물자와 장비를 공급했다. 십자군이 동방의 도시들을 약탈하자 재화가 끊임없이 베네치아로 유입되었다. 베네치아는 작은 어촌에서 세계에서 손꼽히는 대도시로 성장했고 동서방을 연결하는 교통과 무역의 요충이 되었으며 심지어 비잔틴제국의 수도 콘스탄티노플을 점령하기도 했다.[5] 마르코 폴로는 이런 역사를 알지 못했지만 베네치아 상인은 서아시아 무슬림 세계에서 환영받지 못한다는 점은 알고 있었다.

---

3   십자군 원정을 이슬람세계에서는 '프랑크인의 침입'이라고 불렀다. 기독교 사서에서는 십자군 원정을 2세기에 걸친 성지 수복을 위한 성전으로 기록하고 있지만 이슬람 사서에서는 이 일련의 전쟁을 야만적인 침입과 저항, 실지 회복을 위한 전쟁으로 기록하고 있다. 한 사건에 관한 역사 기록이 입장에 따라 완전히 다르다. *Les Croisades vues par les Arabs*, Amin Maalouf, J-C Lattes, Paris, 1983 참조.

4   기독교도는 무슬림을 사라센인이라 불렀다.

5   제4차 십자군 동정의 목표는 비잔틴제국이었다. 1204년 봄에 베네치아를 출발한 십자군은 콘스탄티노플을 점령하고 약탈한 후 동방 라틴제국을 세웠다. 이 제국은 1261년까지 존속했다.

인간사는 때로는 자연재해보다 더 잔혹하다. 11년 전 훌레구(몽케 칸의 동생)가 몽고 대군을 이끌고 무슬림 시리아를 정복할 때 아르메니아 국왕은 경교(景敎) 신자들로 구성된 부대를 이끌고 십자군의 이름으로 참전한 적이 있었다. 훌레구는 그 답례로서 수복된 예루살렘을 기독교도들에게 귀속시켰다. 알레포와 다마스쿠스가 함락될 때 무슬림들은 십자가와 '아홉 개의 백마 꼬

●시베리아 톰스크(Tomsk)에서 출토된 몽고의 둥근 마패

리가 달린 창'(칭기즈 칸 군대의 깃발)이 함께 있는 것을 보았다.[6] 그러니대 칸의 사절로서의 임무를 띠고 있다 하더라도 기독교도 상인이라면 무슬림 지역에서 환영받을 수가 없었다. 폴로 일가는 아르메니아와 그루지아를 거쳐 가기로 결정했다. "아르메니아인과 그루지아인은 기독교도였다. 회교도와 유태인도 있었으나 숫자가 그리 많지 않았다."[7]

아르메니아 국왕은 폴로 일가를 위해 말과 보급품을 제공해주고

---

6 경교는 서방에서는 네스토리우스 교파라고 부른다. 기독교의 한 분파로서 주로 아시아지역에 전파되었다.

7 『마르코 폴로 여행기』, 진개준(陳開俊) 등 역, 복건(福建)과학출판사, 1981년 판, p. 8.

금장 칸국으로 가는 길목인 코카서스 산맥을 넘을 때까지 배웅해주
었다. 같은 기독교도이며 대 칸과의 관계를 고려할 때 아르메니아 국
왕이 폴로 일가의 후원자가 된 것은 이해할 만한 일이지만 불행하게
도 그 무렵 아르메니아 국왕과 바그다드의 술탄 사이에 전쟁이 벌어
졌다. 도로는 끊겼다. "학식이 깊은" 수도사들은 가는 길의 앞쪽에서
전쟁이 벌어졌다는 소식을 듣고서는 "두려움에 빠져" "사명을 포기
하기로 결정했다." 수도사들은 교황이 준 서신과 예물을 폴로 형제에
게 넘겨주었다. 교황이 준 사명보다 대 칸이 준 사명이 더 힘이 있었
는지 아니면 부의 유혹이 복음의 유혹보다 더 컸는지는 모를 일이지
만, 마르코 폴로의 설명에 따르면 수도사들은 겁을 먹고 돌아갔고 용
감한 상인들은 계속 전진했다.

페르시아에서의 지체

　수도사들과 헤어진 후 폴로 일가는 남하하여 모술로 갔다. 그들
은 부득이 이슬람 지역을 가로지르는 노선을 선택했다. 모술은 이라
크 북부 티그리스 강변에 있는 이름난 상업도시였다. 그곳은 지중해
상권, 북방 초원 상권과 중동 무슬림 상권이 교차하는 지점으로서
비단, 향료, 약재, 곡물 교역의 중심지였다. 12년 전 훌레구가 바그다
드를 함락시켰을 때 모술 일대도 공황에 빠졌다. 80세의 늙은 아다벡
이 직접 마라가의 훌레구 진영으로 찾아가 복종을 맹세했고 모술은
학살을 면했다. 마르코 폴로가 왔을 때 그곳은 여전히 상대적으로 번
성한 무역도시의 면모를 잃지 않고 있었다. 폴로 일가는 성 안에 머물

엄두를 내지 못했는지 아니면 처음부터 성 안으로 들어갈 생각이 없었는지 알 수 없으나 마르코 폴로는 그곳 사람들을 "도의라고는 전혀 모르며 지나가는 상단(商團)을 약탈하는 것이 직업"이라고 표현했다. 진정한 원인은 그곳 주민의 대다수가 이슬람교도이고 프랑크인을 적대시했기 때문인 것 같다.

모술에서 바그다드까지는 4일의 여정이었다. 마르코 폴로는 바그다드를 "광활한 대지 위에서 뜻하지 않게 마주치는 가장 장엄하고도 화려한 도시"라고 묘사했다. 바그다드는 5세기 전부터 세계적인 도시였다. 압바스 왕조는 이곳을 수도로 정했다. 모술의 칼립파가 티그리스 강 중류의 작은 마을이었던 바그다드를 선택할 때는 다음과 같은 생각을 했었다. "이곳(바그다드)은 최상의 주둔지이다. 그밖에도 티그

●시베리아 미누신스크(Minusinsk)에서
출토된 몽고의 은패

리스 강이 가까이에 있으니 중국 같은 먼 나라도 접촉할 수 있고 바다에서 나오는 일체를 향유할 수 있다." 티그리스 강과 유프라테스 강 사이에 자리 잡은 섬과 같은 이 도시는 세계적인 상업도시로 변했다. 중국의 비단·자기·종이·말안장·칼, 투르판의 사향, 인도의 황금·공작새·수학·철학, 말레이군도의 향료, 사마르칸트의 카펫, 페르시아의 은과 진주, 에티오피아의 흑인 노예와 상아, 이집트의 아마포, 그리스의 의학과 지리학, 러시아의 벌꿀과 밀랍, 스페인의 금속이 모두 이곳으로 모여들고 거래되었다. 『아라비안나이트』에 나오는 유명한 칼리파 하룬 라시드가 통치하던 시절의 바그다드는 세속의 천당이었다. 달라스 전투에서 포로가 되어 바그다드로 끌려온 중국인 두환(杜環)은 귀국하여 다음과 같이 말했다. "대식(大食)에는 땅에서 나는 물건으로서 없는 것이 없다. 사방의 물산이 몰려들어 온갖 상품이 풍부하고 값싸다. 비단과 보배가 시장에 가득하고 짐을 실은 낙타·말·당나귀·노새가 거리를 메우고 있다."[8] 바그다드 항구 선착장의 길이는 6-7킬로미터에 이르고 각양각색의 상선 수백 척이 일상적으로 정박해 있었다. 바그다드에서 서쪽으로 향해 출발한 상인들은 지중해 연안에 도착하면 유태인을 통해 동방의 각종 사치품을 '프랑크인들'의 기독교 세계에 팔았다. 같은 방식으로 이슬람세계의 상품도 중국으로 갔다. 대식국 상인들은 해로를 통해 광주(廣州)나 천주로 직행하거나 인도, 세일란(Ceylan, 지금의 스리랑카) 또는 말레이시아 상인들

---

8   『통전(通典)』, 권 193.

에게 팔아넘겼다.

마르코 폴로가 본 바그다드는 이미 전성기가 지나 예전 같지 않은 바그다드였다. 1258년, 훌레구의 몽고 대군이 바그다드를 포위 공격했을 때 칼리파는 성을 나와 투항했고 성을 지키던 병사와 주민 9만여 명은 집단적으로 학살당했다. 약탈은 17일 동안이나 지속되었고 바그다드는 불탔다. 모스크와 압바스 왕조의 능침은 심하게 파손되었고 번화하던 도성은 폐허로 변했다. 투항한 칼리파는 궁전의 금은보화를 모조리 바친 후에 카펫에 쌓인 채로 몽고 기병의 말발굽에 짓밟혀 죽었다.[9] 마르코 폴로는 역사적 사실을 믿지 않고 전설을 믿었다. 그는 기독교도를 증오하고 재물을 밝히던 칼리파가 자신의 보물창고에 갇혀 굶어 죽었다고 기록했다. 훌레구는 칼리파가 욕심이 많고 잔인하며 군대를 유지하고 도성을 지키는데 재물을 사용하지 않았다고 비난했는데 이 말은 전혀 근거가 없지는 않았다.

바그다드에서 중국으로 가는 가장 빠른 길은 남쪽 해로였다. 그러나 폴로 일가는 바그다드에서 배를 타고 티그리스 강을 따라 남하하여 오르메스(Ormes, 지금의 압바스 항구)로 가는 길을 택하지 않고 바그다드에서 북상하여 타브리즈(Tabriz)로 갔다. 티그리스 강을 따라 남하하여 페르시아 만으로 들어간 후 말라카 해협을 지나면 아직도 송 왕조가 지배하는 광주나 천주에 이를 수 있었을 것이다. 폴로 형제가 지난번 여행에서 개평(開平)의 상도(上都, Sandu)[10]까지만 갔었고 그

---

9 몽고인들이 신분이 높은 귀족을 처형하는 방식.

10 1256년에 짓기 시작했다. 1260년에 쿠빌라이가 이곳에서 즉위했다. 1263년에

들이 아는 대 칸의 도성은 그곳이었다. 그들이 바그다드에 있을 때 (1272년) 원 왕조의 대도(大都) 칸발릭 건설공사가 시작되었다. 그들의 목적지는 개평부였고 그래서 북방 초원길을 선택했다. 그들은 타브리즈에서 칸을 알현했을지도 모른다. 이때 훌레구는 이미 세상을 떠났고(1265년), 그의 장자 아바가가 뒤를 잇고 수도를 마라가에서 타브리즈로 옮겼다. 10년 전에 상덕(常德, 창떠)이라는 이름의 중국인이 몽케 칸의 명령을 받고 이곳까지 왔다. 마르코 폴로가 바그다드를 웅장하고 아름다운 도시라고 칭송했지만 이 무렵의 타브리즈는 바그다드보다 더 번화했을 것이다. 마르코 폴로는 여행기를 쓰면서 최상급의 형용사를 즐겨 썼기 때문에 '허풍장이 마르코'란 별명을 얻었다. 그는 바그다드를 묘사하면서 "이 광대한 지역에서 마주친 가장 웅장하고 아름다운 도시"라고 표현했다. 그런데 이제 타브리즈를 두고서도 이라크 경내에서 가장 크고 웅장하며 아름다운 도시, 상업이 발달하고 인구가 가장 조밀한 도시, 인도·바그다드·모술·유럽의 상인들이 구름처럼 모여드는 도시라고 묘사했다. 마르코 폴로는 중국인에 관해서는 언급하지 않았지만 이 무렵 타브리즈에는 중국인 기술자가 살고 있었을 가능성이 매우 높다. 역사 기록에는 그로부터 얼마 후에 타브리즈 성내에 중국인 거주지역이 생겨났다고 적고 있다.[11]

'상도'라는 이름이 붙여졌고 '대도(大都)' 북경과 함께 도성의 역할을 했다. 상도 개평부(開平府)의 유적은 지금의 내몽고 정람기(正藍旗) 동쪽 약 20 킬로미터 지점 섬전하(閃電河) 북안에 있다.

11 『중국사회사』, Jacques Gernet(중국명 사화내(謝和耐)(프) 저, 경승(耿昇) 역, 강소 인민출판사, 1997년 판, p. 327 참조.

폴로 일가는 페르시아 경내에서 얼마간 머문 후 타브리즈를 떠나 동남쪽 지금의 테헤란 근처에 있던 사바(Saba), 이스파한(Isfahan), 야즈디(Yazdi)를 거쳐 키르만(Kirman)까지 갔다. 이들 도시는 지금도 이란의 타브리즈에서 키르만에 이르는 간선 철로 상에 있다. 마르코 폴로는 이 도시들의 '웅장하고 아름다움', 물산의 풍부함, 상업의 번성에 관해서도 한바탕 칭송을 늘어놓았다. 그들은 키르만에서 계속 남하하여 마지막에는 오르메스에 도착했다. 초원길을 따라 상도 개평으로 갈 작정이었다면 사바에서 계속 동쪽으로 나아가 오래된 호라싼(Khorassan) 대도를 따라 부하라(Bukhara)로 갔어야 했다. 지난번 여행에서 폴로 형제는 부하라에서 대 칸의 사절단을 만나 그들을 따라 상도로 갔다. 부하라는 "페르시아 왕국에서 가장 웅장하고 아름다운 도시"였고, 폴로 형제는 부하라에서 3년을 거주한 적이 있었기 때문에 성 안에 그들이 잘 아는 여관과 상점이 있었을 것이다. 『마르코 폴로 여행기』는 여정을 뒤죽박죽으로 기록하고 있는데 부하라 이후의 여정에 관해서는 그 정도가 더욱 심해진다. 마르코 폴로의 여행이 실재했는지 의심하는 사람도 있고 『마르코 폴로 여행기』는 여행기가 아니라 통상 안내서와 지리서를 주워 모아 짜깁기한 것이라고 주장하는 사람도 있다. 더 나아가 마르코 폴로라는 인물은 루스티치아노(Rusticiano)라는 피사의 전기 작가가 만들어 낸 허구의 인물이라고 주장하는 사람도 있다.[12]

---

12 영국의 프란시스 우드 박사의 흥미 있는 저작 『마르코 폴로는 중국에 간 적이 있는가?』, 홍윤식(洪允息) 역, 신화출판사, 1997년 판 참고.

●마르코 폴로 초상

결론적으로 말해, 『마르코 폴로 여행기』가 기록하고 있는 여정에 따르면 일행은 오르메스에서 배를 타지 않고 북상하여 이란 고원의 루트(Luht) 사막으로 들어갔다. 니샤푸르(Sapourgan)에서 동쪽으로 방향을 바꾸어 발흐(Balkh)와 바닥샨(Badakhshan)을 거쳐 '세계의 지붕'이라는 파미르 고원을 넘은 후 카쉬가르(Kashghar)에 도착했다.

대 칸의 영토에 들어가다

오늘날에는 카쉬가르에서부터 중국의 영토가 시작된다. 예로부터 중국에서는 파미르고원을 총령(葱嶺)이라 불렀다. 쿤룬샨(昆侖山), 카라쿤룬샨, 텐샨(天山), 힌두쿠쉬 산맥이 모두 이곳에서 만나며 평균 해발이 4천 미터에 이르고 실크로드가 지나는 곳이다. 마르코 폴로는 높은 산과 큰 호수가 늘어선 이곳의 경치를 장관이라고 묘사했다. 그들은 산속에서 12일 동안 말을 타고 이동했다. 12일 동안 그들은 하늘을 나는 새도 보지 못했고 사람이 사는 흔적도 보지 못했다.

600여 년 전 불경을 구하러 서역으로 갔던 당의 현장(玄奘)법사는 '파밀라천(波密羅川, 파미르고원)'을 지나면서 다음과 같이 묘사했다. "동서가 천여 리, 남북이 백여 리인데 좁은 곳은 10리를 넘지 않는다. 눈 덮인 두 산에 의지하기 때문에 찬바람이 불고 봄과 여름에도 눈이 내리며 밤낮으로 심한 바람이 분다. 땅은 소금기가 많고 자갈이 많아 파종하여도 자라지 않는다. 풀과 나무가 드물고 황량하니 사람의 흔적이 전혀 없다……"[13]

높은 산, 깊은 골짜기, 사막, 초원을 지나 마침내 사람이 사는 마을이 나타났다. 카쉬가르는 총령 동쪽에서 처음으로 만나는 마을이었다. 이곳에서부터 중국 땅이 시작된다. 마르코 폴로가 기록한 여정 가운데서 중앙아시아 일대를 소개하는 부분이 독자를 가장 곤혹스럽게 만든다. 그들의 여정은 카쉬가르부터 동쪽으로 타클라마칸 사막의 언저리를 따라 나아가야 마땅하다. 그러나 카쉬가르에서 야르칸드(Yarkand, 지금의 예청[葉城])과 호탄(Khotan, 지금의 허톈[和田]) 사이의 여정을 설명하면서 마르코 폴로는 다시 총령에서 서쪽으로 천리 밖에 떨어져 있는 사마르칸드를 언급하고 있다. 아마도 그는 이 부분에서 쿠빌라이와 그의 조카 카이두 사이에 벌어진 전쟁을 설명하려 했던 것 같다. 일행은 카쉬가르에서 잠시 휴식하고 보급품을 마련한 후 타클라마칸 사막의 남쪽 언저리를 따라 동쪽으로 나아갔는데 이 길이 유명한 실크로드 천산남로이다. 폴로 일행이 통과한

---

13 『대당서역기(大唐西域記)』, 현장 저, 장손점(章巽点) 교열, 상해인민출판사, 1977년 판, p. 289.

카쉬가르에서 호탄까지, 호탄에서 챠르천(Ciarcian, 지금의 체무오〔且末〕)까지, 롭(Lop, 지금은 존재하지 않는다) 고성에서 하미(Camul, 哈密)까지의 지역을 몽고인들은 탕구트(Tangout, 지금의 감숙성 서부. 청해성과 티베트 접경)라고 불렀다.

탕구트에서 폴로 일가는 동남쪽을 향해 하서(河西) 회랑으로 들어갔다. 사주(Chingintalas. 沙州샤쩌우, 지금의 돈황敦煌)에서 숙주(Suctur. 肅州, 수쩌우)와 감주(Campicion. 甘州깐쩌우, 지금의 주천酒泉과 장액張掖)에 이르는 일대에 관하여 마르코 폴로가 기록한 내용은 대부분이 신앙과 풍속이며 물산에 관하여는 거의 언급이 없다. 다만 숙주에서는 질 좋은 대황(大黃)이 많이 생산 판매되고 있다는 점만 언급하였다. 마르코 폴로는 물산과 교역에만 관심을 보였고 사람과 문화에는 관심을 보이지 않았으며, 기독교도의 관점에서 이슬람교나 불교, 심지어 경교에 대해서도 적의를 갖고 있었다고 지적하는 사람이 있다. 그러나 마르코 폴로의 탕구트 지역에 관한 기술은 인문적인 내용이 주류를 이룬다. 마르코 폴로라는 인물과 그가 쓴 여행기의 존재 자체에 대해 의문이 제기되는 이유의 하나는 마땅히 보고 들었어야 하고 당연히 언급되었어야 할 내용에 대해 그가 언급하지 않았다는 점이다. 예컨대 마르코 폴로는 중국에서 17년이나 살았지만 그의 여행기는 가장 중국적인 특색이라고 할 만리장성과 차에 관하여 언급하지 않았다. 그를 변호하는 사람들은 원 왕조 시대에 만리장성은 심하게 파손되어서 변방을 지키는 방책으로서의 역할을 전혀 하지 못하고 있었다고 말한다. 마르코 폴로는 몽고인과 색목인(色目人) 사이에서 생활했고 당시 이들에게는 차를 마시는 습관이 없었다. 우리는 마르코 폴로의 신분과 생활을 통해 형성된 시야 안에서 마르코 폴로라는 인물과 그의 여행기를 이해해야 한다.

폴로 일가의 신분은 우선은 베네치아의 상인이었고 그 다음으로는 기독교도였으며 마지막으로 대 칸의 사자였다.

상인으로서 그들은 물산에 관심을 가질 수밖에 없었다. 그래서 그들은 여행기에서 가는 곳마다 여정과 도시의 상황, 물산과 교역의 정황을 소개하고 있다. 베네치아의 상인으로서 그들의 주요 관심사는 교역이 가능한 물산이었고 마르코 폴로 시대에 유럽과 아시아 사이에서 교역된 물자는 방직물, 향료, 보석, 황금 등이었다. 『마르코 폴로 여행기』에서 언급되고 있는 물산도 대부분이 이런 종류이다. 견문과 기억, 서술과 역사는 모두가 일종의 선택이기 때문에 특정 시야 안에서 돌출적인 인상을 남긴 사물은 기록으로 남게 되고 흔한 것들은 생략되기 마련이다. 그러므로 우리는 문자로 기록된 서술뿐만 아니라 '공백'의 의미도 '발견'해야 한다. 중요한 것은 그들이 말한 것이 아니라 말하지 않은 것과 말하지 않은 이유이다. 『마르코 폴로 여행기』는 이라크와 페르시아 부분에서는 물산에 관하여 주로 언급하고 있다. 그러나 중국의 서쪽 변경에 진입한 후로는 물산에 관한 묘사는 줄어들고 베네치아의 상인들은 오히려 신앙과 풍속을 관심 있게 소개하고 있다. 이것은 이 지역의 물산이 교역이란 관점에서 볼 때 아직 서방 상인의 시야에 들어오지 않았고 이곳의 신앙과 풍속을 서방인으로서는 처음으로 목격했기 때문이다.

기독교도였던 그들은 신앙으로 사람을 분류했다. 그들은 무엇보다 먼저 기독교도와 이교도로 사람을 나누었고, 다음으로는 이교도

중에서도 사라센인과 우상숭배자(예컨대 불교도)와 타락한 기독교도(예컨대 경교도)로 나누었다. 기독교도와 회교도는 양립할 수 없는 관계였기 때문에 『마르코 폴로 여행기』에서는 회교도를 언급할 때면 언제나 악의에 찬 언어를 동원하고 있다. 사라센인이 많은 지역은 위험하지 않은 곳이 없다고 표현하고 있지만 기독교도에게는 안전하지 못할 것이라는 저자 자신의 의구심이거나 아니면 기독교도로서의 편견에 지나지 않았다. 마르코 폴로는 모술이 번화한 상업도시라고 말하면서도 그곳에는 도적이 많다고 지적하였다. 이것은 이치에 맞지 않는 묘사이다. 한 도시가 상업적으로 번성할 수 있는 기본 조건은 안전과 질서이다. 이곳의 무슬림 세력은 몽고의 침입 후에도 비교적 온전하게 보존되었기 때문에 프랑크인들에게는 안전하지 못한 지역일 수 있다. 상대적으로 말하자면 바그다드는 몽고에게 정복된 후로 몽고인과 경교도의 지배하에 들어갔고 몽고의 대군이 점령한 바그다드의 경교도들은 무슬림에게 경교도와 몽고인을 마주칠 때면 허리를 굽혀 복종을 표시하도록 강요했다. 이 무렵 기독교도의 불교도에 대한 태도는 상대적으로 온건했다. 기독교도와 불교도 사이에는 십자군의 원정 같은 사건으로 원한이 쌓인 적이 없었기 때문이었다. 마르코 폴로는 감주(甘州)에서 불상을 보고서는 그 예술적 아름다움에 대해 극찬을 아끼지 않았다. 불교 지역에 진입한 후로 마르코 폴로는 호기심 어린 시선으로 그곳의 기이한 풍속에 관해 묘사했다. 그는 사주의 기이한 장례 의식, 여행객에게 미녀를 제공하여 쾌락을 즐기게 하는 하미의 풍습과 감주의 근친결혼에 관해 기록했다. 기독교도로서 마르코 폴로는 종교적으로도 풍속에 관해서도 불관용의 태도를 보였다.

대 칸의 사자이기도 했던 그들은 당연히 대 칸의 제국에 관해서도 관심을 보였다. 감주에서 북으로 가면 몽고인의 전통적인 고향이었다. 까순 노르(嘎順諾爾, Gochioun nor) 서남쪽의 에지나(亦集乃, Edzina. 한나라 때의 거연[巨延] 요새) 성에서 오르혼(鄂爾渾, Orkhon) 강 상류의 카라코룸에 이르는 기나긴 여정에는 마을이 없었다. 광활한 사막과 초원을 마주한 마르코 폴로가 생각한 것은 몽고제국의 기원과 기독교 세계와의 관계였다. 몽고 초원의 서부는 원래 케라이트(Kerait 또는 Crits) 부족의 영지였고 칭기즈 칸은 아직 테무진이라고 불리던 어린 고아 시절에 케라이트 부의 칸 토르굴(脫黑魯勒, Torgul)에게 복속했다. 그 후 그는 부족을 이끌고 케라이트 부를 정복했고 이것이 그가 세계를 정복하는 대사업을 일으킨 시발점이었다. 케라이트 부족

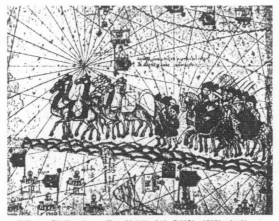

●중국으로 향하는 마르코 폴로 일가와 대상. 유명한 카탈란 지도(Catalan Map, 1374년)에 그려진 삽화.

은 다수가 경교를 신봉했고 이 때문에 서방에서는 장로 요한이 영토를 몽고 서부로 옮겨 갔고 케라이트 부의 칸이 바로 장로 요한이라는 전설이 생겨났다.

장로 요한(Prestor John/Pretre Jean)의 전설은 12세기 유럽에서 처음 생겨났다. 1165년에 신기한 서신 한 통이 로마에 도착했다. 서신은 장로 요한이라 자칭하는 인물이 비잔틴 황제 마누엘 1세에게 보내는 형식을 갖추고 있다. 장로 요한은 서신에서 자신은 "세 인도, 바벨탑에서 성 토마스의 묘지 사이에 있는 광활한 지역을 통치하는 국왕"이라고 자처했다. 장로 요한의 서신은 중앙아시아와 남아시아에 기독교 국가가 있다는 서방의 오래된 전설과 일치했다. 성 토마스와 그가 창건했다는 인도의 기독교 국가에 관한 전설, 그리고 영국왕 알프레드 대제(Alfred the Great)가 883년에 주교 세갈무스(Segalmus)를 인도에 파견했다는 전설은 일시에 의심의 여지가 없는 사실로 받아들여졌다. 몽고가 통치한 원나라 때부터 지리대발견의 시대에 이르기까지 동방을 찾아간 모험가들(카르피니에서 콜럼버스에 이르기까지)은 대다수가 장로 요한을 찾는다는 목적을 갖고 있었다. 1140년을 전후하여 카라키타이 칸 국이 세워지고 이어서 칭기즈 칸이 이끄는 몽고인이 등장했다. 몽고제국은 기독교에 대해 동정적이었고 동방에는 십자가를 숭배하는 경교도가 많았다. 이런 일들로 해서 기독교 세계는 장로 요한의 나라가 중앙아시아 어딘가에 있으며 심지어 경교를 믿는 케라이트 부족의 영지가 바로 그곳이라고 믿었다. 물론 실제로 동방에 가본 사람 중에서 몽고제국 영토 안에서 장로 요한 또는 장로 요한의 나라를 본 사람은 아무도 없었다. 마르코 폴로가 세상을 떠나던 그해까지도

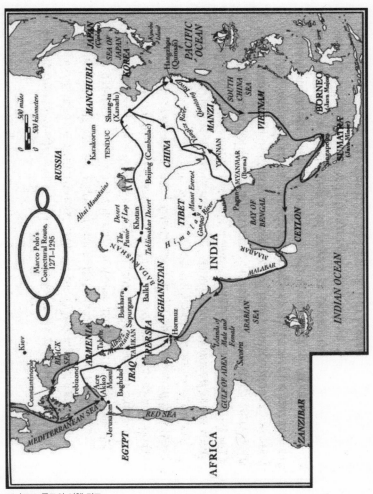

●마르코 폴로의 여행 경로

서방인은 전설 속의 장로 요한의 나라가 아비시니아(Abyssynia, 지금의 에티오피아)로 옮겨 갔다고 믿었으며 1329년 8월 21일 교황에 의해 인도 주교로 임명된 주르당(Jordanus Catalani)은 아비시니아의 왕이 바로 장로 요한이라고 믿는다고 말했다. 마리뇰리도 아비시니아를 '장로 요한의 땅'이라고 불렀다.

마르코 폴로는 케라이트 부족의 칸이 장로 요한이라고 믿었다. 그는 여행기에서 칭기즈 칸과 케라이트 부족 사이의 전쟁을 설명하면서 '칭기즈 칸과 장로 요한 사이의 전쟁'이라고 묘사했다. 그러나 그는 장로 요한을 두둔하지도 않았고 칭기즈 칸을 비난하지도 않았다. 이 무렵 마르코 폴로의 의식 속에는 자신의 신분이 대 칸의 사자라는 인식이 자신이 기독교도라는 인식보다 더 강하게 자리 잡고 있었고 대 칸 역시 기독교에 동정적이라고 생각했는지도 모른다. 마르코 폴로는 몽고제국 대 칸의 가계와 몽고인의 습속, 그리고 몽고인의 전쟁에 대해서 존경이 가득한 마음으로 묘사했다. 그가 여행기에서 이처럼 한 민족을 찬미한 적은 없다. 그는 몽고 전사의 용맹과 부녀자들의 정절을 찬양했을 뿐만 아니라 그들이 숭배하는 신에 대해서까지도 "성격이 고상하고 정서가 성결하다"고 표현했다. 여행자는 이역으로 들어갈 때 자신의 '배경 지식'도 가지고 들어간다. "우리는 세계를 주유하기 전에 이미 이역에 관한 선입견이 지배하는 관념을 갖고 있으며, 그것은 우리들 자신의 문화 전통에서 비롯된 것이다. 매우 특수한 상황이라 할지라도 우리는 무엇을 발견하게 될 지 이미 알고 있는데, 그 전에 읽은 책이 그것을 알려주었기 때문이다. 이러한 '배경 서적'의 영향은 너무나 커서 여행자는 실제로 보고 들은 바를 무시하고 미리 주입된 관념에 따라 모든 사물을 소개하고 해석한다."[14] 마르코 폴로는 베네치아의 상인이며 기독교도이자 대 칸의 사자였고 이런 신분과 시야가 그의 식견과 서술을 결정했다.

폴로 일가는 카라코룸을 떠나 남하하여 옛 서하(西夏) 땅으로 들어갔다. 그들은 하란산(賀蘭山)과 양주(凉州)에 도착한 후 방향을 동쪽으로 바꾸어 오르도스 초원을 거쳐 천덕(天德, 톈더. Tenduc), 즉 오늘날의 내몽고 툭투(托克托) 지역에 도착했다. 마르코 폴로는 이곳이 장로 요한의 도성이며 또한 『성서』의 계시록에 나오는 마귀 '곡(Gog)'과 '마곡(Magog)'이 있는 곳이라고 설명했다. 중세기에 기독교도들은 천당과 지옥이 모두 동방에 있다고 믿었다. 천 년이 차면 마지막 날이 오고 그때가 되면 풀려난 사탄이 '곡'과 '마곡'을 불러내 "전쟁을 일으킨다. 그들의 숫자는 바다의 모래처럼 많다. 그들은 하늘에서 내려와 온 땅을 뒤덮으며 성도의 진영과 사랑하는 성을 둘러싼다." (「계시록」 제20장) 몽고인들이 처음으로 도나우 강변에 나타났을 때 유럽인들은 성서에서 말하는 마지막 날이 찾아왔다고 느꼈다. 몽고인(Mongol)이란 이름에서 그들은 자연스럽게 '곡'과 '마곡'을 연상했다. 지옥의 모든 마귀가 뛰쳐나오고 대지는 어둠으로 뒤덮인 듯했다. 또 하나의 문자 유희는 타타르인(Tartar)이란 명칭이었다. 라틴어에서 '지옥'은 타르타루스(Tartarus)라고 쓴다. 타타르인이 지옥에서 솟아났으니 몽고인이 바로 '곡'이자 '마곡'이었다. 교황은 몽고인에 맞서 '마귀를 지옥

---

14 『독각수(獨角獸)와 용』, 악대운(樂黛雲) 편, 북경대학출판사, 1995년 판, p. 2.

으로 쫓아버릴' 성전을 벌이자고 호소했다. 생 루이(Saint Louis)는 이렇게 말했다. "타타르인들(Tartares)이 감히 우리를 침범하려 한다면 그들을 원래 있던 지옥(Tartarus)으로 쫓아 보내자!" 프레데릭 2세(Frederick II)도 큰소리쳤다. "지옥에서 나오려는 타타르인들은 지옥에 던져져야 한다. 그들은 사탄의 조종을 받고 있다. 해지는 곳의 모든 민족이 일치단결하여 강한 군대로 전쟁을 벌이려는 상대는 사람이 아니라 마귀다."[15]

재미있는 것은, 마르코 폴로가 천덕을 '곡'과 '마곡'의 고향이라고 말했을 시점에서는 이 마귀들이 몰고 올 공포의 내용을 짐작하지 못했다는 점이다. 그 무렵 몽고인들은 사라센인들에게 궤멸적 타격을 가했을 뿐 그들과 적대관계인 기독교도들을 공격하지 않고 있었으므로 몽고인들의 잔혹성은 아직 알려지지 않았을 뿐만 아니라 오히려 대 칸은 기독교도를 비호하는 위대한 군주로 비쳐지고 있었다. 폴로 일가는 감주에서 카라코룸까지, 다시 카라코룸에서 천덕으로 가는 사이에 최소한 두 차례 장성을 넘었을 것이지만 마르코 폴로는 장성에 관해 단 한 번도 언급하지 않았다. 헨리 율 경(Sir Henry Yule)은 '곡'과 '마곡'을 언급하면서 장성을 암시했다. 중세의 전설에서는 사탄은 큰 울타리 속에 갇혀 있는 존재였다.[16]

장로 요한의 본거지이자 마귀의 고향인 도시를 떠나 그들의 최종

---

15 『카르피니 몽고여행기/루브룩 동방여행기』, 경승과 하고제 역, 중화서국, 1985년 판, p.189.

16 *Cathay and the Way Thither*, by Sir henry Yule, V. I, p. 87.

●상도의 옛 성벽

목적지이자 대 칸이 머물고 있는 상도(개평부)까지는 다시 두 주의 여정이 필요했다. 마르코 폴로는 대 칸이 특별히 파견한 관리가 상도에서 40일 거리가 되는 곳까지 마중을 나왔다고 기록하고 있다. 1275년 어느 여름날 베네치아를 떠난 후로 4년 만에 마르코 폴로는 마침내 초원 위에서 대 칸의 금빛 장막이 찬란하게 빛나는 세계제국의 수도를 보게 되었다. 마르코 폴로는 쿠빌라이 대 칸의 궁전이 "설계가 정교하고 조형이 아름다우며 화려하고도 위풍당당하여 찬탄을 금할 수 없었다"고 썼다.

폴로 일가가 정말 대 칸의 사자였다면 6년 만에 돌아온 그들을 대 칸은 반갑게 맞았을 것이고 신하들을 불러 모아 그들을 위해 큰 주연을 벌이지 않을 수 없었을 것이다. 마르코 폴로는 대 칸이 열어준 믿기 어려울 정도로 거창한 궁중 주연을 상세하게 묘사하였다. 『마르코 폴로 여행기』는 수도의 화려하고 웅장한 궁전과 정원, 대 칸이 참석하는 궁중 연회, 축하 의식, 수렵에서부터 정치와 전쟁에 이르기까지 몽고 궁정의 생활상을 상세하게 묘사하고 있다. 원나라 시대의 인물인 왕운(王惲)은 "나라의 큰 일이 정벌, 수렵, 연회 이 세 가지뿐"이라고 기록했다.[17] 마르코 폴로가 기록한 바도 여기서 벗어나지 않는다. 상도에서 여름과 가을을 난 그 해 11월에 폴로 일가는 대 칸을 수행하여 막 공사가 끝난 원의 수도 칸발릭(汗八里, Cambaluc)으로 갔다. 칸발릭이란 페르시아어로 '제국의 수도'란 뜻이다. 『마르코 폴로 여행기』에 등장하는 중국 지명은 대부분이 페르시아어 음역이다. 마르코 폴로는 색목인 사이에서 생활했기 때문에 페르시아어를 어느 정도 구사할 줄 알았다. 또한 페르시아어는 당시에 지중해에서 남중국해에 이르는 지역에서 통용되는 상업 용어였다.

마르코 폴로는 중국에서 생활하는 동안 대 칸의 총애를 받았다. 『원사·아합마전(元史·阿合馬傳)』에도 폴로(孛羅)라는 이름의 추밀부사(樞密副使)에 관한 기록이 분명하게 나온다.[18] 대 칸은 그를 소금 운송의 중심지인 양주(揚州)의 지방관으로 파견했던 것 같다. 장성랑은 선

---

17 한유림(韓儒林): 『궁려집(窮廬集)』, 『원대사마연신탐(元代詐馬宴新探)』.

18 장성랑(張星烺) 등은 폴로(孛羅)라는 이름의 추밀부사(樞密副使)가 원 궁정에서 벼슬한 마르코 폴로라고 주장한다. 『마르코 폴로 여행기』, 장성랑 저, 중국지학회 1924년 판, pp. 108 -151, 제3장 증보: "중국 사서에 나오는 마르코 폴로(中國史書上之馬哥孛羅)" 참조.

위사(宣慰使)라고 고증했다.[19] 그리고 13-14세기 동안에는 양주에 유럽인이 있었다는 기록이 있다.[20] 마르코 폴로의 발걸음은 중국의 서남, 서북, 동남 지역과 인도까지 미쳤다. 몽고제국은 광활했다. 마르코 폴로의 여행기와 관련하여 사람을 곤혹스럽게 만드는 것은 그의 여행 노선이다. 『마르코 폴로 여행기』를 하나의 기행문으로서 읽는다면 그의 여행 노선이 논리적이라고 하기는 어렵다. 매번 여정에 오를 때마다 마르코 폴로는 보고 들은 바를 상세히 대 칸에게 보고했고, 이점에 있어서 대 칸의 어떤 신하도 그를 능가하지 못했다. 대 칸은 그의 보고를 매우 흥미 있게 들었다. 몽고제국의 광활함은 대 칸 자신의 상상과 통제를 넘어섰다. 말을 타고 정복할 때는 땅은 나타났다 사

---

19 앞의 책 서문 참조. 원 시대에 양주는 로(路)였다. 로에는 총관부(總管府) 또는 선위사(宣慰司)를 설치했고 그 책임자를 다루하치(達魯花赤) 또는 선위사(宣慰使)라 하였다. 그러나 관련 사료에는 폴로 또는 그와 근접하는 음의 이름은 보이지 않는다. 또 하나 골치 아픈 문제는, 마르코 폴로가 그의 부친과 숙부가 몽고군이 양양(襄陽) 성을 포위 공격할 때 참전했고 노포(弩砲)를 만들었다고 기록하고 있는 점이다. 중국과 페르시아의 사료에는 몽고군에게 노포를 만들어 준 사람은 다마스쿠스에서 온 세 사람의 아라비아인이라고 기록하고 있다. 1272년 양양 성이 함락될 때 폴로 일가는 아직 바그다드 부근에 있었다. 마르코 폴로의 성실성을 변호하기란 참으로 쉽지 않은 일이다.

20 양주 마르코 폴로 기념관에는 묘비 하나가 있는데, 비문에는 묘의 주인이 성 프란치스코회 수도사 일료니(Yilloni) 형제라고 밝히고 있다. 성 프란치스코회 수도사는 대부분이 이탈리아인이었다. 베네치아 시의 문서에도 일료니 가족의(1163년부터) 기록이 남아있다. 이 일료니 형제가 마르코 폴로의 동향이었는지는 확실치 않다. 오도릭의 여행기도 양주에 성 프란치스코회 수도원이 있었다고 기록하고 있다.

라지고 세계는 유동적이었다. 일단 왕궁에 들어앉고 나서부터는 제국은 고정되고 그 광활함은 절망적일만큼 인간의 지식과 권력이 미치지 못하는 곳까지 펼쳐져 있었다. 대 칸으로서는 자신이 통치하는 제국에 관한 지식이 절실히 필요했다. "마르코 폴로는 대 칸이 각지의 풍속과 민심, 기이한 얘기를 듣기 좋아한다는 점을 알았다. 따라서 그는 가는 곳마다 대 칸에게 보고할 재료를 열심히, 그리고 주의 깊게 찾아 모았다. 그는 주인의 호기심을 충족시키기 위해 보고 들은 바를 상세히 기록했고…… 마르코 폴로는 이러한 유리한 지위를 이용하여 광범위하게 직접 관찰하거나 다른 사람으로부터도 전해들을 수 있었다. 그는 당시 사람들이 이해하지 못했던 동방 각지의 풍토와 민심에 관해 풍부한 자료를 모았다……."[21]

폴로 일가는 중국에서 17년을 생활했다. 여행기가 제공하는 단서에 따르면 폴로 형제는 장사를 계속했음이 분명하고 마르코 폴로만 대 칸의 궁정에서 복무했다. 대 칸의 심부름꾼이 된 것도 사실은 돈을 벌 수 있는 좋은 기회였다. 그들의 재산과 견문은 증가했다. 그러나 언제였는지는 모르나 그들은 하늘을 나는 기러기 무리를 바라보다가, 또는 바람결에 묻어온 풀꽃 향기를 맡다가, 그리고 마침내는 저녁노을을 지켜보다가 향수를 느끼기 시작했다. 천당의 나날도 그들의 향수와 불안을 달래주지 못했다. 궁극적으로 세속의 상인이었던 그들로서는 멀고 먼 모험을 마친 후의 부귀 환향은 당연한 꿈이었다.

---

21 전게서, p. 12.

뿐만 아니라 그들의 후견인인 대 칸도 늙어가고 있었다. 후견인이 사라진 이국에서는 모은 재산을 지키기란 쉽지 않은 일이었다. 때마침 대 칸이 공주를 페르시아의 칸 아르군(Argun, 阿魯渾)에게 출가시키기로 결정했다. 그들은 기회를 찾았다. 폴로 일가는 대 칸의 코카친(闊闊眞, Kokachin) 공주를 페르시아까지 해로로 호송하는 임무를 맡았다.

푸른빛 가득한 귀로

그들은 1292년 천주 항을 출발하여 귀향길에 올랐다. 올 때는 흙빛뿐인 육로였으나 돌아가는 길은 온통 푸른빛으로 넘치는 해로였다. 그들이 해로를 택한 이유는 아마도 아르군 칸의 청혼 사절이 해로로 왔기 때문이었을 것이다. 그들이 택한 남중국해 항로는 일본을 거치지 않았다. 대 칸의 두 차례 일본 원정이 모두 실패로 끝났기 때문에 이 섬나라의 신비한 색채는 더욱 짙어졌다. 두 세기 뒤에 콜럼버스는 『마르코 폴로 여행기』에서 일본 열도에 관해 "황금과 기타 보물의 가치를 헤아릴 길이 없다"고 표현한 구절을 읽고서 대 칸의 나라와 황금이 가득한 '지팡구 섬'(일본)을 찾아가려는 결심을 굳혔다.

남중국 해안을 따라 해남도를 거쳐 인도차이나 반도의 동쪽에 도착한 마르코 폴로는 그곳의 만이 매우 넓고 육지에는 각종 곡물이 풍부하게 자라며, 인구가 많고 무역이 번성한 것을 보고 키타이나 만자와 비교할 때 '완전히 다른 세계'라고 표현했다. 점성국(占城國, Cyamba 또는 Ciampa)은 '국토가 넓고 물산이 풍부'했다. 마르코 폴로는 7년 전에 대 칸의 사자로서 이곳을 다녀간 적이 있었다. 인도차이나 반

●마르코 폴로의 옛집(20세기 초 촬영)

도 해안을 따라 남하하다가 말라카 해협을 지나면 만나게 되는 자바 (Java) 섬에서는 후추, 육두구(肉荳蔲), 생강, 정향(丁香) 같은 향료와 약재가 지천으로 널려있으며 황금은 믿을 수 없을 만큼 많았다. 대 칸의 나라에서 온 상인들이 이곳의 산물을 세계 각지로 내다팔고 대량의 황금을 거두어 고향으로 돌아갔다. 자바 섬과 세일란 섬 사이에서 폴로 일행과 공주를 호송하는 방대한 사절단은 수많은 섬을 지나갔다. 그곳은 토지는 비옥하고 물산은 풍부했으나 풍속이 어느 정도는 야만스러웠다.

고향집을 떠난 지 꼬박 20년이 지난 마르코 폴로는 그 동안에 전혀 다른 세계를 경험했다. 지중해 연안에서는 그리스어와 이탈리아 사투리를 사용했고 기독교를 신봉했으며 식량·노예·방직물·향료·보석을 무역했다. 북쪽으로 보스포루스 해협을 지나 흑해에 진입한 후 수다크에서 상륙하여 우크라이나 초원지대에 들어가면 세계는 다시 한 번 변했다. 초원과 큰 강, 몽고군의 천막과 폐허가 널려있는 그곳은 완전히 타타르인들의 천하였다. 모피, 목재, 노예 등을 살 수 있었지만 타타르인과의 교역 방식은 매우 특수했다. 물건은 사고파는 대상이 아니라 헌납하고 하사하는 대상이었다. 타타르인들에게 물건을 몽땅 빼앗기고 눈밭에서 얼어 죽을 수도 있었고 보기 좋은 돌멩이 몇 개나 산호와 조개껍질 같은 것으로 칸의 환심을 산다면 믿기 어려울 만큼 엄청난 재물을 하사받을 수 있었다. 타타르인이 있는 곳에서는 재물과 위험 두 가지 다 예측하기 어려웠다. 그러나 사라센인이 있는 곳에서는 예측할 수 없는 위험만 존재했다. 십자군 원정은 모험을 즐기는 기사, 종교적 광신자, 떠돌이를 지중해 동쪽으로 데려왔다. 이들이 저지른 약탈과 살육은 결국 이슬람 세계의 변두리조차도 정복하지 못하고 오히려 뿌리 깊은 적대감만 심어놓았다. 몽고인은 이슬람 세계를 정복했지만 소수인 수십만의 몽고인은 막사 안에서 생활했다. 그들은 다마스쿠스에서 호르무스, 그리고 사마르칸드의 광대한 지역까지 무슬림이 바다의 모래처럼 많다는 사실을 목격하기 어려웠다. 몽고인은 그들의 도시와 교역을 야만스럽게 파괴했지만 이 지역의 두터운 문명 전통은 그것을 빠르게 부흥시켰다. 마르코 폴로가 이라크와 페르시아 지역에 도착했을 때 오래된 도시는 폐허 위에서 재건되고 있었고 시장에는 금실을 넣어 짠 비단 천, 육두구, 후추, 다이아몬드 같은 상품이 넘쳐나고 있었다. 3년 반의 여정 가운데서 폴로 일가가 가장 오래 머문 곳은 이곳이었다. 키르만을 지나면 다시 다른 세계가 시작되었다. 토지는 척박하고 도시는 비교적 퇴락했으며 넓은 사막과 높은 산이 나타났다. 불교도도 나타났다. 이란 고원에서 화북 평원까지 북위 40도를 가로지르는 광활한 지역은 교역과 문화면에서 과도지역이었다. 사람들은 상이한 종교를 믿었고 상이한 언어를 사용했으며 상이한 생활습관을 지켰다. 북경에 도착하면 마르코 폴로가 생활했던 지구상에서 가장 번화한 세계인 키타이와 만자가 그곳에 있었다. 키타이와 만자는 남북의 차이는 있었지만 칸발릭에서 자동에 이르기까지 언어와 경제와 종교 면에서 분명한 통일성을 갖추고 있었다. 일단 자동 항에서 배에 오르면 다음 기항지에서부터는 다른 세계가 시작되었다. 힌두교를 믿는 사람들이 코끼리를 타고 다녔고 향료와 보석은 상상할 수 없을 만큼 풍부했다. 키르만에서 칸발릭에 이르는 북위 40도가 문명의 과도지역이라고 한다면, 점성에서 말라카 해협을 지나 세일란 섬에 도착한 후 다시 마다가스카르에 이르는 지역은 수많은 크고 작은 반도와 섬으로 구성되고 정크선이 계절풍을 따라 적도를 넘나드는 또 하나의 문명의 과도지역이라고 할 수 있었다. 이곳에서는 자연 산물이 인공 제품보다 많았고 다양한 인종보다 더 많은 신기한 새와 짐승이 있었다. 불교를 믿는 주민이 있었고 힌두교와 이슬람교를 믿는 주민도 있었고 기괴한 미신을 믿는 주민도 있었다. 자동은 이 지역으로 들어가는 동쪽 기점이었고 잔지바르는 이 지역의 서쪽 종점이었다. 세일란 섬은 이 광활한 지역의 중개지점이었고 이곳에서 북상하면 또 다른 대륙과 또 하나의 더 오래된 광대한 세계가 열렸다. 그곳은 보석과 향료, 면포와 설탕, 부처와 시바 신상이 있는 세계였다.

여행기가 사실이라고 한다면 폴로 일가의 여행 노선은 다시 한 번 우리를 곤혹스럽게 한다. 『여행기』는 먼저 세일란 섬에 도착한 때를 소개하고 다시 인도 남부의 몇몇 항구 도시를 언급한 뒤에 이어서 마다가스카르, 잔지바르, 에티오피아, 아덴(Aden) 항을 언급했다가 마지막으로 호르무스로 돌아간다. 이 기록대로라면 그들은 인도양과 아라비아 해에서 큰 원을 그리며 돌고 있었다. 여행기가 거짓이라면 『마르코 폴로 여행기』는 지리서나 통상 안내서로 읽어야만 의문이 생기지 않는다. 중국에 오는 도중에 이라크와 페르시아에서 갈지자 모양의 노선을 택한 이유는 그들이 이 지역에서 교역을 했기 때문으로 짐작된다. 그 시대에 유럽과 아시아 사이의 교역 형식은 대부분이 회전식이었다. 하나의 교역 집산지에서 사들인 상품은 다음 집산지에서 팔고 다시 그곳에서 새로운 상품을 사들이는 방식이었다. 그들은 바그다드에서 산 직물과 보석을 타브리즈로 가져가 팔고 타브리즈에서는 모피를 사서 키르만으로 가져가 팔았을 것이다. 그러나 귀향길에 오른 폴로 일가의 여행 노선을 두고 이런 해석을 적용할 수는 없을 것이다. 그들은 공주를 호송하는 사절의 신분이었다. 『마르코 폴로 여행기』를 지리서나 통상 안내서라고 본다면 마르코 폴로라고 하는 인물의 존재 자체가 의문의 대상이 될 수 있다. 우드(F. Wood) 박사는 여행기의 주인공인 마르코 폴로라는 인물은 역사에 실재하지 않았으며 여행기의 작자는 루스티첼로(Rustichello da Pisa)라고 추측한다. 피사의

●마르코 폴로 일가의 베네치아 도착(1400년 경 한 여행기 판본에 실린 삽화)

몰락한 귀족이었던 이 인물이 페르시아의 역사가 라쉬드-엣딘 (Rashid-eddin)이 일 칸국의 올제이투(Oljaitu) 칸을 위해 편찬한 『세계 사』를 바탕으로 하여 허구의 『마르코 폴로 여행기』를 썼다는 게 우드 박사의 추론이다. 실제로 두 책의 중국에 관한 부분은 내용이 매우 비슷하다.[22]

그들은 20년 만에 호르무즈에서 다시 뭍에 올랐다. 20년 전 이곳을 출발하여 북상할 때 19살이었던 마르코 폴로는 이제 중년 남자가 되어 있었다. 호르무즈는 동서 해상교통의 문호로서 해상 실크로드의 큰 항구였다. 20년 전 키르만에서 호르무즈로 남하할 때 지나는 길의 산천은 수려하고 하늘에는 아름다운 새들이 무리지어 날고 있었다. 호르무즈는 해변의 도시로서 성 안에 항구가 있고 거리에는 향료, 보석, 모피, 비단, 상아 등의 상품이 가득한 무역항이었다. 불편이라고 한다면 루트 고원에서 내려온 비적 무리가 지나는 상인들을 살해하고 상품을 약탈하는 일이 잦았고 성 안의 날씨 또한 너무 덥다는 점이었다. 20년 후에 해로를 통해 이곳에 도착한 마르코 폴로는 별다른 변화를 발견하지 못했다. 호르무즈 성의 행정 책임자는 멜릭(Melic)이란 인물이었고 그는 키르만 술탄의 지시를 받고 있었다. 이곳에서부터 육로 여행이 시작되었다. 마르코 폴로는 이번에는 노상강도를 언급하지 않았다. 이 무렵에는 노상강도보다 더 큰 혼란이 벌어지고 있었다. 챠카타이 칸국, 원 왕조, 일 칸국 사이에 수시로 벌어지는 전쟁은 규모도 컸고 파괴도 컸다. 20년 후의 키르만의 치안은 더 나아지기는커녕 더 나빠져 있었다. 마르코 폴로가 이곳을 떠나고 10년 후에 고원의 비적이 호르무즈에 대한 최후의 대규모 약탈을 벌였다. 50년 후(1343년 무렵)에 이곳을 찾아온 모로코의 여행가 이븐 바투타는 두 개의 호르무즈 성을 보았다. 하나는 해변의 성으로서 마르코 폴로가 지나간 적이 있는 그 호르무즈였고 다른 하나는 해변에서 멀

---

22 『마르코 폴로는 중국에 간 적이 있는가?』의 결론 참고.

지 않은 섬 위에 건설된 새로운 호르무즈 성이었다.[23] 마르코 폴로가 지나가고 난 후 이븐 바투타가 찾아오기까지 반세기 동안에 내륙 비적 무리의 위협에 시달리던 호르무즈의 상인과 부호들은 옛 호르무즈를 포기하고 해상의 섬 위에 새로운 호르무즈를 건설했다. 한 세기 후에 정화(鄭和)의 함대가 방문했던 호르무즈(중국 쪽 자료에는 忽魯謨斯라고 표기하였다)는 섬 위에 세워진 새로운 호르무즈였고 이 도시는 17세기 초까지도 번창하는 무역항으로 남아 있었다.

세상사는 변화무상하다. 1293년 봄 코카친 공주를 호송하는 사절단이 페르시아에 도착했을 때 160여 명의 사절단 가운데서 절반 이상이 도중에 죽었다. 아르군 칸은 공주가 천주를 출발할 무렵—계절풍을 이용하려면 1291년 가을 이후에나 출발해야 한다—에는 이미 사망했다(1291년 3월). 칸의 지위를 이어받은 아르군의 동생 카이하투(Kaikhatou)는 공주를 아르군의 아들이자 호라샨 총독인 가잔(Gazan)과 결혼하도록 조처했다. 가잔이 주둔하고 있던 페르시아 변경의 아보섹(Aboceque) 요새에서 폴로 일가는 공주와 헤어졌다. 그 뒤로 그들의 여정은 당연히 서북쪽으로 올라가 유명한 이스파한 고성을 거쳐 타브리즈와 트레비존드로 가는 노선이었을 것이다. 그리고 트레비존드에서 배를 타고 흑해 남안을 따라 콘스탄티노플로 갔을 것이다. 콘스탄티노플이라면 그들에게는 익숙한 세계였다. 그곳에는 베네치아 상인들의 창고가 많이 있었고 아버지 폴로 형제는 35년 전에 바로

---

23 『이븐 바투타 여행기』, 이븐 바투타 저, 마금붕(馬金鵬) 역, 영하인민출판사, 1985년 판, p. 218.

●고향을 떠난 지 26년 만에 베네치아로 돌아온 마르코 폴로

이곳에서 동방 여행을 시작했다. 우드 박사는 "마르코 폴로가 그의 집안이 화물 창고를 두고 있던 흑해 연안과 콘스탄티노플보다 더 먼 곳으로는 여행한 적이 없다고 믿는다"고 말한다.

고향으로 돌아왔다. 1295년 겨울, 폴로 일가 세 사람이 베네치아의 거리에 다시 나타났다. 그들은 괴상하고도 낡은 옷을 입고 있었고 얼굴에는 피로한 기색이 가득했다. 그들은 다른 시대, 다른 세상에서 온 방랑자 같았다. 그들을 알아보는 사람은 아무도 없었다. 그들은 여행 배낭을 열고 옷섶을 풀어헤쳐 그 속에 가득한 금은 덩어리, 다이아몬드와 비취를 사람들에게 보여 주었다. 그제야 사람들이 그들을 알아보기 시작했다. 재화가 사람을 증명할 수 있었고 그들이 베네치아의 영웅임을 증명할 수 있었다. 시민들은 개선한 영웅을 환영하듯 폴로 일가를 맞았다. 사람들은 다투어 폴로 일가와 그들이 다녀온 세계에 관한 얘기를 퍼뜨렸다.

그들이 다녀온 세계에 관한 얘기는 영원히 다 말할 수 없을 것이다. 폴로 형제는 이미 늙었고 마르코는 혈기왕성한 나이였다. 그는 베네치아 거리의 작은 술집과 자기 집의 정원에서 호기심 많은 내방객을 수도 없이 맞았고 자신의 빛나는 부와 경험을 자랑했다. 그의 얘기를 듣다보면 사람들은 그가 천당에 다녀온 모험가라고 생각하지 않을 수 없었다. 마침내 그에게는 '허풍장이 마르코'라는 별명이 붙여졌다.

베네치아와 제노아 사이에 해전이 벌어졌고 마르코는 포로가 되어 제노아의 감옥에 갇혔다. 춥고 어두운 감옥 속에서 마르코 폴로는 14년째 그곳에 갇혀 있던 루스티첼로를 만났다. 마르코 폴로가 무료한 시간을 이겨내기 위해 자신의 찬란한 경험을 들려주기 시작하면 루스티첼로도 '동방 세계를 다녀왔다.' 습기 차고 좁은 감옥 안은 동시대인들이 알고 있던 그 어떤 세계보다도 더 넓은 세계로 확대되었고 창밖의 트인 하늘에는 비할 데 없이 아름다운 무지개가 펼쳐졌다. 마르코 폴로가 얘기를 시작했고 루스티첼로가 기적 같은 여행을 기록했다. 중세 사람들이라고 해서 허구를 즐기지 않았을 리는 없고 비범한 문학적 재능을 가진 인물이라면 더욱 그러했을 것이다. 그러나 『마르코 폴로 여행기』의 내용은 절대다수가 사실이며 때로는 허구보다 더 믿기 어려운 사실을 전하고 있을 따름이다. "황제, 국왕, 공작, 백작, 기사님들, 그리고 각계 인사 여러분, 세계 각 민족의 다른 풍속을 이해하고 동방 각국의 풍토와 민심을 알고 싶다면 마르코 폴로의 여행기를 꼭 한번 읽어보시기 바랍니다!(『마르코 폴로 여행기』 서문)"

　『마르코 폴로 여행기』는 빠르게 퍼져나갔다. 당시에 사람들은 그가 너무 많은 얘기를 한다고 해서 '허풍대왕'이란 별명을 붙여주었다. 그의 임종을 지키던 신부가 키타이에 관해 지어서 퍼뜨린 얘기를 취소하지 않으면 천국으로 들어갈 수 없다고 하자 마르코 폴로는 자신이 경험한 것 가운데서 말한 것은 절반이 못된다고 답했다 한다. 그리고 후세 사람들도 그가 너무 많은 얘기를 빠트린 사실을 알아냈다. 그는 중국에서 17년 동안이나 살았고 그토록 방대한 여행기를 남겼으면서도 중국의 특색이라고 할 만리장성과 차와 부녀자들의 전족(纏足) 풍습에 관해서는 한 마디도 언급하지 않았다. 여행기든 지리서나 통상 안내서든 관계없이 한 권의 책은 한 사람의 성취를 상징한다. 어떤 연분으로든 책 속에 살아남는다면 그보다 더한 행운은 없을 것이다.

1275년 : 라반 사우마, 북경에서 파리까지

마르코 폴로 일행이 중국에 도착한 얼마 후에 중국을 출발한 라반 사우마도 유럽에 도착했다. 그는 아마도 유럽에 도착한 첫 번째 중국인 여행자일 것이다.

그의 여행도 마찬가지로 위대한 여행이었고 시기도 매우 극적인 때였다……. 그러나 유감스럽게도 현실 세계의 여행은 기록으로 이어지지 않았다.

여행자는 왔다가기 마련이지만 여행기는 남아서 전해진다. 그런 점에서 마르코 폴로는 행운을 잡았고 라반 사우마는 불운했다.

라반 사우마가 간 길은
마르코 폴로가 온 길이었다

마르코 폴로 일가가 상도에서 쿠빌라이 대 칸을 알현한 그해 가을에 대 칸의 가마는 대도로 향했고 마르코 폴로도 대 칸을 따라갔다. 대도는 상도보다 규모가 훨씬 컸다. 여행기에서 묘사하고 있는 상도는 몇 군데 건물이 흩어져 있는 사냥터 같은 모습이지만 칸발릭은 웅장하고 화려한 궁전이 있고 견고한 성벽과 해자를 갖추었으며 민가와 시장, 2만5천여 명의 창녀와 경교(景敎)의 대주교가 있는 거대한 성이었다.

1275년 무렵 마르코 폴로가 북경에 도착했을 때 경교도인 라반 사우마(Rabban Sauma)와 그의 제자 라반 마르코스(Rabban Markos)는 북경에서 서남쪽으로 50킬로미터 떨어진 방산(房山)의 '십자사(十字寺)'에서 수행하면서 예루살렘으로 순례여행을 떠날 준비를 하고 있었다.

1275년에 52세였던 라반 사우마는 출가 수행한 지 27년째로 경교의 성직자 사이에서 상당히 명망이 높은 인물이었다. 마르코스는 15년 전에 고향을 떠나 보름 동안의 여행 끝에 방산에 있던 라반 사우마를 찾아와 그의 제자가 된 박식하고 경건한 경교 신도였다. 사우마를 찾아왔을 때 15세의 열정적인 소년이었던 마르코스도 이제는 30세가 되었고 열정은 여전했으나 지혜와 신심은 더욱 깊어졌다. 그가 라반 사우마에게 산중에서의 수도생활을 그만두고 예루살렘으로 성지순례를 가자고 권유했다.

라반 사우마와 마르코스는 둘 다 옹구트(Ongut) 부족 출신의 몽고인이었다. 라반 사우마는 북경에서 태어났으며 그의 부친은 경교 교회당의 관리인이었다. 마르코스는 내몽고 툭투에서 태어났다. 원나라 때에는 이곳을 동승(東勝)이라 불렀고 마르코 폴로는 이 지역을 텐둑(Tenduc)이라 불렀는데 아마도 당나라 때 이곳의 지명인 천덕에서 나온 이름인 것 같다. 1930년대에 고고학자들이 이곳에서 옛 성의 유적과 기독교와 관련된 부호가 새겨진 많은 기물을 발견했다. 당시의

●덕승문(德勝門) 밖 원 대도의 옛 성벽 일부(20세기 초 촬영)

툭투는 옹구트 부족의 수도이자 경교의 중심지였다. 그곳에는 경교를
믿는 가정이 많았고 마르코스의 아버지는 경교의 부주교였다. 마르
코 폴로는 천덕이 장로 요한의 나라의 수도이며, "주민 대부분이 기독
교도이고," 장로 요한은 이미 대 칸에게 복종했기 때문에 그의 나라
는 대 칸 치하의 하나의 성이 되었다고 말했다.²⁴

---

24 경교는 서방에서 이단으로 규정되자 서아시아와 중앙아시아로 뻗어나갔고 정
    관(貞觀) 연간(서기 635년)에 시리아 신부 알로펜(Alopen)이 중국에 전파했다.
    무종(武宗)이 금령을 내리기 전까지는 한때 번성했다. 원나라 시대에 중국에
    서는 경교를 '야리가온(也里可溫)'이라 불렀다. 천주, 양주, 태원(太原), 대동
    (大同) 등의 도시에 경교 사원이 있었고 북방의 옹구트 부족과 케레이트 부족
    사이에 신도가 많았다. 유럽에서는 무슬림 세계의 뒤쪽에 기독교 왕국이 있다
    는 전설이 전해왔다. 장로 요한이 보냈다고 하는 서신이 유럽에 전해진 1165년

라반 사우마와 마르코스가 장가구(張家口)를 출발하여 서쪽으로 성지순례를 떠날 때 여행의 종점이 지중해 해변의 예루살렘이 아니라 더 서쪽인 대서양 가까운 파리나 보르도가 되리라고는 예상하지 못했다. 또한 그들은 자신들의 여행이 개인의 성지순례를 훨씬 넘어서는 역사적 의미를 갖게 되리라는 점도 알지 못했다. 첫째, 몽고의 세기에 수많은 서방의 여행자들이 유럽에서 중국으로 왔지만 동방의 여행자가 중국에서 유럽으로 간 경우는 지금까지 알려진 바로는 라반 사우마 한 사람뿐이다. 둘째, 몽고의 세기에 로마의 교황청과 몽고의 칸국은 협력의 기회를 찾고 있었다. 처음에는 기독교의 국왕이 몽고의 대 칸으로부터 도움을 구하려 했고 뒤에는 페르시아의 일 칸국이 교황청으로부터 도움을 구하려 했는데, 라반 사우마의 유럽행은 그것을 실현할 수 있는 유력한 기회였다. 그의 여행은 세계의 형세와 역사를 바꿀 수도 있었다.[25]

──────────

부터 서방에서는 동방 어느 곳인가에 강대하고 기독교를 신봉하는 장로 요한의 나라가 존재하며 언젠가는 이들과 연합하여 이교도를 몰아내고 전 세계를 수복하는 날이 올 것이란 굳건한 믿음이 생겼다. 동방으로 간 사람은 상인이든 선교사든 예외 없이 장로 요한의 나라의 흔적을 찾으려 했다. 카르피니는 타타르인과 맞서 싸운 장로 요한의 군대를 언급했고 루브룩은 좀 더 분명하게 장로 요한은 경교도가 '지어낸 이야기일 뿐'이라고 주장했다. 마르코 폴로는 자신이 장로 요한의 나라를 여행했다고 주장했다. 오도릭도 1327년 무렵에 동승(東勝, Tozan)에 온 적이 있지만 유럽에 퍼져 있는 장로 요한에 관한 전설은 전혀 사실이 아니라고 말했다. 그러나 이 무렵 유럽에서는 아비시니아(지금의 에티오피아)의 황제가 장로 요한이라고 믿고 있었다. 1342년에 중국에 사절로 온 마리놀리는 아비시니아가 '장로 요한의 땅'이라고 말했다.

25　라반 사우마의 여행에 관해서는 *Voyager from Xanadu*, by Morris Rossabi, Ko-

마르코 폴로는 대 칸이 교황에게 여러 가지 기술에 정통한 선교사 백 명을 중국으로 파견해달라고 요청했고 아버지 폴로 형제에게 예수 그리스도의 묘지 앞에 켜진 등의 기름을 얻어 오라는 부탁을 했다고 적고 있다. 이것이 진실이라면 라반 사우마와 마르코스가 성지순례를 나서게 된 데는 대 칸의 뜻이 작용했을 수도 있다.[26] 마르코 폴로 일가가 예수살렘의 그리스도 묘지 앞의 등유를 가지고 와 대 칸에게 바치고 나서 얼마 뒤에 라반 사우마가 대 칸의 통행증을 받고 제국의 역참망을 따라 성지순례의 여정을 떠났음이 분명하다. 첫 번째로 머문 역참은 마르코스의 고향인 동승이었다. 그곳의 경교 신자들은 그들을 환영하면서도 성지순례를 만류했다. 옹구트부의 왕자 쿤

---

dansha America Inc., 1992년 판과 『1550년 이전의 중국기독교사』, (영) A. C. Moule 저, 학진화(郝鎭華) 역, 중화서국, 1984년 판의 "제4장 마르 자발라하 3세와 라반 사우마" 참고.

26 이 시대의 중동에 관한 양측의 사료는 라반 사우마의 성지순례가 쿠빌라이 대 칸이 준 사명이라고 설명하고 있다. 히브리 학자 바르 에브로요(1226-1286)는 자신의 저서 『세계 역사』 가운데서 쿠빌라이 대 칸이 두 명의 위구르인 승려를 예루살렘으로 성지순례를 보냈다고 언급했다. *The Chronography of Gregory Abul Faraji, the Son of Aaron, the Hebrew Physician Commonly Known as Bar Hebraeus*, E. A. Wallis Budge trans., v.1, p. 492 참조. 14세기의 일부 아랍어로 된 경교 편년사는 쿠빌라이 대 칸이 보낸 이 두 명의 승려는 요단강에서 세례를 받을 때 입었던 긴 외투를 예루살렘의 그리스도 무덤 위에 덮었다고 기록하고 있다. *The History of Yaballaha III, 21; E. Gismondi, Amri et Silbae de Patriarchis Nestorianium Commentaria I, 3-4*, James A. Montgomery trans. 참조. 라반 사우마의 시리아어 전기에는 성지순례와 쿠빌라이 대 칸의 관계에 대한 언급이 없다.

부카(君不花)와 아이부카(愛不花)는 각기 구육 대 칸과 쿠빌라이 대 칸의 부마였다. 두 사람은 라반 사우마와 마르코스가 동승에 정착하기를 바랐다. 이곳에서도 선교사와 신부가 필요한데 서방에서 신부를 데려오기는커녕 자기나라의 고위 승려가 서방으로 간다는 것은 그들로서는 이해하기 어려웠다. 만류하는 상황은 현장(玄奘)법사가 서역으로 불경을 구하러 갔을 때에 부닥쳤던 상황을 연상시킨다. 라반 사우마의 결심은 확고했다. 그는 '완전한 인간이 되기 위해' 이 세상 사람과 이 세상의 사랑을 버렸다고 답했다.

그들은 황하를 따라 서남쪽으로 가서 탕구트 성에 이르렀다. 탕구트 성에서 마르코 폴로의 주의를 끈 것은 수많은 불교 사원과 불교도의 '특수한 장례 의식'이었다. 그런데 라반 사우마가 본 것은 '매우 깊은 신앙과 순결한 사상'을 가진 경교도 '남녀노소가 다투어 몰려나와 환영'해주는 광경이었다.[27] 지명이 같지 않고 오고간 노선이 같지 않았더라면 독자는 그들이 도착한 곳이 같은 지방이 아니라고 생각할 것이다. 여행자들은 낯선 곳에 가면 관심을 갖고 있거나 바라던 것을 보려고 한다. 그러므로 모든 여행기는 주관적 시야 안에서 선택적으로 견문한 것들에 관한 기술이다.

---

27 라반 사우마의 서방 여행에 관한 기술은 『1550년 이전의 중국기독교사』, (영) A. C. Moule 저, 학진화(郝鎭華) 역, 중화서국, 1984년 판의 "제4장 마르 자발라하 3세와 라반 사우마" 참고. 원본은 시리아어로 씌어졌으나 1888년에 프랑스어 번역본이 나왔고 이것이 발췌 번역되어 『1550년 이전의 중국기독교사』에 실렸다. 앞으로 라반 사우마의 여행과 관련하여 이 책에서 인용할 때는 별도로 출처를 밝히지 않는다.

마르코 폴로가 온 길이 바로 라반 사우마가 간 길이었다. 오늘날의 은천(銀川) 부근에 있는 탕구트 성을 떠난 후 라반 사우마는 하서 회랑지대와 타클라마칸 사막의 남쪽 언저리, 즉 옛 실크로드 남로를 지나 서북쪽으로 간 후 다시 서남쪽으로 내려오다 두 달 뒤에 호탄(和田)에 도착했다. 여기까지의 여정은 험난했다. 사막의 "날씨는 건조하고 사람이 사는 흔적은 없었으며 물은 쓴 맛이었다." 원정에 나선 병사들은 이곳에서 '길과 양식이 끊겨' 굶어죽었다. 라반 사우마의 표현은 8백여 년 전의 법현(法顯)화상이나 6백여 년 전의 현장법사가 남긴 기록만큼 생동적이지는 않지만 사막 여행의 어려움과 두려움을 짐작하기에는 충분하다. 라반 사우마는 호탄에서 여섯 달을 머물렀는데 아마도 휴식이 목적이었던 것 같다. 호탄을 떠나 카쉬가르에 도착했을 때 그들은 "성 안에서 주민을 한 사람도 발견할 수 없었다. 이 성은 최근에 적에게 약탈당했기 때문"이었다. 마르코 폴로가 지나갈 때 이곳은 번창한 상업도시였다. 수공업과 방직업이 발달했고 아름다운 화원과 풍성한 과수원, 회교 사원과 경교 사원이 있던 곳이었지만 그런 모습은 이제 다른 시대 다른 세계의 얘기가 되어버렸다. 마르코 폴로와 라반 사우마가 이곳을 지나간 시기는 3-4년 밖에 차이가 나지 않았지만 쿠빌라이와 카이두 사이의 전쟁이 모든 것을 파괴해 놓았다.

호탄과 카쉬가르는 옛 실크로드 상의 중요한 오아시스 도시였고 대상의 왕래가 끊이지 않던 곳이었다. 페르시아인, 시리아인, 위구르인, 몽고인 등 다양한 종족이 살았고 다양한 언어와 종교가 통용되던 곳이었다. 이집트와 로마의 유리제품, 페르시아의 카펫, 중국의 비단이 이곳에 모였다가 동서로 흩어졌다. 카쉬가르를 지나면 실크로드의 중국 쪽 길이 끝났다. 불교도는 갈수록 적어지고 무슬림이 갈수록 많아졌다. 그들은 카이두 칸의 수도인 탈라스 성에 도착했다. 500여 년 전 당나라의 군대가 이곳에서 대식(大食)의 군대에 패배한 뒤로 이곳은 무슬림 세계가 되었다. 라반 사우마는 높은 산과 사막, 혹독한 기후와 참혹한 전쟁 등 지나는 길에서 듣고 본 바에 관해서는 거의 언급하지 않았고 다만 카이두 칸의 특허증을 지니고 "힘들고 두려운 상황에서 호라산에 도착했다"고만 적고 있다.

페르시아 체류

호라산은 페르시아 일 칸국의 영토였다. 일 칸국의 아바카 칸은 경교를 믿었다. 투스(지금의 마샤드 서북쪽 20킬로미터 지점) 성에는 『천일야화』에 나오는 유명한 칼리파 하룬 라시드의 묘가 있었고 성 메시앙 수도원도 있었다. 50년 전 몽고가 침입했을 때 투스 성은 철저하게 파괴되었다. 『세계정복자사(世界征服者史)』에서는 성 전체에서 부서지지 않은 가옥은 50채에 지나지 않았다고 기록하고 있다. 라반 사우마는 재건된 이 도시에 관해서는 언급하지 않았다. 얼마 뒤에 이곳을 찾은 이븐 바투타는 "투스는 호라산 지역에서 가장 큰 성"이라고 기록했다.[28] 라반 사우마는 여행 중의 세속적 경험이나 견문에 관해서는 거의 언급하지 않았는데 아마도 교회 쪽 기록자가 생략했는지도 모른다. 13세기에 북경을 출발한 여행자가 본 서방의 모습이 기록으로 남았더라면 대단한 의미를 지녔을 것이다. 라반 사우마는 성 메시앙수도원에서 얼마동안 머물며 정신적 육체적 피로를 회복한 뒤에 바그다드에 있는 경교 교황 마르 덴하(Mar Denha)를 배알할 준비를 했다. 마르 덴하 교황은 경교의 최고 지도자로서 그 무렵 마라가(Maragha, 지금의 타브리즈 남쪽 100킬로미터)를 순시하고 있었다. 라반 사우마와 라반 마르코스는 카스피해 남쪽을 따라 마라가로 달려갔다. 접견 장면은 감동적이었다. 두 사람은 무릎을 꿇었고 예수그리스도를 만난 듯 눈물을 쏟았다. "그들은 교황에게 말했다. 교황님의 빛나는 얼굴을 뵙게 된 것은 하느님이 저희들을 불쌍히 여기셔서 큰 은혜를 베푸신 덕분입니다. 교황이 그들에게 물었다. 그대들은 어디서 왔는가? 그들이 답했다. 저희는 동방의 왕들 중의 왕이신 대 칸의 성 칸발릭에서 왔습니다. 저희가 이곳에 온 목적은 교황님과 이곳의 신부, 수도사, 기독교도들로부터 축복을 받기 위해서입니다. 우리의 힘이 미치고 하느님이 허락하신다면 예루살렘으로 가고 싶습니다."

하느님은 그들의 예루살렘 순례를 이루어 줄 생각이 없었든 듯하다. 그들은 바그다드와 그 주변의 경교 성지와 성물을 참배하고 현지 경교도들의 환대를 받았다. 마르 덴하 교황은 그들을 타브리즈로 보내 아바카 칸을 만나게 하였다. 그들이 대 칸의 도성 칸발릭에서 온 탓도 있었겠지만 쿠빌라이로부터 공식 사명을 받은 신분이었기 때문에 가능한 일이었을 것이다. 훌레구 왕실은 경교도를 보호해왔다. 훌레구의 아내는 케레이트 부족의 공주 출신으로서 경교를 믿었고 바

그다드를 점령한 몽고군의 장수 치티부카(Qitibuqa)도 경교 신자였다. 바그다드를 점령한 몽고군은 엿새 동안 이어지는 야만적인 학살극을 벌였지만 경교도는 오히려 보호를 받았다. 몽고군의 잔혹함이 경교도들이 꿈에도 생각하지 못했던 일을 이루어 놓았다. 몽고인들은 해방자가 되었다. 그들은 그리스도를 모신 천막을 싣고 와서는 목탁을 쳐서 사람들을 불러 모으고 그 앞에서 경배하게 하였다. 경교도들은 몽고인이 그리스도를 경배하는 모습만 보았지 그들이 바그다드 성 안의 무슬림 9만 명을 학살하는 모습은 보지 못했다. 초원에서 온 몽고인들은 신앙에서는 유치한 단계에 머물러 있었다. 그들은 눈 깜짝할 사이에 문명인들의 육신을 정복했지만 문명인들은 조금씩 그들의 머리를 정복했다. 훌레구와 그의 계승자 아바카는 불교도이면서 기독교를 우대했다. 퀍착 칸국과 챠가다이 칸국은 이슬람화 되었다. 칭기즈 칸가문의 칸들은 그들이 정복한 토지를 나누어 차지했다. 일 칸국과 대칸의 원 왕조는 사이가 좋아서 아바카는 쿠빌라이 대 칸의 보통 장수 가운데 한 사람이라고 자처할 정도였다. 마르코 폴로는 대 칸의 공주 코카친이 아르군에게 시집갈 때 호송했다. 일 칸국과 퀍착 칸국은 적대적이어서 전쟁이 끊이지 않았다. 훌레구는 경교의 수도사 와던(Warden)에게 "우리는 기독교도를 좋아하지만 그들은 무슬림을 좋아한다"고 말했다. 라반 사우만은 일 칸국의 새 수도 타브리즈에서 아바카 칸을 알현했다. 마르 덴하 교황은 칸발릭에서 온 특수 신분의 두 사람의 힘을 빌려 칸으로부터 경교도에 대한 더 많은 지지를 얻어내려는 의도를 갖고 있었는지 모른다. 그 무렵 압바스 제국의 판도 안에서는 무슬림의 세력이 부흥하고 있었기 때문이다. 라반 사우마는 아바카 칸으로부터 예루살렘으로 가는 통행증을 얻자 곧바로 아르메니아로 갔다. 그들은 아르메니아와 그루지아를 거쳐 해로로 예루살렘으로 갈 생각이었다.

전쟁이 그들을 다시 바그다드로 돌아오도록 만들었다. 이유는 알 수 없지만 마르 덴하 교황은 처음부터 그들의 예루살렘 행에 적극적이지 않았다. 그는 다른 계산을 하고 있었다. "지금은 예루살렘으로 갈 때가 아니다. 정세는 혼란스럽고 도로는 끊겼다. 당신들은 이곳에 있는 성지와 성물을 참배하였고 내가 보기에 순결한 마음으로 참배했다면 예루살렘을 순례한 것과 다름없다. 지금 내가 충고하건데 새겨듣기 바란다. 나는 라반 마르코스를 주교로 임명하고 교단에서 보내온 예물을 주고자 한다. 라반 사우마 당신으로 말할 것 같으면 순찰총감(Visiteur General)에 임명하고 당신들 두 사람을 본국으로 파견할 생각이다."

1280년, 35살의 라반 마르코스는 '키타이 성과 옹구트부의 주교'에 임명되었고 자발라하(Jabalaha)란 이름을 받았다. 라반 사우마는 교황의 축복을 받으며 순찰총감이 되었다. 그러나 두 사람은 중국으로 돌아갈 생각이 없었다. 그들이 쿠빌라이로부터 성지순례의 사명을 받았다면 성지에 가보지 않고서 귀국할 수는 없었다. 온갖 어려움을 뚫고 온 길로 다시 돌아가고 싶지 않았을 지도 모른다. 챠가다이 칸국, 일 칸국, 대 칸의 원 왕조 사이에는 전쟁이 진행 중이었고 실크로드는 끊겼을지도 몰랐다. 물론 다른 이유도 있었겠지만 후세인으로서는 추측할 수가 없다. 라반 사우마의 여행에 관한 문헌 기록은 너무 단출하고 전해지지 않는 부분도 많다. 가장 중요한 여행 목적인 성지순례의 배경과 동기까지도 안개 속에 묻혀있다.

라반 사우마와 라반 마르코스는 중국으로 돌아갈 생각이 없었다. 그들은 성지순례의 목적을 이루지 못한다면 수도원에서 평생을 수행할 생각이었다. 마르 덴하 교황은 결국 그들을 설득해냈다. 쿠빌라이와 카이두 사이에 다시 전쟁이 일어나 중앙아시아의 길이 끊어지지 않았더라면 라반 사우마와 라반 마르코스는 지체 없이 길을 떠났을 것이다. 출발은 늦추어졌고 그들은 마라가에서 일 년을 기다렸다. 이 기간 동안에 무슨 일이 일어났는지는 기록이 없다. 어쨌든 다음 해에 마르 자발라하(라반 마르코스)는 바그다드로 가서 주교의 예복과 지팡이를 받았고 중국으로 돌아갈 준비를 했다. 그런데 다시 기묘한 사건이 일어났다. 상상할 수 없는 일이라서 진상이 무엇인지 알아낼 수가 없다.

라반 마르코스는 정체를 알아내기가 쉽지 않은 인물이다. 원래 성지순례를 제안한 사람은 그였다. 페르시아에 도착한 뒤로 그는 운이 트였다. 그는 라반 사우마를 수행하는 처지였지만 라반 사우마는 순찰총감에 임명되었으나 오히려 그는 키타이 성과 옹구트부의 주교로 임명되었다. 옹구트부 경교 사원의 부주교의 아들인 그가 어쩌면 쿠빌라이 대 칸이 직접 임명한 성지순례 사절인지도 모른다. 그와 쿠빌라이 대 칸의 특수 관계가 성지순례 도중에 전설 같은 일이 일어난 배경이었을지도 모른다. 마라가의 성 미카엘 수도원에서 그는 기이한 꿈을 꾸었다. 꿈속에서 그는 자신이 교황에 임명될 것이란 예언을 들었다. 20년 전 중국 북방에서 종교적 열정이 가득한 소년으로 자라던 그가 36살에 바그다드에서 기적처럼 전 세계 경교의 최고 수장—마르 자발라하 3세 교황이 되었다.

1281년 초 라반 마르코스는 바그다드로 갔다. 마르 자발라하 3세의 전기는 꿈속의 예언을 이루기 위해 그가 바그다드로 갔고 바그다드에서 주교의 예복과 지팡이를 받았다고 기록하고 있다. 바그다드로 가는 길에서는 더 기이한 일이 일어났다. 바그다드 성 밖에서 한 신비한 인물이 그에게 와서 마르 덴하 교황이 죽었고 '속히 말을 몰아 달려가면' 장례식에는 참석할 수 있을 것이라고 알려주었다. 기이한 일은 이것만이 아니었다. 그는 장례식에 참석했을 뿐만 아니라 마르 덴하 교황의 계승자로 추대되었다. 먼 곳에서 온 순례자가 교황이 되었다. 중국으로 돌아갈 필요가 없게 된 마르 자발라하 3세는 바그다드에서 교황에 취임했고 지난 날 그의 스승이었던 라반 사우마는 교단 내부관리를 맡았다. 이렇게 하여 순례 여행의 제1단계는 끝이 났다. 만약 5년 뒤에 아르군 칸이 로마 교황청과 손을 잡고 시리아와 팔레스타인을 공격하려 하지 않았더라면, 마르 자발라하 3세가 라반 사우마를 유럽으로 갈 사절로 추천하지 않았더라면, 라반 사우마는 교황의 내무장관으로서 생을 마감하고 흔적도 없이 역사 속으로 사라졌을 것이다.

라반 사우마의 역사적 의미는 그가 중국에서 페르시아로 갔다는 데 있는 것이 아니라 그가 중국에서 유럽으로 갔다는 데 있으며 아마도 중국에서 유럽으로 간 최초의 동아시아 여행자일 것이란 점이다. 1,200년 전 감영(甘英)이 대진(大秦, 로마)에 사절로 갔을 때는 홍해 또는 지중해 연안에 도달했고 500년 전 두환(杜環)은 탈라스 전투에서 포로가 되어 서아시아를 떠돌다가 해로로 중국으로 돌아왔다.[29] 라반 사우마가 바그다드나 마라가에 머물러 있었더라면 그의 존재는 마르 자발라하 3세의 그림자에 가려졌거나 실크로드를 밟아간 위대한 선구자들의 행적 속에 묻혔을 것이다. 1281년부터 1287년까지 6년 동안 라반 사우마 개인에게는 별다른 변화가 일어나지 않았지만 주변의 정세는 혼란스러웠다. 아바카 칸이 죽고 아흐마가 뒤를 이었다. 아흐마는 술탄을 자처하면서 일 칸국 전체의 이슬람화를 시도했고 마르 자발라하 3세는 갇히는 몸이 되었다. 아르군이 아흐마를 패배시키자 마르 자발라하 3세는 다시 교단을 장악했다. 아르군과 자발라하 3세는 라반 사우마를 유럽으로 보내는 사절로 선정했다. 라반 사우마의 존재가 중국과 유럽의 교류사에서 중요한 지위를 차지하는 일은 1287년에 일어났다. 같은 해 3월에 라반 사우마 일행이 트레비존드 또는 흑해의 어느 항구를 출발하여 로마로 향했다.

유럽 사절

역사의 무대에서 희극성이 짙은 사건이 1287년 6월 23일에 시작되었다. 이날 나폴리 항구에 들어온 한 척의 배에서 칸발릭에서 온 성직자 라반 사우마가 내렸다. 이날 이전에 멀고도 먼 동방에서 온 사

---

29 두우(杜佑)가 편찬한 『통전(通典)』 권193을 보라. 두환은 서역 여러 나라의 상황을 소개한 『경행기(經行記)』를 썼으나 원본은 유실되어 전하지 않고 내용의 일부가 『통전』에 몇 줄 정도만 기록되어 남아 있다.

절이 이탈리아에 도착한 적은 없었다. 그들은 페르시아인이나 인도인을 본 적은 있지만 '대 칸의 땅'에서 온 '키타이인'을 본 적은 없었다. 사람들은 키타이나 만자에 관한 얘기를 들어본 적이 있었다. 그곳에 갔다가 돌아온 상인도 있었고(예컨대 야콥 단코나[Iacobbe D'Ancona]), 아직 그곳에 머물고 있는 상인도 있는데(예컨대 마르코 폴로) 이제는 이탈리아인 상인 한 사람과 통역 한 사람을 데리고 먼 동방에서 신부가 찾아온 것이다. 항구 바깥에서는 앙주(Anjou) 왕과 아라공(Aragon) 왕의 함대가 해전을 벌이고 있었다. 동방에서 온 65세의 신부를 주목한 사람은 많지 않았을 것이다. 교황이건 국왕이건 유럽 전체에서 이 신부가 세계사를 변화시킬 지도 모를 매우 중요한 사명을 띠고 있다는 점을 이해하고 관심을 기울인 사람은 아무도 없었다.

1241년에 바투 칸이 도나우 강으로부터 군대를 물린 뒤로 몽고군의 정복 대상은 남쪽의 이슬람세계로 바뀌었다. 무슬림을 잔혹하게 정복하는 몽고 기병은 기독교도에게 기쁨과 희망을 주었다. 유럽에서 몽고를 찾은 사절단 가운데서 규모가 가장 컸던 것은 앙드레 사절단이었다. 그의 사명은 십자군과 몽고군이 손을 잡고 서아시아의 이슬람 국가를 공격하도록 대 칸의 지지를 구하는 것이었다. 루이 9세는 몽고와 동맹을 맺어 예루살렘을 수복하려는 꿈을 갖고 있었다. 미망인 섭정[30]이 보내온 서신은 루이 9세를 크게 실망시켰고 심지어 사절단을 보낸 일조차 후회하게 만들었다. 처음에는 기독교 십자군이 몽

---

30 오굴 가미쉬(Ogul Gamish), 구육 칸의 미망인.

●13세기의 콘스탄티노폴

고와의 동맹을 원했으나 몽고가 응하지 않았고 뒤에는 몽고인이 기독교 십자군과 연합을 시도했으나 유럽 쪽에서 응하지 않았다. 몽고 칸국 가운데서 페르시아의 일 칸국의 처지가 가장 힘들었다. 동쪽에는 챠가다이 칸국이, 북쪽에서는 퀴착 칸국이 수시로 침범해왔고 옥수스(Oxus) 강과 코카서스에서 전쟁이 끊이지 않고 벌어졌다. 서쪽에서는 맘룩 왕조가 서아시아의 무슬림 세력을 끌어 모아 일 칸국을 위협하고 있어서 일 칸국의 세력은 페르시아를 넘어서기가 어려웠다. 훌레구는 십자군과 손을 잡고 맘룩 왕조를 소멸시키려는 계획을 세운 적이 있었고 아바카는 1266년과 1276년 두 차례나 교황청에 사절을 보내 군사 협력을 시도했다. 교황은 흥미가 없지는 않았으나 힘이 없었다. 방대한 몽고제국이 분열하고 있었고, 협소한 기독교 유럽도 분열하고 있었고, 로마 교황청과 비잔틴제국은 반목하고 있었으며, 베네치아와 제노아는 끊임없이 충돌하고 있었고, 앙주왕과 아라공왕은 전쟁을 벌이고 있었고, 영국왕 에드워드 1세(Edward I)와 프랑스 국왕 생 루이가 조직한 십자군은 앙주와 찰스의 협력을 얻지 못해 실패했다. 1285년, 즉위한지 얼마 되지 않은 아르군 칸이 재차 교황에게 서신을 보내 "하느님과 교황과 대 칸의 도움을 받아 사라센인을 몰아내고 싶다"는 뜻을 밝히고 자신이 시리아를 공격할 때 십자군도 그곳에 상륙하여 동시에 공격하자고 제안했다. 교황은 답신을 보내지 않았지만 아르군은 최소한 거절당하지는 않았다는 희망을 가지고 다시 1287년에 라반 사우마에게 서신과 예물을 주어 로마로 가게 했다. 이것이 일 칸국으로서는 마지막 기회였다. 1291년에 아르군 칸은 세상을 떠났고 일 칸국은 빠르게 이슬람화 되었다.

라반 사우마 일행은 타브리즈에서 출발했다. 타브리즈는 페르시아 일 칸국의 수도로서 바그다드를 대체하여 서아시아의 국제적인 상업도시로 성장하고 있었다. 10년 전에 마르코 폴로가 이곳에서 본 것은 '웅장하고 화려한 도시'였다. 그곳은 인구가 조밀하고 무역이 발달했으며, 비단과 금은보화가 풍부하고 유럽·인도·키타이에서 온 상인들이 구름처럼 모여들었으며, 성 밖에는 아름다운 꽃밭과 과수원이 널렸었다. 5년 뒤 죠반니 몬테 코르비노(Giovanni de Monte Corvino)는 이곳에서 이탈리아 상인 루칼롱고의 피에트로(Pietro de Lucalongo)를 만나 그와 함께 칸발릭으로 갔다. 라반 사우마의 수행원 가운데도 두 사람의 이탈리아인─안포씨(Anfossi)의 우게토(Ughetto)와 토마스(Thomas)─이 있었는데 그들은 중국에서 유럽으로 돌아가는 길에 페르시아에 들렀다가 통역과 연락원으로서 사절단에 들어왔다. 두 사람의 경력은 마르코 폴로를 연상시킨다. 『마르코 폴로 여행기』에 따르면, 5년 뒤에 마르코 폴로 일가도 이들과 같은 노선─타브리즈에서 트레비존드까지, 다시 트레비존드에서 배를 타고 흑해 남쪽 해안을 따라 콘스탄티노플까지─을 따라 유럽으로 돌아갔다.

트레비존드에서 배에 오른 라반 사우마 일행은 며칠 뒤에 비잔틴제국의 수도 콘스탄티노플에 도착했다. 비잔틴제국의 황제 안드로니쿠스 2세(Andronicus II)는 그들을 열렬하게 환영했다. 황제의 누이동생은 15년 전에 아바카 칸에게 시집갔으나 이때 황제는 맘룩 술탄을 협공하자는 제안에 대해 전혀 흥미를 보이지 않았다. 그의 정책은 일 칸국, 킵착 칸국, 맘룩 술탄 사이에서 정치와 교역의 평형을 추구하는 것이었다. 동로마 제국은 이미 쇠락하여 보스포루스 해협의 한 도시에 지나지 않았기 때문에 어떤 군사적 모험도 이 도시의 철저한 파멸로 연결될 수 있었다. 라반 사우마가 성 소피아 성당[31]의 웅장함에 감탄한 것 말고는 그의 비잔틴 방문은 아무 성과도 없었다.

성 소피아 성당은 의심할 나위 없이 당시 세계에서 가장 웅장하고 아름다운 기독교 건축이었다. 거대한 돔 천정, 기둥, 호화로운 대리석, 금칠을 한 찬란한 유리 모자이크…… 라반 사우마는 이 광경을 묘사할 말을 찾지 못하겠다고 말했다. 동방에서 온 이 여행자는 동시대의 서방 여행자처럼 세상을 묘사한 경우가 거의 없었다. 성지순례에 나선 성직자로서 아마도 그는 세속의 일에는 아예 관심이 없었는지도 모른다. 아니면 더 발달한 동방에서 온 여행자의 눈에는 성지순례 길에 목격한 서방의 사물이 한결같이 초라했는지도 모른다. 동로마제국의 황제를 마지막으로 알현한 라반 사우마는 서쪽으로 더 나아가 프랑크인들이 있는 곳으로 가겠다는 뜻을 밝혔다.

콘스탄티노플을 출발한 항해는 두 달이 걸렸다. 좁고 더러운 선창 안에서 상인과 순례자들이 잇달아 죽어갔고 여러 차례 폭풍우를 만났으며 침몰하는 배도 목격했다. 나폴리가 가까워 질 무렵에는 이름 모를 작은 화산섬이 폭발하는 광경도 지켜보았다. 후세의 학자나 독자들은 라반 사우마가 여행 중에 듣고 본 것들을 좀 더 상세히 기록하지 않아 아쉬움을 느낀다. 몽고의 세기에 서방 여행자들의 눈에

---

31 서기 532-537년에 동로마 황제 유스티니아누스 1세(Justinianus I)가 건설했다. 원래는 비잔틴제국의 동방정교 궁정교회이자 콘스탄티노플 주교좌였으나 1453년 터키가 콘스탄티노플을 점령한 뒤에 회교사원으로 개조했다.

비친 동방의 모습은 많이 알려져 있지만 동방 여행자의 눈에 비친 서방의 모습은 별로 알려진 게 없다. 라반 사우마는 한 시대의 획을 긋는 여행 중에 무엇을 보았으며 어떻게 생각했을까? 서방의 사람과 사물, 도시와 건축, 언어와 풍습, 음식과 복장은 동방과 어떤 차이가 있었으며 본받을 만한 것은 무엇이었을까? 카르피니의 몽고 여행기와 라반 사우마의 유럽 여행기를 비교해보면 후자의 부족한 점이 무엇인지 금방 드러난다.

서방세계의 세속 생활에 관해 라반 사우마는 거의 아무것도 언급하지 않았다. 후세에 와서 기록이 유실되었거나 후세 사람들이 삭제한 탓이 아니라면 라반 사우마 본인이 편협했거나 또는 초탈한 때문이었을 것이다. 잠시 나폴리에 머무는 동안 라반 사우마의 주의를 끈 것은 해전뿐이었다. 나폴리에서 로마로 갈 때는 말을 탔고 지나는 길은 옛 로마제국 시절에 가장 번화했던 지역이자 13세기 당시에도 세계에서 가장 번화한 지역이었다. 라반 사우마는 몽고가 점령한 뒤의 중국 화북지역에서 성장했고, 몽고의 초원과 중국의 서역을 거쳐 중앙아시아 페르시아로 여행했는데 지나는 길은 대부분 사막이거나 전란으로 파괴된 도시였다. 이탈리아 중부지역의 번영은 그에게 깊은 인상을 남겼다. 그는 "지나는 길에 버려둔 땅이 없었고 도처에 민가가 있었다"고 말했다. 로마까지의 여행은 즐거웠다. 유일하게 예상 밖의 일이라고 한다면 라반 사우마가 아직 콘스탄티노플의 황궁을 참관하고 있던 두 달 전에 바티칸의 교황 호노리우스 4세(Honorius IX)가 사망한 것이었다. 라반 사우마가 로마에 도착했을 때는 새로운 교황은 아직 선출되지 않아 12명의 추기경이 바티칸의 업무를 처리하고 있었다.

바티칸의 알현 의식은 중국 궁정의 황제 알현 의식만큼이나 복잡했다. 의식을 주관하는 성직자 또는 예부의 관원이 무릎을 꿇고 절하는 방법을 가르쳤다. 추기경들은 라반 사우마를 앞에 두고 교리에 관해 날카롭게 질문했다. 그들은 경교의 신부들이 동방 선교에 힘을 쏟아서 몽고인, 돌궐인, 중국인 가운데 기독교도가 많다는 설명을 듣고 또한 라반 사우마가 행하는 경교 예배의식이 서방 기독교와 큰 차이가 없다는 점을 보고서는 놀랐다. 뿐만 아니라 라반 사우마가 "제가 먼 곳에서 이곳까지 온 목적은 저의 신앙을 설명하기 위해서가 아니라 우리의 주인이신 로마 교황을 알현하고 국왕과 교황이 준 서신을 전달하는 것"이라고 말하자 추기경들은 적절한 대응책을 찾지 못해 우선은 라반 사우마가 휴식하며 로마를 관광하도록 조치했다.

라반 사우마의 여행 목적은 사절로서의 임무를 완수하는 것과 성지순례가 합쳐진 것이었다. 정치적 임무를 완성하지 않았다고 해서 성지순례를 미룰 이유는 없었다. 바티칸의 성 바오로 성당은 성 소피아 성당보다도 더 라반 사우마를 감동시켰다. 13세기의 성 바오로 성당은 건축 기술과 조형미에 있어서 성 소피아 성당과 비할 바가 못 되었지만 소장하고 있는 성물은 훨씬 더 많았다. 라반 사우마가 성 소피아 성당을 찾았을 때는 그곳의 성물을 베네치아인들이 깨끗이 약탈해간 뒤라서 그가 참관한 성물은 대부분이 복제품이었다.[32] 라반 사

---

32 베네치아가 1204~1260년 콘스탄티노플을 점령하고 비잔틴 황궁과 소피아 성당의 많은 보물을 약탈하여 베네치아로 가져갔다.

우마를 크게 감동시킨 것은 성 베드로의 무덤과 아마포에 싸인 그리스도 수난상이었다. 그는 성당의 조형미, 스테인드글라스, 조각에 관해서는 거의 관심을 보이지 않았다. 1285년에 막 완성된 화려하고 정교한 성체반(聖體盤)에 대해서도 그는 언급하지 않았다. 바티칸 성직자의 안내를 받으며 라반 사우마는 로마의 다른 성당도 참관하였다.

새 교황이 아직 선출되지 않은 상황에서 추기경마다 교황 행세를 하였다.[33] 라반 사우마는 아버지 폴로 형제가 15년 전에 맞닥뜨렸던 상황과 완전히 같은 상황에 부닥쳤다. 라반 사우마의 임무는 단번에 이루어질 수가 없는 상황이어서 그는 계속 북상하여 파리로 가 프랑스 국왕 필립(Philip the Fair)을 만났다. 프랑스 국왕 필립은 이 무렵 유럽에서 십자군 원정에 가장 열성적인 군주였고 또한 가장 강력한 실력을 갖추고 있었다.

제노아를 지나는 길에는 그곳에서 융숭한 대접을 받았다. 제노아는 국제화된 상업도시였고 많은 제노아 상인들이 페르시아에 진출해 있었다. 그러나 상인들은 군사적으로는 일 칸에게 전혀 도움을 주지 않았다. 그들은 맘룩의 상인들과도 거래했다. 그들에게는 정치적인 적이란 없었고 오직 교역상의 적만 있었는데, 그 적이 베네치아였다. 제노아와 베네치아는 유럽 전체에서 가장 동방화된 도시였다. 지중해는 이 두 도시가 동방 세계로 향하는 문호였다. 동서 무역이건 전쟁이건 두 도시가 초점이자 요새였다. 십자군 원정 이전부터 두 도시는 무슬

---

33 *The Lives of Popes in Middle Ages*, Horace Mann ed., London, 1931-1932.

림 세계와 충돌하는 한편 교역도 하고 있었다. 십자군 원정이 시작되면서 전쟁도 교역도 확대되었다. 부는 증가하고 있었고 상업자본의 초기 축적은 이미 시작되었고 항해 기술도 개선되고 있었다. 상인들의 모험은 도시의 정치, 기독교 조직의 이익과 유기적으로 결합하기 시작했다. 상인들은 콘스탄티노플, 타브리즈, 더 나아가 호르무즈와 부하라, 모바르(코로만델 해안을 지칭), 칸발릭까지 사무소를 설치하고 페르시아의 칸 조정과 맘룩 왕조와 동시에 교역했다. 그들의 적은 더 이상 지중해 건너 편의 이교도나 사라센인이 아니라 상업상의 경쟁 상대였다. 베네치아인에게는 제노아인이 적이었고 제노아인에게 적이란 베네치아인이었다. 1261년에 제노아인들은 그리스인들을 도와 콘스탄티노플 라틴왕국의 베네치아인을 몰아낸 적이 있었다. 폴로 일가가 두 번째 대 칸국으로 갈 때 콘스탄티노플을 거치지 않은 것은 이 때문이었다. 1295년 돌아올 때 그들이 아크레를 다시 거치지 않은 이유는 맘룩 왕조가 서아시아에서 십자군이 점령하고 있던 마지막 성인 이곳을 이미 탈환했기 때문이었다. 이집트 맘룩 왕조와의 교역 독점권을 두고 베네치아와 제노아가 다시 충돌하였다. 라반 사우마가 제노아에 도착하고 10년이 지난 뒤에 마르코 폴로는 베네치아와 제노아 사이에 벌어진 해전에서 제노아의 포로가 되었다.

라반 사우마는 제노아로 갔기 때문에 베네치아로 갈 수 없었다. 상업과 정치면에서 경쟁하던 두 도시는 당시 유럽에서 가장 큰 도시였다. 베네치아의 인구는 12만이었고 베로나 지역을 포함한다면 인구는 16만에 이르렀다. 제노아의 인구도 10만을 넘었다.[34] 라반 사우마가 제노아에 왔을 무렵 제노아의 선원들은 맘룩 왕조의 향료에 대한 높은 관세 징수를 피하기 위해 지브롤터를 넘어 나가는 항로를 탐색하기 시작했다. 하나의 도시로서 제노아에서는 라반 사우마가 이해하기 어려운 많은 일들이 일어나고 있었다. 이 도시에는 군주가 없고 상인과 상인으로 조직된 시정부만 있었다. 이곳의 기독교도들은 육식을 금하는 날을 지키지 않았다. 그들은 자신들에게 포교한 사도가 몸이 허약한 그들을 배려하여 일 년 중 어느 때라도 육식을 할 수 있도록 허락했다고 말했다.

한여름에 남부 유럽을 여행하면 더위 때문에 피로가 배가된다. 라반 사우마는 초가을에 파리에 도착했고 성대한 환영식이 있었다. 그는 사흘을 휴식했다. 새로 즉위한 국왕 필립 4세는 보기에 유능한 젊은이였고, 앙드레와 루브룩을 몽고에 사절로 파견한 그의 할아버지 생 루이를 여러 면에서 닮았었다. 알현은 순조롭게 진행되었다. 필립 4세는 그에게 온 목적을 물었고 아르군 칸의 '성의'에 감동했다. 그는 이교도인 몽고인조차도 성지 예루살렘 해방에 관심을 갖고 있는데 기독교도로서 열렬히 호응하지 않을 이유가 없다고 말했다. 필립 4세는 '대군을 파견해' 아르군 칸과 연합하여 맘룩 술탄을 공격하겠다고 답했다. 큰 짐을 벗은 라반 사우마는 파리에서 한 달을 머물렀다.

상황은 그가 생각했던 것처럼 그렇게 낙관적으로 펼쳐지지는 않았다. 필립 4세는 마음은 있었지만 군대를 동원할 여력이 없었다. 그가 처리해야 할 중요한 환란은 지중해 건너 저쪽의 일이 아니었다. 서

---

34 *Before European Hegemony* by Janet L. Abu-Lughod, Oxford Uni. Press, 1989, p. 125.

쪽 지역에서는 영국 국왕 에드워드와 쌓인 원한이 이미 깊어져 머지 않아 4년 동안(1294~1298) 계속될 전쟁이 폭발했고, 남쪽에서는 프로 방스의 영주권을 둘러싸고 아라공 국왕과 다툼이 벌어졌고, 동북쪽 에서는 플랑드르에서 신성로마제국의 황제와도 충돌했다. 이런 까닭에 재정수입이 부족해진 필립 4세는 프랑스 화폐의 국외유출을 금지 시켰고 그 여파로 프랑스 교회의 헌납이 줄어들자 로마 교황청과도 사이가 틀어졌다. 필립 4세는 십자군 원정을 조직할 뜻은 있었으나 당장 눈앞에 닥친 문제들을 해결하느라 여력이 없었다. 국왕은 아르 군 칸의 사절을 초대하여 융숭한 접대를 베푼 뒤에 페르시아로 돌아 갈 때는 호위 기사 한 명까지 붙여주었다.

13세기의 파리는 유럽에서 가장 큰 도시였을 것이다. 나폴리나 제노아 같은 상업도시나 로마와 같은 종교도시와는 달리 파리는 왕 가의 위엄과 문화를 간직한 도시였다. 왕가의 위엄으로 말하자면 콘 스탄티노플에 비길 바는 아닐지라도, 10만의 시민 가운데서 학자가 3 만 명이었다고 하니 문화적인 분위기는 다른 어떤 곳에도 뒤지지 않 았다.[35] "이곳에서는 3만 명의 학자가 기독교 교리와 세속 학문을 연 구하고 있다. 그들은 모든 성경과 과학을 번역하고 해석했는데 과학 은 철학, 수사학, 의학, 기하학, 수학과 천문학 같은 것이 있었다. 그들

---

35 중세기의 대학에 관해 연구한 Gordon Leff는 저서 *Paris and Oxford Universities in 13th and 14th Centuries*에서 3만 명 학자설은 과장된 것이라고 한다. 13 세기의 파리 인구는 대략 10만에서 12만 사이였고 교사와 학생을 다 합쳐도 1 만 명을 넘지 못했다.

은 늘 저술 활동으로 바쁘고 일체의 활동은 국왕의 지원을 받고 있다." 라반 사우마는 파리에서 한 달을 머물렀고 "시내를 빠짐없이 돌아보았다." 그러나 그의 여행기에서 특별히 언급한 것은 생 드니 성당뿐이다. 그곳에는 세상을 떠난 프랑스 국왕들의 관과 그들의 왕관, 무기와 의복이 보존되어 있었고 5백 명의 수도사들이 기도하며 그것들을 관리하고 있었다. 3만 명의 학자와 5백 명의 수도사라는 숫자는 과장된 것이 분명하지만 라반 사우마가 파리의 규모로부터 받은 깊은 인상을 설명한다고 보면 무리가 없을 것이다. 그러나 그가 파리의 노트르담 사원을 전혀 언급하지 않고 있는 점은 이해하기 어렵다. 유일하게 가능한 해석이라고 한다면, 그 자신과 그가 속한 교회는 '성모 마리아'를 기리는 교회를 인정할 수가 없었다는 것이다.[36] 그 자신이 여행기를 서술하는 과정에서 생략했거나 아니면 기록자가 생략했거나 …….

현대인으로서는 중세의 여행을 상상하기는 쉽지 않다. 지금은 파리에서 보르도까지 자동차로 몇 시간이면 갈 수 있지만 그 시대에는 20일을 걸어서 갔다. 라반 사우마는 1287년 10월 초에 파리를 떠났고 그 달 하순이 되어서야 영국왕 에드워드의 주둔지인 보르도에 닿았다.[37] 이 작은 마을에 라반 사우마가 찾아온 일은 큰 사건이었다.

---

36 경교는 신의 아들로서의 그리스도와 사람의 아들로서의 그리스도를 엄격하게 구분하고 신의 아들로서의 그리스도만 신봉했다. '마리아는 그리스도의 어머니'라는 정의를 받아들이지 않았다.
37 1287~1290년 사이에 에드워드 1세는 보르도에 주둔하고 있었다. 『플로렌스 워세스터 편년사』에는 1287년에 타타르 국왕의 사절이 에드워드 1세를 알현했다

에드워드 국왕은 그의 신분을 확인한 뒤 지체 없이 그를 만났다. 왕은 성지 예루살렘의 수복은 기독교 군주로서 다른 사람에게 넘길 수 없는 책임이며 늘 몸에 걸치고 있는 십자가 휘장이 이 신성한 사명을 수시로 깨우쳐준다고 말했다. 에드워드 1세는 라반 사우마를 궁중 미사에 초대하였고 미사가 끝나고 나서는 아르군 칸의 사절로서 라반 사우마에게 성대한 연회를 열어 주었다. 당시의 사료를 통해서 우리는 에드워드 궁정 연회의 상황을 알 수 있다. 한 차례의 연회에 소 10마리, 양 59마리, 닭 1,742마리, 각종 야채와 해산물 요리, 대량의 술과 빵이 나왔다.[38] 라반 사우마는 자신이 받은 이런 성대한 대접에 대해서는 단 한마디도 언급하지 않았고 평소처럼 그가 참관한 성당과 성물에 대해서만 서술했다.

영국왕과 헤어질 때는 이미 겨울이 다가와 있었다. 라반 사우마는 제노아로 돌아가 그곳에서 겨울을 나기로 결정했다. 동방인이 친밀감을 느낄 수 있는 유일한 도시가 그곳이어서 그랬는지 모른다. 수많은 제노아 상인들이 페르시아뿐만 아니라 중국에까지 갔다 왔기 때문에 그 가운데 라반 사우마가 아는 인물도 있었는지 모르고 그렇지 않더라도 최소한 그곳은 그를 수행한 이탈리아 통역과 연락원의 고향이었다. 라반 사우마는 기분이 좋았다. 12월 초의 제노아에는 나뭇잎이 푸르렀고 바닷바람은 따뜻했다. 라반 사우마는 제노아를 '꽃밭과 같은 천당'이라고 표현했다. 사명은 이미 2/3쯤 완수했다. 유럽

고 기록하고 있다.

38 *Edward* by Michael Prestwich, London, Methuen, 1988, pp. 157−159.

의 양대 강대국의 국왕이 출병하여 일 칸국과 함께 맘룩을 공격하기로 약속했고 남은 것은 교황의 약속뿐이었다. 물론 그는 교황의 지지가 없어서는 안 된다는 점을 알고 있었다. 반년이 지나 교황이 되고 싶어 하던 12명의 추기경 가운데서 6명이 세상을 떠났는데도 새로운 교황은 선출되지 않았다. 새해가 다가오자 라반 사우마는 초조함을 느꼈다. 교황청의 사절 요한 투스쿨로스(Johan Tusculos)가 제노아에 들렀을 때 라반 사우마는 교황 선출을 기다린 지가 반년이나 되었다고 불평을 털어놓았다. 1288년 2월 20일, 새 교황이 선출되었는데, 처음 만났을 때 라반 사우마에게 교리 문제로 날카로운 질문을 던졌던 그 추기경이었다.

성과 없는 귀로

라반 사우마는 서둘러 로마로 갔다. 새 교황 니콜라스 4세(Nicholas IX)가 예의를 갖추어 맞이하자 순례자는 감격하여 눈물을 흘렸다. 교황은 그에게 부활절을 지내고 가라고 권유했다. 그는 바티칸에서 한 차례 미사를 집전하였고, 부활절 미사에 참석하여 교황으로부터 직접 성찬을 받는 행운을 누렸고, 부활절 기간 동안의 중요한 의식에 참가했다. 수많은 신도들이 감람나무 가지를 들고 노천광장에 모여들어 '아멘'을 외쳤고 교황의 강론은 군중의 외침에 묻혀 들리지 않았다. 그러나 정치 사절로서 그가 거둔 성과는 실망스러운 것이었다. 부활절이 끝나고 귀국하는 라반 사우마에게 교황은 아르군 칸, 마르 자발라하 3세, 이미 세상을 떠난 아바카 칸의 미망인인 비잔틴 공주, 라반 사우마 자신, 그리고 페르시아에 거주하는 소수의 유럽인들에게 보내는 서신을 주었다. 이 서신들의 부본은 지금도 바티칸의 문서고에 보존되어 있다.

아르군 칸에게 보내는 서신에서 니콜라스 4세는 맘룩 공격을 돕기 위해 십자군을 파견하는 문제에 관해서는 단 한 마디도 언급하지 않았다. 교황은 성지탈환은 몽고인 몫의 일로 여기는 듯했다. 그는 아르군 칸에게 세례를 받을 것을 거듭 촉구하면서 "세례를 받으면 주의 도움으로 예루살렘 해방은 보다 쉽게 실현될 수 있을 것"이라고 하였다. 십자군의 도움은 기대할 수 없었다. 아르군 칸은 먼저 하느님을 믿은 후에 맘룩 술탄을 공격할 때 하느님이 도와주시기를 기대할 수밖에 없었다. 교황은 현명하게도 책임의 절반은 아르군 칸에게, 절반은 하느님께 미루었고 라반 사우마의 사명은 허사가 되었다. 니콜라스 4세는 마르 자발라하 3세가 동방 선교에 나선 성 프란치스코회 수도사들에게 베푼 은혜에 감사하면서도 한편으로는 기회를 놓치지 않고 경교 신앙은 정통이 아님을 암시하였다. 또한 니콜라스 4세는 마르 자발라하 3세에게 보내는 서신에서 로마는 경교에 대해 '자애로운 어머니'와 같은 심정으로 지켜보고 있으며 동방의 교도들이 언젠가는 "로마 교회가 지키고 있는 순결한 신앙"으로 돌아오기를 기다린다고 여러 차례 강조했다.

교황은 아르군 칸에게는 세례 받기를 권했고, 경교의 교황과 페르시아 대주교, 칸의 미망인에게는 개종을 권유했고, 페르시아에서 장사를 하고 있거나 칸의 궁정에서 일하고 있는 유럽의 세속인들에게는 선교에 힘쓰라고 권유했다. 이처럼 사리에 맞지 않고 실망스러운 내용의 서신과 예물을 가지고 페르시아로 돌아가는 라반 사우마는 아무런 불쾌감도 표시하지 않았다. 1288년 9월, 라반 사우마는 페르시아로 돌아왔다. 페르시아는 이제 그의 제2의 고향이었다. 아르군 칸에게 보고할 때 칸은 다음과 같이 말했다 "나이 많은 그대에게 너무나 큰 수고를 끼쳤습니다. 앞으로는 그대가 우리 곁을 떠나지 않도록 하겠습니다. 궁 밖에 교회를 지어 줄 테니 그곳에서 예배를 주재하고 기도하십시오."

라반 사우마가 돌아온 뒤에도 아르군 칸은 계속해서 유럽으로 사절을 파견했지만 아무런 효과도 없었다. 교황은 그의 제안에 대해 가타부타 대답이 없었고 프랑스 국왕과 영국 국왕은 둘 다 약속을 지키지 않았다. 그들은 한 순간도 빠지지 않고 십자군의 휘장을 걸치고 다녔지만 눈앞의 이익과 과제들이 머나먼 곳에 있는 성지 예루살렘의 일을 걱정할 틈을 주지 않았다. 기회는 깨닫지 못하는 사이에 흘러가고 있었다. 마르코 폴로는 일 칸국의 아르군 칸에게 시집가는 코카친 공주를 호송했다. 1291년 마르코 폴로 일가가 중국을 출발할 때 페르시아에 있던 아르군은 세상을 떠났다. 코카친 공주의 결혼 상대는 아르군의 아들로 바뀌었다. 그는 많은 군대를 거느리고 호라산을 지키는 가잔이었다. 페르시아에서 콘스탄티노플로 가는 도중에 마르코 폴로는 쿠빌라이 대 칸이 죽었다는 소식을 들었다. 그는 머나먼 곳이지만 천당과 같은 칸발릭을 다시 가볼 기회가 없어졌음을 알았다. 1294년의 일이었다. 같은 시기에 라반 사우마도 페르시아에서 숨을 거두었다. 임종을 맞은 라반 사우마를 위한 침통하고 긴 기도소리가 울리고 있을 때 프랑스 국왕과 영국 국왕은 다시 전쟁을 벌였다.

라반 사우마는 평온 속에서 세상을 떠났다. 그처럼 이 세상에서 광대한 지역을 여행했고 중요한 역할을 맡았던 사람이라면 세속을 떠날 때 별다른 미련이 없이 평온한 마음으로 죽음을 맞았을 것이다. 1년 뒤에 이슬람을 믿는 가잔이 칸의 지위를 이었다. 가잔의 대신 누르츠는 경교 교회당 철폐령을 내려 교단의 재산을 몰수하고 경교도와 유태인을 학살했다. 재난이 시작되었다. 마르 자발라하 3세는 난폭한 무슬림 무리에게 한밤중에 집에서 끌려 나가 감금되었고 거꾸로 매달려 채찍질을 당했다. 아르메니아 국왕 헤툼 2세(Hethum II)가 구해주지 않았더라면 마르 자발라하 3세는 살해되었을 것이다. 칸발릭에서 온 두 명의 순례자 가운데서 한 사람은 죽어서 영원한 평안을 얻었고 살아 있는 한 사람은 인생 만년에 참혹한 재난을 겪고 있었다. 1317년의 어느 겨울밤에, 내몽고에서 태어나 칸발릭에서 자라고 성지 순례를 떠났던 청년 라반 마르코스는 마라가 성 밖의 한 수도원에서 숨을 거두었다. 죽기 전에 그는 바그다드, 타브리즈, 하마단, 모술, 마라가의 경교 교회가 파괴되고 교회의 재산이 약탈당하는 모습을 지켜보아야 했다. 경교의 황금시대는 영원히 사라졌다. 재난을 겪는 가운데서 라반 마르코스는 역사가 라쉬드-엣딘을 만나 이렇게 말했다. "살아서 무얼 하겠는가? 왕이 나를 내가 온 동방으로 보내주던가 아니면 프랑스로 가서 남은 생을 보내게 해주면 좋겠다."

라반 사우마와 라반 마르코스는 1276년 무렵 칸발릭을 떠난 뒤로 고향으로 돌아가지 못했다. 여행은 세 가지 측면에서 세계를 변화시킨다. 첫째, 여행자는 본국과 이국 사이의 물자와 관념을 소통시킨다. 둘째, 여행자는 본국으로 돌아와 다른 세계를 펼쳐 보인다. 여행자가 시작한 교역은 본국의 경제구조를 다시 구성한다. 여행자가 전해주는 이국에 관한 대량의 지식과 경험은 본국의 시야를 넓혀준다. 셋째, 이국의 역량을 자신의 문명 질서 속에 수용하려 시도하는 과정에서 이국을 모든 가치를 초월한 문화적 유토피아로 인식함으로써 본국 자신의 변혁을 유발하게 된다. 여행은 세계를 변화시킨다. 여행자는 본국을 이국으로 가져갈 뿐만 아니라, 마르코 폴로의 경우에서 보듯 이국을 본국으로 가져온다. 여행자는 가고 온다. 여행의 경험을 기록하면 여행기가 퍼져나간다. 이런 관점에서 볼 때 마르코 폴로의 경우는 행운이었고 라반 사우마의 경우는 불운이었다.

유럽에서 페르시아로 돌아온 라반 사우마는 여행 경험과 보고 들은 바를 페르시아어로 기록했다. 일 칸국이 이슬람화 되는 과정에서 라반 사우마의 여행기, 외교사절 보고서, 일기, 서신 등이 모두 유실되었다. 마르코 폴로, 이븐 바투타와 함께 이름을 남길 수도 있었던 중세의 위대한 여행가 라반 사우마는 역사 속에서 500년이나 잊혀졌다. 1887년, 페르시아 서북부에 살던 살로몬(Salomon)이 경교도 신자인 돌궐족 청년으로부터 시리아어로 된 원고 일부를 입수했다. 원고의 내용은 라반 사우마의 생애와 여행기였다. 동방인이 서방을 발견한 여행기가 서방인에 의해 발견된 것이다. 대영박물관이 이 원고를 사들였고 프랑스가 가장 먼저 프랑스어 번역본을 냈으며 그 뒤로 영어와 러시아어 번역본이 나왔다. 서방인이 흥미를 느낀 것은 중국에서 온 돌궐족 경교도의 눈에 비친 13세기 유럽의 모습이었다. 유감스럽게도 원고는 지나치게 간략했고 시리아어 번역자 역시 번역 과정에서 많은 내용을 삭제했다.

'발견'은 많은 아쉬움을 남겼다. 라반 사우마는 역사적으로 중요한 시기에 중요한 역할을 했다. 교황이 아르군 칸의 제안을 받아들이고 영국과 프랑스의 국왕이 식언을 하지 않았더라면 서아시아 이슬람 세계와 기독교 십자군 원정의 역사는 달리 씌어졌을 것이다.

라반 사우마의 처음 기록에는 흥미로운 사료가 많이 포함되어 있었을 것이다. 그것이 유실되지 않았더라면, 시리아어 번역자가 삭제하지 않았더라면 동서 교류사는 더욱 풍부하고 의미 있는 내용을 갖게 되었을 것이다. 마르코 폴로 일가가 중국에 도착했을 무렵 중국을 출발한 여행가도 서방에 도착했다. 라반 사우마는 서방에 도착한 첫 번째 중국 여행가일 가능성이 매우 높다. 그의 여행은 하나의 시발점이자 매우 극적인 사건이다.

라반 사우마는 유럽으로 간 다음 돌아오지 못했다. 그가 서술한 이국의 풍물은 페르시아에서도 퍼져나가지 못했다. 여행의 역사적 의미는 용감한 여행자의 존재만이 아니라 그런 영웅들을 받아들이는 사회의 문화 환경에 있다. 그런 문화는 이국의 소식을 갈망하며, 자신을 초월하고 자신을 개조하기를 두려워하지 않으며, 본국을 떠나 세계로 향하기를 갈망하며, 세계를 자신의 고향으로 삼기를 갈망한다. 마르코 폴로는 이러한 사회문화의 기대를 충족시켰다. 많은 사람이 반신반의했지만 그의 여행기는 여러 가지 언어로 번역되어 유럽 전역에 퍼졌다. 이와 비교할 때 라반 사우마는 불운한 인물이었다. 그의 고향은 이국에 대해 관심이 없었다. 그가 칸발릭으로 돌아와 중국어로 여행기를 남겼다고 하더라도 유실은 면하기 어려웠을 것이다. 유실이란 표면적으로 보자면 우연한 사건이지만 실질적으로는 필연적인 이유가 있다. 그것은 사회문화의 무의식적 망각의 방식이다. 사람들은 마음속에 담아두지 않은 대상과 귀하게 여기지 않는 대상을 수시로 잃어버린다. 몽고의 세기에 수많은 유럽인이 중국에 왔고 중국에서 유럽으로 간 중국인도 라반 사우만 혼자만은 아닐 것이다. 그런데 사람을 감동시키는 대여행의 기록이 왜 중국의 사료에는 그토록 적은가?

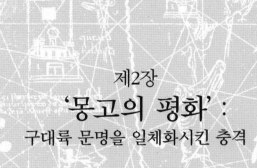

제2장
'몽고의 평화' :
구대륙 문명을 일체화시킨 충격

큰 변화가 일어나는 시대에 세상을 널리 돌아본 일생은 행운이다. 책 속에 살아남아 생사를 초월하여 세상에 전해지는 삶은 또 다른 행운이다. 어느 쪽의 행운이든 모두가 말을 타고 세계를 내달은 야만인 덕분에 가능한 일이었다.

　몽고제국은 인류역사에 유례를 찾기 어려운 기회를 창조했다. 칭기즈 칸 집안이 구대륙을 휩쓸고 이룩한 '세계 평화'가 없었더라면 마르코 폴로나 라반 사우마의 여행도 없었을 것이고 세계 역사를 바꾸게 되는 그 다음 시대의 지리대발견과 자본주의의 확장도 없었을 것이다. 몽고의 세기는 인류역사상 매우 중요한 시기였다. 유럽과 아시아라는 양 구대륙의 문명은 아주 짧은 시간 내에 상당한 정도로 일체화되었고, 이로부터 동서양 문명 발전의 균형이 깨지기 시작했으며, 더 나아가 서방 현대 자본주의 문명의 최초의 동기와 영감이 유발되었다.

　구세계 문명의 구조도 변했다. 뱅골만에서 시작하여 타타르해협에 이르기까지 중앙아시아를 가로지르는 대산맥은 지리적 경계이면서 한편으로는 문명의 경계였다. 이 경계는 유럽과 아시아 대륙을 두 세계로 나누어 놓았다. 중앙아시아 대산맥의 서쪽은 상대적으로 일체화된 서방세계였고 그 동쪽은 상대적으로 일체화된 동방세계였다. 페르시아 제국에서 마케도니아 제국에 이르면서 고대 세계의 서쪽 4

대 문명은 최초의 '일체화'를 완성했다. 끊임없이 이어지는 대산맥의 동쪽은 또 하나의 세계—화하(華夏) 문명이 확장된 세계였다. 화하 문명이란 개념에는 지리적으로는 중국, 일본, 한반도, 동남아가 어우러지며 인종·언어·신앙, 문화와 정치구조, 역사적 교류에 있어서 대내적인 공통성과 대외적인 차이성이 병존했다. 파미르 고원에서 동쪽으로 한족의 옛 땅과 한반도, 일본, 월남에서는 한자가 문어로서 통용되고 유학이 일종의 공통 문화기반이 되었다. 농경민족은 칸막이를 쳤고 유목민족은 휘젓고 다녔다. 이것이 구대륙 문명의 규칙이자 유라시아 대륙 남과 북의 차이였다. 유목민족은 자신의 고향을 세계의 다리로 만들었다.

순간의 세계제국

몽고제국은 전쟁이란 방식으로 유라시아 대륙에 '세계의 평화'를 창조했고, 궁극적으로는 구대륙의 동서 경계와 남북 경계를 허물고 동서 5대 문명을 하나로 연결했으며, 남북의 농경문화와 유목문화를 융합시켰으며, 그리스화·이슬람화 시대 이후로 유라시아 대륙의 가장 철저한 일체화 운동을 완성했다. 중세기 서방의 역사가 주앵빌(Jean de Joinville)은 『생 루이 전기』에서 "대 칸은 인민에게 평화를 가져다주었다"라고 말했다.

"대 칸은 인민에게 평화를 가져다주었다"

1203년 가을, 테무진이라는 이름의 몽고 예숙(Yesoug) 부족 추장의 아들이 툴라 강과 크룰렌 강의 발원지 사이에서 강대한 돌궐족 케레이트 부족을 패배시켰다. 3년 뒤, 초원의 황금 계절인 가을에 추장들이 오논 강의 발원지에서 열린 쿠릴타이(부족 최고지도자 선출대회)에 참석했다. 이 무렵 테무진은 몽고 초원의 유목 부족을 거의 모두 복속시켰다. 쿠릴타이는 흉노시대로부터 내려오는 몽고 초원의 오랜 전통이었다. 그러나 이때의 쿠릴타이는 예전과는 달랐다. 무당 코카친이 '텡그리'(몽고족이 숭배하는 최고의 신. "하늘"이란 뜻)가 자신에게 테무진이 인간세계의 유일한 칸인 '칭기즈 칸', 세계의 통치자가 된다고 알려주었다고 선포했다.[39]

초원이 술렁거렸다. 환호성이 초원에 울려 퍼졌다. 초원의 기사들이 '아홉 개의 백마 꼬리가 달린 창'(칭기즈 칸 군대의 깃발) 아래로 모여들었다. 몽고 기병은 바이칼 호반과 켄트산 자락에서 시작하여 부챗살 모양으로 뻗어나가면서 왼쪽으로는 중국을 정복하고, 앞쪽으로는 투르키스탄과 이란을 정복하고, 오른쪽으로는 러시아 초원을 정복했다.

그들은 영양, 사슴, 호랑이를 포위해 사냥하는 방식을 적용하여

---

39 칭기즈 칸은 '세계의 통치자'란 뜻이다.

문명의 안락에 빠져 나약해진 민족들을 사냥했다. 첫 번째 정복 상대는 서하(西夏)왕국이었다. 칭기즈 칸은 서하를 정복한 여세를 몰아 대금(大金)제국을 공격했다. 1215년에는 북경을 점령하고 한 달 동안 학살과 약탈을 벌였다. 몽고 기병의 전리품을 실은 마지막 마차가 떠나고 난 뒤에 남은 것은 폐허가 된 도시뿐이었다. 이때까지의 학살과 약탈은 시작에 지나지 않았다.

동쪽에서 시작하여 서쪽으로, 바람 앞에 들어 눕는 초원의 풀잎처럼 중앙아시아의 카라 키타이(서요[西遼]) 제국이 넘어갔다. 1219년 여름, 칭기즈 칸의 부대는 이르티슈 강 상류에 집결했다. 그들은 이슬람교를 믿는 콰레즘 제국을 정복할 계획이었다. 이 제국의 영토는 옥수스강 이서, 호라산, 아프가니스탄, 이라크-아제미를 포함했다. 콰레즘 국왕 무하마드가 구축한 시르-다리아 강 방어선과 옥수스 강 밖의 보루를 지키던 용병은 한 차례의 공격으로 무너졌다. 1220년 2월, 칭기즈 칸 부대는 번화한 상업도시 부하라에 진입했다. 도시는 깨끗하게 약탈되었고 학살은 철저했다. 마지막은 방화였다. 3월, 오래된

●몽고의 기사

도시 사마르칸드가 함락되었다. 소수의 기술자를 제외한 나머지 주민은 모두 살해되었다. 투항자와 부녀자와 어린이까지 살해되었다. 콰레즘 제국의 수도 오르간치에 대한 약탈은 다만 시기상의 문제에 지나지 않았다. 일 년 후, 몽고군은 미처 달아나지 못한 주민을 학살하고 옥수스 강의 둑을 헐었다. 콰레즘 제국의 수도는 순식간에 물속에 잠겼다. 국왕 무하마드는 카스피 해의 버려진 섬으로 달아나 숨었다가 1220년 말에 그곳에서 비참하게 죽었다. 몽고 기병은 콰레즘의 부유한 도시, 이라크-아제미의 레이 성, 아프가니스탄의 발라카, 호라샨의 마라와 니샤푸르를 휩쓴 다음 바미얀, 가즈네비드, 헤라트…… 등을 짓밟았다. 도시는 남김없이 파괴되었고 피비린내가 사라진 폐허에는 잡초만 무성하게 자랐다.

초원의 부족이 세계를 정복했다. 중앙아시아에서 서아시아로 압박해 들어가면서 몽고 병단은 앉아서 죽음을 기다리는 바그다드의 칼리파는 내버려두고 아제르바이잔과 그루지아를 넘어 코카서스 북쪽의 초원지대로 들어갔다. 키에프 대공이 드네프르 강에서 러시아 군대를 이끌고 저항하다가 며칠 만에 무릎을 꿇었다. 키에프 대공은 야만인들의 관습대로 살해되었다. 1227년 칭기즈 칸은 중국의 감숙성 서북쪽에서 죽었다. 이 세계의 통치자의 유언에 따라 성 안의 백성은 그의 무덤에 바쳐지는 희생으로서 모두 살해되었고 40명의 꽃 같은 소녀들과 수많은 보물이 전쟁터에서 평생을 보낸 영웅과 함께 무덤 속으로 들어갔다. 칭기즈 칸은 세계의 통치자이자 세계적인 학살자였다.

칭기즈 칸은 죽었지만 몽고의 공포는 널리 퍼졌다. 우구데이 대 칸 시기에 중국 북부의 금 왕조가 멸망하고 장장 47년에 걸친 남송 (南宋) 정복전이 시작되었다. 몽고인들이 물러간 뒤 자란딘이 이란 서부에서 옛 콰레즘 제국을 재건했다. 1230년 말의 겨울에 몽고 병단이 다시 돌아왔다. 키르만, 이라크-아제미, 아제르바이잔, 니시빈, 이스파한, 타브리즈…… 서아시아 전체에 재난이 덮쳤다. 10년 전에 중앙아시아에서 발생했던 피비린내 나는 학살이 이 해 여름에는 서아시아에서 재연되었다. 1258년 2월, 수도 바그다드가 함락되고 학살과 파괴가 17일 동안 이어졌다. 셀주크 술탄 카이-카우스 2세(Kai-ka-wous II)는 위대한 칸이 고귀한 두 발로 비천한 자신의 머리를 짓밟으라는 뜻으로 자신의 초상으로 밑창을 만든 신발을 훌레구에게 바쳤다. 훌레구는 계속하여 서쪽으로 비옥한 초승달 지역을 정복해 나갔다. 오랜 역사를 가진 시리아는 한 순간에 짓밟혔고 모든 도시는 차례차례 야만적인 학살을 경험했다. 몽고 병사가 추장 하미르의 살점을 떼어내 잘게 썰어 하미르의 입에 물려주었다. 하미르는 자신의 살점을 맛보며 죽어갔고 그의 머리는 몽고 병사의 창끝에 매달려 다마스쿠스 시내를 돌았다.

　　초원 깊숙한 곳에서 불어온 야만의 폭풍은 유라시아 대륙 농경 문명 세계의 거의 전체를 휩쓸었다. 칭기즈 칸은 중앙아시아의 조그마한 몽고 촌락에서 시작해 20년이란 짧은 기간 안에 몽고 부족을 통일하고 '세계의 통치자'가 되었다. 1227년 세상을 떠날 때까지 그는 동쪽으로는 일본해에서 서쪽으로는 흑해에 이르는 방대한 제국을 건설했다. 칭기즈 칸이 죽은 뒤에도 몽고 기병은 계속하여 중앙아시아, 동아시아, 남아시아, 중동, 동유럽을 정복했다. 칭기즈 칸의 손자 바투(Batu)는 군사를 이끌고 서북쪽으로 코카서스를 넘고 남부 러시아와 볼가 강 유역, 그리고 우크라이나를 휩쓸었다. 1238년 봄에는 발틱해 연안의 도시 노브고로드를 포위했다. 1241년 4월, 바투는 실레지아 대공 헨리의 군대를 격파하고 폴란드와 헝가리에 진입했고 독일 기사단을 대파한 후 얼어붙은 도나우 강을 건너 자그레브를 점령했다. 이 무렵 몽고 기병의 말발굽은 이미 아드리아 해변을 짓밟고 있었다. 북경에서 부하라에 이르기까지 구세계가 거의 하나의 제국을 이루었다. 마르코 폴로가 태어나던 1254년에 성 프란치스코회 수도사 루브룩은 프랑스 왕의 사절로서 카라코룸에 가 있었다. 그는 타타르인의 땅이 '도나우 강에서 해 뜨는 곳까지' 펼쳐진다고 말했다.

반세기 동안의 피바람이 잦아들자 옛 실크로드에 있던 도시는 거의 모두가 사라졌다. 공포와 고통 속에 빠진 농부와 상인들에게 반세기는 너무나 긴 시간이지만 무심한 역사의 기준으로 보자면 잠시였다. 피비린내 나는 학살이 마침내 세계의 평화를 가져왔다. 1276년, 쿠빌라이가 남송의 수도 임안(臨安, 지금의 항주(杭州))을 점령했고 그로부터 3년 뒤 송 왕조의 마지막 황제가 중국 남해의 푸른 파도에 몸을 던졌다. 중국해에서 지중해에 이르는 넓은 지역에 역사상 처음이자 유일한 통일 제국이 들어섰다. 베네치아와 자동 항구 사이에서 마르코 폴로 일가는 대 칸이 발행한 금패 통행증을 들고 아무런 제지 없이 통행할 수 있었다. 이런 일은 인류 역사의 기적이었다.

몽고제국은 잔혹한 방식으로 낡은 유라시아 대륙에 광범위한 '평화'를 구축했다. 중세기 서방의 역사가 주앵빌은 『생 루이 전기』에서 다음과 같이 말했다. "대 칸은 인민에게 평화를 가져다주었다."[40] 마르코 폴로는 쿠빌라이 칸이 아담과 이브 이후로 가장 강대한 통치자, 가장 많은 신민과 가장 광대한 영토와 가장 풍부한 부를 가진 통치자라고 말했다. 『마르코 폴로 여행기』가 유포되기 시작할 때 플로렌스에 살고 있던 시인 단테(Dante Alighieri)는 소책자 『세계제국론』(1310년)을 썼다. 그는 절대적이고 권위 있는 세계 통치자가 등장하여 세속의 모든 나라를 포괄하는 제국을 건설해야 다양한 인종과 민족이 뜻을 합해 최대 범위의 평화를 구축할 수 있다고 주장했다.

몽고제국은 동서방을 철저하게 소통시켰다. 잔혹한 방식으로 창조한 구대륙의 '세계 평화'는 무엇보다도 서방에게 진정 만나기 어려운 기회를 가져다주었다. 그들은 옛 실크로드를 따라 동방으로 달려왔다. 그들은 소아시아의 직물, 아르메니아의 은 그릇, 바그다드의 진주, 페르시아의 보석, 탕구트의 사향, 만자의 비단, 벵글라데시의 생강, 자바의 후추, 인도의 향료를 유럽으로 가져다 팔았다. 대 칸은 인민에게 평화를 가져다주었다. 인류 역사상 이처럼 정복에 의한 평화는 몇 차례 있었다. 다리우스의 평화, 알렉산더의 평화, 당나라의 평화, 대식국(大食國)의 평화가 있었지만 몽고제국이 가져온 것과 같은 규모와 범위의 평화는 일찍이 없었다.

마르코 폴로와 라반 사우마가 건너간 광대한 세계에서 여행자들은 초원길을 걸어 도나우 강변에서 카라코룸으로 올 수 있었다. 킵착칸국을 통과하는 이 길은 그렇게 험난하지 않았다. 키에프, 사라이,

---

40 『유럽과 중국』, 제5장 타타르인 통치 하의 평화 참고.

오트라르, 아르말렉, 베시발렉은 모두 상당한 규모의 상품 집산지이자 상업도시였다. 볼가 강변의 사라이는 킵착 칸국의 수도였으며 이븐 바투타는 그곳에서 적잖은 중국 상품을 목격했다. 대륙 간의 교역은 실제로는 지역 회전식 교역이었다. 많은 상인들이 이탈리아를 출발하여 지중해를 건너 아카나 시리아의 어느 항구에 도착하거나, 혹은 콘스탄티노플을 출발하여 수다크에 도착한 뒤 고대 실크로드를 따라 서아시아와 중앙아시아를 건넜다. 지나는 여러 지역과 국가에는 오랜 역사를 가진 상업도시—다마스쿠스, 바그다드, 바스라, 타브리즈, 이스파한, 부하라 등—가 있었고 이들 도시는 몽고의 침입으로 파괴되었다가 빠르게 부흥했다. 마르코 폴로는 "부하라는 페르시아에서 가장 아름다운 도시"라고 하였다. 사마르칸드, 발라카, 파닥샨, 호탄, 하미에서는 세계 각지에서 온 상품을 볼 수 있었다. 『세계정복자의 역사』는 부하라를 "각종 재화가 산처럼 쌓여 있고 각종 인재가 구름처럼 모여들고 각종 학문이 번창하는 곳"이라고 묘사하였다.[41] 서아시아의 실크로드를 따라가는 길이 초원길을 따라가는 것보다 상업적 기회가 더 많았다. 실크로드에서 만나는 도시는 어디에서나 원하는 물건을 살 수 있었고 다음 만나는 도시에서 그것들을 적당한 가격으로 팔기가 쉬웠다. 상인들은 원하는 상품과 판매처에 따라 초원길을 선택하기도 하고 서아시아와 중앙아시아 실크로드를 따라 가기도 했으며 지중해와 홍해를 건너 인도양과 남중국해로 나가는 해

---

41 *The History of the World Conqueror,* by Ata-Malik Juvaini, trans. by John Andrew Boyle, Harvard Uni. Press, v. I, p. 108.

로를 선호하기도 했다. 지중해에서 홍해와 인더스 강 하구로 이어지는 항로는 옛 로마시대부터 열려 있었고 인도 남해안에서 말라카를 거쳐 광주나 천주로 가는 항로도 천 년 가까운 역사를 갖고 있었다. 베네치아를 출발하여 천주에 이르는 도중에는 알렉산드리아, 아덴, 호르무스, 구자라트, 자바 등 수많은 큰 항구가 있었고 항구마다 각종 상품이 풍부했다. 13세기 중엽에 동방사학자 아부 가지(Abou'Ghazi)는 "칭기즈 칸의 통치 아래서 이란과 투란(Turan, 투르키스탄) 사이는 더 없이 평온해서 머리에 황금 한 쟁반을 이고 대지의 동쪽 끝에서 서쪽 끝까지 가도 도중에 어떤 폭력도 경험하지 않을 정도"라고 말했다.[42] 1295년에 폴로 일가가 베네치아로 돌아왔다. 1293년에 중국으로 가던 선교사 죠반니 몬테코르비노가 페르시아에서 이탈리아 상인 피에트로를 만났다. 피에트로는 이때부터 줄곧 몬테코르비노를 수행했고 칸발릭에서는 몬테코르비노가 교회를 짓는데 필요한 현지 물건을 사들여 공급했다. 1330년 무렵 오도릭은 베네치아에서 킨사이(Kin-Sai, 行在, 즉, 지금의 항주)를 가본 적이 있는 상인을 여럿 만났다고 하였다. 1346년, 자동에 도착한 모로코의 여행가 이븐 바투타도 서방에서 온 상인과 성직자를 적지 않게 만났다. 몽고의 세기에 베네치아와 제노아 상인은 교역을 위해 중국을 왕래하는 사람이 많았다. 1325년에 제노아 상인 사베나노가 칸발릭에 도착했다. 그는 원 조정이 파견하는 사절의 자격으로 유럽으로 돌아갔다가 1338

---

42 『초원제국』, 르네 그루쎄 저, 위영나(魏英娜) 역, 청해(靑海)인민출판사, 1991년 판, p. 282.

년에 다시 중국으로 왔다. 보카치오의 『데카메론』에는 키타이에서 생긴 일을 소개하면서 제노아 상인이 증인이 될 수 있다고 주장하는 장면이 나온다. 이탈리아인 페골로티(F. B. Pegolotti)는 직접 중국에 가본 적은 없었지만 오랫동안 상업에 종사하면서 키타이를 다녀온 상인을 많이 알았던 덕분에 『통상 안내서』를 쓸 수 있었다. 이 책에는 지중해에서 남중국해에 이르는 항로가 자세하게 묘사되어 있다. 그는 돈 강하구의 타나에서 키타이에 이르는 초원길에서는 "상인은 말, 당나귀, 또는 다른 가축을 타고 갈 수가 있다"고 적었다. "타나에서 사라이까지의 길은 어느 정도 위험하다고 할 수는 있지만 60여 명이 대상을 이루어 동행하면 집안에 머무는 것처럼 안전하다." 다른 사람의 설명도 아부 가지의 설명과 거의 같다. "키타이에 갔다 온 적이 있는 상인들의 말에 따르면 타나에서 키타이까지의 길은 밤이든 낮이든 매우 안전하다."[43]

꽃다운 나이의 소녀가 머리에 황금 쟁반을 이고 지중해에서 칸발릭에 이르는 머나먼 길을 걸어가도 아무런 위험을 느끼지 않는 것, 이것이 '몽고의 평화'였다. 이것이 당시 이탈리아 상업도시에서 유행하던 전설이자 '몽고의 평화'가 통하던 시대의 실상이었다. 대 칸의 이름으로 발행된 금으로 만든 통행증이 상인의 안전을 보장하는 것, 이 것이 '몽고의 평화'였다. 물론 주로 마르코 폴로의 동포들이 느낀 안

---

43 플로렌스의 바르디 회사(Company of the Bardi)에서 일한 페골로티가 경험한 내용이다. 『중서교통사료회편(中西交通史料匯編)』, 장성량(張星烺) 편주, 중화서국, 1977년 판, 제1책, pp. 310–318 참조.

전이기는 하지만 유럽인들은 축복받았다고 할 수 있었다. 십자군 원정으로 상인들이 서아시아로 갈 수 있는 길이 열렸고 다시 몽고의 평화가 그들에게 동아시아로 가는 길을 열어주었다. 조금씩 걷다보면 먼 곳까지 갈 수 있었고, 고향에 가까울수록 편안해지지만 세계도 갈수록 다채로워졌다. 유럽에서 중국까지는 육로와 해로가 모두 통했다. 상인들은 낯선 세계를 하나의 시장으로 만들 수 있는 가능성을 찾아냈고 선교사들은 낯선 민족을 같은 신앙으로 개종시킬 기회를 발견했으며 민감한 사람은 현실 속에서 환상을 볼 수 있었다.

●쿠빌라이 칸

몽고의 평화는 최종적으로 유라시아 대륙의 일체화를 완성시켰다. 지중해와 남중국해를 잇는 해로와 육로가 완성되어 사람은 서방에서 동방으로 움직이고 물자는 동방에서 서방으로 흘렀다. 현실 속의 세계시장에서건 관념상의 세계지리에서건 중국은 세계의 기점이자 종점이 되었다. 중국은 세계의 부의 근원이었다. 몽고 대군을 따라 모험가, 상인, 선교사들이 낙타를 타거나 말을 타고 구대륙의 온갖 구석으로부터 나와 대 칸의 땅인 중국으로 몰려왔다. 『세계정복자의 역사』는 대 칸의 "통 크고 자비로운 명성이 세계 구석구석에 알려져 이를 들은 상인들이 사면팔방에서 칸의 궁정으로 모여들었다…."고 기술했다.[44] 사람들은 끊임없이 중국으로 향하면서 약탈하거나 교역하거나 약탈적인 교역을 했다. 부가 끊임없이 중국으로부터 흘러나가면서 해로와 육로 실크로드 위에 흩어져 있던 수많은 상업도시가 몽고군의 약탈을 당한 뒤에 빠른 속도로 번영을 회복했다. 몽고의 평화는 유라시아 대륙의 일체화를 최종적으로 완성했다. 여행과 교역, 관념과 지식 등 모든 분야에서 한바탕 혁명이 시작되었다. 모든 세계가 움직였고 중국만 움직이지 않았다. 중국은 세계의 중심이었다. 중국은 세계를 움직이느라 자신의 모든 힘을 소진한 뒤에 세계의 노예가 되는 운명을 맞게 된다.

---

44 *The History of the World Conqueror,* v. I, pp. 213–214.

동서세계: 유라시아 대륙 문명 일체화의 구조

　　서방의 시각에서 볼 때는 '몽고의 평화'지만 중국의 시각에서 보면 '몽고의 정복'이 된다. 하나의 역사적 사건이라도 민족과 국가의 입장과 시각에 따라서 완전히 다른 의미를 가질 수 있다. 몽고가 지배한 시기는 중화제국 2천여 년의 역사에서 번영에서 쇠락으로 떨어지는 전환점이었다. 강대한 당(唐)과 부유한 송(宋)은 중국 고대 문명을 정상으로 끌어 올렸지만 이어지는 두 차례의 이민족 통치(원 [元]과 청[靑]) 하에서 중국 문명은 쇠락의 길로 접어들었다. '몽고의 평화'는 서방의 입장에서는 절호의 기회였다. 유라시아 대륙의 교통이 열렸고, 이슬람 문명의 발전이 잠시 억제되었으며, 나아가 서방 자본주의의 확장이 촉발되었다. 그러나 이것은 민족과 국가를 중심으로 한 관점이고 전 지구적 관점 또는 세계 일체화란 관점에서 본다면 '몽고의 소용돌이'는 의미가 달라진다. 그것은 위로는 1,500년 동안 지속된 유라시아 대륙의 문명 일체화 운동을 이어가는 충격이었고 아래로는 전 지구적 문명 일체화 역사에서 결정적인 한 걸음의 진보였다. 전 지구적 문명을 인류 전체를 주제로 하는 총체적 역사라고 한다면, 그리고 이러한 총체적 시각에 본다면 개별 민족과 국가와 문명 유형은 전체 역사과정을 구현하는 개별적 역할을 한다고 할 수 있을 것이다. 몽고제국은 전 지구적 문명의 역사에서 순간적으로 유라시아 대륙의 문명의 일체화를 추진하는 역할을 했다. 영국의 역사학자 액튼 경(Lord Acton)은 국가와 민족이 세계사에서 차지하는 의미를 다음과 같이 정의했다. "이른바 세계통사란 흩어진 모래를 한 곳에 모아

놓은 것 같은 각국 역사의 조합이 아니라 연속적인 발전 과정이란 것이 나의 생각이다. 그것은 기억의 집합이 아니라 인간 지혜의 발전이다. 그것은 상하 고금을 관통하며 각 민족의 역사는 그 속에서 보조적 설명의 기능을 한다. 각 민족사의 서술은 민족 고유의 상황이 아니라 보다 높은 역사 발전의 과정과 관련된 정도, 다시 말해 민족사가 인류 공동의 재화를 창출하는 데 기여한 노력과 시간의 정도에 따라 결정되어야 한다."[45]

전 지구적 문명은 스페인과 포르투갈 사람들이 삼각돛을 단 대형 범선을 타고 대양을 건너 세계의 모든 대륙을 하나로 연결한 때부터 시작되었다. 그래서 1500년 무렵을 전 지구적 문명이란 관념이 형성된 기점이라고 부른다. 그러나 기점이란 것도 상대적일 수밖에 없다. 전 지구적 문명이란 "과거에 이미 시작되어 지속적으로 미래를 향해 발전한 세계 일체화의 과정"이며, 이 과정 가운데서 일련의 위대한 기점이나 전환점을 가려낼 수 있고 여러 민족 문명이 공헌한 바를 찾아낼 수 있을 따름이지 그것이 서방 문명에 국한되지는 않는다. 전 지구적 문명 일체화 과정에서 다양한 국가 민족과 다양한 문화 역량이 상호 영향을 주고 상호 창조하면서 전 지구적 문화생태의 체계를 형성했다. 이 체계를 떠나서는 보편적으로 유효한 어떤 가설—예컨대

---

45 장광용(張廣勇)이 『전구통사(全球通史): 1500년 이전의 세계사』를 위해 쓴 서문에서 인용. 『전구통사: 1500년 이전의 세계사』, 스타브리아노스(Leften Stavros Stavrianos)(미국) 저, 오상영(吳象嬰)·양적민(梁赤民) 역, 상해사회과학원출판사, 1988년 판, p. 38 참조.

진보, 이성—도 역사의 척도나 좌표가 될 수 없다. 전 지구화 과정을 다양한 문명이 공동으로 문명을 창조하는 과정이라고 한다면 전 지구적 문명의 과정은 유라시아 구대륙이 한 차례 또 한 차례씩 문명 일체화로 나아가게 한 충격에서 시작되었다고 할 수 있다. 이러한 일련의 충격 가운데서 '몽고의 평화 혹은 몽고의 정복'이 가장 규모가 크고 가장 철저한 충격이었으며 나아가 직접적으로 지리대발견을 유도한 충격이었다.

지난 수 세기 동안 유라시아 대륙은 인류 문명의 핵심이었고 세계란 개념은 유라시아 대륙과 동의어였다. 대서양에서 태평양 사이, 북빙양에서 인도양 사이의 광대한 대륙 위에서 기원전 40세기부터 5대 문명—양대 강 유역 문명(메소포타미아문명), 나일 강 유역 문명(이집트문명), 인더스 강 유역 문명(인도문명), 황하 유역 문명(화하[華夏]문명)과 에게해 문명(고대 그리스 문명)—이 이어가며 등장했다. 이집트 문명은 지리적으로는 아프리카에 속했지만 역사적으로는 수에즈 지협 동쪽의 아시아와 지중해와의 연관성이 사하라 사막 이남의 아프리카 대륙과의 관계보다 훨씬 많았다. 이처럼 강이나 바다를 배경으로 탄생한 문명은 독자적으로 번영하고 서로 영향을 주면서 성장하고 쇠퇴했다.

큰 강을 배경으로 한 문명은 가장 먼저 유프라테스 강과 티그리스 강 사이에서 등장했다. 북쪽의 고산 지대와 남쪽의 사막에서 온 민족이 이 비옥한 하천 계곡에서 농경과 교역에 종사하면서 전쟁을 벌이고 도시와 도로를 건설했다. 그들은 문자와 법전을 만들고 광석에서 구리를 뽑아냈으며 돌에 신의 모습을 조각하고 시를 새겼다. 그들은 인류 최초의 낙원을 건설했고 그곳에서부터 유라시아 대륙 고대 문명의 역사가 시작되었다. 기원전 5천 년의 일이었다.

메소포타미아 문명은 기원전 3500년에 전성기에 이르렀다. 이때 고대 이집트의 제1왕조가 수립되었다. 나일 강 동안의 금광이 바빌론의 상인들을 불러들였는지 아니면 레바논의 목재가 파라오 궁정 건축사의 주목을 끌었는지 모르나 결과적으로 수에즈 지협 또는 홍해를 건너 메소포타미아 문명의 상형문자, 원주형 인장, 전차, 구리 제련기술과 조각기술이 이집트에 전해졌다. 이집트 문명의 번영은 고고학 발굴을 통해서는 재현하기 어렵다. 이집트인들은 인간은 시간을 두려워하고 시간은 피라미드를 두려워한다는 표현을 썼다. 그래서인지 피라미드만 남아서 전해지고 있다.

이집트인들이 도서관을 갖추고 스핑크스가 완성된 무렵에 인더스 강 문명이 전성기에 들어섰다(기원전 2500년). 진흙 속에 파묻힌 이 문명에 대해 우리가 아는 것은 많지 않지만 4~5천 년 전의 인도인들은 몇 층짜리 높은 건물에 살았고 현대의 대도시에서 파는 것과 같은 정교한 장식품을 지니고 다녔다. 메소포타미아 문명의 기원전 2300년 무렵의 폐허에서 발견된 인더스 강 문명의 인장과 페르시아 만의 바레인 섬에서 발굴된 인더스 강 유역 산품은 메소포타미아 문명과 인도 문명 사이에 교류가 있었음을 설명한다. 두 문명 사이에서 이란 고원을 넘는 육로는 통하지 않았더라도 페르시아 만의 해로는 널리 통했던 것으로 추정된다.

범람한 강물과 아리안 무사들이 인더스 강 문명을 파괴하고 있을 때 황하 유역의 화하 문명은 상(商)왕조 시기에 이르고 있었다. 유프라데스·티그리스 강과 인더스 강 유역의 건축에는 벽돌—햇볕에 말리거나 구워낸 것—이 사용되었고 이집트인들은 썩지 않는 돌을 사용했으며 중국인은 나무를 사용했다. 이들 문명은 모두가 상형문자를 사용했지만 화하 문명만이 그것을 오늘날까지 보존하고 있다. 상 문명의 기물을 보고 그 발원지가 메소포타미아 지역일 것이라고 말하는 주장도 있지만 전파 과정을 증명하기가 쉽지 않다. 중앙아시아를 가로지르는 높은 산과 사막은 당시로서는 건너기 불가능했다.

유라시아 대륙의 동쪽 끝에서 발생한 화하 문명은 상대적으로 독립적이고 자체적으로 온전한 구조를 갖추고 있으나 서쪽 끝에서 발생한 에게 문명은 메소포타미아 문명과 이집트 문명의 확산이란 인상이 강하다. 상인이나 뱃사람들이 서아시아와 북아프리카의 문명을 그리스반도와 이탈리아에 이식하는 데는 크레타 섬이 이상적인 중개지였다.

수십 세기에 걸친 이주, 교역, 전쟁과 약탈을 통해 각 문명은 서로 영향을 주고 융합하였다. 메소포타미아 문명, 이집트 문명, 에게 문명은 최소한 기원전 5세기에 하나로 연결되었다. 다리우스 1세는 그리스에게 땅을 바칠 것을 요구했다가 거절당했다. 이것이 그리스 도시국가 연합과 페르시아 제국 사이에 전쟁이 일어난 이유였다. 카스피해 연안과 이란 고원에서 온 무사들이 전차, 긴 창, 활을 이용해 서쪽으로는 메소포타미아와 나일 강 유역을 정복했고 동쪽으로는 인더스 강 유역을 정복했다. 페르시아 제국은 에게 해에서 인더스 강까지, 코카서스 산맥에서 페르시아 만에 이르는 광대한 토지를 통치했다. 다리우스 황제가 닦은 '고대 왕도'는 강을 배경으로 한 세 개의 문명을 관통했고 해상 항로는 카이로에서 벵골만까지 연결되었다. 고대 그리스인들에게는 아시아란 곧 페르시아 제국이었고 아테네나 스파르타는 페르시아 제국 변방의 작은 도시국가에 지나지 않았다.

알렉산더의 동방원정은 상상하기 어려운 기적이었다. 궁지에 몰린 다리우스의 후손은 자살했고 알렉산더는 '만왕의 왕'이 되었다. 기원전 325년에 알렉산더의 원정군은 힌두쿠시 산과 인더스 강의 삼각주에 도달했다. 알렉산더는 세계의 끝에 이르렀다고 믿었다. 알렉산더의 동방원정은 유라시아 대륙과 이집트의 4대 문명을 마침내 하나로 연결시켰고 오직 화하 문명만 그 바깥에 머물렀다. '그리스화 시대'는 페르시아의 그리스화이자 그리스의 페르시아화였지만 무엇보다도 의미 있는 것은 인더스 강변에 '가장 먼 곳의 알렉산더 성(소그디아나Sogdiana)'이 건설되고 아테네에 인도 직물이 등장한 일이었다. 마케도니아 제국은 인도 문명을 그리스 문명 속으로 들여왔고 그리스문명도 인도 문명 속으로 들어갔다. 이제 '세계주의'의 시대가 시작되었다. 물자와 기술, 언어와 예술, 사람과 귀금속이 지중해와 인더스 강사이의 광활한 지역에서 유통되었다. 그리스어와 페르시아어가 뒤섞인 '코이네(Koine)'란 이름의 언어가 페르시아의 금화와 함께 아테네와 소그디아나(중국 사서에서는 대하[大夏]로 기록하고 있다)에서 통용되었고, 아프가니스탄의 소그디아나 성에서는 그리스 식의 운동경기가 벌어지고 그리스 비극이 상연되었으며, 이집트의 알렉산드리아에서는 술의 신 바쿠스를 찬양하는 축제가 열렸고, 아테네의 아카데미아에는 인도에서 온 승려가 포교했다. 오직 화하 문명만이 이 '세계'의 바깥에 있었다.

페르시아 제국에서 마케도니아 제국에 이르면서 고대 세계 서쪽 4대 문명의 최초의 '일체화'가 완결되었다. 알렉산더의 원정은 힌두쿠시 산에서 끝났다. 끊임없이 이어지며 솟아 있는 이 산맥의 동쪽에는 다른 세계인 화하 문명이 확장된 세계가 있었다. '그리스화 시대'의 융합과 교류, 그리스화(혹은 페르시아화)된 세계와 중국의 단절이 중앙아시아의 큰 산맥을 경계로 하는 구대륙 문명의 지정학적 신질서를 만들어 냈다.

문명은 지리의 산물이다. 광대한 유라시아 대륙을 두 부분으로 나누고자 한다면 가장 자연스러운 경계는 당연히 중앙아시아를 가로지르는 세계 최대의 사막 초원과 일련의 고산 산맥이다. 이곳은 유라시아 대륙에서 가장 웅장하고도 적막하며 또한 신비스러운 핵심 지역이다. 연이어 늘어선 히말라야산, 곤륜산(쿤룬샨, 昆侖山), 힌두쿠시산, 천산(톈샨, 天山), 알타이산, 음산(인샨, 陰山), 대소 흥안령(씽안링, 興安嶺) 등은 눈 덮인 봉우리와 고산 산림으로 구성된 천연적인 만리장성으로서 화하 문명과 나머지 4대 문명을 갈라놓았다. 이 높은 산들은 동쪽에서 서쪽으로 이어지거나 동남쪽에서 서북쪽으로 이어진다. 이 산들은 아득히 높이 솟아 굽이치며 하나의 선을 형성하고 있는데 그 선의 서쪽과 북쪽이 하나의 세계를 이루었고 동쪽과 남쪽이 다른 세계를 이루었다. 두 세계는 좁고 험한 고개와 대륙을 둘러싸고 있는 바다를 통해 미약한 연결을 유지했다. 인류의 주요 교통수단이 말과 낙타, 그리고 범선이던 시대에는 초원과 대양이 통로였다. 이런 시대에 높은 산은 넘기 어려운 장벽이었고 자연지리의 경계는 그대로 문명의 경계가 되었다.

알렉산더가 인더스 강변으로부터 철군한 이유는 인도군의 코끼리부대와 마주쳤을 뿐만 아니라 북쪽의 사막, 동쪽의 높은 산, 남쪽의 대양 때문에 원정을 계속할 수가 없었기 때문이었다. 중국과 '세계'를 갈라놓은 높고 큰 산, 사막과 초원은 넘기 어려운 장벽이었다. 뿐만 아니라 고대 그리스인들에게 아시아란 곧 페르시아 제국이었기 때문에 그들의 관념으로는 인도는 세계의 끝이었다. 알렉산더가 동방 원정을 벌이고 있을 때 화하 문명의 고토에서는 열국이 패권을 다투고 있었고 이들이 벌인 전쟁은 규모나 잔혹성의 정도에 있어서 결코 서방에 뒤지지 않았다. 100년이 지나 진시황(秦始皇)의 동방 원정이 성공하면서 '천하'가 통일되었다. 여섯 나라의 왕이 사라지고 사해가 하나가 되었으며, 문자는 통일되고 수레의 폭이 같아졌다. 이제 화하가 하나의 세계, 유라시아 대륙의 동쪽 세계가 되었다. 알렉산더는 자신이 세계를 정복했다고 믿었지만 중국은 '세계' 바깥에 있었다. 중화제국의 야심을 가진 군주도 '천하'를 정복할 생각을 했지만 서방은 그 '천하' 바깥에 있었다. 하늘이 쳐놓은 막과 같은 중앙아시아의 높은 산들이 두 세계를 갈라놓았다.

　　기원전 4세기에 유라시아 대륙과 이집트의 4대 문명은 하나로 연결되었다. 그들은 인종적으로는 코카서스인에 속했고 언어로는 같은 인도 유럽어계에 속했다. 오직 화하 문명만이 그 바깥에 있었다. 기원전 3세기에 진시황이 6국을 통일한 후로 화하 문명은 동남쪽으로 확장하기 시작하여 멀게는 일본과 남양까지 이르렀고 인종과 언어에서도 동질성을 갖추었지만 서방 문명은 그 바깥에 있었다. 중앙아시아를 가로질러 벵골 만에서 타타르 해협까지 이어진 높은 산들은 지리적 경계일 뿐만 아니라 문명의 경계이기도 했다. 이 장벽은 유라시아 대륙을 동서 두 세계로 나누었고 자연의 경계는 인문적인 경계와 정확하게 일치했다.

중앙아시아의 높은 산맥 서쪽은 상대적으로 일체화된 서방세계였고 동쪽은 상대적으로 일체화된 동방세계였다. 알렉산더의 원정에 이르기까지 서방세계는 인종, 언어, 신앙, 이주, 교역과 전쟁으로 상호 연결되어 '세계 일체화'를 기본적으로 완성했다. 남아있던 남인도도 로마제국 시대에 상선의 왕래를 통해 연결되었다. 로마제국은 마케도니아 제국의 서쪽을 이어받았고 정치적으로는 페르시아화, 문화적으로는 그리스화하였다. 안식국(安息國, 파르티아, Parthia)이 마케도니아 제국의 동쪽을 이어받아 로마제국과 맞섰다. 두 제국은 전쟁과 교역의 방식으로 교류했다. 로마제국이 쇠망하고 이슬람제국이 일어났다. 이슬람화된 세계는 1,000년 전에 그리스화된 세계와 일치했다. 중세기에 이슬람교도와 기독교도가 지중해에서 충돌한 까닭은 그들의 성지(예루살렘)가 일치했기 때문이며 교리가 상당 부분 중복되었기 때문이었다. 화하 문명은 중국, 일본, 한반도, 동남아를 하나로 연결시켰고 인종, 언어, 신앙, 문화와 정치구조, 역사적 교류에 있어서 대내적 공통성과 대외적 차이성을 동시에 갖고 있었다. 19세기에 이르기까지 중국, 한반도, 일본, 월남에서는 한자가 문어로서 통용되었고 유학은 공통의 문화적 기반이었다.

동서 두 세계 사이에서 중앙아시아는 육상 문명의 통로였고 동남아는 해상 문명의 통로였다. 높은 산과 산 사이의 좁은 계곡과 섬과 섬 사이의 해협은 동서 두 세계가 교통하고 교류하는 핵심 통로이자 동서 두 문화가 상호 침투하는 과도 지역이었다. 알렉산더와 진시황의 정복이 서로에게 미치지 못한 것은 지식과 능력의 한계 때문이었다. 백 년 뒤에 장건(張騫)이 이끄는 사절단이 천산산맥과 알타이산맥 사이의 좁은 계곡을 따라 서역으로 갔다. 장건은 대하(박트리아Bactria)나 강거(康居, 소그디아나)에서 이미 퇴색한 알렉산더에 관한 전설을 들었을 것이다. 한나라의 군대가 대완(大宛)을 토벌할 때 대장군 이광(李廣)의 지휘부가 설치되었던 곳이 알렉산더의 그리스 연합군이 227년 전에 전투를 벌였던 곳이었다. 실크로드를 통해 비단이 서방으로 흘러 들어가고 불교가 중국으로 전해졌다. 상업적 탐욕은 축지법을 만들어 낸다. 비단을 구하기 위해서인지는 모르나 한(漢)나라 때에 로마상인이 동남아를 돌아 중국 남해의 해로를 따라 한나라를 찾아왔다. 그들은 로마 황제 안토니우스의 사절을 사칭했다. 기원후 첫 천 년 동안 동서 교통의 주요 통로는 중앙아시아 육로였고 두 번째 천 년 동안의 주요 통로는 동남아 해로였다.

지리 또한 문명의 산물이다. 대양을 기준으로 주(洲)를 나눈다면 유라시아 대륙은 하나의 주이다. 이 큰 주를 둘로 나눈다면 자연의 경계는 물론이고 문명의 경계도 마땅히 중앙아시아의 산맥이 되어야 할 것이다. 유럽 중심의 시각으로 지중해·흑해·코카서스 산맥과 우랄 산맥을 경계로 했을 때 유라시아 대륙의 서북쪽 구석 혹은 서북쪽 반도에 유럽이 자리 잡고 있다. 그렇다면 아라비아, 인도, 중국, 러시아, 심지어 동남아도 하나의 주(洲)가 될 수 있다. 현재 통용되고 있는 유럽과 아시아라는 개념은 서방 중심주의의 사고방식에서 나온 것이며 과학적이지도 않고 현실에 부합하지도 않는다. 좁은 유럽은 하나의 독립된 대륙(지리적인 개념으로서의 주)이 아니며 독립된 문화지역도 아니다. 유럽은 문화나 자연지리와 같은 어떤 기준에서도 하나의 주가 될 근거가 없다. 광활한 아시아 역시 지리적으로나 문화적으로 대내적인 동일성이나 대외적인 차이성이 없다. 동아시아와 서아시아 사이의 사람과 역사, 사회와 문화의 공통점은 서아시아와 유럽 사이만큼 공통점이 많지 않을 뿐만 아니라 오히려 적다.

상식이 진리를 오도하는 경우가 많다. 유라시아 대륙이 어느 주에 속하는가 하는 것만큼 인식에 혼란을 주는 상식적 개념이 동방과 서방이다. 아시아란 개념과 동방이란 개념은 중복될 수도 분리될 수도 있다. 서방(주로 서북 유럽)이 사용하는 동방이란 개념은 지중해의 동쪽 지방을 가리키기도 하고 동유럽에서 시작되는 모든 지역을 가리키기도 한다. 어쨌든 동방은 삼중의 의미를 갖고 있다. 첫째는 유럽의 동방, 둘째는 서방의 동방, 셋째는 유라시아 대륙의 동방이 그것이다. 유럽의 동방이란 동유럽을 가리키며, 서방의 동방이란 근동 혹은 서아시아와 인도를 가리키며, 오직 유라시아 대륙의 동방만이 화하 문명 지역을 가리킨다. 전 지구적 관점에서 볼 때 세계의 동방이란 지리적 개념으로는 정확하지 않다. 동쪽의 끝은 서쪽이 되며 서쪽의 끝은 동쪽이다. 이 점은 콜럼버스 시대에 이미 명확해졌다. 유라시아 대륙의 동방과 서방의 경계는 지리적으로나 문명적으로나 중앙아시아의 높은 산맥이라야 예나 지금이나 합리적 근거를 갖게 된다.

로마, 안식(파르티아), 쿠샨(Kushan, 중국 측 기록으로는 貴霜), 진(秦)과 한(漢) 4대 제국이 기원을 전후하여 유라시아 대륙을 나누어 차지하고 있었다. 그 가운데서 3대 제국은 그리스화된 세계의 옛 터전 위에 세워졌고 중국만 예외였다. 3세기에 유라시아 대륙의 동쪽 끝 제국인 한과 서쪽 끝 제국인 로마가 거의 동시에 곤경에 빠졌다. 구세계 중부인 티그리스·유프라테스 강 유역에서 아프가니스탄에 이르는 방대한 지역에 사산왕조 페르시아 제국이 등장했다. 높은 산을 넘어 방금 중국과 서방세계를 연결하기 시작한 실크로드는 사산왕조 페르시아에 들어서면서 끊어졌다. 화하 문명은 당 제국이 부흥하면서 판도가 중앙아시아의 대산맥 서쪽까지 미쳤다. 당(唐) 제국에서 위대한 정관(貞觀)의 통치시대가 시작될 무렵 황량한 아라비아 반도에서는 성전을 호소하는 깃발 아래 뭉친 아라비아의 기사들이 이슬람교의 세계 제국을 건설했다. 이 제국은 그리스화된 지역 전체를 4백 년 동안 지배했고 수도였던 티그리스 중류의 바그다드는 '세계의 수도'였다.

'이슬람의 평화'는 그리스화 시대를 잇는 또 한 차례의 유라시아 대륙 일체화운동이었다. 비잔틴제국의 해군이 궤멸하고 기독교 문명은 지중해 서쪽으로 물러났다. 사산왕조 페르시아의 왕자가 장안(長安)으로 망명하고 백 년 뒤에 흑의대식국(黑衣大食國)[46]의 호라산 총독이 당의 고선지(高仙芝) 장군을 패퇴시켰다.[47] 화하 문명은 다시 중앙아시아 대산맥 동쪽으로 물러났다. 이슬람제국은 유라시아 대륙과

---

46 중국은 아라비아를 '대식'이라 불렀는데, 어원은 페르시아어의 타지(Tazi)이다. 백의(白衣) 대식은 움마야 왕조를 가리킨다. 움마야 왕조의 깃발은 흰색이었다. 흑의 대식은 압바스 왕조를 가리키며 그 깃발이 검은색이었다.
47 기원 751년의 탈라스 전투.

아프리카에 걸쳐 있었고 『코란』은 스페인반도에서 중국의 하서 회랑에 이르는 광대한 지역에서 읽혔다. 육지의 중앙아시아와 해상의 동남아를 통해 기사와 상인들이 오가고 사막의 낙타 떼와 바다의 삼각돛을 단 범선이 이슬람 문명과 화하 문명을 연결하기 시작했을 때 서방 문명은 세계 밖으로 격리되었다. 기원후 3세기에서 13세기까지 서방은 세계와 단절된 중세 암흑시대에 빠졌다. 기독교로 개종한 북방의 야만족들은 유럽의 고대 문명을 알지 못했고 알렉산더가 열어놓은 그리스화된 세계는 이슬람의 초승달 깃발 아래서 소멸했다. 세계는 기독교도를 향해 문을 닫았고 이렇게 닫힌 문은 야만적인 몽고 기병이 오자 활짝 열렸다.

남북세계: 유라시아 대륙 문명 일체화의 구조

유라시아 대륙은 신석기시대부터 세계 문명의 중심이었다. 유라시아 대륙은 지구 육지 면적의 40%, 인구의 90% 가까이를 차지하고 있다. 고대 세계의 5대 문명이 유라시아 대륙의 서쪽에서 시작하여 동쪽으로, 지중해에서 태평양 쪽으로 차례대로 열렸다. 중앙아시아의 높은 산맥은 유라시아 대륙을 동서의 두 세계로 나누는 확연한 경계였다. 인류 역사에서 상당히 긴 시간 동안 이 두 세계는 단절되어 있었다. 오아시스 도시국가를 연결하여 사막과 초원을 건너는 실크로드는 통한 시기가 짧았고 닫힌 시기는 길었다. 중앙아시아의 대산맥은 문명과 지리를 나누는 경계였다. 그것은 유라시아 대륙을 동서로 나누었을 뿐만 아니라 남쪽 정착 농경 문명과 북쪽 유목 초원 문명을 나누어 놓았다. 동과 서는 서로 단절된 다른 세계였고 남과 북도 서로 단절된 다른 세계였다.

유라시아 대륙 북위 40도는 문명의 분계선이었다. 북위 40도 이남에는 강, 평원, 분지, 오아시스 사이에 세워진 농경 문명이 있었다. 북위 40도 이북에는 사막에 잠식당하고 산림이 점점이 흩어져 있는 유라시아 대초원과 이 초원을 끊임없이 떠돌며 흥망성쇠를 거듭한 초원 문명이 있었다.

북위 40도 선은 유라시아 대륙을 남북으로 나누는 경계였다. 고대세계의 5대 문명은 모두 북위 40도 이남에서 등장했고 농경 문명에 속했다. 농경민족은 강물이 굽이도는 곳에 터전을 잡고 대를 이어가며 들판을 경작했다. 농경민족은 안전과 최소한의 생존을 보장하는 질서를 세우기 위해 자신의 자유와 생명을 군주에게 위탁하는 제도를 받아들였다. 농경민족은 총명하고 세심하며 예의와 교양을 추구했다. 그들은 폐쇄적이고 복종적인 삶에 만족했다 그들이 보기에 초원의 민족은 야만인이었고 경멸과 공포의 대상이었다. 농경 문명과 유목 문명은 완전히 다른 세계였다.

북위 40도 이남의 농경 문명은 각자 분립된 제국을 세웠고 북위 40도 이북은 유동적인 초원 유목 부락을 이루었다. 농경 문명이 문명과 야만을 구분하는 척도는 일종의 편견을 내포하고 있었다. 들짐승처럼 광활한 초원을 쫓아다니는 유목 부락의 문명은 철저한 개방성과 잔혹성을 특징으로 하였다. 유목 부락은 초원과 계절이 낳은 자식이었다. 그들에게는 고향이란 게 없었고 역사란 것도 없었다. 가축이 풀을 뜯을 수 있는 여름과 가을에는 그들은 행복하고 방탕한 왕자처

럼 살았으나 추운 겨울이 찾아오면 황량한 초원에서 살아남으려 발
버둥치는 유목민들에게 굶주림과 죽음이 덮쳐왔다. 그들은 끊임없이
이동하고 약탈하고 그러면서 교역했다. 황하에서 도나우 강까지 유라
시아 대륙 전체가 그들의 제국이었다.

　세계문명사 초기에 도나우 강에서 흥안령에 이르는 유라시아 초
원을 이동하던 야만적인 부락은 주로 아리안 혈통에 속하는 스키타
이인(Scythia)과 몽골리아 혈통의 흉노(匈奴)인이었다. 기원전 4세기에
서 8세기 사이에 알타이산과 흑해 사이에 흩어져 있던 스키타이 부
락이 강대한 초원제국을 건설했다. 그들은 유목과 동시에 무역도 하
면서 여러 가지 예술품을 남겼다. 그들은 북위 50도 초원길을 다니면
서 모피와 황금을 팔았다. 그들이 창조한 금 장식품은 동물 도안이
특징인데 고대 그리스 예술, 아케메네스 예술, 흉노 예술과 중국 예술
의 특징을 융합한 것으로 알려져 있다. 흉노도 고유한 문명을 창조했
다. 그들은 금으로 만든 허리띠 장식에 말, 곰, 호랑이 등 동물 도안을
새겼고 말안장과 긴 창의 손잡이 끝에 돌출된 암사슴 모양을 조각했
다. 흉노는 용감하고 잔인한 기마 전사였을 뿐만 아니라 독특한 오르
도스 예술을 창조했다. 오르도스 양식은 황금과 청동 공예품이 특징
이며 스키타이식의 초원 예술과 중국 중원 예술의 흔적이 배어 있다.
서방 역사에서 널리 알려진 스키타이민족과 중국 사서에 거듭하여
등장하는 흉노족은 같은 중앙아시아 초원의 유목민족이었다. 그들은
가죽으로 만든 옷을 입고 장화를 신었으며 말 잔등 위에서 고유의 방
식을 좇아 일생을 보냈다. 물과 초지를 찾아 끊임없이 유랑했고 짧은
생애 동안 사랑과 술에 빠져 들었으며 죽음이 찾아오기 전에 부지런

히 이동하고 열심히 일하면서 야만적인 살육과 약탈을 즐겼다. 그들은 폭풍우나 혹독한 추위가 닥쳐오면 하루아침에 흔적도 없이 세상을 등져야 했다. 그들에게 전장에서의 죽음은 영광이었고 병들어 죽는 것은 수치였다. 추장이 죽으면 가장 가까운 친족을 죽여 순장했다. 헤로도토스(Herodotus)는 스키타이인이 적을 죽여서 그 두개골로 술잔을 만드는데 금을 입힌다고 하였다. 한 무제도 흉노의 노상(老上)선우(單于)가 월지(月氏) 왕의 두개골로 술잔을 만들었다는 말을 들었다. 스키타이인의 황금왕국은 기원전 4백 년에 쇠락하였다. 그 뒤로 6백 년 동안 초원은 흉노족의 천하였다. 동방의 한(漢)제국이 변경을 나가 원정하자 패한 흉노인은 다시 로마제국의 변경에 나타났다. 초원 부락이 끊임없는 이주와 전쟁을 통해 두 극점에 떨어져 있던 농경문명을 처음으로 소통시킨 것이다.

문명세계에서는 초원 깊숙한 곳에서 무슨 일이 벌어지고 있는지 알지 못했다. 흉노 왕국이 쇠락하고 돌궐인이 일어났다. 동돌궐제국의 영토는 알타이산에서 동쪽으로 소흥안령까지 뻗쳤고 서돌궐제국의 영토는 알타이산에서 서쪽으로 카스피해 동안까지 이르렀다. 돌궐인이 다시 쇠락하자 이어서 일어선 초원 세력이 서쪽에서는 위구르족과 샤토족(중국측 사서에서는 사타(沙陀)로 표기)이었고 동쪽에서는 키타이와 여진족(女眞族)이었다. 이들이 중국 변경지역에 나타났을 때 아바르인(Avars)과 불가르인(Bulgars)이 동로마제국의 변경에 나타났으며 셀주크 부락도 서쪽으로 이동하기 시작했다. 셀주크인의 우두머리는 훗날 이슬람 세계의 통치자가 되었다.

알타이산은 유라시아 대초원의 신비의 중심이었다. 처음 말안장과 등자를 발명하였으며 기마술을 개발하고 가장 먼저 긴 바지를 입기 시작한 유목민족인 돌궐어계 종족, 몽고어계 종족, 퉁구스어계 종족은 모두가 황금과 보석이 많이 나는 알타이산 지역에서 일어났다. 유라시아 대륙에 걸친 광활한 초원도 알타이산에서 시작하여 부채꼴로 북쪽으로 펼쳐지면서 동서 두 세계를 연결하는 거대한 통로가 되었다. 중앙아시아에 펼쳐진 높은 산은 농경 문명을 동서 두 세계로 갈라놓는 동시에 농경 문명과 유목 문명을 남북의 두 세계로 나누어 놓았다. 유라시아 대륙의 T자형 분할 구조에서 알타이산은 가로선과 세로선이 교차하는 지점에 자리 잡고 있다. 알타이산은 유라시아 대륙의 지리와 문명의 중심이자 몽고제국이 세계정복을 시작한 기점이었다.

중앙아시아의 대산맥은 장벽이었고 초원은 끝없는 길이었다. 부다페스트에서 장안 사이의 광활한 북방 초원을 누비던 유목 부락은 초원 세계를 연결시켰을 뿐만 아니라 북위 40도 이남의 동서 양극단 농경 문명을 연결시켰다. 한의 황제가 안식국의 사절로부터 받은 유리 장식품은 어느 죽은 로마 병사의 것이었는지도 모른다. 로마의 귀부인이 입은 비단 치마 또한 흉노 선우의 부하가 중국 감숙의 어느 평화로운 시골마을에서 약탈한 것인지도 모른다. 역사는 역사의 수난자에게 온정을 베푸는 경우가 별로 없다. 초원의 통로를 통해 흉노와 스키타이의 자손들이 중국의 비단을 그리스에 전파했고 로마의 채색 유리를 중국에 전파했다.

초원은 끝없는 길이었다. 수천 년 동안 광활한 유라시아 대초원에서 끊임없이 이동하고 약탈하며 교역하던 유목 부락이 이 길의 용감하고도 잔인한 주인이었다. 그들은 동서 고대 문명의 양극단을 연결시켰다. 유목민족은 전쟁과 약탈만 벌인 게 아니라 여러 농경문화 사이에서 중개무역을 했다. 유목민족은 천부적인 상업민족이었다. 유동성이 그들의 큰 밑천이었다. 유라시아 대륙의 끝없는 초원과 사막을 가로질러 서구와 동아시아라고 하는 두 농경 문명을 처음으로 연결시킨 사람들은 그리스·로마인도 아니고 진과 한 왕조의 사람들도 아니고 바로 이들 유목민이었다. 이주, 교역 또는 약탈은 모두 문화교류의 방식이었다. 역사에서 대부분의 문화교류는 낭만적이지 않았을 뿐만 아니라 잔혹하고 야만적인 사건이었다. 초원의 기사들은 잔혹하게 살육하고 약탈했고 평화롭게 이동하고 교역하기도 했다. 유목민 한 부락은 그대로 한 편대의 군대가 되어 초원 끝의 촌락과 상품 집산지를 약탈했다. 또한 유목민 한 부락은 그대로 한 편대의 대상이 되어 지중해와 황하 사이를 오갔다. 전쟁과 약탈이 멈추었을 때 교역이 시작되었다. 초원의 역사는 잔혹함과 호방함이 뒤섞인 극적인 역사였다. 초원은 유목민의 지혜와 인내를 시험했고 생존능력을 단련시켰다. 유목민의 냉혹함과 열정은 어느 쪽이든 경탄의 대상이었다.

농경 문명은 하나의 세계였고 유목 문명은 또 하나의 세계였다. 두 문명 사이의 끊임없는 충돌과 융합이 유라시아 대륙의 광대한 서사시였다. 유목 부락은 야생 이리처럼 생존을 추구했다. 그들은 물과 풀을 좇아 이동했으며, 수시로 농경문화의 언저리에 나타나 말을 달려 논밭을 짓밟고 마을과 도시를 불태웠으며, 사람들을 학살하고 재물을 약탈했으며, 그들의 칸을 중원의 천자, 페르시아의 만왕의 왕, 바그다드나 카이로의 술탄, 로마의 황제로 만들었다. 그들은 정착 문명의 최대의 위협이었다. 농경 문명이 세운 제국은 확장성과 보수성을 동시에 갖춘 경우가 많았다. 이 제국은 한편으로는 무력과 교화를 통해 적극적으로 영토를 확장하고 한편으로는 변경을 봉쇄했다. 농경민족의 제국이 강대했을 때는 야만인을 사막 북쪽 초원 깊숙한 곳까지 몰아냈고 허약했을 때는 장성이나 라인 강 방어선을 쌓았다.[48] 농경 문명 제국은 자신을 세계로부터 단절시킨 게 아니라 세계를 제국에 포함시켰다. 문명과 야만의 세계를 가르기 위해 세운 장벽은 농경민족의 자신감, 창조력과 상상력의 표현인 동시에 공포, 보수심리, 절망적인 완고함의 표출이기도 했다. 스키타이인, 게르만인, 돌궐인, 몽고인은 영웅적인 지도자를 만나면 불시에 이런 문명의 장벽을 무자비하게 부수고 폐쇄적인 제국으로 하여금 자신을 활짝 드러내게 만들었다. 하나의 민족이 다른 하나의 민족을 고통 속에 접촉하고, 이해하고, 융합하게 되었다.

농경민족은 세계를 갈라놓았고 유목민족은 세계를 이어놓았다. 이것이 구대륙 문명의 법칙이자 유라시아 대륙 남북의 차이였다. 개별국가의 역사적 관점에서는 이러한 잔인한 침입자는 비난받을만 하지만 지구 전체의 문명사적 관점에서는 이들 위대한 야만인—스키타이인, 흉노인, 돌궐인, 몽고인—에게 감사해야 할지도 모른다. 아틸라나 칭기즈 칸 같은 인물들의 폭행 덕분에 자기 폐쇄적인 국가에 갑자기 세계를 향해 개방되는 통로와 다리가 만들어졌다.

---

48 중국이 유목민의 침입을 막기 위해 장성을 쌓았듯이 로마제국은 야만인의 침입을 막기 위해 라인 강을 따라 방책(防柵)을 세웠다.

기원 13세기에 몽고인은 다시 한 번 자신의 고향을 세계의 다리로 만들었다. 세계문명사에서 처음으로 유라시아 구대륙의 동서와 남북 경계가 철저하게 허물어지고, 유럽과 중국이라고 하는 두 개의 단절된 세계가 (비록 한계가 많기는 했지만) 직접적으로 연결되었다. 마르코 폴로가 동쪽으로 왔을 때 라반 사우마는 서쪽으로 갔다. 두 사람은 현실 속에서 하나의 세계 안에서 살았고 대 칸의 황금 통행증이 두 사람의 북경과 파리 사이의 무사 통행을 보장해주었다. 두 사람은 역사적으로 중요한 시점에 살았다. 유라시아 구대륙의 범위 안에 머물고 있던 세계경제, 세계정치, 세계종교는 순식간에 확산되기도 하였고 순식간에 소멸되기도 했다. 일찍이 인류 역사에 이 같은 대변환의 시대, 재난과 기회가 동시에 찾아온 시대, 고통과 행복이 함께 하는 시대는 없었다. 마르코 폴로와 라반 사우마는 이런 시대에 살았다. 평범한 후세의 눈으로 볼 때 그들은 역사를 전설로 만들었다.

몽고제국은 전쟁을 통해 구대륙의 '세계평화'를 창조하고 마침내 구대륙의 동서 경계와 남북 경계를 허물었다. 동서의 5대 문명이 하나로 연결되었고, 남북의 농경 문명과 유목 문명이 서로 융합되었으며, 그리스화·이슬람화 시대 이후로 유라시아 대륙의 일체화가 가장 철저하게 완성되었다. 이러한 일체화의 의의는 두 가지로 요약될 수 있다. 첫째, 세계시장의 초기형태가 등장했다. 둘째, 세계지리라는 관념이 형성되기 시작했다. 칸발릭이나 킨사이에서는 중앙아시아, 서아시아, 유럽에서 온 상인을 만날 수 있었고 베네치아나 리용에서는 서아시아의 직물과 보석, 인도와 자바의 향료, 중국의 비단과 자기를 살 수 있었다. 카탈란 지도(Catalan Atlas, 1375년)에 그려진 아시아에는 중국과 일본이 나타나 있었고, 『성교광피도(聲敎廣被圖)』와 『혼일강리도(混一疆理圖)』는 유럽은 물론이고 당시 유럽인들이 알지 못했던 카나리아 군도와 마데이라 군도를 표시하고 있었다.[49]

2

세계제국을 연결한 옛길

세 갈래 길이 세계 3대 문명을 연결했다. 몽고의 세기에 여행가들이 동서의 낯선 세계를 공간적으로 연결하기 시작했을 뿐만 아

---

49 중국 과학기술사를 연구하던 조셉 니덤은, 1402년에 조선의 이회(李薈)와 권근(權近)이 그린 『혼일강리역대국도지도(混一疆理歷代國都之圖)』는 1330년경에 이택민(李澤民)이 그린 『성교광피도』와 1370년경에 승려 청예(淸睿)가 그린 『혼일강리도』를 바탕으로 해서 두 지도의 내용을 합성한 것이란 사실을 알아냈다. 그러나 유감스럽게도 두 장의 중국 측 지도는 전하지 않는다. 남아 있는 조선쪽의 『혼일강리역대국도지도』를 보면 몽고의 세기에 중국인이 갖고 있던 세계지리 지식이 매우 풍부했음을 알 수 있다. 어떤 면에서는 서방인 자신보다 서방 지리에 관해 더 많은 것을 알고 있었다고 할 수 있다. 『중국과학기술사』, 조셉 니덤 저, 제5권 지리학, 제1분책, pp. 154-155 참조. p. 155의 주석에서 조셉 니덤은 다음과 같이 밝히고 있다. "이드리스도 이븐 할둔도 아조레스(Azores) 군도에 관해서 언급하지 않았다. 그러나 조선에서 1402년에 만들어진 이 세계지도에는 아조레스 군도가 표시되어 있다. 이것은 보통 일이 아니다. 아조레스 군도는 1394년에야 포르투갈인들이 발견했고 1430년 이후에 세상에 널리 알려졌다."

니라 시간적으로도 두 단락의 생소한 역사를 연결시키기 시작했
다. 기원전 7세기와 기원후 13세기에 고대 그리스의 여행가와 중세
후기의 상인·선교사들이 같은 노선을 따라 광활하고 신비로운 구
대륙의 중심부와 광활하고 신비로운 해양을 건넜다.

3대 문명을 연결한 세 갈래 길

마르코 폴로와 라반 사우마는 한 문명의 변방을 떠나 다른 문명
의 핵심에 도착했다. 그들이 살았던 시대에 마르코 폴로가 떠난 베네
치아와 라반 사우마가 떠난 북경은 둘 다 문명의 변방에 자리 잡고
있었으며, 그들이 각기 도착한 항주와 파리는 다 같이 문명의 중심이
었다. 13세기의 북경은 화하 농경 문명과 초원 유목 문명의 접경지역
에 자리 잡고 있었다. 당시 북경은 파괴되었다가 재건되는 도중의 도
성이었고 인문 지리적으로도 유목 문명과 농경 문명을 종합한 원(元)
제국의 성격을 상징했다. 13세기의 베네치아도 기독교 유럽세계와 이
교도 동방세계의 접경지역에 자리 잡고 있었으며 동서방의 무역과 문
화가 소통하는 도시였다. 이 두 도시 사이에는 광활한 이역과 그 이역
을 연결시키는 육지와 바다의 옛길이 있었다.

13세기의 세계를 문명의 유형에 따라 지역으로 나눈다면 최소한
세 개의 대문명 공동체—서방 문명, 중동 문명, 극동 문명—이 있었
다. 대문명 공동체마다 언어, 풍습, 종교, 교역과 정치체제의 공통성
을 갖추고 있었지만 같은 문명공동체 안에서도 중심부와 주변부 또
는 중심과 파생의 관계가 있었다. 아부—루고드는 이를 다시 8개의

소문명 체계로 나누었는데 다음과 같다. 1) 샤를마뉴(Charlemagne) 제국의 옛 판도 위에 형성된 라틴 기독교의 서유럽 문명. 로마와 아비뇽이 종교적 중심이었고 파리가 정치의 중심, 제노아와 베네치아가 교역의 중심, 부르기스(Burges)와 겐트(Gand)가 수공업의 중심. 정치, 문화, 경제면에서 상대적으로 일체화된 기독교 문명. 2)고대 로마의 판도 위에 세워진 지중해연안 문명. 문화와 교역이 모여드는 지역. 지중해를 내해(內海)로 하여 베네치아, 제노아, 콘스탄티노플, 수다크, 아카, 알렉산드리아가 상업도시의 원형 벨트를 형성하였다. 교역상의 공통성이 문화적인 공통성보다 훨씬 강했다. 문화적 충돌과 상업적 협력이 혼재하는 변경지역. 3) 이라크와 페르시아를 중심으로 하는 이

●15세기 『마르코 폴로 여행기』 필사본에 실린 칸발릭

슬람교 핵심지역. 이전 5백 년 동안 세계에서 가장 번창한 지역이었고 예루살렘, 안티옥, 바그다드, 타브리즈, 바스라, 호르무즈 등 중요한 종교·교역도시가 포진해 있었다. 예부터 동서교통의 통로였던 곳. 4) 알렉산드리아에서 아덴 항에 이르는 홍해 연안지역. 주로 해상 무역과 교통의 요충지로 지중해와 인도양을 연결했다. 종교는 이슬람으로 통일되어 있었고 교역 상품은 향료와 보석이 대부분을 차지했다. 5) 아덴만에서 아라비아 해로 진입하는 지역. 지중해 지역과 마찬가지로 교역상의 공통성이 문화적인 공통성보다 훨씬 강했다. 아덴, 조호르, 호르무즈, 캄바트(Khambhat)와 골카타, 코친, 실론 섬 등의 중요 도시가 반달모양의 띠를 이루며 늘려 있었다. 6) 인도 아대륙(亞大陸) 전체와 인도네시아 도서지역을 포함하는 광대한 대륙과 해양 도서지역. 문화와 경제면에서 상대적 공통성을 두루 갖춘 소문명 체계. 전통적인 계절풍 무역지역. 7)동남아 해역의 도서지방에서 화북 평원에 이르는 화하 문명 지역. 절반은 내륙이며 절반은 해양, 절반은 농경 절반은 무역을 바탕으로 한 문명. 정치·경제·문화면에서 상당한 공통점이 있었고 몽고의 세기에 세계에서 가장 부유하고 선진적인 지역. 유럽과 함께 구세계의 양극단에서 대치한 문명. 8) 화하 문명의 북방 종점에서 시작하는 초원 문명. 북경에서 콘스탄티노플까지 이어져 있었다. 8개 소문명 가운데서 면적이 가장 넓고 도시가 가장 적은 지역. 북경, 카라코룸, 사마르칸드, 부하라, 타브리즈, 콘스탄티노플 사이의 광활한 초원지역. 초원길이 있던 곳.[50]

8개 소문명 지역의 한 쪽 끝 북경에서 다른 한 쪽 끝 파리까지 갈 때 선택할 수 있는 길은 세 갈래였다. 첫 번째 길은 북쪽 육로. 북위

45도와 50도 사이에 동서로 걸쳐있는 북방 초원길. 아버지 폴로 형제, 라반 사우마와 마르코스의 여행은 기본적으로 이 노선을 따라갔다. 다른 하나는 남쪽 육로(실크로드). 서아시아와 중앙아시아 이슬람 지역을 가로지르며 지중해에서 남중국까지 이어졌다. 마르코 폴로가 중국에 온 길이다. 세 번째 길은 해로, 즉 해상 실크로드. 지중해-홍해/페르시아 만-인도양-말라카 해협-남중국해를 잇는 노선으로 마르코 폴로 일가가 베네치아로 돌아갈 때 택했던 길이다. 3대 문명과 8개 소문명 지역을 관통하는 이 세 갈래 길은 오늘날에는 지도상에서 명확하게 구분되는 노선이지만 중세의 여행자들은 명확한 구분 없이 선택했다. 페골로티(Francesco Balducci Pegolotti)는 초원길이 중앙아시아에서 남쪽 육로와 합쳐진다고 기술했고 마르코 폴로가 베네치아로 돌아갈 때와 라반 사우마가 유럽으로 갈 때는 육로와 해로를 두루 사용했다. 역사적으로 이 길들은 열리고 닫히기를 반복했는데 닫힌 때가 열린 때보다 많았다. 아리스테아스(Aristeas of Proconnesus) 시대부터 계산하면 원(元)나라 때까지 최소한 1,500년의 역사를 가진 길이었다. 마르코 폴로 시대의 사람들이 행운을 만났다고 할 수 있는 이유는 '몽고의 평화'가 옛 교역로를 한 순간에 다시 열어주고 그 길 위에 번영을 가져왔기 때문이다. 라반 사우마는 5개의 소문명 지역을 가로질러 여행했고 마르코 폴로는 8개 소문명 지역 모두를 건넜다.

---

50 *Before European Hegemony: The World System in A.D. 1250-1350*, by Janet L. Abu-Lughod, Oxford Uni. Press, 1989, Ch. I "Studying a System in Formation" 참조.

시간과 공간을 연결한 길: 서에서 동으로

한 시대의 빛나는 업적이란 실제로는 잊혔던 이전 시대의 성취가 재현되었을 뿐인 경우가 많다. 북쪽 육로(초원길), 남쪽 육로(실크로드), 남쪽 해로(해상 실크로드)는 모두 오래된 역사를 갖고 있었다. 여행자들은 공간을 건넜을 때 시간도 건넜다.

마르코 폴로와 동시대의 여행자들이 걸어갔던 북위 45-50도의 초원길은 동서교류사에서 2천 년 가까운 역사를 갖고 있었다. 기원전 5세기에 그리스의 위대한 역사가 헤로도토스는 흑해 북안까지 갔다가 스키타이인 또는 흑해 연안의 그리스 식민지 상인들로부터 '차가운 북풍이 부는 곳 바깥'까지 가면 스키타이인들이 황금을 팔러 다니는 길이 있다는 얘기를 들었다. 몇 세기 전에 아리스테아스란 그리스인이 그 길의 끝까지 가보았다. 헤로도토스는 『역사』를 쓰면서 자신이 직접 들은 얘기와 아리스테아스의 장편 시 『아리마스페아(Arimaspea)』를 바탕으로 이 길에 관해 묘사했다. "코이스트로비우스(Coystrobius)의 아들이자 푸르코나이스 출신인 아리스테아스는 그의 시에서 아폴로신의 은총으로 멀리 이세도네스(Issedones) 지방까지 가본 적이 있다고 말했다. 이세도네스를 지나면 곧바로 외눈 민족인 아리마스피(Arimaspi)인들이 사는 곳이 나오고 그 다음에는 황금을 지키는 그리핀(Griffin)인들이 있는 곳이 나온다. 그곳에서부터 바다가 나오는 곳까지는 모두 히페르보레아(Hyperboreans)인의 땅이다."[51] 2,000년 전 스키타이 대상(隊商)들이 돈 강 하구의 어떤 상품 집산지를 출발할 때 그들의 핵심적인 좌표는 돈 강을 건너면 나오는 큰 사막이었다. 헤로도토스는 방향을 잘못 알고 있다. 그는 스키타이 대상이 북쪽으로 향했다고 생각했으나 실제로는 동쪽을 향했다. 볼가 강을 건너 동남쪽으로 가면 곧 황금을 갈망하는 스키타이 대상의 눈앞에 바로 그 사막, 오늘날의 카자크 서부의 우랄 사막이 나타났다. 7일 동안 걸어서 이 사막을 빠져나가 동쪽으로 향하면 티사게타이(Thyssage-tae), 이르카이(Iyrcae), 그리고 다른 분파의 스키타이인이 사는 곳에 이르렀다. 그들은 사막과 아르기파에이(Argippaei)인이 사는 높은 산 사이에 살았다. 이런 기술을 바탕으로 하여 우리는 그들의 땅과 대상이 다니는 노선을 판단할 수 있다. 스키타이 대상은 지세가 비교적 평탄한 초원 사막을 건너 넘을 수 없는 높은 산이 있는 곳까지 나아갔는데, 이것이 또 다른 분명한 지리 좌표였다. 높은 산 산자락에 사는 민족이 아르기파에이인이었고 그곳이 혹해 스키타이 대상이 가는 상업 여행의 종점이었다. 아르기파에이인은 "모자를 쓰지 않으며" "코가 낮고" "아래턱이 크다"고 묘사되어 있는데 몽고인종의 얼굴 모양임이 분명하다. 대상(隊商)이 마주친 아르기파에이인이 사는 곳의 "높고 험한 고개 때문에 넘기 어려운" 큰 산은 멀리 동방에 있는 알타이 산이 분명하다. 알타이 산은 일 년 내내 눈에 덮여 있고 빙하가 종횡으로 흘러내리는 해발 4,374미터의 넘기 어려운 산이니 당시의 여행자와 역사가가 "넘기 어려운 높은 산과 차가운 북풍"이라고 묘사한 것과

---

51 『역사』 제4권, 헤로도토스 저, 왕이주(王以籌) 역, 상무인서관, 1985년 판, 상권 참조. 앞으로 나오는 아리스테아스의 여행기에 관한 헤로도토스의 인용은 모두 이 책에서 나왔다. 인용할 때 고유명사의 음역은 약간의 변형을 주었다.

완전히 들어맞는다.[52]

헤로도토스는 스키타이 대상이 다녔던 '황금의 길'에 있는 10개의 부족(지역)을 소개하고 있다. 앞에 나오는 7개 부족(사우로마타타이 [Sauromatatae] → 부디니(Budini) → 사막 → 티사게타이 → 이르카이 → 스키타이 별종 → 아르기파에이)은 헤로도토스 자신이 "우리는 명확하게 알고 있다"고 표현한대로 존재가 분명하다. 뒤에 나오는 3개 부족과 지역(모자를 쓰지 않는 아르기파에이인보다 더 먼 곳에 사는 이세도네스인, 외눈족 또는 아리마스피인, 황금을 지키는 그리핀인)은 존재가 분명치 않다. 헤로도토스가 이들에 관해 알고 있는 것은 증명할 수도 없고 상상하기도 어려운 전설뿐이다.[53] 사우로마타타이인, 부디니인, 티사게타이인, 이르카이인은 모두 스키타이 인종—백인종—의 부족인 것 같고 언어도 아리안 어계에 속한 것 같다. 이와 달리 아르기파에이인은 흉노족—황인종—인 것 같고 그들이 사용한 언어는 우랄-알타이어라 불리는 투란어(Turaninan)였던 것 같다. 기원전 첫 천 년 동안 중앙아시아 초원에는 주로 두 종족이 유목생활을 하고 있었던 것이다. 흑해 북안에서 알타이 산에 이르는 지역에서 대상의 여행 노선은 당연히 북위 50도에서 서쪽에서 출발하여 동쪽으로 향했을 것이다. 여행 경험이 풍부

---

52 『유럽과 중국』, 제1장 "삭풍의 바깥," (영) 허드슨(G. F. Hudson) 저, 왕준중(王遵 仲) 등 역, 중화서국, 1995년 판, pp. 1-26 참고. 이 대상로가 남쪽으로 뻗어 힌두쿠시 산, 더 나아가 소그디아나와 콰레즘에 이르는 길이었다고 주장하는 학자들도 있으나 설득력이 부족하다. 최소한 헤로도토스의 묘사 가운데는 그런 암시는 없다.

53 『역사』 제4권 참조.

한 대상이건 박학다식한 역사가이건 한결같이 남쪽에서 출발하여 북쪽으로 향했다고 설명하고 있는데, 나침반이 없던 고대에 방향을 잘못 아는 일은 그리 예외적인 경우가 아니었다. 방향이 틀렸으니 방위도 틀릴 수밖에 없었다. 고대인들은 여행 중에 느끼는 기후와 풍물의 변화를 바탕으로 하여 방위를 판단했다. 추운 곳은 북쪽이고 온난하면 남쪽이었다. 갈수록 추워지면 북쪽에 가까이 간다고 생각했다. 우크라이나 초원에서 중앙아시아 한복판까지는 분명히 갈수록 추워졌다. 1,700년 뒤에 사절로서 카라코룸에 간 카르피니와 루브룩은 그곳의 추위는 바위가 얼어터질 정도라고 기록했다.

출발할 때는 배를 탔고 초원, 산림, 강, 높은 산, 사막, 오아시스, 황야의 좁은 길을 지나며 여행자는 무수히 많은 폐허와 마을을 만났다. 서유럽에서 동아시아까지 '황금의 길'은 내내 북위 50도 상의 서쪽에서 동쪽으로 뻗은 초원의 대상 길이었다. 흑해 북안에서 알타이산까지 바람 불고 먼지 날리는 길을 스키타이 대상과 용감한 그리스 여행가는 유라시아 대륙 6,000킬로미터를 건너 화하 문명의 언저리에 도착했다. 그들은 기후를 보고 황금의 길이 북쪽으로 뻗어 있다고 생각했지만 실제로는 줄곧 북위 50도 근처에 걸친 유라시아 대륙 건조한 초원지대의 동서무역로를 따라갔다. 몽고의 세기에 상인들과 선교사들은 유럽인이 가본 적이 없는 길을 걸었다고 믿었지만 고대 그리스의 여행가 아리스테아스가 스키타이 대상과 함께 이 길을 따라 유럽에서 중국의 변경에 이르렀다. '혹독한 바람'이 불어 넘을 수 없는 산에 도달한 뒤 아리스테아스는 "여기서부터 큰 바다까지는 모두 히페르보레아인의 땅"이라고 말했다. 그는 멀리 큰 바닷가가 고향인

민족은 채식만 하며 행복하게 장수한다고 묘사했다. 고대 그리스의 여행가가 말한 전설 속의 히페르보레아인으로 추정될 수 있는 가능성이 가장 높은 부족은 주(周) 왕조 시대의 중국인이다. 중국인의 땅은 전설 속의 부족들의 땅보다 더 먼 곳에 있었고 중국인의 농경생활은 거친 육류를 섭취하는 유목민들의 시각으로 볼 때 분명히 채식 위주의 생활이었다. 주 왕조의 봉건 문명 속에서 백성은 행복하고 장수했다. 무왕(武王)이 은(殷)을 정벌했고 주공(周公)이 동쪽 정벌에 나서 국토를 발해까지 넓혔다. '큰 바다까지' 땅을 넓힌 히페르보레아인이야말로 유럽인이 처음으로 들은 중국인이었을 것이다.

문명이 연결되면 역사도 연결된다. 기원전 7세기와 기원후 13세기에 고대 그리스의 여행가와 중세 후기의 상인과 선교사들이 동일한 길을 통해 광활한 구대륙을 건너 유라시아 대륙의 양쪽 끝에 있던 두 문명을 연결하기 시작했다. 그들은 2,000여 년 동안 잊혔던 역사도 연결했다. 초원은 끝이 없는 길이다. 유라시아 대륙 북위 45도 이북에 수천 킬로미터 이어지는 황량한 초원은 동서 두 세계를 연결한 최초의 통로였다. 스키타이 대상들은 돈 강 하구에서 출발하여 유럽의 상품을 중앙아시아로 가져왔고 다시 중앙아시아의 황금과 중국의 비단, 칠기, 청동기를 유럽으로 가져갔다. 대다수의 유목민족과 마찬가지로 스키타이인은 여행이 곧 생활이었다. 헤로도토스는 그들을 뛰어난 지혜를 가지고 있고 여행에 뛰어나며 말타기와 활쏘기에 정통한 민족이라 불렀다. 그들은 말안장 위가 곧 집이었고 평생 이동했다.[54] 그리스의 여행가가 스키타이 대상들을 따라 알타이 산자락에 온 것은 기원전 7세기의 일이었고, 기원전 5세기에 헤로도토스가 동쪽을 여행했을 때는 스키타이 왕국과 초원 황금 길의 황금시대는 이미 지나간 일이었다. 재능이 뛰어나고 체구가 큰 사우로마타타이인이 서쪽으로 침입해 와서 두 세기 동안 피비린내 나는 전쟁이 벌어졌고 결국 황금 세공으로 널리 알려진 초원 왕국은 멸망했다. 말발굽에 짓밟힌 푸른 풀은 피와 시체의 자양을 흡수하여 더욱 짙게 자라고 대상의 길은 풀에 덮여 사라졌다. 거친 풀이 사람과 가축의 흔적을 지워버렸고 후대의 기억까지 지워버렸다. 그 뒤로 천 년 동안 빛나는 황금은 다시는 동방에서 서방으로 운반되지 않았고 초원의 대상들을 따라 이곳을 지나가는 유럽의 여행가는 더는 나타나지 않았다. 동서 두 세계를 연결했던 대상 길과 그 길 위에 존재했던 형형색색의 인종과 사물에 대해 기억하는 사람도 말하는 사람도 없었다. 몽고의 세기가 찾아온 1250년 무렵에 성 프란치스코회 수도사들의 그림자가 초원의 길 위에 나타나자 역사 속으로 숨어버린 대상의 길이 발견되었고 동서 두

●장건(張騫)의 서역 개척(벽화모사본). 돈황 막고굴 제323호실 북쪽 벽화. 서기 8세기초에 그려짐.

---

54 『역사』제4권, 제46절 참조.

세계를 잇는 힘들고 긴 여행도 다시 시작되었다.

몽고의 세기에 여행가들은 공간적으로 생소한 동서 두 세계를 연결했을 뿐만 아니라 시간적으로 생소한 두 단락의 역사도 연결시켰다. 북쪽 육로 혹은 초원길은 2,000년 전 스키타이인이 걸었던 '황금의 길'이었고 남쪽 육로 혹은 유명한 실크로드도 최소한 1,000여 년의 역사를 갖고 있었다. 알렉산더 원정군은 힌두쿠시 산 아래까지 와서 아무 다리야 강변에 '가장 먼 곳의 알렉산더 성'을 쌓고 1만 명의 보병과 3,500명의 기병을 남겨두었다. '그리스화' 시대에 지중해에서 인더스 강에 이르는 교역로가 이미 열렸고 서방의 동방으로의 확장은 극점에 이르렀다. 장건의 서역 출사(出使)는 '착공(鑿空)'[55]이라 부르는데 중국이 서방을 향해 확장을 시작한 표지였다. 기원전 139년에 장건이 황제의 명을 받아 월지국에 사신으로 가게 되었다. 출발한 지 얼마 되지 않아 흉노에게 붙잡혀 포로가 되었고 탈출할 때는 이미 10년이나 흐른 뒤였다. 장건은 계속 서쪽으로 가 대완국(大宛國)에 닿았다. 대완은 문명국이었고 백성은 정착하여 농경과 목축에 종사하였다. 대완의 국왕은 길잡이와 호송병사까지 붙여주어 한나라의 사절을 강거까지 데려다주었다. 장건은 마침내 아무 다리야 강변의 월지국에 이르렀다. 그곳은 200여 년 전에는 '가장 먼 곳의 알렉산더

---

55 『사기·대완(大宛)열전』: "張騫鑿空, 其後使往者, 皆稱博望侯, 以爲質于外國, 外國由此信之."(장건이 길을 뚫었다. 그 뒤로 사신으로 가는 자를 모두 박망후라 불렀다. 외국에게 성심껏 대하니 이로서 외국도 신뢰했다.)

성'인 소그디아나였다. 사막에서 낙타를 타고 온 대하인들이[56] 그리스 식민자와 그 용병을 몰아냈다. 원래 돈황(敦煌)과 기련산(祁連山) 사이가 본거지인 월지 왕국이 흉노에게 패한 후 서쪽으로 옮겨와 다시 대하인들을 몰아내고 아무 다리야 강 유역의 비옥한 토지를 차지했다. 장건은 마케도니아 제국이 세웠던 그리스화 된 도시의 옛 터에서 (흉노에게 죽임을 당하여 두개골이 술잔이 되었던) 월지 왕의 손자와 대면하게 되었다. 이제 동서 두 세계의 공간적인 거리가 극복되었다. 시간이 어긋나지 않았더라면 장건은 마케도니아에서 온 그리스인 총독을 만날 수 있었을 것이다.

장건은 사명을 완수하지 못했다. 월지인들은 새로운 터전의 땅이 비옥한 데 만족하였기 때문에 흉노를 협공하자는 한 무제의 제안에 관심을 보이지 않았다. 그러나 다른 시각에서 보자면 장건이 실크로드의 동쪽 절반 구간을 열었고 대하 또는 소그디아나에서 이 길의 서쪽 절반과 연결시킴으로써 중국이 서방으로 확장되는 시대를 열었다.

시간과 공간을 연결한 길: 동에서 서로

장건의 서역 출사는 한(漢) 제국의 서쪽을 향한 확장의 첫걸음에 지나지 않았다. 기원전 129년의 가을에 장건이 흉노의 막사를 탈출했을 때 한 제국의 군대가 사방에서 흉노를 공격했다. 비록 한 제국의

---

56 서방에서는 박트리아 인이라고 불렀다.

군대가 세 방면에서 전투에 지기는 했지만 정벌의 시대가 시작되었다. 이후로 위청(衛青), 곽거병(霍去病), 이광리(李廣利) 등 한의 장수들이 잇달아 출정했고 과감하고 강인한 하급 장교였던 진탕(陳湯)은 질지(郅支)까지 원정했다. 그들은 길을 개척하고 한 왕조의 질서를 서역에 수립했다. 서역에는 원래 36개의 나라가 있었는데 후에는 55개 나라로 갈라졌다. 이 55개의 나라가 일시에 한 제국의 서역도호(西域都護)에 복속했다. 그러나 확장의 시대는 빠르게 끝나버렸다. 왕망(王莽)이 제위를 찬탈하자 서역 여러 나라가 잇달아 반란을 일으키고 흉노 쪽에 합류했다. 그 뒤로 한 세기 동안 서역 여러 나라가 한 제국에 대해 저항하거나 상호간에 전쟁을 벌이는 일이 끊이지 않았다. 동한(東漢) 화제(和帝) 때에 이르러 반초(班超)가 서역도호가 되어 천산 남북 오아시스 국가들을 다시 평정하고 한의 통치 질서를 회복시켰다. 동한은 서역을 안정시키고 실크로드를 다시 열었다. 국력이 바탕이 되기도 했지만 뛰어난 인재들이 활약했다. 반초와 반용(班勇) 부자의 공적은 동한 왕조의 서역 정벌과 관리의 정점이자 왕조 4백여 년 역사의 정점이기도 했다.

그 시대는 중국이 세계를 개척하고 세계는 중국으로 향하던 때였다. 장건의 서역 출사, 이광리의 대완 정벌, 진탕의 질지 제압으로 유라시아 대륙을 가로질러 장안에서 로마까지 이르는 길의 절반이 사실상 열렸다. 장건의 뒤를 이어서 서역으로 가는 사절과 대상이 "길에서 서로 얼굴을 마주쳤고" "한 무리가 클 때는 수백 명이요 적은 무리도 백여 명이 되었으며" 일 년 중에 "사절이 많을 때는 10여 차례요 적을 때는 5~6차례였다." [57] 각양각색의 사절이 박망후(博望

侯)[58]의 깃발을 들었으나 대부분이 모험가와 투기적인 상인이었다. 심지어 조정이 내린 예물을 가는 도중에 팔아버리고 자취를 감추는 경우도 있었다. 군대의 깃발 뒤에는 대상이 따랐다. 한나라의 군대가 흉노를 격파하고 하서 회랑지대를 안정시켰으며 장안에서 천산까지는 이국 풍광이 충만한 대로로 변했다. 정치와 군사 확장에 따라 상업도 번영했다. 중국의 군대는 끊임없이 서쪽으로 진출했고 서역도호란 전담기구의 통일적인 관리 아래 강력한 이민과 둔전 정책이 진행되었다. 강대한 제국의 질서가 이식되면서 평화와 교역의 안전이 보장되었다. 한의 사절이 서쪽으로 가고 조공 사절이 동쪽으로 왔다. 상인들은 두려움 없이 먼 곳까지 왕래하며 모피, 가축, 보석, 산호, 유리, 황금 등을 중국으로 가져왔고 중국의 비단, 육계(肉桂), 대황(大黃), 철기 등이 서쪽으로 흘러나갔다. "서역의 풍속과 지리환경에 대해서는 예전에는 들어본 바가 없었다. 한나라 때에 장건의 책략과 반초의 경영이 마침내 먼 서역에서 결실을 보았다. 나라 밖에서 복속해왔다. 무력에 굴복했거나 재화로 유인된 나라 가운데서 현지의 진기한 물품을 바치지 않는 자가 없었다. 인질로 보내온 그들의 자식들이 자기의 풍습을 버리고 천자를 배알하니 조정에서는 관원을 배치하여 역참을 설치했다. 먼저 귀순한 자는 금은재화로 상을 받았고 뒤에 복속하는 자는 새끼로 자신을 묶어 조정에 죄를 빌었다. 한 왕조는 요충지에 역참을 설치하고 비옥한 땅에 둔전을 실시했다. 일 년 사계절 조정의 명

---

57 『한서(漢書)』「서역전」.
58 박망후는 한 무제가 장건에게 내린 작위이다.

령이 바람처럼 빠르게 전해졌다. 물건을 팔기위해 찾아오는 오랑캐와 외국 상인이 쉴 새 없이 드나들었다."[59]

장건의 서역 출사는 기원을 전후한 시기에 중국과 서방의 교통과 교역의 물길을 열었다. 중국의 관리와 모험가들이 서쪽을 향해 몰려 갔을 뿐만 아니라 서역 각국의 상인과 사절도 앞다투어 동쪽으로 왔 다.[60] 서역 무역은 관방무역과 민간무역 두 종류가 있었다. 한 조정의 공납제도는 서역 여러 나라의 입장에서 보자면 사실상 일종의 관방 무역—공납품과 하사품의 교환—이었다. 서역의 군주들이 성실하게 조공한 진정한 동기는 교역에서 얻는 이윤이었다. 한 조정도 "조공품 을 바치는 자들이 모두 장사하는 천한 무리이며 저잣거리에서 사서 조공품이란 이름으로 바친다"는 사실을 알고 있었지만 서역을 경영 하는데 가장 유효한 정책은 "군대의 위력으로 복종시키고 재물로서 유인하는 것"이었다.[61] 중국 중심의 시각에서 보자면 서역 경영은 흉 노를 제압하고 영토를 확대하기 위해서였고 서방의 관점에서 보자면 한제국의 서역 경영의 의미는 교통과 교역에 있었다. 동쪽 장안에서 서쪽 지중해까지 사막, 높은 산, 초원, 오아시스를 거쳐 지나가는 오

---

59 장건이 이 길을 연 최초의 인물은 아니다. 중국과 서역 사이의 교통과 교역은 장 건 이전에도 존재했었다. 장건은 대하의 시장거리에서 중국 사천에서 나온 공죽 장(邛竹杖)과 촉포(蜀布)를 보았다. 장건의 서역 출사의 역사적 의미는 중국과 서방 사이에 대규모의, 그리고 관방이 직접 추진하는 교통과 교역이 시작되었을 뿐만 아니라 그것이 한 시기의 큰 물결을 이루었다는 데 있다.

60 『후한서(後漢書)』 권 88.

61 『후한서』 권 88.

래된 상업로를 서방인은 실크로드라고 불렀다. 이 길을 통해 중국에서 서방으로 흘러나가는 물품의 90%가 중국의 비단이었기 때문이다.

실크로드는 구세계의 동서 양대 문명을 연결했다. 산자락과 사막 사이에 별처럼 흩어진 작은 오아시스 국가들은 대륙 간 교통의 역참 구실을 했고 중앙아시아의 반농경 반유목 민족은 두 세계 사이의 운반부 역할을 했다. 그리스인의 포도, 로마인의 산호·수은·호박(琥珀)·유리 세공품·양모·염직기술, 대완과 강거의 한혈마(汗血馬)·마노(瑪瑙)·수정, 안식인의 석류·모피·금은세공품, 인도인의 다이아몬드·울금향·홍란화(紅蘭花)가 중국으로 들어왔고 중국인의 비단·철기·복숭아·육계·생강·벼·사향·대황이 서방으로 끊임없이 흘러나갔다. 이민족의 물품이 생활 속에 들어오면서 이민족의 생활방식, 신앙과 사상도 사람들의 머릿속으로 들어왔다. 부처, 진주(眞主), 천주(天主) 등의 명칭은 실크로드를 왕래하는 상인들이 전파했다. 실크로드와 그 길 위에 흩어져 사는 상업민족이 동서 세계 사이의 미약한 교통을 이어주었다. 그들은 물산을 가져다 파는 한편 문화도 옮겨와 팔았다. 어떤 위구르 고문헌은 다음과 같이 기록하고 있다. "…… 그들은 쉴 새 없이 교역했다. 그들은 이익을 거두는 사람들이었다…… 그들은 동에서 서로, 서에서 동으로 다니며 사람들이 필요로 하는 물건들을 가져왔고 수만 가지의 보배와 세상의 진기한 물건들을 날랐다…… 이들 상인이 없다면, 이들이 세계 각지를 여행하지 않는다면 우리가 어떻게 검은색 담비 털옷을 입을 수 있는가? 중국의 대상들이 깃발을 내려버린다면 수많은 보배는 어디서 올 것인가?

······ 모든 것이 상인들의 손에 달려있다. 그들과 함께 일하자! 대문을 활짝 열자! 그들이 가져오는 물건 값이 저렴해지면 우리의 이름도 사방으로 알려지리라."[62]

실크로드는 한 갈래의 길이라기보다는 문명교류의 지역이었다. 여러 갈래의 복잡한 길이 아시아 한복판에 광활한 교역시장과 문화교류의 무대를 만들어 화하와 지중해 양대 문명을 연결시켰다.[63] 화

---

62 『실크로드 옛길의 문화(絲綢古道上的文化)』, 클림카이트(H. J. Klimkeit) 저, 조숭민(趙崇民) 역, 신강미술섭영(攝影)출판사, 1994년 판, pp. 13-14에서 인용.

63 중앙아시아를 서쪽에서 동쪽으로 건널 때 여러 갈래의 노선이 있었다. 또한 자연지리와 인문정치의 변화 때문에 그 시대에 대상들이 다녔던 길을 정확하게 묘사하기는 어렵다. 갈라지고 합쳐지기를 거듭하지 않는 길은 없었다. 수많은 교역도시를 연결하는 노선이 사통팔달했다. 중원지역에서 지중해에 이르는 실크로드는 실제로는 역사에서 끊임없이 변화하는 교통망이었다. 허드슨은 지역 정치집단을 기준으로 하여 실크로드를 네 단락으로 나누었다. "1. 감숙에서 파미르까지. 이 지역에서 가장 편리하여 지나지 않을 수 없는 카쉬가리아는 오늘날의 신강 일부를 포함하며, 천산 분수령 이남에 위치하였고 타림 분지와 롭 노르 이동의 사막지역이 포함된다. 2. 파미르에서 대하 또는 소그디아나까지. 팔리흐나 사마르칸드 노선을 택했을 때 거치게 된다. 3. 소그디아나에서 셀레우키아까지. 4. 셀레우키아에서 약간 서쪽으로 치우쳐 유프라테스 강변의 제우그마에서 만나는 로마의 변경까지."(『유럽과 중국』, pp. 51-52.) 실크로드를 연구할 때 서역에 중점을 두는 중국학자들은 실크로드를 세 단락(동, 서, 중앙)으로 나눈다. 동쪽 단락은 장안에서 옥문관(玉門關)까지. 농산(隴山)을 넘고 황하를 건너고 하서 회랑을 지난다. 황하를 건너는 지점이 한 곳이 아니기 때문에 이 단락의 전반부는 다시 네 갈래로 나뉘어 하서 회랑으로 들어간다. 1) 회중도(回中道): 장안→농관→육반산(六盤山)→정원(靖遠)지역에서 황하를 건넘→무위(武威). 2) 농관도: 장안→농관→금성(金城)(지금의 난주[蘭州])에서 황하를 건넘→무위. 3) 영정도

하 문명은 서쪽을 향해, 지중해 문명은 동쪽을 향해 모두 이 지역과 이 지역에 살며 끊임없이 이동하고 전쟁하며 교역하는 민족을 통해 확장·전파되었다. 몽고의 세기 이전에는 이 길은 전란과 할거 때문에 대부분의 기간 동안 막혀 있었다. 인문적 장애가 자연적 장애보다 더 많았던 셈이다. 서역 경영은 중국 역사에서는 정벌과 교화가 병행되는 정치활동이었지만 세계사적 관점에서 보자면 중국이 서역으로 확장되고 실크로드가 열림으로써 유라시아 대륙의 문명이 일체화되었다는 의미를 지닌다. 알렉산더의 동방 원정과 한 무제의 서역 원정은 수만 리나 이어지는 실크로드를 소통시키고 동·서 양대 세계를 연결시켰다.

(永靖道): 장안→농관→영정에서 황하를 건넘→서녕(西寧)→대투발곡(大鬪拔谷)→무위. 4) 영무로(靈武路): 장안→농관→영무에서 황하를 건넘→무위. 중앙 단락은 돈황에서 총령파미르고원까지. 이 단락은 서역 전체를 지나며 산맥, 사막, 오아시스가 이어진다. 남, 중, 북 세 갈래 길이 있다. 1) 남도: 양관(陽關)→백룡퇴(白龍堆)사막 남쪽 언저리→선선(鄯善, 즉 누란[樓蘭])→차말(且末)→우전(于闐, 즉 호탄[和田]). 2) 중도: 옥문관→천산 남쪽 자락과 타클라마칸 사막 북쪽 언저리→투루판(吐魯番, 즉 고창[高昌]과 교하[交河] 고성)→언기(焉耆)→쿠차(龜玆)→총령. 3) 북도: 옥문관→하연적(賀延磧)사막 북쪽 언저리→이오(伊吾)→포루(蒲婁)→북정(北庭, 베쉬발리)→윤대현(輪臺縣)→곽하(霍河)에서 이리강을 건넘→쇄엽성(碎葉城). 서쪽 단락의 노선은 더 복잡하다. 동서남북 모두 통한다. 중국학자들은 이 단락의 노선을 집중적으로 연구하는 경향이 있으며 남, 중, 북 세 갈래 길로 나눈다. 1) 남도: 총령→힌두쿠시산맥을 넘음→파지나바드(아프가니스탄)→페샤와르(파키스탄)→인도→인더스 강에서 아라비아 만까지는 해로. 2) 중도: 대완(페르가나)→강국(康國, 사마르칸드)→소무제국(昭武諸國)→안식(페르시아)→지중해(로마). 3) 북도: 쇄엽→탈라스→엠바 강→우랄 강→볼가강→콘스탄티노플.

●실크로드 옛길 위의 봉화대

　장건은 서역에 사절로 갔고 감영은 대진에 사절로 갔다. 기원전
후에 지중해에서 태평양까지 유라시아 대륙에는 강대한 네 제
국—한, 쿠샨, 안식(파르티아), 로마—이 동에서 서로 이어지며 늘어섰
다. 한(漢)제국이 동에서 서로 확장할 때 로마인도 동쪽을 향해 확장
을 시도했다. 로마는 기원전 53년 카라에(하란) 전투에서 참패함으로
써 동방으로의 확장이 좌절되자 서북으로 방향을 돌려 브리테인 섬
을 점령하고 그곳에 길을 닦고 극장과 공중목욕탕을 건설했다. 같은
시기에 한제국의 군대는 서역과 고비사막 이북을 정벌했다. 기원후
첫 번째 천년은 중화제국이 세계화한 시대였다. 한 왕조에서 당 왕조
에 이르기까지 군대가 정벌에 나서고 사절이 외국을 방문했다. 잔혹
한 전쟁 사이에 몇 번의 평화와 번영이 등장했다. 도로가 개통되고 교

●실크로드를 건넌 대상(隊商)의 낙타와 상인
(5~6세기의 도기 인형)

역이 이루어졌으며 화하 문명은 서쪽을 향해 퍼져가고 있었다. 유라시아 교역권에서는 "금과 비단이 나란히 통했다." 중국의 비단은 황금과 같은 가치의 화폐로 유통되었으며 장안에서 마르세유에 이르기까지 비단 창고에 보관된 비단은 황금과 같은 대접을 받았다. 구대륙의 교역 역사에서 '비단 본위'의 시대가 열렸고 이 시대는 진정한 중국화의 시대였다.

감영은 대진까지 가지 못하고 중도에 돌아왔다. 그러나 뒤이어서 더 먼 서방국가의 사절이 중국을 찾아왔다. 『후한서』「서역전」과 『화제본기(和帝本紀)』에는 다음과 같은 기록이 나온다. "…… 먼 곳에서 몽기(蒙奇)와 두륵(兜勒) 두 나라가 함께 사신을 보내오고 공물을 바쳤다." "화제 영원(永元) 12년 겨울 11월에 서역의 몽기와 두륵 두 나라가 사신을 보내왔기에 그 왕에게 금으로 만든 인(印)과 보라색 띠를 하사하였다." 몽기와 두륵을 마케도니아와 트라키아라고 확정할 수는 없다 하더라도 "환제 연희 9년에 대진 왕 안돈(安敦)이 사신을 보내와 상아, 물소 뿔, 대모(玳瑁)를 바쳤다"는 기록은 입증할 수 있다. 대진 왕 안돈은 로마 황제 마르쿠스 아우렐리우스 안토니우스(Marcus

Aurelius Antonius)이고 로마에서 온 사절은 실제로 사절일 수도 있고 사절을 사칭한 상인일 수도 있다.[64] 동시대의 로마의 지리학자 프톨레마이오스(Ptolemaeus)는 『지리지(地理誌)』를 저술하면서 여러 권의 여행기를 쓴 적이 있는 티르 출신의 마리노스(Marinos)란 사람으로부터 티티아노스란 이름의 마케도니아 상인이 세레스[65]로 대상을 보냈다는 예기를 들었다. 프톨레마이오스의 극동에 관한 지식은 모두가 티티아노스라는 상인이 쓴 여행기나 통상 안내서로부터 얻은 것이었다. 프톨레마이오스는 세레스로 가는 길을 정확하게 알고 있었다. 한 갈래 길은 중앙아시아를 건너는 육로인 실크로드로, 세레스의 수도 세라성(Sera Metropolis, 서한(西漢)의 수도 장안으로 추정된다)으로 통했다. 다른

---

64 막임남(莫任南)의 글 "중국과 유럽의 직접 교류는 언제 시작되었나(中國和歐洲的直接交往始于何時)" 참고. 『중외관계사논총』 제1집, 세계출판사, 1985년 판, pp. 26 - 33.

65 세레스(Seres)는 '비단의 나라'란 뜻으로서 비단을 생산하고 판매하는 동방의 어떤 나라를 가리킨다. 중국을 가리킬 수도 있고 비단 판매에 종사하는 중앙아시아의 어느 나라를 가리킬 수도 있다. 어느 쪽이든, 서방이 가졌던 중국에 관한 첫 번째 인상에는 비단이라고 하는 기묘한 직물이 포함되어 있었다. 주걸륵(朱杰勒) 선생은 다음과 같이 지적했다. "고대 중국과 서방의 교통은 비단 교역 때문에 시작되었다. 서방 사람들이 중국의 존재를 인식할 때는 비단이 전제가 되었다. 서방 사람들은 비단을 세르게(Serge)라 불렀고 그 때문에 중국을 세리카(Serica), 중국인을 세레스(Seres)라 불렀다. Ser는 중국어 사(絲, 쓰)의 음역이고 ge는 접미사이다. 기원전 5세기 무렵에 중국의 비단이 파미르 고원을 넘어 인도와 페르시아에 전해졌고, 알렉산더 대왕의 동방 원정 이후로 다시 시리아 사람들의 손을 거쳐 유럽에 전해졌다."(『중외관계사논문집』, 주걸륵 저, 하남인민출판사, 1984년 판, p. 173.)

한 갈래는 인도를 돌아 티나이(Thinai, 인도차이나 반도와 남중국) 지역을 거쳐 티나이의 수도인 시나에 성(Sinae Metropolis, 낙양[洛陽]을 가리키는 것 같다)으로 통하는 길.[66] 환제(桓帝) 연희(延熹) 9년에 상아, 물소 뿔, 대모(玳瑁)를 바친 대진 왕 안돈의 사절은 바로 이 해로를 통해 왔다. 최소한 기원 2세기에는 해상 실크로드도 개통되었다. 로마제국과 한 제국 사이에는 두 갈래의 교역로가 통하고 있었다. 마케도니아 상인이 중국에 올 때는 아시아의 한 복판을 가로지르는 육로를 이용했고 안토니우스 왕의 사절은 해로를 이용했다.

대진과 연결된 해로

알렉산더의 원정이 유럽과 인더스 강 유역을 하나로 연결했다. 로마의 상인과 선원들은 홍해, 아라비아 해, 인도양을 통해 유럽과 남인도를 연결했고 이어서 인도 남해안에서 말라카 해협 또는 벵골 만을 거쳐 미얀마와 중국에 이르렀다. 육로는 서아시아, 중앙아시아, 초원, 사막, 높은 산맥과 오아시스를 지났는데 도중에는 천년의 문명국이나 거친 광야도 있었으며 혹독한 기후를 이겨내야 하고 인위적인 위험과도 마주쳐야 했다. 동서 교통에 있어서 사실상 해상 노선이 육상 노선보다 편리했다. 기원전 5세기에 그리스인들은 멀리 인도에서

---

66 『지리지(地理誌)』. 관련 내용은 『그리스 라틴 작가의 극동 고문헌집(希臘拉丁作家遠東古文獻輯錄)』, (프)세데스(George Cœdès) 편, 경승(耿昇) 역, 중화서국, 1987년 판, pp. 19−58 참조.

온 공작새를 본 적이 있지만 진정한 의미에서 동서 간의 해상무역은 로마의 평화(Pax Romana) 시대에 와서야 시작되었다. 아우구스투스(Augustus) 치하에서 수립된 '로마의 평화'는 지중해를 제국의 호수로 변모시켰고 로마의 원정군은 한때 아라비아인들의 자부심인 아덴만을 점령했다. 아우구스투스 시대에 이집트의 항구에서 닻을 올리는 상선이 1년에 백여 척이었다. 상선들은 봄철 계절풍을 이용하여 홍해(에리트레아 해)를 건너고 아덴만에서 아라비아 해로 들어갔고 여름이 오기 전에 인도양까지 계절풍을 타고 항해했다. 동아프리카에서 동인도 군도에 이르는 광활한 해양에는 해마다 10월에서 이듬해 3월까지는 동북 계절풍이 불고 5월에서 9월까지는 서남 계절풍이 분다. 계절풍이 만들어 낸 휜 활 모양의 항로를 따라 상선들은 인도 서해안의 항구, 인더스 강 하구의 바르바리콘과 바리자가, 또는 말라바르 해안의 무지리스에 닿았다. 욕심과 용기가 있는 소수의 로마 상인들은 그보다 더 멀리까지 갔다. 그들은 코모린 곶을 돌아 말라카 해협에 이른 후 다시 북쪽으로 항해하여 인도차이나 반도나 심지어 중국의 남해안까지 이르렀다. 안토니우스 황제의 사절을 자칭한 상인들이 중국에 왔을 때는 동서 사이의 해양무역이 시작된 지 한 세기가 지난 뒤였다.

로마에서 인더스 강 하구까지는 순풍을 타면 6개월 밖에 걸리지 않았다. 인도에서 중국 해안까지는 길어야 6개월의 여정이었다. 탐욕이 지구를 축소시켰다. 부를 위해서, 로마의 식탁에 놓일 향료와 로마의 부녀들이 입을 투명하고 부드러우며 화려한 비단옷을 위해서 상인들은 용감하게 세계를 건넜다. 그들은 이탈리아의 오스티아 항, 이집

●고대 로마제국의 전함

트의 알렉산드리아 항, 또는 근동의 티르 항에서 출발했다. 그들은 밀, 포도주, 유리그릇, 아우구스투스 황제나 다른 황제의 초상이 새겨진 금 장식품, 서커스에서 사용될 각종 도구와 동물을 가득 싣고 떠났다. 대부분의 경우 그들의 교역은 지역중개형이었다. 로마의 상인들은 인도 서해안 항구에서 그들이 싣고 온 로마 물건을 팔고 인도의 향료, 몰약, 유향, 후추와 중국에서 건너 온 비단을 사들였다. 인도의 상인 또는 자바의 선원들이 일부 로마 특산품을 싣고 말라카 해협을 건너 인도차이나 반도나 더 멀리 중국의 광주(廣州)까지 찾아왔을 것이다. 로마와 한제국 사이의 교역은 중개형, 지역단계형이었다. 로마에서 중국에 바로 닿는 해운은 없었고 지중해와 홍해, 페르시아 만과 인도, 인도와 말라카, 말라카와 중국 사이에 교역이 이루어졌다.

고대 상인, 모험가, 항해자는 용감한 사람들이었다. 그 시대에는 나침반도 육분의도 없었다. 낮에는 아득히 멀리 바라보이는 해안선을 따라서, 밤에는 별자리를 보고 항해했다. 그들의 여정은 길고도 위험했다. 항구 하나하나를 들르다 보면 몇 년 뒤에나 고향에 돌아갈 수 있었다. 운이 좋지 못해 바다에서 물고기 밥이 된 상인들은 무수했다. 『양서(梁書)』에는 다음과 같은 기록이 있다. 손권(孫權)의 황무(黃武) 5년(서기 227년)에 대진의 상인 진륜(秦綸)이 동오(東吳)의 조정을 찾아왔다. 손권은 부하 관원 유함(劉咸)을 진륜과 함께 대진을 답방하도록 보내면서 난쟁이 한 무리를 딸려 보냈다. 아쉽게도 도중에 유함이 순직하는 바람에 대진 왕에게 보내는 선물은 전달되지 못했다. 서기 284년(진[晋] 태강[太康] 5년)에 다시 로마의 사절이 중국에 도착하여 3만 장의 밀향지(蜜香紙)를 바쳤다. 위험도 크고 이윤도 큰 비단 무역이 로마와 중국을 연결했다. 서기 1세기에 쓰인 『에리트레아해 항해기』는 인도양 항해를 직접 경험한 선원이나 이집트에 거주하던 그리스 상인이 기록한 것으로 알려져 있다. 저자는 홍해와 잔지바르까지 포함하는 아프리카 동쪽 해안과 말라바르까지 포함하는 인도 서쪽 해안의 교역 상황을 소개하고 있다. 또한 저자는 태양이 떠오르는 곳에 있는 '황금의 섬'도 소개하고 있다. '콜란디아'란 대형 범선이 황금의 섬과 인도 사이를 왕래했다. 황금의 섬은 수마트라나 말레이시아 반도일 가능성이 매우 높다. 황금의 섬에서 북으로 계속 항해하면 세레스에 닿는다고 하였다. "이 지역을 지나면 바로 북쪽 끝이다. 큰 해류가 세레스에 속할지도 모르는 지역으로 흘러간다. 이 지역에는 티나이(Thinai)라고 하는 큰 내륙 도시가 있다. 그곳의 면화, 생사와 세리

콘(Serikon, '비단 나라'라는 의미)이라 부르는 방직물을 대상들이 육로로 대하를 거쳐 바리자가까지 운반하거나 갠지스 강을 거쳐 리미리스(Lymirice)까지 실어 나른다. 이 나라(세레스)에 들어가기는 쉬운 일이 아니다. 그곳에서 온 사람도 만나기 쉽지 않다…… 해마다 체형은 꼽추 같고 얼굴은 넓적하지만 매우 총명한 민족이 티나이국 부근 지역까지 간다……."[67] "체형은 꼽추 같고 얼굴은 넓적하지만 매우 총명한 민족"은 중국 서남 변경의 어느 속국이거나 미얀마의 샨족일 것이다.『후한서』권 86에는 영녕(永寧) 원년에 샨족의 나라가 대진의 마술사를 바쳤다는 기록이 나오는데, "샨국은 서남쪽에서 대진과 통한다"고 명시하였다.『위서(魏書)』에도 "익주(益州) 영창군(永昌郡)은 해로로 대진과 통한다"고 기록하고 있다.

감영은 안식의 서쪽 변경에서 멈추었는데 그곳이 육로의 끝이었기 때문이다. 서방인이 인도차이나 반도 또는 광동의 항구에서 멈춘 것도 그곳이 해로의 끝이었기 때문이다. 한제국이 정치와 군사적 방법으로 아시아의 한복판에 길을 열고 서방으로 향하는 노선을 찾고 있을 때 유럽은 항해와 교역의 방식으로 해로를 열었다. 중국은 유럽을 향하고 유럽은 중국을 향했지만 양쪽이 중앙아시아에서 직접 마주칠 기회가 없었다.

여행은 공간을 가로지르고 시간도 가로지른다. 13-14세기에 유럽에서 중국으로 온 마르코 폴로는 유라시아 대륙의 육지와 해안을

---

67 『그리스 라틴 작가의 극동 고문헌집』, (프)세데스(George Cœdès) 편, 경승(耿昇) 역, 중화서국, 1987년 판, p. 18.

지나왔고 또한 유라시아 대륙 동서 교통의 2,000년 역사를 거쳐 왔다. 1,000년 전에 프톨레마이오스가 알렉산드리아의 도서관에서 '수학적인 정확성으로' 세계지리를 묘사했다는 사실을 마르코 폴로가 알았더라면 그의 여행은 훨씬 더 편했을 것이고 세계에 관한 지식도 더 체계적으로 되었을 것이다.

프톨레마이오스는 세레스로 가려면 육로와 해로 두 갈래의 길이 있다는 사실을 분명하게 알고 있었다. 그리스의 리티노스(Lithinos Pyrgos)에서 세레스의 수도까지의 거리는 36,200스타디온(고대 그리스의 길이 단위. 1스타디온은 약 180미터), 세라는 리티노스에서 동쪽으로 45° 15'의 경도 상에 위치하며 여정은 7개월이 걸린다고 하였다. 해로로 가는 노선은 갠지스 강이 바다로 들어가는 만과 큰 바다로 둘러싸인 인도 아대륙을 돌아서 북쪽으로 항해하면 티나이 해변에 닿는다. 그곳에서 육지에 오른 후 수많은 늪지대를 건너면 티나이의 수도로 통하는 위험한 교역로가 있다. "수도의 경도는 18° 15', 위도는 남위 3'이다." "우리가 살고 있는 이쪽 지역의 상황은 다음과 같다. 동쪽은 대아시아, 티나이와 세레스 등 동방민족 바깥은 미지의 땅이다. 남쪽도 마찬가지로 인도양을 둘러싼 미지의 땅이다. 북쪽의 미지의 땅은 대아시아 북부를 넘어선 곳이며 사르마티아, 스키타이와 세레스의 바깥이다."[68]

---

68 『그리스 라틴 작가의 극동 고문헌집』, p. 47.

제3장
동방으로

‘몽고의 평화’는 서방에 세계를 알려주었고, 칭기즈 칸은 전설 속의 알렉산더 대왕이 되었고, 몽고제국은 이상적인 세계제국이 되었다. 구대륙은 서쪽에서 동쪽까지 막힘없이 통하게 되었다. 서방인은 세속적인 부를 얻기 위해서도, 하느님을 위해 영혼을 구제하기 위해서도 동방으로 갈 수 있게 되었다. 대 칸의 금패 통행증은 여행의 안전을 보장했다.

　1245년에서 1370년 사이에 많은 유럽인이 극동으로 갔는데 그 중에서 중국에 도착한 사람으로서 이름이 분명하게 알려진 인물만 해도 최소한 백여 명이다. 그들은 상업과 선교를 위해 동쪽으로 갔다. 그 중에는 순수하게 여행을 목적으로 간 사람도 있었을 것이다. 사람들이 흔히 잊고 있지만 그 시대는 대변환의 시대였고 여행에 나선 사람들은 마르코 폴로와 같은 영웅이었다.

　광야의 폐허가 된 마을과 길 끝에 새로 세워진 마을이 먼지와 황금을 짊어진 상인과 성경을 든 선교사를 맞이하고 보냈다. 비단의 길·후추의 길·상아의 길, 키타이·시팡그(일본을 지칭)·인도, 황량한 사막과 망망한 바다, 무수한 위험과 죽음…… 상인과 선교사와 각양각색의 모험가들이 부에 대한 갈망과 동방 기독교도의 전설에 이끌려 동쪽으로 향했다. 어떤 사람은 보석과 향료를 가지고 고향으로 돌아 왔고, 일부는 광야에 뼈를 묻었다. 어떤 사람은 환상적인 여행기를 남겼고 일부는 흔적도 없이 사라졌다.

동방행, 영혼의 수확

"이 세상 끝까지 복음을 전하라." 몽고의 세기에 처음으로 동방으로 달려간 사람은 하느님을 위해 영혼을 수확할 준비를 한 선교사들이었다. 그들은 길을 떠나기 전에는 지옥에 내려갈 준비를 했지만 황량한 길의 끝에서 뜻밖에도 천당을 발견했다. 그들은 상인들이 보석을 구해오듯 하느님의 사업이 동방에서 커다란 수확을 얻으리라고 기대했으나 결국에는 "수확할 낫이 없다"는 사실을 알게 되었다. 하느님의 사업을 위해 그토록 먼 곳까지 가려는 사람도 적었지만 갔던 사람도 극소수만 목적지에 도착했다……

지옥행과 같은 타타르행

1241년 늦봄의 어느 이른 아침에 바투의 군대가 헝가리의 페스트 성 아래에 다다랐다. 유럽은 세상의 마지막 날을 맞은 듯 공포에 빠졌다. 그러나 그것은 구대륙 문명이 맞이한 사상 최대의 악몽 가운데서 작은 삽입곡에 지나지 않았다. 이보다 20여 년 앞서 모라비아나

페스트보다 더 아름답고 풍요한 유라시아 대륙의 수많은 도시가 파괴되었다. 폴란드 대공의 병사나 튜튼 기사단보다 백배나 많은 병사들이 학살당하고, 동방민족이 수십 세기 동안 고심하여 일구어낸 성곽과 촌락이 피비린내 나는 몽고의 폭풍 앞에서 한 순간에 허물어졌다. 학살은 삽시간에 끝나고 어찌된 영문인지 몽고 군대는 철수한 뒤로는 다시 침범하지 않았다. 기독교 세계의 입장에서 보자면 재난은 갑자기 찾아왔다가 알지 못하는 사이에 기회로 변했다. 몽고제국의 판도 안에서 상인과 선교사들은 천 년 만에 처음으로 유라시아 대륙을 가로질러 동방을 향해 자유롭게 여행할 수 있게 되었다. 유럽인들은 "대 칸이 인민에게 평화를 가져다주었다"고 말했다. 그러나 이 말은 중국과 이슬람 세계에서는 합당한 표현이 아니었다.

몽고의 정복은 수많은 도시를 폐허로 만들었지만 한편으로는 구대륙의 문명은 유사 이래 처음으로 항주에서 파리까지 막힘없이 연결되었다. 이것은 구대륙 문명으로서는 상상할 수 없던 기회였다. 칭기즈 칸 식의 평화는 동서방 구문명 세계에서 완전히 다른 의미를 만들어 냈다. 동방 세계에서 몽고의 정복은 짧은 시간 동안의 학살 뒤에 이어지는 긴 노예 상태였다. 서방세계에서 몽고의 정복은 한바탕 소란 뒤에 갑자기 찾아온 기회와 희망이었고, 따라서 고통의 기억은 이내 잊혀졌다.

1245년의 리용 주교회의에서 教황 이노센트 4세(Innocent IX)는 몽고에 선교사를 파견하기로 결정했다. 3년 전 몽고 기병이 동유럽을 휩쓸 때 기독교 세계는 타조가 모래 속에 머리를 파묻듯 절망 속에서 치명적 타격을 기다리고 있었다. 교황은 기독교도들에게 십자가를 높이 들고 "사탄의 사자, 지옥의 목자"와 맞서라고 호소했다. 그러나 그들의 빈약한 세계 관념으로는 이 마귀들이 어디 사는지를 알아낼 수가 없었다. "우리는 그들이 어디서 왔는지도 모르고 왔다가는 어디로 사라졌는지도 모른다. 우리가 지은 죄 때문에 그들을 데려와 우리를 징벌한 하느님은 아실 것이다."[69]

무지는 가장 큰 징벌을 불러오고 또한 무지는 가장 큰 공포를 만들어 낸다. 명령에 따라 몽고로 간 성 프란치스코 수도회[70] 수도사 카르피니와 성 도미니크 수도회[71] 수도사 아셀린(Ascelin)은 1245년 봄에 리용을 출발했다. 그들은 각기 한 통의 편지를 갖고 갔는데, 하나는 몽고의 대 칸에게 세례를 받고 기독교를 믿으라고 권고하는 내용이었고 다른 하나는 야만적인 살육을 멈추고 기독교 세계의 평화를 보호하라고 권고하는 내용이었다.[72] 카르피니는 북상하여 폴란드 초원을 거쳐 동쪽으로 갔다. 아셀린은 남하하여 서아시아 이슬람 세계를 통과하여 몽고로 갈 계획이었다. 그들의 목적지는 대 칸의 주둔지였으나 그것이 어디 있는지는 몰랐다. 그들이 아는 것이라고는 동쪽 미지의 초원 한복판이라는 방향뿐이었다.

---

69 *The Chronicle of Novgorod,* Camden Society, 1914, p. 66.

70 천주교 탁발수도회의 하나. 1209년에 이탈리아인 프란치스코가 아시시에서 설립했다. 청빈과 금욕을 중시하였다. '작은 형제회'라고도 한다.

71 천주교 탁발수도회의 하나. 1215년에 스페인인 도미니크가 프랑스의 툴루즈에서 창립했다. 1217년에 교황의 인가를 받았다. '포교 형제회'라고도 부른다.

72 "교황 이노센트 4세가 타타르 황제에게 보내는 두 가지 칙령", 『몽고출사기』, (영) 크리스토퍼 도우슨 편, 중국사회과학출판사, 1983년 판, pp. 90-93.

공포와 무지는 몽고의 세기에 유럽의 선교사들이 동방을 찾아간 최초의 동기였다. 카르피니는 리용의 친지들에게 고별인사를 마친 뒤에 지옥을 찾아가는 굳은 결심으로 동방을 향했다. 1245년 4월, 바로 부활절 날 아침의 일이었다. 교회의 종소리가 도시 전체에 울려 퍼지고 있었다. 카르피니는 폴

●카르피니

란드, 우크라이나 초원을 거쳐 이듬해 부활절에 볼가 강변의 몽고 칸 바투의 본영에 도착했다. 그 다음의 세계에 대해서는 전혀 무지했다. 그는 죽음을 향해 가는지 삶을 향해 가는지도 알 수 없었다. 황야는 큰 바다처럼 수천 킬로미터에 걸쳐 펼쳐져 있었다. 바투 칸은 카르피니를 구육 대 칸의 즉위식에 참석하도록 사람을 붙여 몽고 제국의 수도 카라코룸까지 호송해 주었다. 그들은 카스피 해와 아랄 해 북쪽의 카자흐 초원을 건넜다. 그들은 매일 10시간 말을 달렸고 도착하기까지 다섯 필에서 일곱 필의 말을 바꾸어 탔다. 약간의 소금과 좁쌀을 제외하고는 먹을 것을 찾기 어려웠다. 이미 65세가 넘은 카르피니는 늘 힘이 달렸고 여행길의 어려움은 상상을 뛰어넘었다. 북위 50도의 사막초원 길을 따라 줄곧 동쪽으로 가다가 1246년 6월 말 알타이 산 지역에 이르렀을 때 날씨는 춥고 눈까지 내렸다. 그와 타타르인 길잡

이는 3주 동안 몽고 초원을 함께 건넜다. 마침내 풍광이 아름다운 강변의 평원에서 구육 대 칸의 호화로운 '황금 장막'을 만났다. 리용에서 카라코룸까지 카르피니는 북위 50도 선상에서 유라시아 대륙의 4/5에 해당하는 지역을 가로질렀다. 만 킬로미터가 넘는 여정이었다. 1246년 8월 24일, 카르피니는 카라코룸에 도착해 구육 대 칸의 즉위식에 참석하고 교황의 편지를 바쳤다. 대 칸도 답신을 써주었다. 타타르 인의 침공을 어떻게 막아낼 것인가를 논의한 리용의 주교회의는 카르피니에게 두 가지 임무를 주었다. 하나는 교황이 타타르 국왕과 백성에게 보내는 편지를 전달하는 것이었는데, 그 내용은 대 칸에게 기독교를 믿고 "하느님의 진노를 두려워하여 기독교 국가의 땅을 공격하지 말라"는 권유였다. 다른 하나는 타타르 국가의 기후와 지형, 풍토와 민심, 군사장비, 전략전술, 특히 그들이 기독교 유럽을 침범할 준비를 하고 있는지에 관해 되도록 많이 파악해오라는 명령이었다. 카르피니는 카라코룸에서 늦가을과 초겨울을 보냈다. 그해 11월 13일, 그는 귀향길에 올랐다. 솔롱고스 강변의 구육 대 칸의 황금 장막에서 볼가 강변 바투 칸의 본영까지 카르피니는 눈보라가 몰아치는 겨울 내내 걸었다. 출발하기에 앞서 구육 대 칸은 카르피니에게 몽고 사절 몇 명을 데려가 달라고 부탁했지만 카르피니는 거절했다. 거절 이유의 하나는 "그들이 우리들 나라의 활동을 탐지할까 염려하기" 때문이었다.[73]

카르피니는 2년 뒤에 노쇠한 몸을 이끌고 리용에 다시 나타났다. 그는 카라코룸을 다녀온 최초의 유럽인은 아니었지만 몽고의 수도에서 대 칸의 소식을 가지고 돌아온 최초의 유럽인이었다. 친지들이 그를 위해 축하 연회를 열어주었다. 그는 몽고의 대 칸이 교황에게 보내는 편지를 전달했고 자신이 듣고 본 바를 바탕으로 몽고 여행기를 썼다. '여행기'는 몽고의 지리, 인종, 사회, 종교와 군사 상황을 소개했다. 상세한 정보는 교회와 왕실을 얼마간 안심시켜 주기는 했지만 구육 대 칸의 답신은 사람들을 실망시켰고 심지어 두려움에 빠지게 했다. 대 칸은 교황의 희망과 기도를 이해하지 못했고 단지 텡그리[74]만 믿었다. 텡그리의 명령에 따라 몽고의 기병은 이미 "해 뜨는 곳에서 해지는 곳까지 모든 땅을 정복"했으니 교황도 세상의 모든 군주와 마찬가지로 신민들을 이끌고 나와 "즉시 우리에게 복종하고 우리를 받들

---

73 카르피니의 거절 이유는 매우 진지하고 솔직했다. "우리는 여러 가지 이유에서 몽고의 사절이 돌아오지 못할 것이라 생각합니다. 첫째, 그들이 우리 내부의 알력과 전쟁을 탐지하여 우리를 향해 공격하도록 부추길까 염려합니다. 둘째, 그들이 우리들 국가의 활동을 탐지할까 염려합니다. 셋째, 그들이 사형에 처해지지 않을까 염려합니다. 우리 쪽 사람들은 흔히 분노와 교만을 쉽게 표현합니다. 우리와 동행했던 한 사람은 추기경이 독일로 보내는 교황의 특사였는데 타타르 복장을 하고 약속한대로 갔다가 독일인들의 돌팔매에 맞아죽을 뻔한 적이 있습니다. 사절이 살해당했는데도 보복하지 않는 것은 타타르인의 관습으로는 용납되지 않는 일입니다. 넷째, 그들이 우리 곁으로부터 강제로 납치될까 염려됩니다. 이전에 어떤 사라센 왕자도 그런 일을 당한 적이 있는데, 아직 죽지 않았다면 지금까지 감옥에 갇혀 있을 것입니다. 다섯째, 그들의 답방은 아무런 소득이 없을 것입니다. 그들은 특별한 공무나 사명도 없고 특별한 직함도 없이 오로지 교황 폐하와 기타 국왕들에게 황제의 편지를 전하기만 합니다. 그러므로 그들의 답방이 어떤 재앙을 불러오지 않을까 걱정됩니다. 이것이 그들이 가기에 적절치 않은 이유입니다." 『카르피니 몽고여행기·루브룩 동방여행기』, 경승(耿昇)과 하고제(何高濟) 역, 중화서국, 1985년 판, pp. 104-105.

74 몽고인이 받드는 하늘의 신.

어야" 한다. 그렇지 않으면 "그 결과는 '텡그리'만이 알 것이다."[75]라고 협박했다.

대 칸의 협박은 기대했던 효과를 내지 못했다. 2년 전 카르피니는 지옥으로 내려가는 심정으로 동방행을 준비했다. 그러나 미지의 초원 한복판을 직접 경험한 그는 두렵기는 하지만 그곳도 사람이 사는 세계라는 사실을 알게 되었다. 그는 마귀를 만나지 않았을 뿐만 아니라 오히려 기독교도를 만났다. 가는 길에 적지 않은 고난을 겪었지만 대부분은 자연환경 때문이었다. 그는 키에프에서 볼가 강변 바투 칸의 본영까지 갔다. 그곳에서 호송을 받으며 카라코룸까지 갔다가 유럽으로 돌아왔다. 도중에 듣고 본 몽고인들은 최소한 유럽인들이 상상하는 것만큼 나쁜 사람들은 아니었다. 카르피니가 묘사한 구육 대 칸은 친절하고도 존경스러운 인물이었으며 기독교에 대해 친근감도 갖고 있었다.

"이 황제는 나이가 40세에서 45세 사이, 어쩌면 그보다 많을지 모른다. 보통 체구에 매우 총명하다. 일을 처리할 때는 심사숙고하고 습관적으로 엄숙하고 자신감이 넘친다. 누구도 그가 함부로 웃거나 한때의 기분으로 가볍게 행동하는 것을 본 적이 없다. 이것은 그와 함께 생활한 기독교도들이 우리에게 들려준 바이다. 그의 궁중에 있는 몇몇 기독교도들은 우리에게 그가 세례를 받고 기독교에 귀의할 것이라 확신한다고 말했다. 그들은 벌써 그런 징조를 발견했다. 그는 몇몇

---

75 "구육 칸이 교황 이노센트 4세에게 보내는 서신(1246)," 『몽고출사기』, pp. 102–104 참고.

성직자들을 가까이에 두고 봉록을 주고 있다. 그의 커다란 장막 앞에는 지금까지 작은 기독교 교회당을 세워 두고 있었다. 그곳에 모이는 타타르인이 많지는 않으나 그들은 궁중에서나 사람들 앞에서 스스럼 없이 찬송가를 부르며 그리스 식으로 종을 울려 시간을 알린다. 이렇게 하는 우두머리를 본 적이 없다."[76]

어렵고 곤혹스러운 사명

몽고인은 두려운 마귀인가, 존경스러운 이교도인가, 아니면 기독교 세계의 태생적인 동맹인가? 몽고 세계가 서방 앞에 나타났을 때 공포가 있었지만 그렇다고 희망은 없었는가? 카르피니가 돌아온 그 해에 유럽에서는 제1차 십자군 원정 준비로 세상이 떠들썩했다. 얼마 뒤 아셀린의 사절단도 돌아왔다. 그들은 팔레스타인과 시리아 일대에서 오랫동안 배회하다가 할 수 없이 아르메니아로 북상하였고 1247년 5월이 되어서야 아락스 강 북쪽 외코카서스 동쪽에 있는 몽고의 장군 바이주의 막사에 다다랐다. 아셀린은 바이주를 만나 당돌하게도 사람을 너무 많이 죽였다고 질책하고 로마 교황에게 용서를 빌고 투항하라고 설교했다. 그런데도 바이주가 그들을 죽이지 않았던 이유는 구육 대 칸의 특사 알지기다이가 왔기 때문이었다. 알지기다이는 경교도였고 내방한 목적은 이집트의 맘룩 왕조를 공격하기 위해 기독

---

76 『카르피니 몽고여행기 · 루브룩 동방여행기』, p. 104.

교도 십자군과 연합할 가능성을 찾는 것이었다. 그는 기독교와 이슬람교 사이의 전쟁과 오랜 원한을 이해하고 있었다.

아셀린 일행은 바이주의 막사에서 발걸음을 돌려 로마로 돌아왔다.[77] 그들은 두 명의 답방 사절과 오만한 내용의 답신 한 통과 함께 돌아왔다. 두 명의 몽고 사절 가운데 한 명은 경교도였다. 교황은 로마에서 그들을 접견했다. 대 칸의 특사 알지기다이도 두 명의 경교도를 사이프로스로 보내 프랑스 국왕 루이 9세를 만나게 하였다. 그들은 프랑스 국왕에게 '대지의 왕' 칸이 '아들'인 프랑크 국왕에게 모든 기독교도를 보호할 것이며 함께 '사라센인들'을 소멸시키는 일에 흔쾌히 나설 것을 약속한다고 알렸다. 기독교도들은 일직부터 타타르인이 '사라센인'을 학살한다는 얘기를 들었다. 타타르인은 마귀이자 하느님의 채찍이었다. 타타르인은 이슬람제국을 짓밟았고 도시를 불태웠으며 부녀자들을 붙잡아 갔고 음탕한 술탄을 말꼬리에 매달아 끌고 다녔다. 기독교도는 두려움 속에서도 일종의 안도감을 느꼈다. 윈체스터의 주교는 영국 왕 헨리 3세에게 이렇게 말했다. "개들이 서로 물고 뜯다가 철저하게 무너지도록 내버려 둡시다. 그때가 되면 그들의 폐허 위에서 전 지구적인 기독교가 일어날 것입니다. 세상은 오직 하나의 교회, 오직 한 분의 그리스도만 있으면 됩니다."[78]

알지기다이가 보낸 다윗이란 이름의 사자는 허풍이 심했다. 그는

---

[77] 일설에는 아셀린이 페르시아까지 갔다고 한다. 『몽고와 교황청』, 제2권, 제2장 참조.

[78] *Chronicle Majora*, Camden Society, 1914, p. 119.

공명심이 강한 루이 왕에게 감동적인 얘기를 지어 들려주었고 루이 9
세는 몽고로 사절단을 보내기로 결정했다. 알지기다이가 보낸 사절의
통역을 맡았던 도미니크수도회 수도사 롱주모 출신의 앙드레가 몽고
로 가는 사절단의 책임자가 되었다. 그는 아셀린 일행을 따라 외코카
서스까지 다녀온 적이 있었다. 이번 출사의 목적지는 카라코룸이었
다. 1249년 2월 중순 쌓인 눈이 녹기 시작하자 앙드레와 다섯 명의
동료 수도사가 알지기다이가 보낸 사절과 함께 몽고 대 칸의 본영을
향해 출발했다. 그들은 배편으로 출발하여 시리아의 안티옥에서 육
로로 들어섰다. 그들은 국왕과 교황이 보내는 편지, 성경에 나오는 일
화를 수놓은 교회당 모양의 천막 등 풍성한 예물을 가지고 갔다. 첫
기착지는 타브리즈였다. 13세기 중엽에 선교사들이 동방으로 가는 데
는 두 갈래 길이 있었다. 하나는 북방 초원길로서 카르피니가 간 길이
었다. 다른 하나는 남쪽 길로 소아시아를 건너 동남쪽으로 향하는 널
리 알려진 실크로드였다. 아셀린과 앙드레는 남쪽 실크로드로 갔었
다. 앞서 아셀린과 함께 갔을 때 북쪽으로 꺾었던 지점에서 앙드레 일
행은 카스피 해 남안을 따라 계속 동쪽으로 나아갔다. 그들은 아마
도 사마르칸드를 지나갔을 것이고 일 년 뒤에 발하쉬 호수 동남쪽에
있는 몽고의 첫 번째 오르도[79]에 도착했다. 이 무렵 대 칸 구육은 세
상을 떠났고 그의 미망인 오굴 가미쉬가 섭정을 하고 있었다.

섭정 오굴 가미쉬는 그들을 조공 사절로서 받아들였다. 그들이

---

79 몽고어로 '황실의 장막' 또는 '궁정'이란 뜻.

돌아갈 때는 밀가루, 말, 비단 등의 예물을 하사하고 루이 9세에게 보내는 답신을 주었다. 답신은 쓴웃음을 짓게 하는 내용을 담고 있었다. 조앵빌의 『생 루이 전기』는 그 내용을 다음과 같이 기록하고 있다. "평화는 좋은 것이다. 한나라가 평화로울 때는 네 발로 걷는 짐승은 평화롭게 풀을 뜯을 수 있고 두 발로 걷는 인간은 평화롭게 농사짓고 추수할 수 있다. 이 편지는 우리가 당신에게 보내는 경고이다. 평화를 구하자면 당신은 우리와 평화롭게 지내야 한다. 장로 요한은 일어나 우리에게 반대했고 여러 국왕들도 우리를 반대했지만 그들은 모두 우리 손에 죽었다. 그러므로 당신에게 명하노니 매년 금과 은을 조공으로 바치도록 하라. 그 수량은 우리들의 호의를 얻을 수 있는 수준이 되어야 한다. 그렇지 않으면 우리는 당신과 당신의 백성을 앞에서 열거한 사람들처럼 쳐부술 것이다."[80]

　　1241년에 몽고 기병은 도나우 강변에서 초원의 양떼를 죽이듯 기독교도를 학살했다. 그런데 몽고인이 가고난 뒤에 몽고인 가운데는 기독교도가 많다는 얘기가 들려왔다. 한 차례 공포에 빠졌던 서방인은 정신을 되찾자 허황한 기대를 가지기 시작했다. 적이 아니면 친구이고 마귀가 아니라면 천사일 것이다. 몽고 기병이 무슬림을 죽인 것을 보면 그들은 우리 기독교도와 마음이 통하는 동맹이 아닐까? 하느님이 그들을 보낸 게 아닐까? 아니면 오래된 전설 속의 장로 요한은 아닐까? 1247년, 카르피니가 아직 돌아오지 않았을 때 아르메니

80　『몽고출사기』, p. 15 참조.

아 국왕 헤툼 1세는 동생인 셈파드(Sempad) 장군을 사절로 카라코룸에 보냈다. 셈파드는 사마르칸드에서 사이프로스의 국왕—그의 사촌형제—에게 편지를 보냈다. 편지의 내용은 구육 대 칸의 궁정에는 기독교도가 많으며 대 칸은 이들을 예우하고 보호하며 세금도 면제해주고 있다는 것이었다. 루이 9세도 사이프로스에서 이 편지를 보았다. 좋은 소식인지 나쁜 소식인지 분간하기가 어려웠다. 앙드레는 낙관적이고 신앙심이 깊은 인물이었다. 그는 두뇌 회전도 빠르고 상상력도 풍부했다. 그는 황당한 내용의 협박편지를 갖고 돌아왔고 과장되고 기이하지만 좋은 소식도 가져왔다. 동방 타타르인들은 이미 곡과 마곡을 가둔 지옥의 울타리를 뛰쳐나왔다, 칭기즈 칸은 신으로부터 장로 요한의 땅을 주겠다는 약속을 받았다, 칭기즈 칸은 기독교에 귀의했다……

●루브룩

실망과 희망이 내내 뒤엉켰다. 야만족은 정말 파악하기 어려웠다. 끊임없이 사절을 보냈지만 돌아온 것은 역시 끊임없는 실망이었다. 유럽의 교황과 국왕들은 최소한 두 차례 몽고 군주의 서신을 받았다. 첫 번째 서신은 구육이 보낸 것이었다. 종일토록 술에 빠져 단명했던 대 칸의 태도는 난폭했다. 카르피니가 가져온 '협박편지'는 고상한 교황의 판단력과 교양을 시험했다. 앙드레가 가져온 답신 역시 루이 왕을 시험했다. 몽고인은 난폭하고 야만스러우며 기독교 세계를 위협했다. 또한 몽고인은 미친 듯이 무슬림을 살육했다. 전자는 공포요 후자는 위안이 되었다. 그밖에도 좋은 소식은 많았다. 대 칸의 모친과 아내는 기독교를 믿으며 케레이트 부족과 옹구트 부족은 모두가 경교도였다. 페르시아의 일 칸국에서는 어디를 가나 교회당 모양의 장막을 싣고 다니는 마차를 만날 수 있었다. 다마스쿠스에서 카라코룸으로 가는 길에서 여행자들은 수많은 기독교 교회당을 보았다. 바그다드 함락 후에 기독교도는 모두 사면을 받았다. 그로부터 2년 뒤에 훌레구가 시리아를 정벌할 때 몽고군 안에는 많은 기독교도 병사가 나타났고 이들은 마치 십자군 원정을 벌이는 듯 행동했다. 다마스커스가 함락되고 몽고군이 입성하자 기독교도들은 거리에 나와 십자가를 높이 들고 찬송가를 부르며 천사를 맞아들이듯 곡과 마곡의 행렬을 환영했다. 이 무렵 기독교도의 마음속에서 몽고의 공포는 점차로 몽고의 해방 또는 몽고의 평화로 바뀌고 있었다. 루이 9세의 왕궁에서 앙드레와 카르피니는 동방 여행담을 늘어놓았다. 모험과 경이에 가득 찬 얘기는 많은 사람을 감동시켰고 그 가운데는 프랑스 플랑드르의 루브룩 마을 출신의 성 프란치스코회 수도사 윌리엄이 있었다. 전설로나 실증적으로도 동방에 많은 기독교도가 있음이 분명해졌으니 복음 전파는 한시라도 늦출 이유가 없는 전망 좋은 사업이었다. 루브룩이 동방으로 갈 때 루이 왕이 어떤 당부를 했든지 간에 최소한 루브룩은 자신의 사명을 명확하게 인식하고 있었다. "하느님의 은총을 알리고 그곳 사람들을 하느님의 뜻을 좇아 생활하도록 이끈다."

동방행의 사명: 선교

타타르인의 땅은 "도나우 강에서 해 뜨는 곳까지" 이어졌다. 1253년 5월 7일에 콘스탄티노플을 출발한 루브룩은 17일 뒤에 우크라이나 초원에서 타타르의 영토로 들어갔다. 사전에 여러 가지 준비를 했지만 "그들 가운데 섰을 때"의 느낌은 "다른 세계에 온 것" 같았다. 루브룩은 자신의 행로와 듣고 본 바를 상세한 기록으로 남겼다. 『동방여행기』를 보면 그의 관찰력과 문장력은 천부적임을 알 수 있다. 그는 아조프해 이동의 초원은 "매우 아름다우며 강과 산림이 있다"고 썼다. 그곳에 바투의 아들 사르탁(Sartach)의 장막이 있었다. 소문으로는 사르탁이 기독교도라고 하였기 때문에 루브룩은 그를 알현할 때 특별히 사제복을 입고 성경과 십자가를 손에 들었다. 이런 모습을 본 사르탁은 아무런 관심을 보이지 않은 채 사람을 시켜 루브룩을 바투에게 보냈다. 루브룩과 카르피니의 여행 노선은 약 2천 년 전에 고대 그리스의 여행가 아리스테아스가 지나갔던 황금의 길이었다. 그들이 두 달 걸려 건넌 쿠만 족의 쿠마니(Coumanie 또는 Comanie) 초원은 당시는 퀍착 칸국의 땅이었지만 과거에는 사우로마타타이인이 살던 그리 비옥하지 못한 초원이었다. 카르피니는, 광활한 쿠마니를 건너 캉기트(Kangit)인의 땅에 들어섰을 때는 어름이 어는 계절이었고 "많은 사람들이 갈증 때문에 이 사막에서 죽었다"고 기록했다. 루브룩도 자각 강(Jagac, 우랄 강)을 건너자 "큰 바다와 같은 사막이 펼쳐졌다"고 기록했다. 아리스테아스도 스키타이 상인들을 따라 이 사막을 건넜다. 그들의 목적지는 다 같이 알타이 산 지역이었다. 그곳에서 카르피니와 앙드레는 대 칸의 첫 번째 오르도를 보았고 루브룩은 처음으로 몽케 칸을 만났다. 아르기파에이인이 유목하던 땅은 이제 세계 제국의 중심이 되어 있었다.

　　루브룩이 다른 세계에서 경험한 것들은 7년 전에 카르피니가 경험한 것과 같았다. 바투의 본영에 도착한 후에는 다시 바투가 그를 몽고 대 칸의 궁정으로 보내주었다. 1253년 8월, 풀빛이 가장 아름다운 때에 루브룩은 7년 전 카르피니가 도착했던 볼가 강변 바투의 오르도에 도착했다. 바투 앞에서 말할 때 루브룩은 양쪽 무릎을 꿇어야 했다. 바투는 그의 진지하고 침통한 기도에는 귀를 기울이지 않았다. 그 후의 행로는 카르피니의 행로와 마찬가지였다. 그는 호송인의 보호를 받으며 대 칸을 알현하기 위해 카라코룸으로 갔다. 가을이 시작될 때 출발했다. 여행을 시작하기 전에 몽고인이 그에게 알려주었다 "몽케 칸에게 데려다 주겠소. 이 여정은 넉 달이 걸릴 것이고 바위나 나무가 얼어 터질 정도로 날씨가 추워질 거요……"[81] 카르피니가

81　『루브룩 동방여행기』, 『카르피니 몽고여행기·루브룩 동방여행기』, p. 242 참조. 앞으로 『루브룩 동방여행기』에서 나온 인용문은 따로 주를 표시하지 않음.

만났던 구육 대 칸은 이미 세상을 떠났고 몽케가 뒤를 잇고 있었다. 카르피니가 바투의 장막에서 카라코룸까지 갈 때는 넉 달이 걸렸는데 루브룩도 같은 시간을 들여 힘든 여정을 마쳤다. 몽고 초원에 이르렀을 때는 하늘과 땅이 온통 눈과 얼음으로 덮인 한겨울이었다. 카라코룸까지 약 열흘의 여정이 남은 알타이 산 남쪽 자락에서 루브룩은 몽케 대 칸의 황금 장막을 만났다. 그는 맨발로 지내야 한다는 성 프란치스코 수도회의 규칙을 지키려다가 동상에 걸렸다. 따뜻한 황금 장막 안에서 루브룩은 대 칸에게 자신은 "사람들이 하느님의 계율에 따라 살도록 가르치기 위해" 왔다고 말했다. 대 칸은 그의 말이 귀에 거슬린다는 듯 술을 마시고 있었고 주변에 있는 모든 사람도 술을 마시고 있었다. 대 칸은 자신의 권력이 햇빛처럼 사방에 미친다고 말했다. 대화는 거기서 멈추었다. 통역도 취했고 몽케 대 칸 자신도 취해 버렸기 때문이다.

대 칸은 황금 장막이 있는 곳에서 1254년의 부활절 직전까지 머물다가 카라코룸으로 옮겨갔고 루브룩도 그를 따라갔다. 가는 길에도 내내 눈보라가 몰아쳐 봄기운이라고는 전혀 느낄 수가 없었다. 카라코룸 성에 들어서고 광장을 건너 네스토리우스 교파의 교회당에 이르렀다. 그 앞에서 루브룩은 십자군이 된 듯 십자가와 깃발을 높이 들었다. 카라코룸은 그리 큰 성이 아니었고 대 칸의 궁전을 제외하고는 두 지역으로 나누어졌다. 하나는 시장 지역으로서 무슬림이 거주하는 곳, "다른 하나는 키타이인의 거주지이고 키타이인은 모두가 기술자"였다. 그곳에서 그는 많은 유럽인을 만났다. 프랑스 로렝에서 온 부녀자와 파리에서 온 금세공 기술자, 헝가리에서 태어난 영국인 등

…… 그는 유럽 사람들에게서 친밀감을 느꼈다. 당연하게도 그의 주변에는 친밀감을 느낄 수 있는 유럽 사람보다는 두렵고 경멸스러운 타타르인, 가증스러운 무슬림, 혐오스러운 네스토리우스파 성직자가 훨씬 많았다. 그는 몽케 칸이 군대를 보내 복종을 거부하는 키타이인을 정벌한다는 말을 들었다.[82] 그는 키타이 기술자와 얼마간 접촉했던 것 같고 프랑스인 금세공 기술자한테서도 키타이에 관한 얘기를 들은 것 같다. 키타이에서는 비단이 생산되고, 지폐가 통용되고 있으며, 키타이인은 키가 작고 각종 공예에 정통하며, 털로 만든 솔로 글씨를 쓴다…….

루브룩이 카라코룸의 궁전에서 본 것 가운데서 가장 인상 깊은 것은 파리에서 온 기술자가 만든 은으로 만든 술을 내뿜는 나무였다. 거대한 은 나무 끝에서 네 개의 대롱이 뻗어 나와 각기 술과 말 젖과 꿀로 만든 음료를 흘려보냈다. 며칠 뒤 이 궁전에서 대 칸이 루브룩을 불러서 만났다. 알아들을 수 없는 말을 지껄이는 루브룩의 얼굴을 쳐다보면서, 서툰 통역을 들으면서 대 칸은 술을 마셨다. 대 칸은 루브룩이 온 목적을 이해할 수 없었고 다른 언어로 설명하는 하느님의 가르침도 이해할 수 없었다. 대 칸은 루브룩이 회교도, 경교도, 무당과 논쟁을 벌이는 것을 허락했다. 그는 루브룩에게 이렇게 말했다 "여러 종교는 다섯 손가락과 같고 불교가 손바닥이다." 논쟁이 끝나자 "그들은 목숨을 걸고 술을 마셨다." 대 칸은 루브룩을 머물게 할 생각이

---

82 쿠빌라이의 남송 정벌을 가리킨다.

없었다. 루브룩은 대 칸의 편지를 가지고 왔던 길을 되돌아 유럽으로 갈 수밖에 없었다. 돌아가는 길에 바투와 사르탁의 장막에 들렀을 때 어느 누구도 감히 그를 지체하게 만들지 않았다. 그는 몽케 칸이 유럽의 군주에게 보내는 편지를 가지고 가는 사절이었다. 이 편지는 유럽이 몽고의 대 칸으로부터 받은 세 번째 편지였고 앞서의 두 편지와 마찬가지로 오만에 가득 찬 내용이었다. 유럽이 높은 산과 넓은 바다, 길이 멀다는 점을 믿고 항복하여 평화를 모색하는 일에 나서지 않는다면 "우리는 방법을 찾아낼 것이다. 어려운 일을 쉽게 만들고 먼 길을 가깝게 만드는 방법을 텡그리는 알고 있다." 야만족은 천부적인 시인의 기질도 어느 정도 갖고 있어서 비유가 풍부하고 언제나 솔직하게 표현했다. 예컨대 몽케는 루브룩에게 구육 대칸의 미망인 오굴가미쉬를 욕하면서 "가장 나쁜 무당," "……제국의 행복과 안녕, 전쟁에 관한 일을 개보다 더 천한 여자가 이해할 수 있겠는가?"라는 표현을 썼다. 뿐만 아니라 "다윗이란 인물이 몽고의 사절이라며 너희를 만나러 갔겠지만 사실은 사기꾼"이라고도 하였다.

"타타르인을 동방으로 보내 사람을 죽이고 또한 타타르인 자신도 죽임을 당하도록 한 하느님은 동시에 서방으로부터 도미니크와 프란치스코 등 충실하고 복 받은 기독교도를 보내 종교와 신앙을 가르치고 세우도록 하셨다."[83] 바투의 본영을 찾아온 루브룩은 머물면서 선교하고 싶다는 희망을 밝혔다. 바투의 관원이 그에게 설명해주었

---

83 『루브룩 동방여행기』 영역본의 역자 서문 참조.

다. "국왕 폐하는 너를 머물게 하고 싶지만 몽케 대 칸의 허락이 없이는 안 된다. 그러므로 너와 통역은 몽케 칸을 만나야 된다." 결국 카라코룸으로 가서 몽케 대 칸을 만났다. 대 칸과 접촉하면서 루브룩은 자신이 온 목적을 분명하게 밝혔다. "이곳에 장기간 머물면서 선교하고 싶으며," "나는 누구의 말도 대변하지 않으며 오직 듣고자 하는 사람에게만 하느님의 말씀을 전파한다." 그러나 대 칸의 심부름꾼이 전해준 말은 간단했다. "당신은 이미 오랫동안 머물렀다. (대 칸은) 당신이 고향으로 돌아가기를 바란다."

루브룩은 거친 초원과 고비사막에서 길을 잃은 '야만족'을 기독교로 개종시키고 싶었다. 몽고의 세기에 맨 처음 동방을 찾은 선교사들의 사명은 세 차례의 변화를 겪었다. 카르피니는 군사 스파이 겸 외교사절이었다. 아셀린 일행과 앙드레 일행의 임무는 이슬람을 공동으로 공격할 군사동맹의 가능성을 타진하는 정치외교적인 것이었다. 루브룩의 윌리엄에 이르자 동쪽으로 가는 사명에 선교가 더해졌다.

루브룩의 웅대한 꿈은 이루어지지 못했고 그가 유럽으로 돌아갔을 때 어떤 심정이었는지 추정할 방법은 없다. 그는 1254년 8월에 카라코룸을 떠나 1255년 6월에 사이프로스에 도착했다. 이때 루이 왕은 프랑스로 돌아가고 없었다. 그는 대주교의 명에 따라 팔레스타인에 남아 신학을 가르쳤다. 자신의 꿈을 이루지 못한 루브룩은 아카의 수도원에서 『동방여행기』를 쓰는 것 말고는 할 수 있는 일이 없었다. 그는 몇 년 후에야 파리로 가서 루이 왕을 만났다. 호기심 많은 그의 청중 가운데는 베이컨(Rogers Bacon)[84]도 있었다. 베이컨은 자신의 저서 『제3부 저작』에서 루브룩의 동방행을 상세하고도 열정적으로 소개했다. "그리스인은 로마교황청에 귀의하고, 타타르인은 대부분 기독교를 신봉할 것이며, 사라센인은 멸종할 것이다. 세상에는 단 하나의 신앙, 오직 한 사람의 목자만 남을 것이다."

중국과 유럽은 서로가 아득히 먼 다른 세계였다. 1245년에서 1255년까지 10년이란 아주 짧은 기간 동안 한 무리의 선교사들이 갑자기 기독교 유럽에서 중화제국의 변경으로 찾아왔다. 그들이 중국으로 갈 때는 지옥으로 내려가는 준비를 하고 왔지만 돌아왔을 때는 멀고도 먼 미지의 동방 세계의 모습을 유럽인에게 보여주었다. 그들은 초원과 사막, 높은 산과 깊은 강, 두려운 야만인과 해골 사이를 헤치며 나아갔다. 그들이 어떤 고난을 경험했는지는 상상하기 쉽지 않다. 카르피니는 다음과 같이 말했다. "타타르인이나 다른 민족에게 죽임을 당하거나 평생 동안 포로로 잡혀있게 될지도 모르고, 굶주림과 목마름, 추위와 더위, 참기 어려운 학대와 피로를 겪게 되리라는 염려를 하지 않은바 아니다. 실제로 이런 고난이 우리에게 대량으로 닥쳐왔을 뿐만 아니라 죽음과 영원한 구금 이외에도 우리가 상상도 못한 고난을 경험했다." 루브룩은 카르피니처럼 그렇게 구체적으로 표현하지는 않았으나 그의 담담한 어조 속에는 묻힐 수 없는 깊은 의미가 담겨 있었다. "나나 다른 선교사들이 갔던 것처럼 다시 우리 신앙의 형제를 타타르로 파견하는 것은 적절치 못하다고 생각한다…

---

84 중세 영국의 철학자. 토마스 아퀴나스의 철학에 대립되는 실증철학을 주장한 것으로 유명하다. 출생·사망 시기는 명확치 않으나 대략 서기 1214년에 태어나 1294년에 사망한 것으로 추정된다.

..."85

어떤 사람은 세속적인 부를 얻고자 동방으로 갔고 일부는 하느님이 원하는 영혼을 수확하기 위해 동방으로 갔다. 몽고의 평화가 가져다 준 대여행의 시대에 동서방을 연결하는 오래된 길을 걸어간 사람은 부를 찾아간 상인 이외에 영혼을 찾아간 선교사들도 있었다. 그들은 『마르코 폴로 여행기』에 나오는 것처럼 그렇게 겁 많은 사람들이 아니라 진정한 의미에서 용기 있는 사람들이었다. 루브룩은 출발하기 전에 몽케 대 칸에게 카라코룸에 다시 올 수 있도록 허락해달라고 요청했다. 대 칸은 의미심장한 대답을 했다. "갈 길이 머니 식량이나 제대로 준비하라. 그래야 건강하게 너의 나라에 도착할 수 있을 테니까."

대 칸은 기병을 이용해 사람을 통치했고 선교사는 성경을 이용해 그런 대 칸의 두뇌를 통치하려 했다. 그렇게 된다면 전체 세계가 기독교 왕국이 될 터였다. 대 칸은 루브룩이란 선교사의 경건함 뒤에 숨어 있는 광기와 집착과 독재를 간파했는지도 모른다. 두 관념은 서로 이해되기 어려운 것이었다. 루브룩은 대 칸에게서 샤머니즘, 경교, 이슬람교와 그밖에 기독교를 포함한 온갖 종교를 함께 허용하는 종교적 관용주의를 보았다. 대 칸이 자신은 기독교를 포용할 수 있지만 기독교가 다른 종교는 물론 기독교를 믿지 않는 사람들을 포용하지 못한다고 생각했을지도 모른다. 더 나아가 무슬림이나 경교도가 관리들

---

85 『카르피니 몽고여행기』의 서문. 『카르피니 몽고여행기·루브룩 동방여행기』, 경승(耿昇)과 하고제(何高濟) 역, 중화서국, 1985년 판, p. 23과 p. 327 참조.

에게 뇌물을 주었거나 대 칸의 본심이 불교에 기울어 있었는지도 모른다. 몽케 대 칸의 모친은 경교도였고 승상 볼가이도 경교도였다. 대 칸의 궁정에서 종교 업무를 관장하는 인물은 도교의 도사 이지상(李志常)이었고 국사(國師)는 라마불교의 승려 나마(那摩)였다.

이때 이후로 동방과 서방은 포교 문제를 두고 몇 세기에 걸쳐 갈등을 겪게 되는데, 그 단초는 루브룩과 몽케 대 칸의 대화 속에 이미 드러나 있었다. 서방 기독교는 보편주의 신념에서 출발하여 어떤 어려움이 있더라도 동방 이교도를 개종시키려는 욕구를 갖고 있었다. 그들은 순진하고도 강압적인 인식을 갖고 있었다. 하느님은 유일한 진리이므로 그를 신앙하는 것은 행복이니 하느님을 거절할 이유가 없다. 그들의 출발은 호의였을지라도 그들에게는 관용이란 게 없었다. 이것은 동방인의 입장에서는 이해할 수 없는 논리였다. 우리는 모두 각자의 방식으로 살아가고 각자의 신앙을 갖고 있는데 왜 간섭하려 하는가? 일방이 다른 일방에게 자신의 사상과 신앙을 수단과 방법을 가리지 않고 강요하려 든다면 다른 일방은 거절이 받아들여지지 않을 때 분노하게 된다. 관용의 대척점은 무례함이다. 점차로 깊어진 오해가 우연한 기회에 촉발되어 비극적인 충돌로 표출된 사례가 역사에는 허다하다. 모두가 선량한 사람일지라도 문화의 장벽으로 인한 오해 때문에 서로 갈등하고 충돌하다보면 최초의 단순함과 진지함은 잊히고 만다.

루브룩은 자신이 바라던 대로 동방을 다시 찾지 못했을 뿐만 아니라 다시는 선교사를 타타르로 보내지 말라고 권고했다. 1250년 무렵에 등장한, 몽고의 평화 시대에 기독교 동방 포교의 최초의 물결이

가라앉았다. 대 칸이 기독교도라든가, 키타이 사람들은 그리스도를 존중하며 성경을 숭배한다든가, 더 나아가 장로 요한의 나라가 동방에 있다는 등의 전설은 허구임이 드러났다. 루브룩 이후로 30여 년 동안 극동으로 간 선교사는 없었다. 아버지 폴로 형제가 전달한 100명의 선교사를 보내달라는 대 칸의 요청을 교황청은 거들떠보지 않았고 두 사람의 수도사도 가는 도중에 사라졌다. 라반 사우마가 로마에 도착한 1287년이 되어서야 바티칸의 교황과 추기경들은 칸발릭에서 온 경교 수도사에게서 희망을 보았다. 라반 사우마가 떠나고 나서 1년 뒤에 니콜라스 4세는 일 칸국의 아르군 칸, 챠가다이 칸국의 카이두 칸, 원 왕조의 쿠빌라이 대 칸에게 각기 편지를 보냈다. 편지를 갖고 간 사절은 페르시아와 아르메니아에서 여러 해 동안 선교한 경험이 있는 프란치스코회 수도사 몬테 코르비노였다.

●몬테 코르비노

'칸발릭 대주교'

1291년, 마르코 폴로가 칸발릭을 출발하여 타브리즈로 향할 때 몬테 코르비노는 타브리즈를 출발하여 칸발릭으로 향했다. 인도 남부의 마아바르(Maabar)나 마드라스 또는 밀라푸르(Mylapur)에서 두 사람이 마주쳤을 수도 있다. 몬테 코르비노는 쿠빌라이에게 보내는 교황의 편지를 갖고 있었고 마르코 폴로는 대 칸이 아르군에게 시집보내는 공주를 호송하고 있었다. 그런데 아르군은 두 사람이 각기 길을 떠날 무렵에는 이미 이 세상 사람이 아니었다. 그는 네 개의 몽고 칸국의 칸 가운데서 진정으로 기독교도를 우대한 마지막 군주였다.

몬테 코르비노는 마르코 폴로가 왔던 길을 따라 칸발릭으로 갔다. 1294년 칸발릭에 도착했을 때는 공교롭게도 쿠빌라이 대 칸은 그해에 세상을 떠났다. 우리는 몬테 코르비노가 쿠빌라이를 만났는지는 알지 못하지만 최소한 기독교도를 만나지 못했다는 사실은 알고 있다. 라반 사우마의 고향에서, 화북 평원에 있는 호수에서, 날아갈 듯한 처마와 높은 탑이 늘어선 수도에서 그는 "지금까지 어떤 사도나 사도의 제자도 이곳에 온 적이 없다"는 사실을 알게 되었다.

"지금까지 어떤 사도나 사도의 제자도 이곳에 온 적이 없다."[86] 몬테 코르비노가 1305년에 교황청에 보내는 편지에 쓴 이 말은 라반

---

[86] 몬테 코르비노가 중국에서 유럽 교회에 보낸 편지의 실물은 두 통이 현존하고 있다. 『몽고출사기』, pp. 262−269 참조. 이하 이 두 통의 편지에서 인용한 부분은 따로 주를 붙이지 않는다.

사우마라는 존재가 상징하는 바와는 전혀 다르다. 칸발릭에는 선교사도 없고 정통 기독교도도 없었던 것은 사실이다. 네스토리우스파 교도(즉 경교도)의 행위는 근본적으로 기독교도와는 달랐을 뿐만 아니라 경교도는 기독교도로부터 배척당하고 박해받았다. 낯선 땅 낯선 사람들 사이에서 선교한다는 것은 감동을 주는 사업이다. 우리는 코르비노에게서 신앙이 고독을 이기는 힘을 실감할 수 있다. "이번 여행에서 나는 혼자였고 서로 도울 수 있는 신부는 한 사람도 없었다. 그렇게 11년이 흘렀다. 일 년 전에야 처음으로 쾰른에서 온 독일인 교우 아놀드(Arnold) 한 사람을 만났다."(두 번째 편지, 1305년 1월).

"자비로운 수도회는 멀리 떨어져 있는 사람에게, 특히 그리스도의 복음을 전하기 위해 먼 곳으로 간 사람에게 서로 얼굴을 볼 수 없을 때는 최소한 자주 편지라도 보내 서로 위로하도록 요구하고 있다. 아마도 여러분은 이 먼 곳에 장기간 거주하는 나로부터 왜 편지가 없는지 이상하게 생각할 것이다. 그러나 나 역시 이상하게 생각하는 것은, 어떤 교우나 친구로부터도 내게 보내는 편지나 축원이 없었다는 점이다. 생각해보면 아무도 나를 기억하지 못하는 것 같다. 듣기에 여러분이 있는 곳에서는 내가 세상을 떠났다는 얘기가 돈다고 한다."(세 번째 편지, 1306년 2월).

코르비노는 대 칸의 신임을 받았다. 대 칸은 "기독교도에게 매우 관대"하지만 대 칸을 기독교에 귀의시키는 것은 전혀 다른 문제였다. "그는 우상을 믿는 미신에 깊이 빠져" 있었다. 위로부터 아래로 전파하는 선교 방식은 처음부터 치명적인 장애를 만났다. 10년이란 시간은 빠르게 지나갔다. 그동안 그는 칸발릭에 교회를 지었고 그 교회에 종루를 세웠다. 그는 버려지는 사내 아이 40명을 받아들여 세례를 주었고 그들이 자라 교회에서 찬송가를 부를 수 있게 되었다. 그가 세례를 준 사람은 대략 6천 명 가량 되었을 뿐만 아니라 라반 사우마의 고향에서 옹구트 부족의 케르귀즈(Kerguz, George의 몽고식 이름) 왕을 개종시켰다. 케르귀즈는, 30년 전에 라반 사우마와 라반 마르코스에게 떠나지 말라고 권유했던 왕자 아이부카와 쿠빌라이 대 칸의 공주 유라크 사이에서 태어난 아들이었다. 케르귀즈 왕은 동승에 웅장한 천주교회를 지었고 코르비노는 칸발릭에서 20일이 걸리는 동승에 가보지 못해 안타까워했다. 케르귀즈 왕은 얼마 뒤에 세상을 떠났다. "누구든 나를 따라오려거든 자기를 부인하고 날마다 제 십자가를 지고 나를 따를 것이니라."[87] 하느님의 기적은 그를 믿는 자들이 세속에서 쏟는 노력과 희생만큼 드러난다. 몬테 코르비노는 아마도 천주교를 중국에 전파한 최초의 인물일 것이다. 그는 최소한 정신적으로는 마테오 리치만큼 존경받아야 할 인물이다. 현실 세계의 시간 속에서 그는 병과 고독을 참고 견디며 선교했다. 그는 편지에서 다음과 같이 썼다. "나는 이미 늙었다. 머리가 백발인 것은 나이 때문이 아니라 수고와 염려 때문이다. 내 나이 쉰다섯 밖에 안 된다."

"아무도 나를 기억하지 못하는 것 같다." 코르비노는 교회가 자신을 도와줄 조수 몇 사람을 보내주기를 원했다. 그가 바랐던 조수는 진심으로 선교에 헌신하려는 사람, 개인적인 명성을 추구하지 않는

---

87 『누가복음』, 9: 23.

사람이었다. 길은 험하고 선교는 매우 힘든 일이기 때문이었다. 1305년에 보낸 편지는 1년이 지나서야 로마에 도착했고 그때서야 교황청은 떠난 지 여러 해가 된 이 수도사를 기억해냈다. 사람들은 그가 일지감치 세상을 떠난 줄로 생각하고 있었는지 모른다. 교황은 그를 칸발릭 대주교로 임명하고 실제로 조수를 보냈다.

일곱 명의 수도사 가운데서 세 사람만 북경에 도착했다. 나머지 네 사람은 길고 험난한 여정 가운데서 순직했다.[88] 1313년, 코르비노가 생존자들이 전해주는 교황의 임명서를 아무 말 없이 받아들었을 때는 그가 칸발릭에 온 지 20년이 되는 해였다. 그는 전혀 감동하지 않았다. 그는 절망적인 사명 가운데 갇혀 있었다. 이교도들은 여전히 '타락'하고 있었고 여러 동기에서 세례를 받은 사람들도 진실하지 않았다. 장중한 종소리가 신도들의 마음을 움직이지 못하는데 한 두 채의 웅장한 교회당을 지었다고 해서 무슨 의미가 있었을까? 케르귀즈 왕이 죽은 후 옹구트 부족의 천주교도는 모두 경교 교회로 돌아갔다. 그는 새로운 선교사가 도착하자 자동으로 보내 선교 거점을 만들었다. 이제 그곳에는 교회당도 섰고 주교도 있고 교우도 생겼다. 오도릭 수도사가 천주에 갔을 때는 같은 교우가 세운 교회당 안에 머물 수 있었다.

---

88 『오도릭 동방여행기』는 많은 지면을 할애하여 저자가 인도 타나에서 들은 네 명의 순교자 얘기를 기술하고 있다. 이들이 바로 그 사람들인지는 알 수 없다. 『오도릭 동방여행기』, 하고제 역, 중화서국, 1981년 판, p. 40 참조.

"세상 각지로 가서 모든 사람에게 복음을 전파하라."[89] 수많은 날들을 그렇게 보냈다. 세속의 사람들은 성령의 강림과 축복을 기다리는 사람의 마음이 얼마나 충만한지 체험할 수가 없다. 기독교 선교사들이 도나우 강변에서부터 몽고 기병의 발자국을 뒤쫓아 중국으로 왔다. 그들은 기독교 역사상 가장 큰 기회를 보았다. 그토록 광대한 영토, 그토록 많은 인민을 기독교의 영혼의 빛 속으로 인도할 수 있다면 세계는 완벽해질 것이다. 1323 –1332년에 천주의 주교였던 페루기아의 앙드레는 고향 수도원에 보낸 편지에 다음과 같이 썼다. "이 광대한 제국에는 세상의 온갖 민족과 신앙과 종파의 사람들이 살고 있다. 누구든 자신의 신앙에 따라 자유롭게 생활할 수 있다."[90]

대 칸의 영토 안에서는 신앙의 자유가 보장되었다. 이것은 기독교 전파의 기회이자 선교의 장애였다. 절대적인 종교자유는 본질적으로 신앙에 대한 거부를 의미한다. 몬테 코르비노가 1294년에 중국에 와 원 왕조의 수도에서 보낸 첫 해 동안에 그를 찾아와 참회하는 사람은 하나도 없었다. 그는 1307년에는 칸발릭 대주교로 임명되었다. 1328년에 그가 북경에서 세상을 떠날 때는 중국의 라틴 기독교 신자 수가 천 명을 넘었다고 한다. 이런 열기는 과장된 것도 일시적인 기적도 아니었다. 1326년, 자동 주교 앙드레는 천주 성 밖의 '화려하고 쾌적한' 천주교당에서 고향 페루기아의 교우들에게 보내는 편지에 아름다운 숲이 온통 주변을 둘러싸고 있다고 적었다. "바닷가의 이 큰 도시를

---

89 『마가복음』.
90 『몽고출사기』, pp. 273 –275 참조.

페르시아어로 '자동'이라 부른다." 성 안의 '화려하고 웅장한' 교회당은 아르메니아의 한 귀부인이 낸 기부금으로 지은 것이며 성 밖에도 20명의 교우가 숙식할 수 있는 교회당이 있었다.

몽고의 세기에 중국 선교에 나선 서방 기독교는 처음에는 희망으로 가득 찼다가 나중에는 실망에 빠졌다. 라반 사우마가 새로운 희망을 가져다주었으나 성과는 믿기 어려울 만큼 미미했고 결국에는 후회만 남았다. 영혼의 큰 수확을 위해 동방으로 갈 준비를 한 사람들에게 환상은 너무나 아름다웠고 과정은 너무 힘들었으며 성과는 너무나 미미했다. 자동 주교 페레긴(Peregine)은 이렇게 말했다. "수확물이 거대한 것은 사실이다. 그러나 수확할 일꾼이 너무 적을 뿐만 아니라 낫도 없다."

몬테 코르비노의 사망 소식은 1333년이 되어서야 아비뇽의 교황청에 전달되었다.[91] 교황은 파리 대학 신학교수 니콜라스를 코르비노에 이어 칸발릭 대주교로 임명했다. 니콜라스 일행 26명은 초원길을 따라 키타이로 향했다. 그들은 1338년 신강의 이리에서 마지막 소식을 전해왔다. 니콜라스는 칸발릭에 도착하지 않았다. 이리 이후의 여정에서 사고를 당했음이 분명했다. 교황의 사절은 기다려도 오지 않았고, 원 왕조의 황제는 알란(Alans) 족 기병이 필요했고, 기독교를 믿는 알란 족에게는 주교가 필요했다. 알란 족 기독교도들은 교황에게 청원서를 보냈다. 원 순제(順帝)도 중국에 파견된 선교사와 알란 족 기독교도 대표가 교황청으로 가서 주교 임명을 요청하도록 하라는 조서를 내렸다. 이번에 교황이 파견한 인물은 또 다른 이탈리아인 요한 마리뇰리였다. 1339년 5월, 요한 마리뇰리는 나폴리에서 출발했다.

그가 떠나온 이탈리아의 마지막 지점은 공교롭게도 반세기 전에 라반 사우마가 이탈리아 땅에 첫 발을 디딘 지점이었다.

지금까지 세 명의 위대한 '요한'이 극동으로 파견되었다. 요한 플란 델 카르피니, 요한 몬테 코르비노, 요한 마리뇰리가 그들이었다. 이들은 모두 사도 요한의 뛰어난 후배였다. 마리뇰리는 1342년 가을에 원의 대도에 도착했고 원 순제에게 훌륭한 전투마 한 필을 바쳤다.[92] 그는 칸발릭에서 3년 동안 살면서 번화함 뒤쪽의 사치를 보았고 강대함 속에 숨어 있는 부패를 보았다. 아마도 대 칸 왕조의 종말을 예견했던 탓인지 그는 두 번째 요한과는 달리 칸발릭에 남으려 하지 않았다. 그는 유럽으로 돌아간 뒤에 편찬한 『세계사(Thearchos)』에서 대 칸이 그를 남아있으라고 만류했으나 자신의 결심이 확고함을 알고서 어쩔 수 없이 놓아주었다고 썼다. "황제는 내가 오래 머물지 않겠다는 결심이 굳은 것을 알고서 교황청 복귀를 허락했다. 나는 황제로부터 3년 동안의 노자와 예물을 받았다. 황제는 교황이 다시 나를 파견하거나 권한을 가진 다른 추기경을 빨리 파견해 주교 자리를 채워 주기를 바랐다. 기독교도가 아니라도 모든 동방인들은 주교를 가장 숭배한다. 파견될 사람은 프란치스코회 소속이어야 했다. 동방인들은

---

91 아비뇽(Avignon)은 프랑스 남부의 도시. 1305–1377년 동안 교황은 이곳에 머물렀고 교황청도 이곳으로 옮겨왔다.

92 중국 쪽 기록인 『원사(元史)』 권 40, 『순제본기』의 지정(至正) 2년 조에는 다음과 같이 기록되어 있다. "불랑국(拂郎國)이 이역 말을 바치다. 길이는 1장 1척 3촌이고 높이는 6척 4촌이다. 몸통은 순흑색인데 뒤 두발은 모두 희다."

오직 이 수도회 선교사만 인정한다……"[93]

1347년에 마리뇰리는 자동에서 배를 타고 유럽으로 돌아왔다. 그가 1353년에 아비뇽에서 교황을 알현했을 때는 루브룩의 중국행으로부터 온전히 한 세기가 지난 뒤였다. 한 세기 전에 성 프란치스코회 수도사는 대 칸에게 남아서 선교를 허락해달라고 간청했지만 한 세기 뒤에 같은 수도회의 수도사는 대 칸에게 서방으로 돌아가게 해달라고 간청했다. 한 세기 동안에 선교 사업은 여러 곡절을 겪었다. 결국 세계가 변한 것일까, 아니면 선교사들이 변한 것일까?

천주교는 몽고의 세기에 중국에 들어왔고 선교 범위도 대부분 한족이 아닌 '색목인(色目人)'[94]이 대상이었다. 칸발릭은 색목인의 천하였고 코르비노는 타타르어만 할 수 있었다. 또 하나의 선교 거점인 천주는 통상항이었고 역시 색목인이 많은 곳이었다. 당시에 중국을 다녀온 여행자들은 모두가 '행재'가 세계에서 가장 아름답고 부유한 도시라고 말했다. 칸발릭의 주교가 행재에 주재하지 않고 선교거점만 설치한 까닭은 그곳이 앞선 왕조의 수도였고 색목인보다는 한족이 많았기 때문일 것이다. 몽고의 세기에 중국에 온 서방의 선교사와 상인들은 중국 본토의 한족과 접촉하는 경우가 적었고 대부분이 극소수

---

93 『1550년 이전의 중국기독교사』, (영) A. C. Moule 저, 학진화 역, 중화서국, 1984년 판, p. 287.

94 원은 자기 종족은 몽고인이라 부르고 이민족은 색목인(킵착인, 탕구트인, 위구르인 포함)이라 불렀다. 고려, 여진, 키타이, 중국 북부의 한족은 한인이라 불렀다. 중국 남부의 한족은 남인이라 불렀다. 몽고족, 색목인, 한인, 남인의 순서대로 차별하였다.

인 색목인들 사이에서 생활했다. 그들은 중국말을 몰랐고 중국인을 알지 못했다. 그들이 알았던 중국의 지명과 인명은 대부분이 페르시아어에서 나온 것이었다. 그들은 중국에서 외국인이었고 또 외국인들 사이에서 생활했다. 마르코 폴로는 다음 사실에 주목했다. "모든 만자인들은 대 칸의 통치를 증오한다……. 모든 권력을 타타르인, 사라센인 또는 기독교도에게 주기 때문이다. 이들은 황실에 의존하고 황실을 위해 일하기 때문에 중국인에게는 외국인이다." 서방 선교사들은 외부에서 온 경교도를 쟁탈의 대상으로 보았고 몽고인과 함께 온 알란 족 용병은 '외국인'이었고 불교도, 이슬람교도, 경교도에 비해 천주교의 색체가 그리 강하지도 않았다. 이민족 정권은 이민족 선교사와 그들의 종교를 우대할 수 있었으나 본토 정권이 부흥한 뒤에는 이민족의 종교는 이민족과 함께 뿌리까지 뽑혔다.

몬테 코르비노는 교황청이 임명한 초대 칸발릭 대주교로서 중국에서 25년 동안 선교했다. 그동안 쾰른에서 온 아놀드, 페루기아인 앙드레, 페레긴 등 수도사들이 중국으로 와 선교했고 앙드레는 천주의 주교가 된 적도 있었다. 코르비노가 세상을 떠날 무렵에는 그의 주변에 30여 명의 수도사가 있었다. 니콜라스 대주교의 행방은 알 수가 없었고 마리뇰리는 1342년에 북경에 도착했다. 1358년, 4명의 다른 프란치스코회 수도사가 중국에 왔다. 1370년, 소르본 신학원 교수 제롬 드 프라토(J. de Prato, 『중서교류사료회편(中西交流史料匯編)』의 저자 윌리엄 프라토[William of Prato])가 칸발릭 대주교에 임명되었으나 유럽을 출발한 직후부터 소식이 끊겼다. 1371년, 시간을 질질 끌던 교황청 대사가 10여 명의 수도사와 함께 바다를 거쳐 중국에 도착했다.

이들이 도착했을 때는 시기가 너무 늦었다. 대 칸은 이미 초원으로 망명한 뒤였다. 명 왕조의 홍무(洪武) 황제는 이들에게 아마도 다음과 같이 말했을 것이다. "원이 사막에서 일어나 중원으로 들어와 주인이 된지 백여 년이 되었다. 하늘이 그들의 어둡고 음탕함을 싫어하여 그 명을 끊었다. 중원이 소란에 빠진지 18년, 군웅이 처음 일어날 때 짐은 회수(淮水) 오른쪽에서 평민으로서 기의하여 백성을 구했다. 짐이 신민의 추대로 황제의 자리에 올라 천하의 이름을 대명(大明), 연호를 홍무(洪武)라고 정한 지 4년이 되었다. 사방의 오랑캐와 여러 나라에 사절을 보내 이를 알렸으나 불림(拂林, 동로마)은 바다 건너에 떨어져 있어 알리지 못하다가 이제 너희 나라 백성에게 알린다. 짐의 덕이 비록 옛 현명한 왕들에 미치지 못하나 짐이 사해를 평정한 뜻을 천하에 알리지 않을 수 없어 이에 알리는 바이다."[95]

한 세기 동안 노력한 성과가 깨끗이 사라졌다. 중국에 파견된 마지막 '칸발릭 대주교'는 행방불명이 되었고 첫 번째 대주교가 칸발릭에 세운 두 곳의 '웅장한 교회당'도 역사에 전혀 흔적을 남기지 못했다. 3백년 뒤에 마테오 리치가 왔을 때 이 도성은 '북경'이란 이름으로 불리고 있었고 여전히 복음의 황무지였다.

---

95 『명사(明史)』 권326, 『불림전』.

동방행, 부의 수확

　몽고인은 세계를 연결했다. 동쪽으로 가는 길에는 세계를 누비는 각양각색의 모험가들이 바쁘게 오갔다. 그 길에는 교황청의 사절과 선교사뿐만 아니라 상품을 나르는 상인들이 있었다. 상인들은 배를 타거나 말을 타고 일꾼을 고용했다. 그들은 페르시아와 인도까지 갔으나 가장 좋은 곳은 키타이였다. 보석과 향료와 비단을 나르는 옛 길의 끝에는 천당보다 더 풍요로운 대 칸이 통치하는 키타이와 만자가 있었다.

배에 가득 실린 부

　동방으로 가서 영혼을 수확하고 동방으로 가서 부를 수확한다. 폴로 일가의 두 가지 사명—선교와 돈벌이는 그 시대 서방인이 동방으로 가는 보편적인 주제였다. 야만인의 고향은 세계의 교량이었다. 1250년에 세계가 열리자 갑자기 수많은 서방인이 동방으로 갔다. 세계의 한구석에 갇혀 있던 서방인으로서는 해방을 맞은 셈이었다. 마르코 폴로가 베네치아를 떠나던 해에 수많은 이탈리아 상인들이 반도의 어느 항구를 출발하여 익숙한 항로나 길을 따라 중국으로 갔다.

이탈리아 항구 도시 안코나(Ancona)의 유태인 상인 야콥도 1270년에 "항해에 나서 대인도[96]와 지구의 가장 끝 쪽에 있는 해안까지 갔다."[97]

야콥은 아버지 폴로 형제가 유럽으로 돌아간 해의 봄에 출발했다. 부드럽고 상쾌한 바닷바람을 타고 지중해 동쪽 해안의 유명한 상업 항구 아카에 도착한 뒤에 육로로 예루살렘과 다마스쿠스로 갔고 유프라테스 강을 따라 남하해 한 여름인 8월에 바스라에 도착했다. 야콥은 페르시아의 큰 도시인 그곳에서 장사를 하고 있던 아들을 만나 그의 결혼식에 참석했다. 야콥은 가는 도중에 물건을 사고팔면서 각종 지방 관세를 납부했는데 지나는 도시마다 유태인 대리상이 있었다. 바스라를 출발한 다음 여정은 해로였다. 호르무즈 해협을 지나 아라비아 해로 들어갔다. 아라비아 해의 선원들이 가진 해도와 중국의 나침반이 적지 않은 도움을 주었다. 코르모사(지금의 압바스 항)에서 캄바에타(지금의 콜카타)까지 가는 동안에 야콥과 그의 동료들은 열대 기후에 적응하지 못해 병이 나기도 했다. 그들은 중국에 가서 팔기 위해 후추, 인디고 염료, 자단목(紫檀木)을 사들였다. 인도 서해안을 항행하자면 적지 않은 항구 도시에 들르게 된다. 인도 아대륙의 남단 코마린 곶의 콜람(지금의 코친)에서 그들은 세상에서 가장 아름

---

96 중세 후기에 유럽에서는 인도와 중국을 함께 묶어 '대인도'라고 불렀고 중국은 '상인도'라고 불렀다. 『오도릭 동방여행기』 참조.
97 야콥 데 안코나의 여행에 관해서는 『광명의 성』, (이)야콥 데 안코나 저, (영)셀번 (David Selbourne) 편역, 양민(楊民) 등 역, 상해인민출판사, 1999년 판 참조.

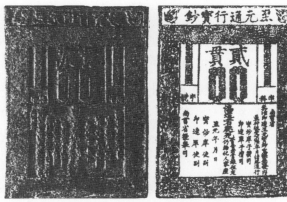
●마르코 폴로가 찬탄했던 몽고제국의 지폐와 그 목각 인쇄원판

다운 보석을 보았다. 세일론 섬은 이 유태교도의 눈에는 그대로 '하느님의 화원'이었다. 어디나 향기가 가득했고 어디에서나 진기한 보석을 볼 수 있었다. 세일론의 우상숭배자들(불교도)은 '신령들이 흘린 눈물이 굳어져' 보석이 된다고 말해주었다. 인도에서 출발하여 말레이반도, 수마트라, 말라카 해협을 지나면 남중국해로 들어가게 된다. 인도차이나 반도에서 야콥은 마지막으로 단목(檀木)과 육두구(肉荳蔻)를 사들였다. 일 년하고 넉 달이 지나 야콥 일행의 선단은 천주 만에 들어섰다. 1271년 8월 13일, 그는 '후추, 단향목(檀香木), 장뇌(樟腦), 정선된 향수, 진기한 보석, 대추야자' 등을 한 배 가득 싣고 '만자가 사는 자동'에서 뭍에 올랐다.

　만자의 자동(천주)에서 유태인 상인 야콥은 '비교할 데가 없는 번화한 상업도시'를 보았다. "거리에는 사람과 수레가 물결처럼 밀려다니고, 상점의 숫자는 세상 어느 도시보다도 많았고 상점 안에는 온갖 상품이 쌓여 있었다." '세상에서 가장 질 좋은 비단'과 가장 정교하고 아름다운 자기가 있었다. 그러나 이러한 극도의 번화함 속에는 극도의 부패가 숨겨져 있었다. 물질적인 '광명의 성'은 도덕적으로는 '암흑의 성'이었다. 눈길 가는 곳마다 어찌 해 볼 도리가 없는 부패와 타락이 드러났다. 곧 닥쳐올 몽고의 정복은 이 음탕하고 교활하며 나약한 영혼들을 징벌하는 하느님의 채찍이었다. 몽고 기병은 이미 눈앞에까지 다가와 있었고 남송 왕조는 멸망을 기다리고 있는데도 자동성 시민들은 여전히 먹고 마시며 즐기고 있었다. 야콥은 탐욕과 사악함이 지배하고 종말의 어둠에 뒤덮인 이 도시에 다섯 달을 머물면서 비단, 자기, 향료, 약초, 보석을 대량으로 사들였다. 1272년 2월, 일행은 큰 배에 수백 톤의 화물을 싣고 몽고 기병이 덮치기 전에 자동 항을 떠났다. 이탈리아로 돌아가는 15개월의 여정이 시작되었다.

자동을 떠나면서 야콥은 해방감을 느꼈다. 도시가 점점 멀어지고 도시의 등불이 보이지 않게 되었을 때 그는 달빛 밝은 바다 위에서 이 도시를 바라보며 "자유인이 죄수를 바라보는 것과 같은, 맑은 물로 깨끗이 씻은 사람이 온 몸에 오물을 묻히고 있는 사람을 바라보는 것과 같은" 느낌을 가졌다. 그는 이렇게 기록했다. "이곳은 광명의 성이 아니라 사망의 연기가 피어오르는 곳이다." 야콥은 중국으로 올 때는 인도 서해안을 거쳐 왔으나 돌아갈 때는 아덴을 거쳐 이탈리아로 갔다. 오고 간 노선이 약간 달랐던 이유는 페르시아 만으로 들어가 바스라에서 육로로 아카로 가는 길을 버리고, 홍해로 들어가 쿠사이르 항에서 육로로 바꾸고 4백 마리의 말과 낙타와 노새를 빌려 화물을 싣고 카이로를 거쳐 알렉산드리아 항구로 가는 길을 택했기 때문이다. 야콥은 1273년 3월에 알렉산드리아를 출발하여 "순조로운 바닷바람을 타고" "한 배 가득 부를 싣고 건강한 몸으로" 두 달 뒤에 고향에 돌아왔다.[98]

　『광명의 성』이 등장하자 이 책의 진위를 둘러싸고 중국과 서방 학자들 사이에 논쟁이 벌어졌다. 원고가 진본인지, 유태인 상인이 마르코 폴로보다 앞서 중국에 왔다는 것이 사실인지는 논란의 소지가 있을지는 모르나 최소한 그 시대에 야콥 같은 부류의 인물이 그런 활동을 했다는 것은 결코 불가능한 일이 아니다. 어떤 사람은 마르코 폴로의 여행기는 만리장성에 관한 언급이 없다는 이유로 허구라고 의심하고, 『광명의 성』에서 젓가락이 언급되지 않는다고 해서 위조라고 의심한다.[99] 그러나 우리가 주목해야 할 것은, 여행기에 나오는 구체적인 인물과 사건이 허구인 부분도 있겠지만 절대로 불가능한 일이 아니라는 점이다. 몽고의 세기에 서방에서 중국으로 온 사람은 우리가 알고 있는 것보다 훨씬 많았고, 그들의 경험은 우리가 알고 있는 것보다 더 곡절이 심하고 감동적인 부분이 많았다. 역사는 가련한 기억이 아니라 대량의 망각이다.

---

98 『광명의 성』의 진위에 관하여 아직도 학계에서는 논란이 있다. 1990년 데이비드 셀번 교수가 이탈리아의 우르비노에서 13세기에 쓴 필사본을 발견했다고 한다. 셀번의 편역과 교주를 거쳐 1997년에 Little, Brown and Co.에서 이 책의 영역본 *The City of Light*가 나왔다. 중국어판은 양민 등이 번역하여 『광명의 성』이란 제목으로 1999년 상해인민출판사에서 나왔다.

99 "Everything but the Chopsticks", T. H. Barrrett, *London Review of Books*, 30. Oct., 1997.

대변환 시대의 잊힌 희생자와 행운아

　행운을 만난 인물과 중대한 사건은 문자로 기록되어 보존된다. 그러나 기억된 것은 작은 부분이고 잊힌 것이 대부분이다. 정복은 회오리바람처럼 무수히 많은 불쌍한 인물들을 공중에 흩어버렸다. 그들은 마른 풀 속에 백골로 누어 있다가 바람 따라 굴러 다녔다. 대규모의 학살이 있은 뒤에 헝가리와 오스트리아의 기독교도들은 우크라이나와 러시아 포로들과 함께 노예가 되어 카라코룸으로, 어떤 경우에는 키타이까지 끌려왔다. 그들이 겪은 고난은 죽음보다도 더 고통스러웠을 것이다. 그들 가운데서 일부는 키타이에서 생활했을 것이고, 키타이 노예와 함께 몽고인으로부터 능멸 당했을 것이다. 그들은 함께 힘든 노동을 하고, 함께 밤하늘의 별을 헤고, 함께 겨울 새벽의 눈밭 위에 무거운 발자국을 남겼을 것이다. 그들의 고통은 오직 바람 속에 흩어지는 탄식 소리 속에서만 기억되었을 것이다. 카르피니는 몽고에서 많은 루테니아(Ruthenia)인을 보았다. 그들 가운데는 신부도 있었고 금은 세공기술자, 구육 대 칸의 궁정에서 일하는 사람, "라틴어와 프랑스어를 할 줄 아는 몇 사람"도 있었다. 그들은 타타르인과 함께 생활한지 수십 년이 되었다. 그들은 선교사들에게 중요한 정보를 제공해 주었다. 그런데도 오직 하느님과 교황만 외던 카르피니는 인색하게도 그들 가운데 겨우 몇 사람의 이름만 기록으로 남겨놓았다. 루브룩은 사르탁 칸의 장막에서 바투 칸의 장막으로 가는 길에서 "노예가 된 루스(러시아)인, 헝가리인, 네덜란드인"을 수없이 마주쳤고 카라코룸의 몽케 대 칸의 궁정에서는 프랑스의 로렌 메츠에서 온 파케트(Paquette)란 이름의 여자와 파리에서 온 금세공 기술자 부쉬에(Buchier)와 게르만족 여자 노예를 보았다. 파케트란 여자 노예는 "이 오르도에 오기 전에 겪은 듣도 보도 못한 고통을 나에게 털어 놓았다." 그러나 '나'는 그 여자 노예의 하소연을 기록하지 않았다.

그들은 끌려와 고통 속에서 참고 살다가 죽어갔다. 그들은 그렇게 존재했지만 우리가 모르고 있을 따름이다. 그들의 백골은 이민족의 초원에 남아 비바람을 맞았고 무수한 원혼들만 함께 울부짖었다. 인류 문명사에서 가장 비통한 사건을 역사는 모두 생략하고 있다. 하느님은 그들의 고통을 느낄 수 있을까? 허공을 떠도는 이 불쌍한 영혼들은 스스로 겪은 크나큰 고통을 기록하는 방법을 배우지 못했다. 그들 하나하나의 생활을 시인의 상상력과 동정심을 동원해 기록한다면 가장 감동적인 비극이 될 것이다. 루브룩은 몽고를 돌아다니며 게르만인을 찾으려 했다. 그들은 몽고의 장군 챠가다이의 손자 불리에게 포로가 되어 동쪽으로 끌려왔다. 그들이 키타이 땅 어딘가에, 알타이산 지역 또는 북송의 고도 개봉 부근에서 금을 캐거나 자기를 만들면서 살고 있다는 소문이 들려왔다. 루브룩은 그들을 만나지 못했는데, 그들을 찾아 더 멀리 나갈 방법이 없었기 때문이다. 만약 마르코 폴로가 중국으로 왔더라면 그들을 만나거나 그들의 후손을 찾아냈을지도 모른다.

서방의 노예가 중국으로 끌려왔을 수 있고 중국의 노예도 유럽으로 끌려갔을 수 있다. 루브룩은 카라코룸에서 많은 키타이인을 만났는데, 그들은 기술자로서 많은 세금을 바치고 있었다. 그들 가운데서 일부는 호르무즈, 콰레즘, 볼가 강변 지역, 우크라이나나 폴란드로 끌려갔다. 베네치아까지 간 사람도 당연히 있었을 것이다. 그들이 역사에 흔적을 남기지 못한 까닭은 노예였기 때문이다. 마르코 폴로는 아시아에서 피터라는 이름의 타타르인 하인을 데리고 왔는데 이 인물은 1328년에 베네치아의 시민이 되었다. 이것이 로빈슨 크루소와 그의 하인 프라이데이(금요일) 이야기의 원형이었다. 유럽인들은 그들이 '발견한' 세계에서 코끼리, 앵무새, 노예를 데려오기를 좋아했다. 아마도 유럽인의 천성이 그런 것인 듯하다. 1366년에서 1397년 사이에 피렌체의 노예시장에서 최소한 2백여 명의 타타르인이 팔렸다. 그 가운데 중국인도 있었을 것이다. 그들은 노예였다. 그들은 낳아서 키워준 부모와 고향산천으로부터 강제로 끌려와 좋아하지도 않고 이해할 수도 없는 유럽 도시의 길거리나 상점의 습기 찬 지하방에서 죽어갔다. 이교도의 시체는 그냥 들에다 버렸다. 그들은 아무도 기억하지 않는 진흙이 되었다. 그들의 생명은 장난감이거나 화풀이의 소재에 지나지 않았다.

이런 시각에서 보자면 마르코 폴로 일가는 행운아였다. 그들은 소홀하기 짝이 없는 역사 기록에서도 이름을 남겼다. 그들의 동료들은 절대다수가 망각 속에 묻혔다. 몽고인이 세계를 연결했다. 동쪽으로 가는 길에는 온갖 목적을 가진 사람들이 오갔다. 그 길의 끝에 천당보다 풍요로운, 대 칸이 통치하는 키타이와 만자가 유럽 상인들의 상상력과 탐욕을 자극했다. 그들은 진정한 의미의 야심가였다. 그들은 가능하다면 하늘나라까지 몰려가 해로 금화를 만들고 달로 은화를 만들 사람들이었다.

전쟁은 어떤 사람에게는 죽음을 가져다주지만 어떤 사람에게는 기회를 가져다준다. 몽고의 약탈이 끝난 직후에 카르피니는 바투 칸의 장막에서 유럽의 상인을 보았다. 8년 뒤에 이들 상인은 솔데이아에서 몽고의 칸을 만나러 가던 루브룩에게 유익한 충고를 많이 해주었다. 몽고인과 상업적 거래를 자주 하던 상인들은 몽고인과 접촉할 때 금기가 무엇이며 예법이 어떤지를 잘 알고 있었다. 루브룩은 몽고 제국의 중앙아시아 영토 안에서 많은 유럽인을 만났는데 대부분은 포로가 되어 끌려온 노예였으나 상인과 모험가도 있었다. 롱주모의 앙드레가 몽고에 사절로 갔을 때 테오돌루스(Theodolus)란 상인이 사절단 가운데 끼어들었다. 그는 앙드레 수도사를 따라 페르시아까지 갔다가 아르메니아에서 산 악기를 그곳에서 팔고 사절단과 떨어져 그곳에 남았다. 앙드레가 유럽으로 돌아갈 때 이 상인은 직접 카라코룸으로 가 몽케 대 칸을 만났다. 그는 몽고인들이 악기를 연주하며 술 마시기를 좋아한다는 점을 알고 있었고 질 좋은 아르메니아 악기를 대 칸에게 바치면 보석이나 황금 같은 것으로 보상 받을 수 있다고 생각했다. 몽케 대 칸의 오르도에서 이 상인은 교황의 사절이라고 사칭했다. 우리는 루브룩의 『동방여행기』를 통해 이 모험가의 행적을 알 수 있다. 그는 악기를 가지고 몽케 대 칸을 알현했고, 그 자리에서 자신은 존귀한 주교를 모시고 오던 중이었으며, 하느님이 천당에서 타타르 국왕에게 내려주신 금으로 쓴 편지를 가져 왔으며, 그 편지의 내용은 타타르 왕이 전 세계의 왕이 되어 모든 사람이 평화롭게 지내도록 해야 한다는 것이라고 말했다. 그런데 그는 금으로 쓴 하느님의 편지를 꺼내지 않았다. 그는 대 칸에게, 편지를 실은 말이 잘 훈련되지 않은 말이어서 달아나 버리는 바람에 편지뿐만 아니라 많은 물건이 함께 없어졌다고 말했다. 몽케 대 칸은 그에게 기독교 국왕과 주교에게 보내는 몽고의 사절을 데리고 가게 하였을 뿐만 아니라 프랑크 왕에게 예물로 보내는 "두 사람이 힘을 합해도 시위를 당기기 힘든 활과 은으로 만든 촉을 붙인 화살 두 자루"도 주었다. "화살촉에는 작은 구멍이 수없이 뚫려 있어 쏘아 올리면 피리 부는 소리를 냈다." 대 칸은 상인에게 이렇게 말했다. "내가 주는 이 예물을 그에게 전하라. 그가 우리와 평화롭게 지내고자 한다면, 우리는 사라센인의 땅을 정복하였으니 나머지 서방의 땅은 그에게 줄 것이다. 만약 그게 싫다면 활과 화살을 돌려보내라. 그에게 전하라, 우리의 화살은 멀리까지 날아가고 파괴력이 크다고." 사절을 사칭한 상인은 카라코룸에서 로마 제국의 니사이로 돌아왔고 도중에는 몽케 대 칸의 금패 통행증을 지니고 있었기 때문에 아무런 제지를 받지 않았다. 서방으로 돌아온 뒤에 그는 더욱 대담해졌다. 니사이에서 그리스 왕 바스타키우스를 만난 그는 "내친 김에 교황까지 만나고 싶은 욕심에서 몽케 대 칸을 속였듯 그렇게 왕을 속이려했다. 바스타키우스(Vastacius) 왕이 물었다. 교황의 사절이라고 하고 타타르의 사신을 데리고 왔는데, 그렇다면 교황의 편지를 가지고 있는가? 그는 어떤 편지도 보여주지 못했다. 바스타키우스 왕은 그를 체포하였고 모든 것을 빼앗은 후 감옥에 가두었다."[100] 사기꾼은 교향에 돌아와서 들통이 났다.

선량한 루브룩은 이런 부류의 모험가를 싫어했고 선교사도 그를

---

[100] 『카르피니 몽고여행기·루브룩 동방여행기』, pp. 267-269 참조.

욕하기 시작했다. "세상을 떠돌아다니는 저런 모험가는 몽고인이 붙잡아 없애버려야 해." 재미있는 것은, 루브룩의 사절단에 끼어들어 욕을 먹은 이 상인의 행적은 아버지 폴로 형제가 처음 동방행에 나섰을 때의 행적을 연상케 한다는 점이다. 어쩌면 그 시대의 전형적인 무역 방식이 그랬는지도 모른다. 많은 모험가들이 세상을 떠돌아 다녔고 모험가들의 행적이 모두 마찬가지였다.

유라시아 대륙의 양쪽 끝: 천상과 인간세계

1280년대 말에 베네치아의 마르코 폴로와 칸발릭의 라반 사우마가 각기 항주와 파리를 찾았다. 두 사람은 여행 중에 다른 세계로부터 깊은 인상을 받았다. 두 사람의 여정은 동서 두 세계를 오갔고 풍요와 빈곤을 비교할 수 있는 최초의 여정이었다.

칸발릭의 라반 사우마는 유럽으로 갔다. 그는 콘스탄티노플, 나폴리, 제노아, 로마를 방문했다. 그는 같은 해 9월에 파리에 도착하여 프랑스 국왕 필립 4세(Philip IV)를 알현했고 그 뒤 보르도로 가 영국 왕 에드워드 1세를 만났다. 라반 사우마가 방문한 유럽의 도시는 콘스탄티노플을 제외하고는 보잘것없는 이국의 작은 도시였고 인구는 많아봐야 5~6만에 지나지 않았다. 파리는 북유럽의 가장 큰 도시였지만 인구는 10만을 넘지 않았다. 작은 성에서 출발하여 성장한 이 도시들은 여러 면에서 초라했다. 거리는 좁고 노면은 울퉁불퉁했으며 짧은 구간에만 깔린 청석 포장은 사치에 가까웠다. 시장에는 동방에서 건너온 값비싼 사치품을 제외하면 현지에서 생산된 조잡한 빵과 소금에 절인 고기, 양 모피뿐이었다. 일용품 공급은 단조로웠고 술집이나 찻집, 여관이나 유흥업소는 어디에도 없었다. 성지 순례자는 지저분한 보따리를 매고 이른 아침에 거리를 걸었다. 그들은 어디서 언제 날아올지 모르는 재난에 대비해야 했다. 경험 있는 사람들이 그들에게 열린 창문에서 갑자기 쏟아져 내리는 오줌을 뒤집어쓰지 말라고 경고했다. 도시의 위생 상태는 형편없었다. 거리는 구석마다 쓰레기가 쌓여 있었고 더러운 개울에는 죽은 고양이와 개의 시체가 떠다녔다. 성 안에서 유일하게 볼만한 것이라고는 왕공귀족의 행차와 교회당이었다. 왕공귀족이 행차하기 전에는 대청소 작업이 벌어졌고 고딕식 교회당 건물은 주위의 낮고 어두운 돌집 위로 우뚝 솟아 있었다. 교회는 도시의 중심 또는 도시의 랜드마크이며 신성한 교권의 상징이었다. 교회는 위엄에 찬 눈길로 성안의 모든 사람의 생활과 여행자의 행동을 살피고 있었다.

서기 1300년 무렵 중국의 도시 생활과 여행에서는 그런 위엄에 찬 눈길을 느낄 수 없었다. 초원 위에 천막과 돌담으로 만든 궁전인 상도 개평부를 떠나 북경에 도착하면 전혀 다른 세계에 온 것 같았다. 동방 세계 특유의 경관이라고 할 웅장함과 화려함이 이곳에서 시작되었다. 마르코 폴로는 원 대도의 궁전 분위기와 시가지의 번화함을 상세하게 묘사했다. 칸발릭을 떠나 행재에 이르면 도시는 한층 더 풍요롭고 번화해졌다. 항주는 당시 세계에서 가장 큰 도시였다. 마르코 폴로는 성의 인구가 160만 호라고 묘사했다. 이 숫자는 과장된 것 같지만 그래도 최소한 100만의 인구가 항주에 살고 있었다. 불교 사원은 주교좌 교회당처럼 그렇게 우뚝 솟아 있지는 않으나 색깔이 선명했고 세속적인 부와 경쾌함의 분위기를 지니고 있었다. 그때까지도 남송의 황궁이 그곳에 건재하고 있어서 푸른색 벽돌로 포장한 황제 전용 도로는 길이 3마일에 너비 60야드였다. 운하는 성 안을 돌아나갔고 서호(西湖) 주위는 부유한 사람들의 주거지라서 정원을 둘러싼 붉은 담장과 조각으로 기둥을 장식한 고급 주택이 늘어서 있었다. 항주 성 안에는 최소한 열다섯 곳의 일용 소비품 시장이 있었고 거리에는 식당, 여관, 술집, 찻집, 향락업소가 끊이지 않고 늘어서 있었다. 장강과 연결된 운하는 사방의 화물을 이곳으로 모아들였다. 항주만 부두에는 말레이, 인도, 아라비아 연해지역으로부터 온 배가 정박해 있었다. 먼 바다를 건너온 외국 배들은 남해의 물소 뿔, 상아, 진주와 마노, 향료와 몰약, 침향과 장뇌 등의 사치품을 내려놓고 비단과 도자기를 실었다…… 서방에서 온 여행자의 눈에는 이곳은 상상할 수도 없는 세속의 천당이었다.

서방역사의 흐름에서 보자면 몽고의 평화는 예상치 못한 수확을 의미한다. 걱정했던 것과는 달리 세상의 종말은 오지 않았고 마귀들은 이유는 알 수 없지만 가장 결정적인 순간에 떠나갔다. 용감한 선교사들은 지옥을 직접 체험하는 심정으로 타타르인들 속에 깊숙이 들어갈 준비를 했지만 그들이 황량한 초원의 끝에서 발견한 것은 천당과 같은 나라였다. 여행자들은 모험을 찾아서, 선교사들은 영혼을 찾아서, 상인들은 부를 찾아서 그곳으로 떠났다. 이것은 단테의 『신곡(神曲)』과 닮은 속세의 희극이었다. 『신곡』의 주인공은 자신이 사는 세계를 떠나 여러 곡절을 거쳐 지옥에 이르는 여정에서 갖가지 공포와 고난을 겪은 뒤에 어느 날 아침 갑자기 나타나는 광명과 마주친다. 폴로 일가나 코르비노가 화북 평원 위에 서서 바라본 칸발릭의 금빛 찬란한 궁전이 바로 그런 광명이었다. 원래는 지옥으로 내려갈 생각을 했던 사람이 뜻밖에 천당에 도착한 것이다. 역사의 계략은 몇 세대에 걸친, 유쾌하지는 못하지만 결국에 가서는 사람을 흥분하게 만드는 희극 속에 숨겨져 있었다. 사람들은 점차 야만스러운 타타르인을 잊어버리고 높은 담장(만리장성)으로 둘러싸인 제국을 찾아갔다. 그곳은 하나의 행성인 것처럼 광대했다. 지난날 사람들은 그곳이 곡과 마곡이 갇혀 있는 지역이라고 생각했지만 이제는 그런 폐쇄적이고 편협한 상상이 현실 세계와 얼마나 큰 차이가 나는지를 알게 되었다.

어떤 기준에서든지 중국은 당시에 유럽인들이 이 세상에서 발견한 천당이었다. '세계에서 가장 부유한 곳', 번영·문명·질서·관용이 있는 곳… 단 하나의 아쉬움이라면 그 속세의 천당이 이교도의 땅에 있다는 점이었다. 그래서 서방인의 동방 모험은 처음부터 부의 획득과 선교가 결합되었다. 이탈리아 상인들은 선교사와 일행이 되어 여행했고 자동, 센스칼란(Censcalan, 광주〔廣州〕), 행재, 칸발릭에 나타나 비단실, 자기, 칠기, 금은보석, 약재와 향료를 사들였다. 페골로티의 『통상 안내서』에 따르면 상인들은 키타이에 들어온 뒤 금은을 지폐로 바꾸고 주로 생사를 사들였다. 13세기에 양잠과 비단 직조 기술이 지중해 연안 도시에 알려지기는 했으나 유럽 시장의 수요를 만족시키지 못했다. 제노아의 교역 관련 문서를 보면 1257년 1월에 중국의 생사가 처음으로 제노아 항구에 도착했음을 알 수 있다. 그 뒤 얼마 지나지 않아 이탈리아 여러 도시의 시장에 키타이의 생사가 등장했고 제노아의 상인들이 프랑스의 항구에서 대량의 생사를 하역했다.

1304년에는 런던에도 '키타이 실'[101]이 등장했다. 생사는 천주 항에서 이탈리아까지 실어 오자면 길도 먼데다 싣고 내릴 때 파손되는 부분도 있어서 어느 틈에 원가가 올라갈 수밖에 없었지만 중국의 생사 가격이 유럽의 시장 가격보다 크게 낮았기 때문에 이윤을 볼 수 있었다. 키타이 비단실은 이탈리아 상인들이 유럽으로 싣고 와 방직 원료 시장에 풀어놓았다. 제노아, 베네치아, 밀라노, 피렌체, 볼로냐 또는 리용과 런던에서 금실과 유행하는 무늬를 넣어서 짠 비단이 돈많은 귀부인과 숙녀들을 장식했다. 키타이 생사의 유입은 유럽 시장의 비단 가격에 영향을 미쳤다. 비단 천 완성품의 수입은 유럽의 방직 공업을 자극하였다. 색채가 선명하고 무늬가 화려하며 중국풍이 분명한 비단옷을 걸친 귀족 집안의 주인나리와 명문가의 부녀자들은 카이사르와 옥타비아누스가 살았던 로마의 황금시대로 돌아간 듯한 느낌에 빠졌다.

유라시아 대륙을 건너는 비단무역의 유래는 오래 되었다. 그러나 가볍고 우아한 중국 도자기는 몽고의 세기에 유럽인들 앞에 나타난 동방의 새로운 기적이었다. 얼음같이 맑고 매끄러운 표면에 선명한 코발트블루로 정교한 꽃무늬, 새와 짐승 도안, 풍경과 인물을 그린 청화자기나 색깔이 취할 듯 아름다운 유리홍(釉里紅)은 이 무렵 유럽의 궁정과 부귀한 사람들의 집에 나타났다. 『마르코 폴로 여행기』에는 복건성 덕화(德化)의 자기 제작과정만 따로 떼어 소개한 부분이 있다. 오

---

101 "China Silk in Europe in Yuan Period," *Journal of the American Grental Society*, LXXXI.

래지 않아 유럽의 상류사회에서는 거금을 아끼지 않고 중국 자기를 소장하는 풍조가 유행하게 되었다. 이와 함께 베네치아, 피렌체, 우디네, 페사로 등에서 이탈리아 기술자들이 중국 자기를 복제하기 시작했다. 원래 유리 기술자였던 이탈리아 기술자들이 구워 낸 자기는 색깔이 들어간 유리를 연상시켰다. 그들은 '유럽 자기'에 동방 풍의 도안이나 서방의 고전적인 나뭇잎 문양을 그려 넣었다.

　몽고의 세기는 갑자기 시작되었고 중국과 서방의 대 통행 시대는 백여 년 동안 지속되었다. 세계의 구조가 바뀌었고 중국과 서방의 역사적 운명도 바뀌었다. 서방의 입장에서 보자면 몽고의 세기는 개방된 세계주의의 관념이 지배하는 시대, 격정의 시대였다. 로마 제국이 무너진 뒤로 유럽은 유라시아 대륙의 한 구석에서 천년 동안 격리되어 있었다. 몽고의 정복은 해방과 평화를 의미했을 뿐만 아니라 자신들보다 더 부강한 동방을 향해 갈 수 있는 기회를 의미했다. 중국의 입장에서 보면 몽고의 침략은 철저한 재난이었다. 화하 문명의 기맥이 손상되었고, 몽고의 침략으로 인해 생겨난 폐쇄적인 본토주의 관념과 정서가 민족역사의 발전을 질식시켰다. 몽고인은 초원으로 돌아갔지만 세계 역사는 이미 다른 페이지로 넘어갔고 모든 것이 전과 달라졌다. 동방과 서방, 부침과 성쇠, 문명의 기원이 새로 시작되었다. 당시 서방 사람들의 눈에 선교사와 상인들의 여행은 창세기 이후로 처음 보는 거대한 창조행위로 비쳤다. 그들은 서방사람들이 이전에는 가본 적이 없는 길을 걸어갔고 그들의 경험은 전례가 없는 것이었다. 그들은 전혀 낯선 종족을 만났고 전혀 다른 세계를 발견했다. 그곳이 동방—수확할 영혼과 부가 무수히 널려있는 세계였다.

견문을 넓히기 위해

"하느님을 위해! 성공을 위해! 이윤을 위해!" 이것이 14세기 피렌체인의 좌우명이었다. 지난날에는 말 타고 무술시합을 벌이는 기사가 되거나 전쟁에 나가 적을 죽이는 일이 일생의 영광이었지만 이제는 모두 돈 벌 생각을 하게 되었다. "피렌체 시민으로서 상인이 아니거나, 세계를 돌아다녀 본 경험이 없거나, 이국의 풍토와 인심을 경험한 적이 없거나, 한 보따리의 돈을 들고 피렌체로 돌아온 적이 없는 사람은 명예를 얻을 수 없었다."[102] 중세 후기에 이탈리아에서 먼저 등장한 세속주의는 부를 추구하는 상업적 동기가 바탕이었다. 인문주의자들이 볼 때 부는 개인의 발전과 국가의 강성을 보장했다. 부는 미덕을 낳지만 빈곤은 인간을 타락시키고 사회를 혼란하게 할 뿐이었다. 새로운 가치관이 탐욕과 에너지와 야심으로 가득 찬 새로운 문화유형을 만들어 냈다. 이런 문화에서는 상인이 영웅이었다. 상인은 하느님과 돈을 동시에 받들었다. 상인들은 장부에 다음과 같은 기도문을 적어 놓았다. "예수 그리스도를 위하여, 성모 마리아와 하늘에 있는 모든 성자를 위하여. 그들의 관대하고 자비로움이 우리에게 건강과 성공과 부와 많은 자녀를 주고 우리의 영혼과 육체를 구원하기를."

　동방의 부에 대한 선망은 상인에게만 한정되지 않았다. 마르코 폴로, 이븐 바투타, 니콜로 데 콘티(Nicolo De Conti)와 함께 중세 4대

---

102 *From Dante to Alberti*, Abramson, p. 21.

●중국을 여행하는 오도릭

여행가로 불리는 오도릭은 말년에 자신의 여행담을 구술하면서 기적과 같은 세계여행을 왜 시작했는지 설명하지 않았다. 그는 1318년에 베네치아를 출발하여 마르코 폴로가 베네치아로 돌아온 길을 따라 중국으로 갔다. 콘스탄티노플, 트레비존드, 타브리즈, 호르무즈, 마아바르, 수마트라, 자바를 거쳐 그는 마르코 폴로가 떠난 지 30년 후에 자동에 도착했다. 오도릭은 중국에 6년을 살았고 중국에 대한 이해는 마르코 폴로에 못지않았다. 오도릭은 중국 남부(마르코 폴로가 말한 만자)를 '상인도(上印度)'라 불렀다.[103] "만자에는 두 개의 큰 성이 있

---

[103] 중세 유럽에서는 이슬람 세계보다 더 먼 동아시아와 남아시아를 통틀어 인도라고 불렀다.

다." 오도릭은 남에서 북으로 여행했다. 그가 본 센스칼란 성은 "베네치아보다 세 배나 크고" "이 성에는 직접 보고도 믿지 못할 만큼 아주 많은 선박이 있다. 이탈리아 전체를 통틀어도 이만한 숫자의 선박을 모을 수 없을 것이다." 자동 성은 "볼로냐보다 두 배나 크고" 없는 물건이 없었다. 오도릭은 인도의 마아바르에서 자동 성과 그곳의 두 곳 천주교회당에 관한 얘기를 들었다. 그는 자동에서 복주(福州)까지, 복주를 거쳐 항주까지 여행했다. 행재는 "천당의 성"이며 "전 세계에서 가장 큰 성이다. 그 크기는 내가 감히 입으로 말하기 어려울 정도다."

당시의 유럽 독자들에게는 여행자가 알려주는 세계가 그들 주변의 현실과는 너무나 달랐기 때문에 여행기를 믿기 어려웠다. 그런데 여행자의 입장에서는 직접 경험한 두 세계 사이의 차이가 너무 컸기 때문에 목격한 현실 자체를 믿기 어려웠다. 오도릭이 서술한 내용은 모두가 대 기적이었다. 세계에서 가장 큰 나라, 가장 많은 인구, 가장 번화한 도시, 가장 큰 강…… 오도릭은 남경 부근에서 장강을 건너 운하를 따라 북쪽으로 올라갔다. 그는 이 강이 나라를 가로질러 흐르고 있고 강 북쪽을 키타이라 부르고 남쪽을 만자라고 부른다는 사실을 개략적으로 알게 되었다. 그는 또한 카라모란[104]이란 강도 만났는데, "이 강의 둑이 터지면 나라가 거대한 재난을 당한다"는 사실도 알게 되었다. 오도릭은 세심한 관찰자이면서 현실적인 감각이 뛰어난

---

[104] 몽고어로 검은 강이란 뜻으로 황하를 가리킨다.

●아시아인들에게 포교하는 오도릭. 오도릭 묘지의 대리석 부조.

여행자였다. 그의 여행기를 라반 사우마의 여행기와 비교하면, 하나
는 지나치게 세속적이고 하나는 지나치게 종교적이다. 산동의 임청(臨
淸)에서 오도릭은 생사의 생산이 풍부하고 가격이 놀랄 정도로 싸다
는 사실을 알게 되었다. 대 칸의 수도에 도착하여 오도릭이 본 것은

"세계에서 가장 아름다운 궁전"이었다. 궁전은 높고 거대했으며 대 칸의 조회와 수렵은 장관이었다. 오도릭은 칸발릭에서 3년 반을 살았 다. 코르비노 대주교는 아직 살아 있었다. 오도릭은 그의 교회당 안 에 머물렀고 심지어 그곳에서 같은 수도회 출신의 교우를 아침저녁 으로 만날 수 있었다. 그러나 그의 『동방여행기』에서 오도릭은 칸발 릭의 교회 일에 관해서는 거의 언급하지 않았다. 그가 유일하게 언급 한 교회 관련 일은 네 명의 동료 수도사와 함께 성 밖으로 나가 상도 에서 돌아오는 대 칸을 길가에 서서 영접한 일이었다. 그의 눈길을 끈 것은 대 칸이 십자가를 향해 경의를 표하기 위해 벗었던 모자였다. 그 모자는 "진주와 보석의 덩어리, 트레비소(Treviso) 변두리를 다 판 것 보다 더 값진" 모자였다.

오도릭이 평생을 교유한 동료 가운데 바사노(Bassano) 출신의 마 르케시노(Marchesino)란 수도사가 있었다. 그는 오도릭으로부터 동방 여행담을 직접 들은 적이 있는데, 그 가운데서 많은 부분이 『동방여 행기』에는 나오지 않는다. 예컨대 오도릭이 상도에서 칸발릭으로 돌 아오는 대 칸을 길에서 영접한 얘기가 그랬다. 당시에는 코르비노 주 교가 아직 생존해 있었기 때문이었던 것 같다. 네 명의 하급 수도사 가 길가의 나무 그늘에서 대 칸을 위해 찬송가를 부르고 십자가를 바쳤다. 기대있던 대 칸이 몸을 일으켜 "쓰고 있던 모자를 벗고 극히 정중하고 겸손하게 십자가에 입을 맞추었다……" 마르케시노는 알려 지지 않은 이 얘기에서 두 가지를 주목했다. 1) "칸 본인이 우리의 천 주교에 대해 어느 정도 관심을 보였다." 2) "십자가에 입을 맞추기 위 해 벗은 모자는, 내가 오도릭 수도사에게 들은 바에 따르면 트레비소 주변을 다 판 것과 맞먹는 가치의 진주와 보석 덩어리였다." 동방 선교는 선교사의 신성한 사명이었고 이 점은 전혀 의문의 여지가 없다. 그러나 진주와 보석에 관심을 보인다는 것은 수도사로서는 할 일이 아니다. 오도릭은 마르케시노에게 생생하게 설명했고 마르케시노는 이를 관심 깊게 다시 언급했다. 글자 속에서 숨길 수 없이 드러나는 그들의 관심과 흥분이 눈앞에 보이는 듯하다.

"너희를 위하여 보물을 땅에 쌓아두지 말라. 거기는 좀과 동록이 해하며 도둑이 구멍을 뚫고 도둑질 하느니라. 오직 너희를 위하여 보물을 하늘에 쌓아두라. 거기는 좀이나 동록이 해하지 못하며 도둑이 구멍을 뚫지도 못하고 도둑질도 못하느니라. 네 보물 있는 그곳에는 네 마음도 있느니라(마태복음)." 주의 가르침은 멀리 떨어져 있었다. 모든 성직자는 교회에서 직분을 받는 의식을 행할 때 재물을 탐하지 않겠다는 맹세를 한다. 재물을 탐하는 것은 인류의 원죄의 일부이므로 욕심을 끊어 버리는 것이 최선의 방법이다. 오도릭과 마르케시노, 코르비노 대주교와 자동 주교 페레긴, 페루기아인 앙드레와 마리뇰리는 모두가 프란치스코 수도회 수도사였다. 이 수도회는 청빈과 절제를 내세워 탁발로 생활을 유지했으며 재산의 소유를 금했다. 심지어 수도사들 상호 간에 '네 것, 내 것' 등의 단수 소유격 단어를 사용하는 것도 금했다. 이런 엄격한 금욕생활의 규칙을 지켜야 할 수도사가 중국의 재화를 보고는 진심에서 나오는 찬탄을 숨길 수가 없었다.

상인이 재물을 탐하는 것은 본성에 부합하는 일이지만 선교사가 대 칸의 부에 관심을 보이는 것은 주목해야 할 일이다. 오도릭은 여러 분야에 흥미를 갖고 상상력이 풍부하며 세속의 일에 관심이 많은 여행가였다. 그는 여행을 위한 여행을 했는지도 모른다. 중국에서 생활한지 이미 6년이 되어 "이해하는 것이 매우 많았던" 그는 반세기 전에 라반 사우마가 서쪽으로 성지 순례를 떠날 때 갔던 길을 따라 고향으로 돌아갔다. 동승에 이르렀을 때 그는 전설 속의 장로 요한의 도성이 작은 마을에 지나지 않는다는 사실을 알게 되었고, 옛 실크로드는 감숙을 지나는 단락에서 "한 성문을 나서면 이미 다음 성의 성문이 보일" 정도로 번성했다는 사실을 알게 되었다. 오도릭의 귀향노선은 분명치 않다. 아마도 고비사막을 건너 타림 강을 따라 중앙아시아로 갔거나, 감숙에서 청해로 들어가는 길을 따라 서녕으로 가 차담 분지를 건너 챠킬릭에 이른 후 실크로드 남로로 들어섰거나, 서녕에서 남쪽으로 가 티베트로 통하는 당나라 시대의 옛길로 들어서 옥수(玉樹)·창도(昌都)·라사를 거쳐 인도로 넘어갔을 것이다.[105] 그는 티베트에서는 여자들이 "머리카락을 백여 갈래로 땋으며" 기괴한 장례의식(천장[天葬])을 치른다고 말했다. "그들은 아주 즐거운 마음으로 시체를 마을 밖으로 옮겨간다. 준비된 커다란 테이블 위에 시체를 올려놓고 라마승이 시체의 머리를 잘라 자식들에게 준다. 자식들과 장

---

105 많은 연구자들이 오도릭의 귀로는 실크로드 남로였다고 생각한다. 하서회랑을 지나 하미에 이른 후 타클라마칸 사막 북쪽 언저리나 남쪽 언저리를 따라 카쉬가르로 갔다는 게 이들의 추론이다. 그러나 필자는 오도릭이 청해에서 티베트로 가는 노선을 택했음이 거의 틀림없다고 생각한다. 이 두 갈래 실크로드의 지선은 하서회랑이 전란에 휩싸였을 때 여행자들이 사용했고 최소한 5백 년의 역사를 갖고 있었다. 그렇다면 오도릭이 소개한 티베트의 풍속은 다른 사람으로부터 전해들은 얘기가 아니라 자신이 티베트에서 직접 목격한 것이 된다.

례의식에 참가한 모든 사람들이 노래를 부르며 죽은 사람을 위해 경전을 읽는다. 이어서 라마승이 시체를 조각조각 자른다. 이 일이 끝나면 모두 마을로 돌아가는데 가는 길에서도 기도를 올린다. 산에서 날아온 독수리가 시체의 조각들을 물고 간다. 이때 모든 사람들이 소리친다. '저걸 봐! 성인임이 분명해. 신성한 독수리가 그를 천당으로 데려갔어.'"

오도릭은 그 시대에는 상상할 수도 없는 위대한 여행을 했다. 그는 임종의 침상에서 조심스럽게 자신의 여행담을 털어놓았다. 여행담이 발설해서는 안 되는 내용이라서가 아니라 사람들이 자신의 얘기를 믿지 않을까 염려했기 때문이었다. 그는 여러 가지 기적을 목격했지만 그의 한 평생 자체도 기적이었다. 그는 이탈리아 프리울리(Friuli)주의 포르데노네(Pordenone) 근처 노바(Villa Nova)란 마을의 자그마한 2층 집에서 태어났다. 집 주변에는 아름다운 포도밭과 뽕나무 숲이 있었다. 19세기 말, 중국과 서방의 교류사를 연구하던 율 경(Sir Henry Yule)은 그가 태어난 집을 찾았을 때 주변의 전원 풍경에 매료되었다. 오도릭은 일찍부터 교회 일에 헌신적이었고 생활은 청빈했다. 그는 성직자로서 승진을 피하기 위해 숨은 적도 있었다. 동방으로 여행을 떠나기 전에 그는 성자와 같은 생활 때문에 적지 않게 알려져 있었다. 이유는 알 수 없지만 1316년에서 1318년 사이의 어느 날 그는 갑자기 동방으로 가겠다는 결심을 한다. 자유로운 유랑 성직자가 되고 싶었음이 분명하다. 우리는 그의 동방행 사명이 무엇인지 알 수 없다. 그는 속세의 어떤 국왕이나 신성한 교황의 편지도 갖고 가지 않았고 어떤 칸이나 대 칸도 알현하지 않았다. 더 나아가 배나 낙타 떼를 빌려 지방 특산물을 나르지도 않았다. 그는 그저 자유롭게 여행하면서 관찰했다. 어쩌면 순수하게 "영혼을 수확하기 위해 바다를 건너 이교의 나라로 갔거나" 넓은 세상을 돌아다니는 생활을 가장 중요하게 생각했는지도 모른다.

오도릭이 칸발릭을 떠난 그해에 몬테 코르비노는 세상을 떠났다. 오도릭은 여행기를 구술할 때 하느님의 이익을 위해 헌신한 이 인물에 대해서는 한마디도 언급하지 않았다. 포르데노네로 돌아온 뒤 얼마 되지 않아 오도릭은 숨을 거두었다. 어떤 사람은 진정한 성자처럼 살다가 세상을 떠나는데도 기억되지 않는가 하면 어떤 사람은 철저한 속인처럼 살다 가는데도 죽은 뒤에 성자로 칭송받는다. 이탈리아 남부에는 몬테 코르비노란 이름의 작은 마을이 두 곳 있는데 어느 곳이 몬테 코르비노라고 불린 요한의 고향인지 알 수 없고[106] 고향 사람들도 그가 누구인지를 알지 못한다. 1331년 1월 4일에 포르데노네의 오도릭이 영원히 눈을 감았을 때는 유럽의 절반이 수런거렸다. 어떤 전설 때문인지는 모르나 성자의 몸이나 옷에 닿으면 행운이 찾아온다고 믿는 사람들이 각지에서 오도릭이 세상을 떠난 포르데노네의 작은 교회당으로 몰려들었다. 몰려든 순례자들은 그의 시신에 입을 맞추었고 그의 옷을 찢어 가거나 수염과 머리카락을 뽑아가는 사람도 있었다. 어떤 여자는 오랫동안 앓아온 어깨의 통증이 성자의 손을 만지자 깨끗이 없어졌다고 하는가 하면 어떤 미친 여신도는 칼을 꺼내

---

[106] 요한(죠반니) 몬테 코르비노란 이름의 의미는 '몬테 코르비노 사람 요한'이다.

●『오도릭 동방여행기』의 세밀화. 행재성의 인면수(人面獸)

오도릭의 한쪽 귀를 잘라갔다.

　인간의 이성은 너무나 취약해서 진실을 믿지도 않고 환상에 대해
의문을 품지도 못한다. 오도릭을 성자로 생각한 사람들은 그가 동방
에서 본 '기적'을 그대로 믿지는 않았다. 오도릭이 죽은 1331년은 유
럽인이 중국으로 몰려간 정점의 해였다. 좋은 시절은 얼마 남지 않았
다. 몽고 제국은 분열되었다가 결국에는 붕괴하였고 이 때문에 가장
큰 손실을 본 사람들은 베네치아와 제노아의 상인들이었다. 명의 홍
무 황제는 "나무 조각 하나라도 바다에 띄우지 말라"는 명령을 내렸
다. 돌궐의 왕공과 이집트의 술탄이 지중해 해상무역을 독점했다. 알
렉산드리아 항구의 후추 가격은 짧은 시간 안에 몇 배로 뛰었고 유럽

시장은 더 말할 것도 없었다. 1436년에 베네치아 공화국은 교역 기회를 찾기 위해 바르바로(Josafat Barbaro)란 청년을 페르시아에 사절로 파견했다.[107] 바르바로는 만년에 저술한 『페르시아 사절기』(1478년)에서 인도의 타나에서 우연히 만난 니콜라스 디에도(Nicholas Diedo)란 베네치아 상인에 관해 언급했다. "어느 날 나는 타타르 대사와 함께 문 앞에 서 있다가 그곳을 지나가는 베네치아인 니콜라스 디에도를 만났다. 그는 소매가 넓은 비단 외투를 입고 가죽조끼를 걸치고 있었으며 모자 아래 두건이 어깨까지 내려와 있었다. 타타르인이 놀랍다는 듯 내게 말했다. "키타이인의 옷이 바로 저런 모양인데, 복장이 같은 걸 보니 당신들도 키타이인과 같은 종교를 믿나요?" 바르바로와 타타르 대사가 타나에서 마주친 디에도란 베네치아인이 누구인지는 알 수가 없다. 그러나 니콜로 데 콘티란 인물은 알려져 있다. 콘티는 소매가 넓은 비단 외투를 입고 타나의 거리를 걸어간 베네치아 상인 가운데 한 사람이었다. 그의 행적은 마르코 폴로를 연상케 한다. 그는 25년 동안 동방 각지를 돌아다녔다. 시리아, 이집트, 아라비아, 페르시아, 인도, 세일론, 수마트라, 자바, 인도차이나반도, 그리고 어쩌면 명 왕조의 중국까지……그는 열정적인 인도 처녀를 아내로 맞았고, 아랍 국가를 여행하면서 어쩔 수 없이 기독교 신앙을 버려야 했다. 그래서 그는 이탈리아로 돌아오자마자 교황을 찾아가 용서를 빌었고 운 좋게도 교황으로부터 사면을 받았다. 그가 사면을 받는 데는 교황

---

107 *Cathay and the Way Thither*, H. Yule, London, Printed for the Hakluyt Society, 1913, V. 1, p. 270.

의 비서 포기오 브라치올리니가 상당한 역할을 했음이 분명하다. 『만국통람』을 집필하고 있던 브라치올리니에게는 콘티의 동방 견문이 필요했다. 교황의 비서 브라치올리니 같은 저명인사가 그의 여행담을 기록해 줌으로써 그는 문자 속에 살아남는 행운아가 되었다. 마치 마르코 폴로가 제노아의 감옥에서 루스티치아노를 만나 유명한 여행기 속에 살아남았듯이……

들판에 버려진 폐허, 여행길의 끝에서 만나는 새로운 도시, 전쟁터와 작은 마을—먼지를 뒤집어쓴 채 돈주머니를 끼고 가는 상인을 맞아주고 배웅해주는 것은 이런 것들이었다. 비단의 길·후추의 길·상아의 길, 키타이·시팡그·인도, 황량한 사막과 또한 그만큼이나 막막한 바다, 무수한 위험과 죽음…… 이런 것들을 건너 상인들은 부를 찾아 쫓아다녔다. 욕구가 그들의 힘이었고 광야의 바람이 그들을 먼 곳으로 이끄는 길잡이였다. 푸른 풀과 바다의 냄새는 그들의 체취였고 무지개와 밤하늘의 별은 그들의 모험과 열정을 지켜보는 영혼의 눈동자였다. 보석과 향료를 가지고 고향으로 돌아오든지, 광야에 백골이 되어 누워있든지 간에 일생의 열광과 긍지는 결국은 믿기 어려운 한 자락 환상적인 이야기로만 남았다. 1441년, 니콜로 데 콘티는 고향 베네치아로 돌아왔다. 그는 우리가 알고 있는 마르코 폴로의 마지막 동향이자 동업자이다.

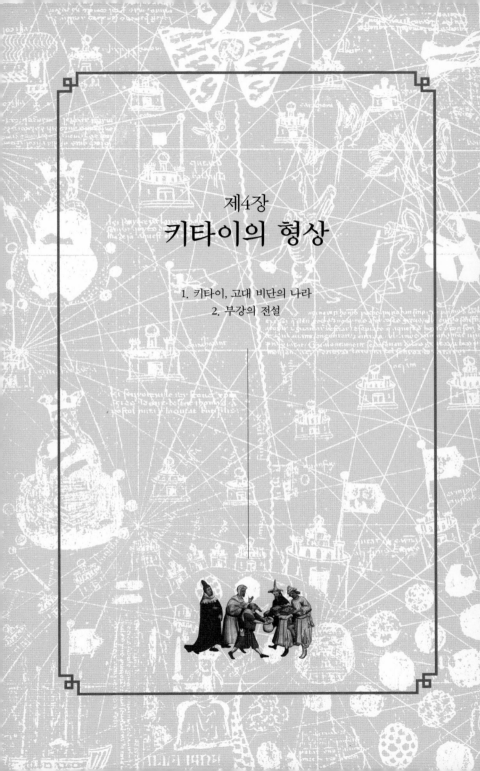

제4장
키타이의 형상

카르피니의 『몽고여행기』와 루브룩의 『동방여행기』는 동방의 키타이에 관해 얼마간 언급하고 있다. 이것이 몽고의 세기에 쓰인 유럽의 문헌 가운데 나타나는 중국에 관한 최초의 전설이었다. 카르피니는 '키타이'의 종교는 기독교와 어느 정도 유사하고, 사람들의 성격은 온순하며 언어가 독특하고 각종 공예에 뛰어나다고 들었다. 루브룩은 이것보다는 많이 알고 있었다. 그는 키타이가 서방의 옛 전설에 나오는 비단의 나라 세레스라고 확인했다. 카르피니와 루브룩은 다른 세계를 발견했을 뿐만 아니라 이 세계에 관해 서방의 기억 속에 남아 있던 역사까지도 발견했다고 할 수 있다. 비단과 비단의 나라 세레스에 관한 전설이 부활했다.

허드슨은 몽고의 세기가 가져온 대여행이 "라틴 유럽의 상상을 사로잡았고 라틴 유럽의 사상과 관점을 변화시켰다. 많은 사람들이 중국으로 여행을 떠났다. 당시에 유럽의 많은 여행가들이 중국, 페르시아와 인도에도 갔다 왔지만 그들이 가장 고급스러운 묘사를 남긴 나라는 중국이었다. 사람들이 초기에 나온 중국에 관한 기술을 믿으려 하지 않았다. 유럽인의 선입관이 너무 강해서 마치 신화와 같았기 때문"이라고 지적했다.[108]

카르피니의 『몽고여행기』가 처음으로 '키타이'라고 하는 나라를 언급한 때로부터 1447년에 브라치올리니가 『만국통람』의 집필을 끝낼 때까지는 꼬박 2백 년의 세월이 흘렀다. 그 동안에 서방의 여러 문헌—여행기, 역사서, 서간, 통상 안내서, 문학작품—에 키타이와 만자에 관한 서술이 등장했다. 이들 문헌은 상호 인용과 참조를 되풀이하면서 서방 문화 속에서 유행한 '키타이 형상'을 공동으로 창작해냈다. 이 형상은 끊임없이 내용을 채워나가는 과정에서 하나의 유형을 형성했다. 부, 왕권, 도시생활, 광대한 영토…… 거의 모든 문헌이 번화하고 부유한 세속 낙원의 얘기, 무한한 권위와 명예를 지닌 대 칸의 예기를 되풀이 했다. 이것은 하나의 공유된 특징과 가치를 의미하며, 이런 특징과 가치는 바로 서방 중세후기 문화의 정신을 표현했다. 이 정신이 문헌 서술자들이 허구를 선택하는 동기를 제공하고 중국에 관한 지식과 가치 판단의 배경이 되었다.

유럽 문화의 배경 속에서 등장한 키타이의 형상은 부와 왕권의 상징이었다. 서방 문화에서 막 싹트고 있던 세속주의, 중상주의, 왕권 사상, 도시 관념이 키타이의 형상을 이용하여 시대의 갈망과 근심을 표현했던 것이다.

---

108 『유럽과 중국』, p. 135.

키타이, 고대 비단의 나라

카르피니는 키타이를 처음 들었고 루브룩은 이를 발전시켜 서방의 전설 속에 나오는 세레스 또는 비단의 나라가 키타이임을 밝혀냈다. 카르피니와 루브룩은 다른 세계를 발견했을 뿐만 아니라 이 세계에 관해 서방의 기억 속에 남아 있던 역사까지도 발견했다고 할 수 있다. 비단과 비단의 나라 세레스에 관한 전설이 부활했다.

'키타이'라고 불리는 나라

카르피니는 카라코룸에서 키타이에 관한 약간의 정보를 얻었다. 1247년에 리용으로 돌아온 뒤 얼마 후 카르피니는『몽고여행기』를 썼다. 타타르 제국의 기원을 서술한 부분(제5장)에서 그는 '키타이'라고 불리는 나라에 관해 언급했다. "…… 그곳에는 사람 수가 많은 민족이 산다. 그들은 무를 숭상하여 전쟁에 뛰어나다 ……" 아직까지 나라의 절반이 칭기즈 칸에게 정복되지 않았는데 "나라가 바다 가운데 있기 때문이다." "…… 키타이인은 모두 이교도이며, 자신만의 특수한 문자를 갖고 있으며,『신약』과『구약』도 갖추고 있는 것 같고 또한 은둔하는 수도자가 있고 교회와 같은 건물도 세워져 있어서 늘 그곳에서 기도한다. 그들에게도 그들만의 성인이 있고 유일한 신을 섬기며, 우리 주 예수 그리스도를 받들고 영원한 생명을 믿는다. 그러나 세례는 행하지 않는다. 그들은 우리의 성경을 받들고 기독교도를 우대하며 대량의 시주를 한다. 그들은 융통성이 있는 신도이며 사람의 정리를 이해한다. 그들은 수염을 기르지 않으며 얼굴 생김새는 쉽게 몽고인의 모습을 연상케 하지만 몽고인만큼 넓적하지는 않다. 그들이 사용하는 언어는 매우 독특하다. 세상에 존재하는 모든 직업에 그들만큼 익숙한 솜씨를 보이는 기술자는 찾기 어렵다. 그들의 땅에서는 밀, 과일로 만든 술, 황금, 비단이 많이 나며 인류의 본성이 필요로 하는 모든 것이 나온다."[109]

성실한 기독교도가 처음으로 이민족 문화를 접촉했을 때 도달할 수 있는 최대한의 '이해'가 이 정도일 것이다. 기독교의 이원대립적인 세계관에서는 지옥과 천당, 마귀와 천사, 기독교도와 이교도는 상호 부정적인 개념이다. 이런 기준에서 보자면 사람은 기독교도가 아니면 이교도이다. 또한 이교도는 교화를 통해 기독교로 가까이 끌어들일 수 있는 이교도와 기독교와는 불구대천의 원수인 무슬림으로 나뉜다. 처음으로 유럽에 등장한 키타이인의 형상은 모호했다. 카르피니는 아시아의 절반을 돌아다녔지만 서방인이 찾고자 하는 장로 요한의 나라는 발견하지 못했다. 그렇다면 이 광활하고 신기한 땅에는 더 먼 동방이 있는 셈이다. 어렴풋한 모습으로 등장한 키타이는 서방의

---

109 『카르피니 몽고여행기 · 루브룩 동방여행기』, pp. 48-49.

장로 요한에 대한 기대와 상상을 자극했다. 가장 부정확한 정보는 가장 큰 가능성을 의미한다. 기독교도의 상상은 기독교의 시각을 넘어서지 못한다. 키타이가 장로 요한의 나라임을 증명할 증거는 없지만 키타이인이 기독교도라면 최소한 이 이교도 국가는 기독교에 우호적일 수 있다. 전해지는 정보는 혼란스러웠다. 그들은 이교도인데 『성경』이 있고 그리스도도 받든다.

카르피니의 『몽고여행기』는 몽고의 세기에 유럽의 문헌에 등장하는 중국에 관한 최초의 전설을 알려주고 있다. 카르피니는 중국에 가본 적이 없었고 그가 들은 정보도 매우 제한적이었다. 전설과 추측 속에는 사실과 허구가 뒤섞여 있었다. 카르피니가 소개한 정보에서 우리는 당시 유럽의 동방에 대한 시각을 발견하게 된다. 기독교도의 원수인 사라센인, 장로 요한의 나라, 인도의 마귀 등 기독교의 환상이 만들어 낸 신화를 제외하면 나머지는 공백이었다. 키타이의 형상이 이런 시야에 들어오자 빠르게 변조되었다. 키타이가 장로 요한에 관한 지식 유형 안에 투입되자 키타이인은 그리스도와 성인을 받드는 이교도로 변했다! 기독교 전설 가운데서 '규범'이나 '기호'를 찾아내고 변조할 수 없는 그 밖의 많은 정보는 공백 속에 남겨두어 원래의 형상대로 표현할 수밖에 없었다. 공백 속으로 들어간 정보는 사실에 관한 지식일 가능성이 매우 높은 것들이었다(예컨대 칭기즈 칸의 중원 정복, 남송 조정의 존재, 키타이인의 용모와 언어와 뛰어난 기술, 풍부한 물산 등). 문화를 수용할 때 기대와 욕구 때문에 변조된 정보는 흔히 깊은 인상을 남기는데, 그것이 자신의 문화 전통 구조와 코드를 통과하면서 정확하고 설득력 있는 정보로 변신하기 때문이다. 서로 다른 문화가 교류하는 과정에서 오독과 오해가 정확한 이해와 사실의 묘사보다 더 큰 영향력과 흡인력을 발휘하는 이유가 여기에 있다. 오독과 오해는 자기 문화가 기대하는 바이며 사람들이 믿고 싶어 하는 것들이다. 자신의 문화 전통 가운데서 아직 처리할 코드화 과정이 마련되지 않아 시야의 공백 속에 남겨지는 정보는 비록 사실을 언급하고 있는 정보라 해도 언제나 비구체적이고 모호하게 묘사되기 때문에 문헌을 받아들이는 사람들이 가장 관심을 적게 가지는 부분이 된다.

최초로 등장한 키타이 형상은 특별한 주의를 끌지 못했다. 두 가지 측면에서 그 이유를 설명할 수 있다. 첫째는 정보량이 부족하다는 점, 둘째는 받아들이는 시야의 공백 속에 떨어져 제대로 의미를 드러내지 못했다는 점이었다. 이런 정보는 오랜 시간을 거치며 반복 강조되어야 비로소 받아들이는 사람의 주의를 끌게 되고, 자기 문화 전통의 코드체계가 조정되거나 재구성되어야 이해하고 받아들일 수 있는 범위 안으로 들어오게 된다. 코드화 과정은 두 개의 상반된 구조화 충동으로 나타난다. 하나는 자아화(自我化), 다른 하나는 비아화(非我化)이다. 자아화 과정은 생소한 정보 가운데서 자기 문화와 동일시 될 수 있는 내용을 가려낸다. 자아화는 기존 시야 내에서 제공되는 코드를 이용해 이질적인 정보를 소화해내기 때문에 자기 문화 전통 구조에 어떤 변화도 불러오지 않는다. 오독이란 것도 동일시와 귀화의 기대 때문에 의식적 혹은 무의식적으로 생긴 오독이다. 비아화 과정에서는 생소한 정보가 자기 문화 전통의 조정을 촉발하는 외래 동력으로서 작용한다. 이질적인 정보와 대면하여 취약함과 편협함을 드러낸 전통 시야는 이질적인 정보의 필요에 맞는 코드를 설정하지 않을 수 없고, 이를 통해 자신을 조정함은 물론이고 기존 문화 전통과 외래 문화 전통 코드의 겸용관계도 구축한다. 성공하면 새로운 유형의 문화구조가 질서 있게 자리를 잡게 되고, 실패하면 두 과정 사이에 뒤틀림과 단절이 끊임없이 나타난다. 자기 전통은 파손되고 외래 정보 또한 자리를 잡지 못한다. 사람들은 통일감과 연속성이 상실된 파편화된 문화 속에서 살게 된다. 문화교류의 역사를 보면 자아화와 비아화 과정은 언제나 동시에 등장하여 서로 영향을 주고받았다. 몽고의 세기에서 문예부흥 시대에 이르기까지 서방의 문헌 가운데서 '키타이 형상'이 형성되고 진화한 과정은 자아화에서 비아화로 나아갔다가 다시 자아화로 회귀하는 문화 겸용 과정의 표현이었다.

카르피니의 『몽고여행기』에서 키타이인과 그들의 나라는 특별한 주목을 끌지 못했다. 키타이인은 칭기즈 칸이 정복한 여러 민족 가운데 하나였을 뿐이고, 그들의 종교는 기독교와 비슷하고, 그들의 성격은 온순하며 언어는 독특하고, 그들은 각종 뛰어난 기술을 갖고 있었다.

카르피니의 『몽고여행기』는 유럽인의 동방관념에 처음으로 큰 충격을 주었다. 카르피니는 유럽의 전설 속에 나오는 동방 얘기를 거의 언급하지 않았다. 동방 형상은 그 자신이 보고 들은 바를 바탕으로 하여 묘사한 것이었다. 그는 죽기 직전의 몇 년 동안까지도 동방에 관한 지식을 끊임없이 전파했다. 『몽고여행기』는 필사본 형태로 전파되고 있었다. 1252년에 그가 죽고 나서 얼마 뒤 뱅상 드 보베(Vincent de Beauvais)가 자신의 저서 『사감(史鑑)』(Speculum Historiale) 안에 『몽고여행기』를 끼워 넣었다. 1248년에 사절로 간 롱주모 사람 앙드레는 동방에서 거의 아무것도 보지 못했던 것 같다. 그가 유럽에 돌아와 기술한 내용은 기본적으로 유럽 문학과 전설 속에 나오는 동방에 관한 얘기였다. 루브룩은 출발하기 전에 카르피니의 『몽고여행기』를 읽었다. 루브룩은 산천초목과 풍토와 인심을 느끼고 관찰하는 데 있어서 앞선 몇몇 선배들보다 훨씬 뛰어났다. 그의 『동방여행기』는 카르피니의 『몽고여행기』보다 불과 10년 늦게 나왔지만 키타이에 관해 묘사한 내용은 두 배가 넘는다. 『동방여행기』가 전하는 주요 정보는 아래와 같았다.

1. "키타이라는 나라가 있는데, 나는 그 민족이 고대 세레스인이라고 생각한다. 그들은 최상급의 비단을 생산(이 민족은 비단을 세르게라 부른다)하기 때문에 나라 이름이 세레스가 되었다."

2. "어떤 사람이 전해준 바에 따르면, 그 지역에는 성벽이 은으로 만들어 졌고 성루는 금으로 만들어진 도시가 있다고 한다."

3. "이 나라에는 여러 개의 성(省)이 있는데 대부분이 아직까지 몽고인에게 복종하지 않고 있다. 그들은 바다를 사이에 두고 인도와 떨어져 있다."

4. "이들 키타이인의 체구는 작고 말할 때 강한 콧소리를 낸다. 모든 동방인과 마찬가지로 눈이 작다."

5. "그들은 각종 공예에 뛰어나다. 그들의 의사는 약초의 성능을 잘 알고 맥을 짚어 진단한다. 그러나 그들은 이뇨제는 사용하지 않고 소변검사에 대해서도 알지 못한다."

6. "내가 직접 목격한 바이다. 카라코룸에는 키타이인이 많이 있

다. 그들은 관습대로 아들이 아버지의 직업을 이어받는다. 이 때문에 거액의 세금을 바쳐야 한다."

7. "키타이에는 네스토리우스 교도가 사는 도시와 마을이 열다섯 곳 있다. 서경(西京)[110]이라고 부르는 도시가 주교구이다. 이들을 제외하면 나머지는 모두 우상숭배자들이다. 상술한 여러 민족의 우상을 섬기는 승려는 넓은 붉은색 승복을 입는다. 그들에게도 은둔하여 수도하는 자가 있다. 숲이나 산속에서 청빈한 생활을 하기 때문에 사람들의 존경을 받는다. 이 나라의 네스토리우스 교도는 아무 것도 모른다……. 그들은 완전히 타락했다. 몽고인 중에도 우상숭배자가 있지만 생활은 그들보다 소박하다."

8. "나는 다음과 같은 얘기를 들었다(그러나 믿지는 않는다). 키타이에는 한번 들어가면 들어갈 때의 나이로 영원히 머물게 되는 어떤 지역이 있다고 한다."

9. "키타이의 바다에 면한 지역에서…… 통용되는 돈은 종이이다. 돈의 길이는 약 한 뼘 정도이고 몽케 칸의 인장에 새겨진 것과 같은 몇 줄의 글이 찍혀 있다."

10. "그들(키타이인)은 털로 만든 솔로 글자를 쓴다. 화가가 솔로

---

110 원문은 Segin이라 표기하고 있다. 음역하자면 서경(西京)이 될 수 있다. 금나라 때의 서경은 대동(大同)을 가리켰고 원나라 때는 대동로(大同路)라고 바꾸어 불렀다. 그밖에도 대동을 가리킨다고 추정할 수 있는 근거는, 원나라 때에 대동에 경교도가 분명히 많았다는 점이다.

그림을 그리는 것과 같다." (제26장, 제29장)

　　루브룩도 중국 땅을 밟지 못했지만 "키타이라는 나라의 민족이 고대 세레스인"이라고 처음으로 언급했다. 카르피니에서 루브룩에 이르는 사이에 문헌상의 정보가 점진적으로 풍부해지고 확실해졌다. 키타이의 형상도 명료해지기 시작했다. 아쉬운 것은, 몽고의 수도가 아직 북경으로 옮겨가지 않았고, 따라서 루브룩은 중국에 갈 기회가 없었다는 점이다. 중국 땅에 매우 가까이 갔기 때문에 아쉬움이 더 크다. 카르피니는 키타이에 관한 얘기를 들었고 루브룩은 한 발 더 나아가 키타이가 서방의 전설 속에 나오는 세레스라고 확인했다. 그들은 또 하나의 세계를 발견했을 뿐만 아니라 그 세계에 관해 서양 문화의 기억 속에 남아 있던 역사를 발견했다. 세레스의 전설이 부활했다.

키타이에서 부활한 세레스 전설

　　키타이가 고대 비단의 나라라는 사실이 알려지고 세레스인의 전설도 부활했다.

　　고대 그리스에서는 최소한 헤로도토스 시대부터 '강한 바람의 산'과 북풍이 불어오는 곳 바깥에서 큰 바다의 물가까지 히페르보레아라는 민족이 산다는 전설이 있었다. 그들은 행복하고 평안하게 사는 민족이며, 그들이 사는 마을은 천당과 같고, 그들은 평화롭게 살면서 장수한다고 하였다. 영국 학자 허드슨은 아리스테아스가 알타이 산까지 갔으며 '북풍이 불어오는 곳'의 바깥에 사는 히페르보레아인이 바로 중국인이라고 고증했다. 헤로도토스의 주석자 토마섹(W. Thomaschek)도 히페르보레아인이 중국인이라고 추정했다. 전설에 나오는 그들의 땅의 방위가 중국과 일치하기 때문이었다. 이것이 중국에 관한 서방의 최초의 전설일 것이다.

행복하게 장수하는 히페르보레아인의 전설은 기원전 5세기의 고대 그리스 지리학자 히라니코스와 다모스테스의 저작에도 보인다. 그들은 히페르보레아인은 '리파에(Rhipae)' 산맥 북쪽 해변에 있으며 땅이 넓고 백성은 채식을 한다고 하였다. 중원과 동해(중국의 동해, 한국의 서해[역주]) 해변에 사는 화하민족은 농경을 위주로 하기 때문에 날고기를 먹는 유목민족과 비교하면 당연히 채식가였다. 이 전설은 오랫동안 전해졌던 듯한데, 5백년 후 고대 로마의 박물학자 플리니우스(Gaius Plinius Secundus)의 저작 『박물지(博物誌)』에도 "거센 바람의 산과 북풍이 불어오는 곳의 바깥에 행복한 민족이 사는데, 그 이름은 북풍이 불어오는 곳의 바깥이란 뜻이며 수명이 매우 길고 몇 가지 전설에 등장하는 것으로 유명하다"는 기사가 나온다.[111]

북풍이 부는 곳의 바깥, 행복, 장수, 채식으로 묘사된 히페르보레아인은 서방의 중국에 대한 최초의 상상 또는 추측이었다. 북풍이 부는 곳의 바깥에 있는 전설 속의 낙원은 서방인의 현실 시야에 들어오자 신비한 직물인 비단으로 변했다.

최소한 기원전 5세기에 고대 그리스인들은 세레스 천이라고 불리

---

111 손배량(孫培良), "스키타이무역로와 고대 중앙아시아의 전설," 『중외관계사논총』 제1집, 세계지식출판사, 1985년 판, pp. 14-15에서 인용.

는 직물을 알고 있었다. 이 천은 헤로도토스가 여러 번 언급한 메디아의 얇은 천과 아주 비슷했다. 만약 기원전 5세기에 중국의 비단이 알타이 산 지역까지 전해졌다면 동쪽으로 온 그리스 상인들이 틀림없이 그것을 유럽으로 가져갔을 것이다. 기원전 4세기, 알렉산더 대왕의 원정군이 페르시아에 왔을 때 세레스 천으로 만든 외투를 입은 사람이 그의 부대 앞에 등장한 적이 있고, 알렉산더의 부하 장수 네아르쿠스(Nearchus)도 인도에 주둔했을 때 세레스의 천으로 만든 외투를 입은 적이 있었다. 중국의 비단은 기원전 8세기에 이미 인도와 페르시아에 전해졌을 가능성이 높다. 기원전 4세기의 저작인 인도의 『치국안방술(治國安邦術)』에 나오는 'Cinapatta'란 단어의 의미는 '중국의 타래실'이라고 한다.[112] 기원전 2세기에 서역에 사신으로 갔던 장건은 대하의 수도에서 공죽장(邛竹杖)과 촉포(蜀布)를 보았는데 상인의 말로는 신독(身毒)에서 가져온 것이라 하였다. 신독은 인도이고 대하국은 유럽에서는 박트리아라 불렀다. 장건이 출사하기 2백 년 전에 알렉산더는 그곳에 가장 동쪽의 그리스화된 도시 소그디아나를 세웠다. 비단에 대한 서구의 열광은 고대 로마 시대로 거슬러 올라간다. 동방에서 개선장군이 되어 돌아온 폼페이우스는 호화롭게 빛나는 비단 망토를 입고 있었다. 잘 차려입은 군대가 거리를 행진할 때 로마 전체가 흥분에 휩싸였다. 기원전 53년에 안식(파르티아)에 원정한 크라수스 군단은 궤멸적인 패배를 당했다. 안식 군대의 힘차게 펄럭이는

---

112 계선림(季羨林), "인도의 중국생사 수입에 관한 초보적 연구", 『역사연구』, 1956년 4월호.

각양각색의 깃발이 로마군단 병사들의 눈을 어지럽게 했다.

세레스는 서방인의 중국에 관한 가장 이른 시기의 '지식' 또는 전설이었다. 세레스는 화려하고 신비한 직물이면서 동시에 그런 직물을 만드는 국가나 민족을 의미했다. 기원전 4세기 그리스인 크테시아스(Ctesias)는 다음과 같이 기록했다. "소문에 의하면, 세레스와 북인도 사람은 키가 크다고 한다. 심지어 키가 13쿠데[113]나 되는 사람도 있다고 한다. 그들은 2백 살을 넘긴다. 가이트로스(Gaitros) 강변에는 짐승과 비슷한 사람이 산다. 그들의 피부는 하마와 같아서 화살이 뚫지를 못한다. 전설에 따르면 인도의 바다 한가운데 외딴 섬에는 주민들이 모두 사티로스(Satyros)처럼 꼬리를 끌고 다닌다고 한다."[114] 세레스인은 장수하는 거인이다. 그들은 극동에 살며 인도와 이웃이다. 장수한다는 점은 히페르보레아인을 연상시킨다. 전설은 오랫동안 전해졌다. 아우구스투스 시대의 저명한 지리학자 스트라보(Strabo, 기원전 58-기원 21)는 6권이나 되는 방대한 분량의 저서 『지리서(地理書)』에 "그가 알고 있던 세계"를 묘사했다. 그는 아시아의 동쪽은 바다와 면해 있으며 세레스인은 가장 먼 동쪽에 살고 있다고 하였다. 혹독한 기후 때문에 그곳의 "어떤 나무 가지에서는 양모가 자라며" "……사람들은 이 양모를 이용해 아름답고 섬세한 천을 짠다."

---

113 쿠데(Coudee), 고대 길이의 단위. 팔꿈치에서 중지 끝까지의 길이. 약 0.5미터.
114 세레스에 관한 인용문의 출처는 모두 『그리스 라틴 작가의 극동 고문헌집(希臘拉丁作家遠東古文獻輯錄)』, (프)세데스(George Cœdès) 편, 경승(耿昇) 역, 중화서국, 1987년 판이며 이하에서는 별도의 주를 표시하지 않는다.

스트라보의 비단에 관한 이런 기상천외한 묘사는 그 시대 사람들에게는 보편적인 것이었다. 베르길리우스(Vergilius), 호라티우스(Horatius), 프로페르세(Properce)도 나무 가지에서 따는 신비한 양모에 관해 언급했다. 그들도 세레스인은 동방에 산다거나, 인도·박트리아와 이웃이라는 등 모호하게 묘사했다. 스트라보는 세레스인은 장수한다는 크테시아스의 말을 되풀이했다. 스트라보에서 멜라(Pomponius Mela)와 플리니우스에 이르기까지 세레스에 관한 전설과 지식은 확대되어 왔다. 새로운 내용이 등장하고 지리 관념도 더 명확해졌다. 세레스인은 장수하고 키가 크며 정의감이 강한 개화된 민족이다. 그들은 공정함을 중시하며 존중과 성실을 바탕으로 교역한다. 멜라는 최초의 라틴 지리학자였다. 그의 유명한 저서 『지방지(地方誌)』에는 동방에 관한 기기묘묘한 전설이 망라되어 있다. 예를 들면 숲 가장자리 초원에서 산보하는 머리는 사람이고 몸통은 개인 동물, 산골짜기에 사는 거인 식인종, 머리가 없는 요괴 등……. 그렇지만 멜라의 상상과 가벼운 믿음 가운데서 진실에 가까운 부분이 전혀 없지는 않았다. 그는 "세레스인은 동해안의 중심에 가까운 곳에 살고 스키타이인과 인도인은 그들의 변두리에 산다"는 점을 알고 있었다. 또한 그는 인도의 동쪽에 황금의 땅(Chryse)이라는 섬과 은의 성(Argyre)이라 부르는 곳이 있다고 하였다. 그곳은 금과 은이 넘치는 땅이었다. 이것은 루브룩이 말한 금과 은으로 만들어진 성을 연상케 한다.

멜라의 시각은 그 시대의 가장 보편적인 세레스 형상을 대표한다. 플리니우스의 저작도 좀 더 상세하다는 점만 다를 뿐 같은 내용을 다시 기술하였다. 플리니우스는 인도와 스리랑카(타프로바나, Taprobana)

에서 세레스로 가는 길을 좀 더 분명하게 기술하였고 새로 발견된 강과 민족도 표시했다. 세레스인에 관해서 플리니우스는 그들이 나무에서 나는 양모를 수출할 뿐만 아니라 철도 수출한다고 기술하였다. 그들은 "붉은 머리카락을 길게 기르며, 눈은 푸르고, 목소리는 거칠며 외래인과는 쉽게 얘기를 나누지 않는" "체구가 보통사람을 넘는" 거인이었다. 세레스는 비단을 생산하고 갖고 다니며 파는 민족이었다. 그들은 극동에 살았다. 그들과 관련된 특징은 양모가 나오는 신기한 나무에서 장수에 이르기까지, 공정한 교역과 품위 있는 붉은 머리와 푸른 눈 등 다양했다. 세레스의 형상은 어느 정도 황당하고 혼란스러우며 모순되는 것이었다. 세레스 문명은 신기한 직물을 생산할 수 있을 뿐만 아니라 전차와 활을 만들 줄도 아는 강대하고도 두려운 문명이었다. 고대 서방인의 상상 속에서 세레스는 가보고 싶은 곳이기도 하면서 두려운 곳이었다. 물론 미지의 세계에 대한 전형적인 인간 심리가 그렇기는 하지만……

흥미 있는 것은, 관습적으로 로마인들이 세계의 다른 부분을 마귀와 식인종과 야만인이 사는 곳이라고 상상하던 시기에, 그들이 머나먼 곳의 세레스인들에게는 문명인의 형상—비록 사실에 입각한 지식보다는 환상이 더 많았지만—을 남겨두었다는 점이다.

기원후 2세기 말에 바르다이산(Bardaisan)은 다음과 같이 기록했다. "세레스인의 법은 살생, 매음, 절도, 우상숭배를 엄격히 금한다. 땅이 광활한 이 나라에는 우상을 숭배하는 사원이 없고 기녀나 간음하는 부녀자도 볼 수 없다. 또한 이 나라에는 법 밖에서 거니는 도둑이 없고 살인범은 말할 것도 없다." 한 세기 뒤에 세제르(Cesaire)는 바르다이산의 말을 거의 그대로 되풀이 하면서 약간의 보충 설명을 덧붙였다―세레스인은 선조를 존중하는 풍속을 갖고 있으며 풍속이 법률보다 구속력이 강하다. 같은 유형의 전설은 승려 하마톨로스(George Hamartolos), 케드레누스(George Cedrenus), 프란체스(Phrantzes)의 저작에서도 보였다.

현실에 관한 지식이 조금씩 환상을 파고들자 7세기 테오필락트(Theophylact)의 『역사』에서는 그때까지 중국에 관한 가장 사실에 가까운 서술이 등장한다. 지리적 방위가 비교적 정확하게 묘사된 Tau-gaste(도화석성〔桃花石城〕, 혹은 당가자국〔唐家子國〕)[115]와 Khoubdan, 그리고 큰 강이 등장하는데 이 강은 장강을 가리키는 것 같다. 강을 사이에 두고 떨어져 살던 검은 옷을 입는 민족이 강을 건너 붉은 옷을 입는 민족을 정복하고 패권을 차지했다. 이 일은 비잔틴제국의 마우리시우스(Flavius Mauricius) 황제가 재위(582–602)하고 있을 때 일어난 사

---

[115] [역주] 중세기에 비잔틴 왕국의 학자들은 중국을 Taugaste라 불렀고 이슬람 문헌에서는 중국을 Tamghaj, Tomghaj 또는 Tohgaj라 불렀다. 이 명칭의 어원에 관해서는 여러 가지 설이 있는데 그 중의 하나가 唐家子이다. 이때 唐은 당 왕조를 가리킨다. 또 하나의 설은 기원 4세기에서 6세기까지 중국 북방에 왕조를 세웠던 선비(鮮卑)족의 왕족인 탁발(拓拔)에서 비롯되었다고 한다(탁발의 고대 음은 takhuat로 추정된다). 이 명칭은 돌궐비에 나타난다. 돌궐족이 서쪽으로 이동한 뒤에 중앙아시아 일대와 이슬람세계에 이 명칭이 전파되었다고 한다. 13세기 초에 도사 구처기(丘處機)가 칭기즈 칸의 부름을 받고 그의 막사를 찾아가든 길에 이리(伊犁)에 이르렀을 때 현지 주민들이 중국을 Taugste라 부르는 것을 들었다. 구처기의 제자 이지상(李志常)이 이때의 스승의 행적을 기록한 『장춘진인서유기(長春眞人西遊記)』에서 "도화석(桃花石)"이라 음역하였다.

건이다. 그 무렵 머나먼 중국에서는 강북의 수(隋)왕조가 강을 건너 강남의 진(陳)왕조를 멸망시켰다. 북방의 중국 농민은 검은색 옷을 즐겨 입었고 남방 사람들의 옷은 색깔이 좀 더 밝았다. 중국인도 옷의 색깔로 움마야 왕조(백의 대식)와 압바스 왕조(흑의 대식)를 구분했다. 쿠브단은 서안부(西安府)이고 도화석은 남경(南京)이다. Taisan은 '천자(天子)'의 음역이거나 당의 황제 이세민의 제호인 '태종(太宗)'의 음역일 것이다. 테오필락트의 『역사』는 다음과 같이 기록하고 있다.

[VII, 6, 5.]

마우리시우스 국왕은 봄철에 기독교도를 위해 재계(齋戒)를 실행했고 이를 자랑스러워했다. 그는 보석이 박힌 황금 침대와 세레스 직물을 멀리했고 잠잘 때는 목자들의 나무 침대를 사용했다. 이렇게 하면 하느님의 용서를 얻을 수 있다고 믿었다.

[VII, 7, 10.]

패배한 아바로이(Abaroi)인 중에서 일부는 Taugaste의 주민에게 달아났다. Taugaste는 유명한 도시이며 돌궐이라고 불리는 사람들의 땅에서 1,500마일 떨어져 있고 인도의 변경에 자리 잡고 있다. Taugaste 부근에 사는 주민들은 매우 용감하며 인구도 많다. 키가 큰 정도로 말하자면 땅위의 어떤 민족도 그들과 겨룰 수 없다. 아바로이인 가운데서 남은 무리는 패배로 인해 기꺼이 낮은 지위를 순순히 받아들이지 않을 수 없었기 때문에 Moukri인이라 불리는 사람들에게로 달아났다. 이 작은 부족은 Taugaste에서 아주 가까운 곳에 산다. 그들은 전쟁에서 매우 용감하게 싸웠다. 그들은 하루도 쉬지 않고 신체를 단련하기 때문에 정신적으로 어떤 어려움에도 대처할 준비가 되어 있다.

〔VII, 9.〕

돌궐의 Khaganos(칸)는 내전을 끝내고 성공적으로 정무를 장악했다. Khaganos는 Taugaste인과 화약을 맺은 결과 국내에서 평화를 회복했다. 그렇게 하여 어디를 가나 평화로운 풍경이 펼쳐졌다. Taugaste인의 우두머리는 Taisan이라 부르는데 그리스어로 말한다면 하늘의 아들이란 뜻이다. Taugaste인 사이에서 권력은 파벌투쟁의 영향을 받지 않는다. 그들의 관념으로는 군주란 하늘이 내려주는 존재이기 때문이다. 이 민족은 우상을 숭배하며 이들의 법률은 공정하고 생활은 지혜가 넘친다. 그들의 어떤 풍습은 법률과 맞먹는 구속력을 갖고 있다. 예컨대 남자에게 금붙이 장식을 금하는 것이 그렇다. 교역을 생업으로 하기 때문에 대량의 금은을 소유할 기회를 쉽게 만날 수 있는 사람에게도 금붙이 장식은 금지된다. Taugaste는 강을 경계로 하고 있다.

이전부터 이 강을 사이에 두고 두 민족이 서로 떨어져 있었다. 그 중 한 민족은 검은 옷을 입으며 다른 민족은 밝은 붉은 옷을 입는다. 우리가 살고 있는 시대에 들어와 마우리시우스 황제가 통치하던 때에 검은 옷을 입는 민족이 큰 강을 건너 붉은 옷을 입는 민족을 상대로 전쟁을 벌였다. 전쟁에 이긴 검은 옷을 입는 민족이 패권을 장악했다. 몽매족(蒙昧族)은 Taugaste 성이 마케도니아의 알렉산더가 세운 것이라고 생각한다. 알렉산더는 박트리아와 소그디아나를 평정하고 몽매족 12만 명을 섬멸한 적이 있다. Taugaste에서는 국왕의 처첩들도 황금수레를 탄다. 수레는 황금과 보석으로 매우 호화롭게 치장한 송아지가 끈다. 수레를 끄는 송아지는 보석을 박은 황금 재갈을 물고 있다. Taugaste의 군주는 7백 명의 처첩들과 함께 산다. 그 땅의 귀족들의 처첩은 은 수레를 탄다. 전하는 말에 따르면, 알렉산더가 수마일 떨어진 곳에 또 다른 성 하나를 쌓았다고 하는데, 몽매족은 이 성을 Khoubdan이라 부른다. 군주가 죽으면 그의 처첩들은 깨끗이 삭발하고 검은 옷을 입어야 한다. 법률은 처첩들이 국왕의 분묘를 떠나는 것을 금하고 있다. 두 갈래 큰 강이 Khoubdan을 갈라놓고 있다. 까마득히 높은 제방 양쪽을 잣나무 숲이 둘러싸고 있는데 잣나무 숲이 강을 뒤덮고 있다고 할 정도이다. 이곳 주민들은 코끼리를 많이 소유하고 있고 교역을 통해 인도와 관계를 유지한다.

어떤 사람은 북쪽에 치우쳐 사는 주민들의 피부는 인도인처럼 옅은 색이라고 주장한다. 이 민족은 세레스인에게 비단을 제공하는 누에를 대량으로 사육한다. 누에의 색깔과 모양은 다양하고 기이하다. 몽매족은 이 작은 동물을 사육하는데 열심이다.[116]

서방의 세레스 형상은 점차로 환상의 영역에서 지식의 영역으로 진입했다. 그러나 최종적으로 지식이 환상을 대체하기까지는 아직 긴

---

116 테오필락트(Theophylact), 『역사』, Boor 판, 1887년.

시간이 필요했다. 세비야의 이시도르(Isidore de Seville)는 다음과 같이 말했다. "사람들은 세레스인의 직물은 알면서 세레스인의 용모는 모른다." 그렇다면 직물에 대해서는 제대로 알았을까? 나무에서 자란 양모를 씻어 솔질하고 그렇게 만들어진 흰색 융모 실로 비단을 짠다고? 사실 그들이 아는 것은 비단의 매력이었지 비단의 내력이 아니었다. 그들은 자신들의 형편없는 이역 지식의 기초 위에서 상상력을 발동해 허구의 얘기를 지어낼 수밖에 없었다. 들리는 바에 따르면 양잠은 나무와 관련이 있다고 하고 양모 직물에 익숙한 서방인은 비단실을 보고 쉽게 양모를 연상했다. 신화는 마음대로 지어내는 것이 아니다. 신화는 유한한 지식을 확장시킨 것이다. 양모가 자라는 나무의 전설은 각종 문헌에 등장하여 이미 권위 있는 논법처럼 되어 있었다. 이 논법에 이의를 제기하는 사람이 전혀 없지는 않았다. 서기 2세기에 서방에는 양잠의 진상을 알게 된 사람이 이미 있었다. 파우사니아스(Pausanias)는 진지하고 엄격한 학자였다. 그는 『그리스지(誌)』에서 다음과 같이 기술했다.

"세레스인이 옷을 만드는 그 실에 관해서 얘기하자면 그것은 나무껍질에서 나온 것이 아니라 다른 내력이 있다. 그들의 나라에는 일종의 작은 동물이 있는데, 그리스인은 그것을 '세르(Ser)'라고 부르고 세레스인은 다른 이름으로 부른다. 이 작은 동물은 가장 큰 금갑충(金甲蟲)보다 세배나 크다. 다른 특징을 보면 나무에 거물을 치는 거미와 비슷하다. 거미와 똑같이 8개의 발도 갖고 있다. 세레스인은 대나무 상자에 이 작은 동물을 기른다. 이 동물은 가는 실을 만들어내 자신의 발을 휘감는다. 기른 지 네 번째 해가 되기 전에는 줄곧 기장을 사료로 주지만 다섯 번째 해가 되면 이 벌레가 머지않아 죽게 되므로 사료를 연두색 갈댓잎으로 바꾼다. 이 동물에게는 연두색 갈댓잎이 가장 좋은 먹이이다. 작은 벌레들은 배가 터질 때까지 갈댓잎을 게걸스럽게 먹는다. 대부분의 실은 벌레의 시체 안에서 발견된다."

파우사니아스의 금갑충에 비유한 묘사는 로마인들에게는 익숙한 황금 양털보다 더 기이한 전설로 들렸다. 파우사니아스의 이성적이고 사실에 근접한 해석은 양모가 자라는 나무의 전설을 근본적으로 근절하지는 못했다. 황당한 얘기는 여전히 이어졌다. 3세기 솔리누스(Solinus)의 『다국사(多國史)』, 4세기 『아비에누스(Avienus) 시집』, 5세기 카펠라(M. Capella)의 『문헌학과 상업의 신 메르쿠리우스의 혼례』는 "세레스인은 숲에서 양모를 채집한다"는 전설을 되풀이하여 싣고 있다. 6세기 초에, 페르시아의 한 승려가 중국에서 누에의 알을 속이 빈 대나무 막대 안에 숨겨와 동로마 유스티니아누스(Justinianus) 황제에게 바친, 프로메테우스 전설을 닮은 일이 일어났다. 그런데도 다시 한 세기가 지난 뒤에 유명한 세비야의 이시도르는 비단실을 말하면서 나뭇잎에서 양모를 걷어낸다고 설명했다. 이때는 이미 중세기가 되었는데도…….[117]

고대 로마인은 로마제국에서 한제국에 이르는 육로와 해로를 이용했을 것이다. 『에리트레아 항해기』에는 "체형이 꼽추 같고 얼굴은 넓적하지만 매우 총명한 민족"에 관한 얘기가 나오는데 아마 미얀마

---

[117] 관련 자료는 모두 『그리스 라틴 작가의 극동 고문헌집』에서 나왔다. 이하에서 이 책에서 인용할 경우 따로 주를 달지 않는다.

인을 가리킬 것이다. 『에리트레아 항해기』는 세레스국의 생사, 비단, 면화, 염료, 계피, 후추, 향료, 약품, 모피, 철기가 인도 항구에서 선적되어 아라비아해와 홍해를 거쳐 지중해로 운반된다고 기록하였다. 프톨레마이오스(Claudius Ptolemaeus)는 육로와 해로가 모두 세레스로 통한다는 사실을 분명하게 알고 있었다. 육로는 마케도니아 상인들이 갔던 길이고 그 끝이 바로 Sinae(秦奈, 친나이)였다. 육로로 가면 세레스가 동방에 있고, 해로로 가면 Sinae가 벵골 만 이북에 있으니 둘은 서로 가까워 극동의 같은 지역에 속한다. 해로는 『에리트레아 항해기』에 이미 기록되어 있었다. 갠지스 강 하구와 대양으로 둘러싸인 인도 아대륙은 하나의 반도와 같아 큰 만이 북쪽으로 계속 확대되며 바로 티나이 해변에 닿는다. 그곳에서 상륙하여 여러 곳의 커다란 늪과 웅덩이를 지나면 위험한 상업로가 나오는데, 수도 시나이(Sinae Metropolis)로 통한다. 만약 우리가 벤토(Bento de Góis, 포르투갈인, 1561~1607) 수도사가 (해로로 마카우에 상륙한 예수회 선교사의 편지에 나오는) 중국과 키타이가 동일한 나라임을 증명하기 위해 인도의 포르투갈 총독의 명을 받고 육상 실크로드를 경유해 키타이로 간 것이 15세기 이후의 일이라는 점을 상기한다면, 고대인들이 상당히 선진적인 지식을 갖고 있었음을 알 수 있다.

유라시아 대륙 양쪽 끝의 두 제국은 거의 동시에 곤경에 빠졌다. 우울한 3세기가 시작될 무렵 한(漢) 왕조의 수명은 이미 다해가고 있었다. 환관, 외척, 붕당, 여기에 더해 어린 황제 때문에 천하의 대란에 빠졌다. 고대 로마의 형편도 좋지 않았다. 야만족이 변경의 방어선을 넘기 시작했고 친위대가 황제를 살해한 뒤 제국을 대부호들에게 경매

했다. 로마 제국의 판도 안에는 황제를 자처하는 자가 여기저기서 나타나 제국은 분열되었다. 플라톤은 다음과 같이 말한 적이 있다. "우리는 개구리가 연못 주위에 서식하듯 바다의 주위에 흩어져 산다." 지중해를 둘러싸고 있던 고대 로마제국은 하나는 콘스탄티노플을 중심으로 하고 하나는 로마를 중심으로 하는 상호 적대적인 동서 두 세계로 분열되었다. 하나는 동방정교를 믿었고 하나는 천주교를 믿었다. 하나는 그리스어를 사용했고 하나는 라틴어를 사용했다. 서쪽의 신성로마제국은 유라시아 대륙의 한쪽 구석에서 오랫동안 잊힌 제국으로 남아 있었다.

세계의 양쪽 끝을 차지하던 두 제국이 쇠락하자 중앙부가 일어서기 시작했다. 강대한 사산 페르시아 제국의 중무장한 기병이 메소포타미아/유프라테스 강 유역에서 아프가니스탄에 이르는 광대한 지역을 지배했다. 서기 365년 무렵에 제작된 카스토리우스(Castorius) 지도에는 지중해에서 동방으로 가는 모든 노선이 사산 왕조의 판도 안에 들어와서 소실되어 보이지 않는다. 아름다운 홍해도 야만적인 아비시니아인과 아라비아인이 점령했다. 우울한 3세기에는 육로든 해로든 모든 길이 막히고 끊겼다. 비단 가격이 수십 배로 뛰었다. 디오클레티아누스(Diocletianus) 황제는 생사 1파운드 가격을 금화 274프랑으로 정했다. 프톨레마이오스가 죽고 두 세기가 지나지 않아서 고향인 지중해에서는 그의 『지리지』를 읽고 이해하는 사람이 없었다. 서기 365−366년에 비잔틴 궁정에서 일하는 카스토리우스란 로마인이 그린 상업용 지도에는 비잔틴 제국의 수도가 세 곳—콘스탄티노플, 로마, 안티오키아—에 표시되어 있었다. 이 지도에서 세레스의 수도 시나이성은 보이지 않고 세레스국으로 가는 어떤 노선도 표시되어 있지 않다. 인도 동남쪽의 광대한 지역은 그냥 공백 상태로 남아있고 단지 '해적'이 출몰하는 지역이란 표지만 그려져 있다.

정신이 물질보다 더 진실하다고 믿는 사람은 천하를 주유할 필요가 없다. 그들은 영원한 저녁노을 속에서 명상하며 사는 사람처럼 교회당의 그늘 아래서 생활한다. 그들의 내면세계는 외부세계보다 더 역동적이며 그들의 환상세계는 현실세계보다 더 광활하다. 그들이 신의 흔적이 가득한 대지를 거닐며 겪는 고통과 위험은 현실세계를 찾기 위함이 아니다. 그들은 이 세계에 대해서는 신뢰하지 않는다. 그들은 단테의 『신곡』에 묘사되어 있듯이 지옥과 천당을 찾아다니는 환상에 빠져 있으며 그들이 돌아다닌 발자국은 자신의 영혼 속에만 남는다. 세계는 하느님이 쓴 책이므로 『성경』은 바로 유일한 책이 된다. 그책 속에는 속세의 좌표는 없다. "첫 언약에도 섬기는 예법과 세상에 속한 성서가 있더라. 예비한 첫 장막이 있고 그 안에 등잔대와 상과 차려놓은 빵이 있으니 이는 '성소'라 불린다."(『성경』「히브리서」 9: 1-2). 중세의 모든 지식은 성경에 대한 연역이었다. 서기 6세기 알렉산드리아의 상인 코스마스(Cosmas, 우주란 뜻)는 기상천외한 책 『기독교세계지리지』를 편찬했다. 이 책에 나오는 세계에 대한 묘사는 『히브리서』에 나오는 몇 구절을 모방하고 있다―사도 바울이 '세계의 거룩한 곳'에서 본 것은 사람이 사는 세계의 모습이다. 등잔대는 천상의 해와 달과 별이며, 상은 만물을 짊어지고 있는 지구이며 일 년에 한 번 봄꽃과 가을 열매가 그 위에 차려진다. 성경에서 "성소의 상은 길이가 2큐빗이며 너비는 1큐빗"이라고 한 것은 대지가 평탄한 장방형임을 의미하는데 구체적으로는 동서의 길이가 남북의 넓이의 두 배이다. 대지가 하나의 평면으로 되어 있음은 이상적인 대칭성을 구현한 것이다. 인도인은 동쪽에 살고, 에티오피아인은 남쪽에 있으며 켈트인은 서쪽에 살고 스키타이인은 북쪽에 있다. 북쪽에는 높은 산이 하나 있는데 태양은 이 산의 주위를 돌기 때문에 나왔다 들어갔다 한다. 동쪽에는 네 갈래의 큰 강이 폭포처럼 천당으로부터 흘러내린다. 코스마스란 인물은 '인도 여행객'이란 별명을 가진 상인이었는데 일찍부터 천하를 돌아다니면서 멀게는 홍해와 인도양까지 가보았다. 기독교에 귀의한 뒤로 시나이 산 위에 있는 수도원에 은거하며 수도사로 지냈다. 그의 반생은 화려했고 반생은 적막했다. 그는 완전히 다른 사람으로 바뀌었다. 노을이 지는 나이에 그는 조용히 기독교 세계의 지리서를 썼다. 젊은 시절에 천하를 주유했던 기억은 반성과 참회 속에서 사라져 버린 듯 그는 책을 쓰면서 신앙을 지식의 근거로 삼았고 『성경』을 유일한 진리로 인용했다. 그는 사도들의 말을 사용하여 환상인지 진실인지 알 수 없는 세계의 모습을 재현하려 했다. 지구상의 모든 곳이 이미 『성경』에 다 나와 있음을 증명하지 못하는 것이 한이나 되는 듯 그는 『성경』에 나오는 모든 곳을 지도 위에 그려 넣었다.

지도는 인간의 세계관의 상징이다. 중세 기독교의 지도는 순전히 환상과 전설로 덮여 있다. "주 여호와께서 이와 같이 이르시되 이것이 곧 예루살렘이라 내가 그를 이방인 가운데에 두어 나라들이 둘러 있게 하였다."(『에스겔서』 5:5) 그래서 예루살렘은 자연스럽게 세계의 중심이 되었다. "천하의 물이 한 곳으로 모이고 뭍이 드러나라 하시니 그대로 되니라."(창세기 1:9) 그래서 인간이 거주하는 세계는 대양으

●중세 전설 속에 나오는 인도의 개의 머리를 가진 사람

로 둘러싸였다. 중세의 지도는 세계를 T−O자 구조로 표현하고 있다.
해양이 O자 모양으로 육지를 둘러싸고 있다. 육지 중앙에 T자 모양
의 물 흐름이 세계를 셋으로 나누고 있다. T자 줄기는 지중해를 나타
내고 T자의 머리 부분 왼쪽은 에게 해와 흑해를, 오른쪽은 나일 강과
홍해를 나타낸다. T자형 물 흐름이 셋으로 나눈 세계의 위쪽은 아시
아 대륙이고 왼쪽 아래는 유럽 대륙이며 오른쪽 아래는 아프리카이
다. T자 중심에 예루살렘이 자리 잡고 있다. 천당과 지옥은 동방 세계
의 경계 밖에 있다.

　　서기 3세기부터 13세기까지 천 년 동안 유럽의 중국에 관한 지
식은 늘어나지 않았다. 환상 속의 세레스는 갈수록 더 멀어져 거의
잊혀졌다. 서방 사람들의 현실 세계와 환상 세계 속에 다 같이 변화가

생겼기 때문이다.

구대륙의 동서를 가로지르는 무역은 로마와 함께 쇠퇴했다. 처음에는 사산 왕조가 일어났다가 뒤이어 이슬람 제국이 일어났다. 사막에서 태어난 종교가 한 세기 안에 유럽·아시아·아프리카 세 대륙에 걸친 광대한 제국을 세우게 될지는 누구도 예측하지 못했다. 사막의 폭풍이 세계를 바꾸었다. 성전(聖戰)에 나선 기사들은 비잔틴 제국으로부터 소아시아와 부유한 이집트, 그리고 초승달 지역을 빼앗았고 당 제국으로부터는 중앙아시아를 빼앗았다. 사마르칸트에서 신강까지, 모로코 해안에서 하서회랑까지 똑같은 『코란』을 읽는 소리가 퍼져나갔다. 무슬림은 로마제국과 한 제국 사이의 광대한 지역을 정복했다. 아비시니아 왕국이 홍해를 봉쇄했다. 이슬람 문명이 세계화의 정점에 이르렀을 때 프랑크인들은 무슬림 기사의 초승달 모양 칼과 낙타 대형 앞에서 멈추어야 했다.

기원 3세기부터 13세기까지 중세 서방인은 『천일야화』에 나오는 이야기와 같이 아득하게 먼 신비의 세계에 살았다. 세레스국과 세레스인을 언급하는 사람은 없었고 비단이라는 신기한 천을 본 적이 있는 사람도 없었다. 비단은 신화가 되었다. 정숙하지 못한 부녀자가 비단 옷을 걸치면 곧바로 더러워지고 소녀가 비단 옷을 입고 숲속을 걸어가면 요괴가 침범하지 못한다는 얘기를 사람들이 믿었다. 비단은 닿을 수 없는 곳에 있는 신비한 천국의 옷감이었다. 이런 환상이 사람들로 하여금 빈곤한 현실을 쉽게 받아들이게 했다. 복음이 바로 이런 삶을 요구했다.

현실의 공간이 좁아질수록 환상의 공간은 넓어졌다. "세레스는 원래 동방의 한 성곽이었다……" 이 얘기는 중세에 영향이 막강했던 기독교 백과전서의 편찬자 이시도르가 한 말이다. '박학자' 또는 '각종 얘기의 강론자'란 칭호를 갖고 있던 율리우스 솔리누스(서기 250년 무렵에 활동하였다)의 '지리학'은 기괴한 얘기로 가득했다. 이탈리아인은 우유를 먹여 이무기를 키운다, 살쾡이의 오줌은 값비싼 보석 결정이 된다, 에티오피아에서는 사람 몸체에 머리는 개인 인종이 산다, 니제르에는 고양이나 개보다 큰 개미가 산다, 동방에는 발가락이 8개인 부족이 있는데 발가락이 뒤로 향하고 있다, 동방에는 발이 하나뿐인 괴인이 사는데 발바닥으로 비와 햇빛을 가릴 수 있다……. 프톨레마이오스의 경도와 위도 체계는 황당무계한 환상의 망으로 대체되었다. 아미앙 마르셀린(Ammien Marcellin, A.D. 330-?)의 『사업(Res Gestae)』도 황당하기는 마찬가지다. 서기 4세기의 역사학자인 이 사람은 어디서 들었는지는 모르나 만리장성에 관해 다음과 같이 기술했다. "동방과 두 개의 스키타이 지역 바깥에 높은 담장으로 축조된 둥근 성곽이 세레스국을 둘러싸고 있다. 이 지역은 토질이 비옥하고 땅이 넓은 것으로 유명하다. 서쪽은 스키타이와 접하고 북부와 동부는 눈 덮인 사막과 붙어있다. 남부는 인도와 갠지스 강까지 이어져 있다." 이시도르도 다음과 같이 기술했다 "높은 담장은 신비한 동방 낙원을 생각나게 한다. 동방의 가장 중요한 땅은 천당이다. 그곳은 이름난 낙원으로서 불붙은 담장이 구름을 뚫고 우뚝 솟아있다. 보통 사람은 그곳에 들어갈 수가 없다. 정원 안에는 불로장생의 나무가 자라고 있으며 네 갈래 샘물이 안쪽으로 흘러들어 그곳 전체를 적셔준다."[118]

세레스는 원래 동방의 성이었거나 천당이었을 것이다. 환상 속의 낙원은 황금의 땅에서 불로장생의 나무가 자라고 붉은 과일과 푸른 풀이 가득한 기독교의 에덴동산으로 변했다. 아르메니아는 노아의 방주가 닿았을 가능성이 높은 곳이다. 그런데 그보다 더 먼 동방이 지옥과 천당이 있는 곳이 되었다. 창세기는 다음과 같이 기록하고 있다. "여호와 하느님이 동방의 에덴에 동산을 창설하시고 그 지으신 사람을 거기 두시고, 여호와 하느님이 그 땅에서 보기에 아름답고 먹기에 좋은 나무가 나게 하시니 동산 가운데에는 생명나무와 선악을 알게 하는 나무도 있더라. 에덴에서 강이 발원하여 동산을 적시고 거기서부터 갈라져 네 근원이 되었으니 첫째의 이름은 비손이라 금이 있는 하윌라 온 땅에 둘렸으며 그 땅의 금은 정금이요 그곳에는 베델리엄과 호마노도 있으며, 둘째 강의 이름은 기혼이라 구스 온 땅에 둘렸고, 셋째 강의 이름은 힛데겔이라 앗수르 동편으로 흐르며, 넷째 강은 유브라데이다." 4세기에 쓰인 『세계 모든 민족의 상황』이란 책은 'Eden'이라 불리는 곳에 관해 언급하고 있는데, 자연히 기독교의 에덴동산을 연상케 한다(히브리어에서 에덴동산은 Eden이라 쓴다). 그 내용은 아래와 같다.

4. 동방에는 카마리니(Camarini)란 부족이 있다고 한다. 모세가 그들이 사는 지역을 묘사하면서 에덴이라고 불렀다. 전하는 얘기에 따르면 가장 큰 강이 그곳에서 발원하여 네 줄기의 강

---

118 『그리스 라틴 작가의 극동 고문헌집』, p. 116.

으로 나뉜다고 한다. 그 강은 각기 기온(Geon), 피손(Phison), 티그리스와 유프라데이다. 그곳에 사는 사람들은 매우 경건하며 선량하다. 그들은 신체적으로나 정신적으로도 전혀 흠잡을 데가 없다. 좀 더 구체적인 정황은 아래와 같다.

그들은 우리가 먹는 보통의 빵을 먹지 않고 우리가 마시는 음료와 유사한 것은 마시지 않는다고 한다. 더 나아가 우리가 사용하는 불을 사용하지 않는다. 며칠 동안 계속해서 하늘에서 빵이 내리고 시골의 꿀과 후추(로 만든 음료)를 마신다. 소문에 따르면, 그곳에서는 태양의 온도가 매우 높아 대지에 햇빛이 비치고 나서 주민들이 강물 속으로 뛰어들지 않으면 모두 타버린다고 한다. 그들은 강물 속에서 물결 따라 떠다니다가 태양이 사라진 뒤에야 나온다고 한다.

5. 그들은 정부가 없이 자기관리를 한다. 그들은 먹고 마시는 방식이 다르다. 그들은 우리가 겪는 질병과 고통을 알지 못한다. 그들에게는 벼룩, 이, 빈대가 없고 서캐도 없다. 그들에게는 허약함이나 신체적 장애가 없다. 그들은 보통의 옷을 입지 않는다. 그들이 사용하는 천은 먼지 하나 묻지 않을 정도로 깨끗하다. 우연히 얼룩이 지게 되면 불을 이용해서 청결하게 한다. 그들의 천은 불을 통과하면 깨끗해지기 때문이다.

6. 그들은 씨 뿌리지 않고 추수도 하지 않는다. 산에서 금강석, 진주, 마노, 루비, 에메랄드 같은 진기한 원료가 자갈처럼 나오기 때문이다. 이런 보석을 캐는 방법은 아래와 같다.

산 속에서 발원한 큰 강이 밤낮으로 쉬지 않고 흘러나와 수

위가 갈수록 높아지면 산봉우리도 사면이 물에 둘러싸이게 된다. 부근의 주민들이 물길이 비교적 좁은 곳에 그물을 잡아 매고 떠내려 오는 물건을 걸러낸다.

7. 이런 낙원에는 고통도 없고 질병도 없다. 오직 사망의 위협만 있을 뿐이지만 사망의 시간도 미리 알고 있다. 그들은 118세 에서 200세까지 산다. 형은 어린 아우가 갑자기 죽는 것을 볼 수 없고 부모도 자식이 먼저 죽는 일을 당하지 않는다. 모든 사람이 죽어야 할 시간을 알고 있기 때문에 스스로 향을 쬔 나무로 관을 만들어 둔다. 그곳에는 향료가 많이 나기 때문이 다. 그들은 스스로 관 속에 들어가 영혼이 떠날 때를 기다린 다. 시간이 다가오면 모든 친지에게 감사와 작별의 인사를 한 뒤 평온한 마음으로 마지막 숨을 쉰다.[119]

중세의 기독교도들은 환상 속을 유람했다. 그들은 시인 단테처럼 진지하고 상상력이 풍부해서 세속에서 천당을 찾으려 했다. 중세에는 수많은 천당 여행담이 민간에 떠돌아 다녔다. 용감한 성직자는 수도 원을 나와 하늘과 땅이 맞닿는 지점을 찾아 동방으로 갔다. 그들은 인도에 이르러 사람 몸통에 개의 머리인 사람, 꼽추, 이무기, 알렉산더 가 쌓은 성과 제단을 보았고 폭풍이 몰아치는 황야를 지나 계속 동쪽 으로 나아가 세상의 꼭대기에 솟아 있는 속세의 천당을 보았다. 어떤

---

119 『그리스 라틴 작가의 극동 고문헌집』, pp. 77-78.

성직자는 천당 문 앞 20마일 지점에서 고대 이집트의 은둔자 성 마카리오스를 만났다. 그는 산속 동굴에 살고 있었다. 그는 가장 큰 유혹이 무엇인지를 알고 있었기 때문에 온갖 어려움을 무릅쓰고 찾아온 사람에게 천당의 아름다운 광경을 상세하게 설명해준 뒤 다시 보통 사람은 에덴동산에 들어갈 수 있는 복을 영원히 누릴 수 없다고 말해주었다. 중세에는 기이한 전설이 아주 많았다. 격리된 기독교 세계에 살던 유럽인은 편협한 생활방식 때문에 상상력을 한껏 발휘할 수밖에 없었다. 머나먼 동방에 관한 그들의 전설은 세 가지 기본 화제를 갖고 있었다. 첫째는 알렉산더 원정의 그칠 줄 모르는 허구. 둘째는 성 토마스의 근거 없는 인도 행적. 셋째는 꿈속에서도 떨쳐버리지 못하는 장로 요한의 전설이었다. 알렉산더에 관한 수많은 전설 가운데서 하나만 예를 든다면, 인도를 정복한 후 알렉산더는 갠지스 강에서 병사 5백 명과 함께 배를 타고 떠났는데 대지의 동쪽 끝까지 가서 높은 담장으로 둘러싸인 도시를 보았다고 한다. 그것이 세레스 성이었을까? 아니면 속세의 천당이었을까?

　속세의 천당은 인도의 동쪽, 동방, 달나라처럼 황량한 땅의 높은 산봉우리 위에 있었다. 중국은 천당에서 가까운 곳에 있었다. 세레스 또는 시나이 성이 바로 속세의 천당이 아닐까? 천당과 마찬가지로 아름답고 신비한 곳, 천당과 마찬가지로 전하는 말만 있을 뿐 누구도 직접 가보지 못한 곳…… 우리는 그들의 세레스에 관한 묘사에서 천당의 그림자를 본다. "천당은 동방 어느 곳에 있다. 그 이름은 그리스어에서 유래하며 라틴어로는 hortus('화원')라고 번역된다. 히브리어로는 에덴이라고 하며 우리말로는 Deliciae('호화로운 땅', 또는 '환락의 땅')라

번역된다. 둘을 결합한 것이 우리의 '낙원'이다. 그곳에는 각종 목재와 과일이 주렁주렁 달린 나무와 생명의 나무가 있기 때문이다. 그곳에는 추운 계절도 없고 더운 계절도 없다. 사계절이 늘 봄이다." 세레스의 형상이 유럽인들의 허무맹랑한 천당의 환상이 지상에 실재할 수 있는 근거를 제공해주었다. 중국 신강에는 호탄(和田)이란 곳이 있는데, 이 지명은 외래어의 음역이며 청나라 때에 처음 나타났다. 청나라 이전에 중국인들은 이곳을 '위톈'(于闐)이라 불렀고 흉노족은 '위둔'(于遁)이라 불렀으며 돌궐어로는 'Udun'이다. 파미르 고원에 자리 잡은 모든 동방 종족의 이 지역을 호칭하는 발음은 한결같이 서방인의 에덴과 유사하다. 이 지역에도 인접하여 흐르는 네 줄기의 강—니야, 크리야, 유룬카쉬, 카라카쉬—이 있다. 그리고 이 지역에는 지혜의 과일이 자라는 과수원이 도처에 널려 있고 아담과 이브가 벗은 몸을 가리기 위해 치마를 만들 때 사용했던 무화과나무도 지천으로 널려 있다…….

중세의 전설에서 동방은 이미 순수한 상상의 땅으로 변했다. 세레스와 비단은 사라졌다. 동방은 천당이 등장하는 곳이고, 천당 부근에 지옥이 있었다. 중세의 근엄한 역사학자 이스트라의 이사이코스는 지금 보면 전혀 엄숙하다고 볼 수 없는 역사를 썼다. 그는 용감한 알렉산더 대왕이 곡과 마곡, 그리고 '악인 22종족'을 정벌하고 그들을 북쪽의 큰 바다로 쫓아내 어느 반도에 가두었고, 지옥문 앞의 역청 연못에서 나오는 역청을 가져다 높은 담장을 쌓고 악마를 그 안에 가두었다고 기술했다. 중세 기독교의 지도에는 곡과 마곡을 가둔 담장이 둘러쳐진 지옥이 빠짐없이 나온다. 높은 담장이 악마를 둘러싼 것과 만리장성에 둘러싸인 중국은 전설에서 어떤 관계가 있다. 카르피니와 루브룩과는 동시대인이며 중세 과학의 선구자라고 불리는 로저 베이컨은 사람들에게 지리학을 연구하도록 권고하면서 다음과 같은 이유를 들었다. 지리학을 연구해야 지옥을 밝혀낼 수 있고, 곡과 마곡이 있는 곳을 알 수 있고, 그래야 세상의 종말이 왔을 때 사탄의 침입을 막아낼 수 있다. 『성경』은 발이 달린 오래된 뱀이 이브를 유혹하였고 하느님이 뱀을 징벌하였다고 기록하고 있다. "그가 그 용을 붙잡았으니 곧 오래된 뱀이라 마귀라고도 하고 사탄이라고도 불렀다. 그를 묶어서 바닥이 없는 구덩이 속에 던져 넣어 천 년 동안 가두어 두었다……" 바닥이 없는 구덩이가 곧 지옥이다. 지옥은 천당 옆에, 또한 동방에 있다. 지옥의 악마가 바로 발 달린 오래된 뱀인데 중국의 용과 닮았다. 그러니 세레스가 바로 마귀의 마을이 아니겠는가? 어떤 사람은 확언했다. "마귀는 중국의 용과 같다."

　　동방은 시간적으로나 공간적으로도 머나먼 곳에 떨어져 있는 존재로 변했다. 여행과 견문이 단절된 지 오랜 세월이 지났던 기억을 연결하자 비로소 키타이는 고대 비단의 나라로 부활했다.

부강의 전설

대 칸의 나라와 관련된 전설과 문헌의 전파는 또 다른 여행이었다.

기독교 전설은 신성한 천당이 동방에 있다고 하였는데 여행가들이 현실의 동방에서 찾아낸 것은 세속의 천당이었다. 대여행시대에 나온 여행기, 동방의 사지(史誌), 통상 안내서 따위의 문헌이 창조해낸 키타이의 형상은 부와 왕권의 상징이었다. 키타이와 만자는 세속의 천당이었다. 서방 문화에서 이제 막 싹을 틔우고 있던 세속 정신, 중상주의, 왕권사상, 도시 관념이 알게 모르게 키타이의 형상을 이용하여 그들의 갈망과 근심을 표출했다.

하나의 여행 방식이 끝나자 다른 방식의 여행이 시작되었다. 세계를 돌아다니는 모험가는 그 시대의 영웅이었지만 영웅은 결국 소수일 수밖에 없다. 절대다수의 사람들은 고향에 머물면서 각양각색의 전설과 문헌 속에서 여행했다. 대 칸의 나라와 관련된 전설과 문헌의 전파는 또 다른 여행이었다. 1247년 말 겨울이 시작될 무렵에 카르피니는 『몽고여행기』를 쓰기 시작했다. 이때부터 계산한다면 1447년에 포기오 브라치올리니가 『만국통람』을 완성하기까지 꼬박 2백 년이 흘렀다. 서방의 여러 유형의 문헌―여행기, 사지, 서간, 통상 안내서, 소설과 시가―이 키타이와 만자에 관련된 기술을 담고 있었는데, 현존하는 주요 문헌은 아래와 같다.

『카르피니 몽고여행기』(1247년)

『루브룩 동방여행기』(1255년)

『마르코 폴로 여행기』(대략 1299년)

「몬테 코르비노 등 선교사들의 서간문」(1305-1326년)

『오도릭 동방여행기』(1330년)

『대 칸국기』(대략 1330년)

『통상 안내서』(대략 1340년)

『마리뇰리 여행기』(1354년)

『맨더빌 여행기』(대략 1350년)

『데카메론』(1348-1353년)

『캔터베리 이야기』(1375-1400년)

『칼비호 동방사절기』(1405년)

『만국통람』(1431-1447년)

『페르시아 사절기』(1436-1480년)

    문헌의 저자는 선교사, 상인, 문학가이고 문체로 보면 역사, 여행기, 서간, 어록(예컨대, 『만국통람』), 그리고 순수 문학작품이다. 문헌의 언어를 보면 고상한 라틴어로 쓰인 것이 있는가 하면 통속적인 로망어 또는 프랑스어와 뒤섞인 것도 있다. 문헌의 내용으로 분류하면 실기(實記)와 허구로 나눌 수 있는데 대부분이 두 가지가 혼연일체가 된 것들이다. 이런 문헌들은 상호 인용과 상호 참조를 거듭하면서 서방 문화 가운데에 유포된 '키타이 형상'을 공동으로 창조해냈다. 이른바 키타이 형상 가운데서 우리는 당대 서방 여행가들이 듣고 본 바와 그들의 중국에 대한 인상과 전설을 보게 되며, 13-15세기 유럽인들의 중국에 관한 지식과 상상을 보게 되며, 그것을 통해 은유적으로 표현된 서방 문화의 정신을 보게 된다.

대여행시대의 여행기, 동방 사지, 통상 안내서 따위의 문헌이 창조한 키타이 형상은 무엇보다도 번영과 부귀를 누리는 세속적 낙원의 상징이었고 동방의 부가 사람들을 가장 강하게 유혹했다. 최초의 정보는 루브룩의 여행기에서 드러난다. "어떤 사람이 내게 말해주기를, 그 지역에는 성벽이 은으로 쌓아올렸고 성루는 금으로 세워진 도시가 있다고 한다." 그런데 이런 종류의 정보가 널리 퍼지는데 진정으로 기여한 것은 마르코 폴로의 여행기였다.

중세 후기 서방 문화 속의 키타이 형상은 무엇보다 부의 상징이었다. 이 점에 있어서 가장 창조적인 영향을 미친 문헌이 마르코 폴로의 천일야화 식 '세계여행기'였다. 그가 소개한 키타이와 만자는 땅이 넓고 물산이 풍부하며, 도시는 번영하고 정치는 안정되어 교역과 교통에 유리한 곳이었다. 마르코 폴로는 중국에서 17년을 생활했기 때문에 듣고 본 것이 방대했으나 그에게 가장 깊은 인상을 남긴 것은 역시 키타이의 물질 문명이었다. 상도에서 대도에 이르기까지 대 칸의 웅장하고 화려한 궁전은 놀라운 것이었다. 마르코 폴로가 기록한 바에 따르면, "칸발릭 성은 키타이 성(省)의 큰 강가에 자리 잡고 있으

●마르코 폴로. 1477년 뉘른베르크에서 나온 독일어
판 『마르코 폴로 여행기』의 표지화

며 과거에는 찬란함과 위엄 때문에 이름을 떨쳤다. 성의 이름의 원래
의미는 '제왕(帝王)의 도성'이다.""성의 사방을 8마일 길이의 성벽이
둘러싸고 있고 성벽의 바깥은 깊은 도랑이 둘러싸고 있다. 동서남북
성벽마다 하나의 문이 있어서 평소에 사람이 사통팔달로 출입할 수
있다…… 안쪽 성벽의 네 모퉁이와 중앙에 각기 하나씩 웅장한 성루
가 있다. 그러므로 성벽 안쪽에는 도합 8곳의 성루가 있는데 성루에
는 제국의 병기가 보관되어 있다……. 성벽의 4리 안쪽이 대 칸의 궁
전이다. 칸의 궁전보다 더 큰 궁전은 본 적이 없다." 칸발릭에는 화려

한 궁전 말고도 질서정연한 민가와 시가지가 있었다. "거리는 모두가 직선이다. 어느 성문에서 성벽에 올라 직선으로 앞을 바라보면 맞은편 성문이 보인다. 공용의 거리 양쪽으로 각양각색의 좌판과 상점이 늘어서 있다. 성안의 주거지역도 집이 앉은 평면은 모두 네모반듯하고 길을 따라 직선으로 배열되어 있다. 네모반듯한 지면 위에 뛰어난 정원이 딸린 크고 아름다운 가옥이 서 있다." "칸발릭과 그 교외—교외에는 칸발릭의 12개 성문에서 이어지는 12개의 큰 성곽이 있다—에 거주하는 주민 수는 상상하기 어려울 만큼 많다. 교외에 사는 주민이 성 안에 사는 주민보다 많다. 교외에는 상인과 도성 안에서 장사하는 사람이 산다. 교외에는 수많은 가옥이 있고 모두가 성안의 가옥과 마찬가지로 화려하고 웅장하다. 물론 대 칸의 궁전과는 비교가 안 되지만…… 대규모의 상인 무리와 그 밖에 도성을 왕래하는 외지인의 숫자가 더 많다. 각종 진기한 물건들이 세계 각지로부터 도성으로 실려 온다. 그 중에서 특히 값진 것으로는 인도에서 온 보석과 진주, 다양한 약재와 향료가 있다. 키타이 현지와 제국의 기타 성에서 나온 진기한 보석도 이곳으로 운반되어 궁정과 그 부근 지역에 사는 사람들의 수요를 만족시키고 있다. 이곳에서 팔리는 상품의 수량은 세계의 다른 어느 곳의 교역량보다 많다. 매일 최소한 천 대의 마차가 생사를 싣고 들어온다. 또한 이 도시에서는 금실을 넣어 짠 비단이 대량으로 생산되고 있다. 도성 부근에는 작은 성곽과 마을이 많이 있는데 그곳 주민들은 도성에 들어와 자신이 생산한 상품을 팔고 필요한 물건을 사가지고 돌아간다. 칸발릭은 분명히 큰 시장이다." 마르코 폴로는 키타이와 만자를 돌아다니면서 가는 곳마다 현지의 산물, 도시, 건축, 도로, 항로, 교량 등을 관심 있게 살피고 생생한 기록을 남겼다. 도시는 키타이의 칸발릭이든 만자의 행재든 세속에서 볼 수 있는 가장 번화한 지방이었다. "오주(吳州) 성에서 출발하여 사흘의 여정을 가는 동안 인구가 많고 부유한 도시, 보루와 시골 마을을 여러 곳 거쳐 갔다. 사람들은 먹고 입는 것이 풍족했다. 셋째 날 저녁에 웅장하고 화려한 행재에 도착했다. 이 도시의 이름은 '하늘의 성'이란 의미를 갖고 있다. 세계의 어떤 도시도 화려하고 웅장함에 있어서 이 도시와 비교가 되지 않기 때문이다. 이곳의 명승고적은 엄청나게 많아서 천당에 살고 있는 듯한 느낌이 들 정도이다. 그래서 '하늘의 성'이란 이름이 붙여졌다."[120]

마르코 폴로가 묘사한 키타이와 만자는 사람들이 선망하는 세속의 천당이었다. 꿈과 같은 풍경이 이어져 있는 이 도시에서는 돌덩이 하나마다 그 아래에 금이 묻혀 있을 것 같았다. 의심하는 사람도 있었으나 제 눈으로 확인한 부를 믿지 않을 도리가 없었다. 칸발릭에서 대 칸의 조폐창을 본 마르코 폴로는 지폐 제조가 마치 연금술 같다고 묘사했다. 한 장의 종이 위에 도장을 찍으면 그 자리에서 순금이나 순은과 같은 것으로 변한다는 것은 불가사의였다. 지폐는 대량으로 제조되었고 대 칸의 영토 안에서는 어디서나 지폐가 통용되었다. "상인들은 교역할 때 지폐를 사용해 필요한 물품을 사고판다. 대규모 대상은 각종 금은보석을 가져와 대 칸에게 팔았다. 대 칸은 경험이 풍

---

[120] 『마르코 폴로 여행기』, 제2권, 제76장.

부한 12명을 선발하여 전문적으로 금은보석을 감정하는 일을 맡겼다. 이들이 엄격하고 신중하게 감정한 보석의 가격에다 합리적인 이윤을 얹은 금액을 대 칸이 지폐로 지급해 준다. 상인들은 이윤을 볼 수 있는 이런 방식을 반대할 이유가 없다. 상인들은 자신들이 사는 나라에서는 지폐가 통하지 않기 때문에 즉시 이 지폐를 사용해 자신들 나라의 시장에서 팔릴 물품을 사들인다……. 제국의 군사비도 지폐로 지급되는데 가치가 금은과 다르지 않다. 이런 방식으로 최대의 범위 내에서 금은보화를 끌어 모으는 대 칸은 세계의 어떤 군주보다도 부유한 군주임에 틀림없다."

사실이 다른 문화의 시야 안에서 서술될 때는 마치 신화처럼 들리게 된다. 부는 속세를 천당으로 바꾸었다. 세속의 천당은 동방에 있고 이제 정확한 위치까지 알려졌다. 키타이, 칸발릭, 만자, 또는 행재성……. 마침내 천당으로 통하는 길을 찾았다. 중세 후기의 동방 여행기 가운데서 가장 널리 알려진 것이 『마르코 폴로 여행기』였다. 이 여행기는 기술 내용은 1) 도시와 교통, 2) 물산과 교역, 3) 정치와 종교 등 세 가지에 집중되어 있다. 마르코 폴로는 문화적 편견이 가장 적고 물질적 욕구가 가장 강렬한 여행자였기 때문에 어떤 여행자보다도 관찰한 것이 많았다. 중국에서 생활하는 동안, 그는 어느 날엔가 대 칸이 기독교에 귀의할 것이란 천진한 가설에 들어맞는 재료를 찾아내려고 특별히 노력한 경우 말고는 중국인의 정신생활에 거의 관심을 기울이지 않았다. 한족의 언어, 문화, 풍속, 습관에 관해 그는 아는 것도 없었고 관심도 없었다. 그의 여행기를 보면 그가 이해하는 것은 몽고인의 통치와 도시의 물산뿐이었다. 베네치아의 상인이 중국의 형상

●마르코 폴로의 초상은 여러 종류가 전해지고 있다. 이것은 로마
에서 그려진 것이다.

을 물질화하고 있었다. 부와 권력의 상징을 의미하는 키타이 형상이
등장한 것이다.

마르코 폴로의 여행기는 서방의 집단기억 속의 중국 형상을 창조
했다. 그것은 무엇보다도 부의 상징이었다. 키타이는 세속의 천당이자
땅 아래의 황금이 땅 위 나뭇가지에 달린 과일보다 더 아름다운 곳이
었다. 황제의 궁전은 에덴동산보다 더 매혹적이었다. 세계는 확대되었
다. 신화 같은 키타이가 유럽인의 세계에 대한 관념을 바꾸고 있었고,
유럽인의 자아·인생·현세·종교에 대한 관념도 바꾸고 있었다. 유럽
인은 사람이 사는 세계가 궁극적으로 얼마나 넓은지, 도대체 어떤 모

습인지를 생각해보기 시작했다. 하느님의 허락을 받아야 가는 천당과 징벌을 받아서 가는 지옥은 과연 존재하는지, 존재한다면 어디에 있는지, 내세를 위해 사는 것은 당연하지만 현세의 생명 자체가 인생의 목적이 될 수는 없는지, 천당을 바라기에 앞서 세속의 행복을 누릴 권리는 없는지, 현세의 질서를 창조하고 사람의 행복과 재산을 지켜줄 공정한 세속의 권력은 없는지, 사람으로서의 품위를 지키면서 살 수는 없는지……. 세상은 모든 사람에게 똑같이 친밀하다. 그렇다면 사람과 사람 사이에 화목하게 공존하는 방식을 찾아내지 못할 이유가 무엇인가? 왜 신앙 때문에 세상이 이리저리 갈라져야 하는가? 대 칸 제국의 종교적 관용과 정치적 질서를 알게 된 서방인은 감동하고 선망하지 않을 수 없었다. 유럽인의 세계관이 알지 못하는 사이에 변하고 있었다. 곤혹스러움과 의심의 마음, 선망과 기대의 마음이 뒤섞여 그들은 갈등하기 시작했다. 그들은 대전환 시대의 열기와 상상에 맞는 지식을 습득하는 한편 서서히 자신을 조정하기 시작했다. 허드슨 교수는 다음과 같이 말했다. "라틴 유럽의 상상을 사로잡고 사상관점을 바꾼 것은 중국 여행이었다. 당시 많은 유럽 여행가들이 중국에 갔고 페르시아와 인도에도 갔다. 그런데 그들이 가장 깊은 관심을 갖고 묘사한 대상은 중국이었다. 아시아의 어떤 나라도 중국만큼 영향을 주지는 못했다. 중국에 관한 서술은 처음에는 도저히 믿지 못하겠다는 반응을 불러 일으켰다. 중국인은 유럽인의 선입관과는 너무나 달랐기 때문이다. 중국은 신화와 같았다."[121]

　　마르코 폴로는 키타이 형상을 구체화하고 물질화했다. 몽고의 세기에 중국과 서양의 교류에서 성과가 가장 많았던 분야는 경제가 아니라 문화였다. 더 큰 영향을 미친 것은 교역을 통해 실제로 움직인 물자가 아니라 물질적 부에 관한 전설이었다. 몽고의 세기에 중국으로 간 선교사와 상인들이 걸어간 길은 오래된 실크로드였다. 그러나 이때의 교류로 유럽과 중국 사이의 비단무역이 부활하지는 않았다. 이 무렵 유럽은 이미 스스로 비단을 생산할 줄 알았다. 중국 통로가 유럽 경제에 미친 영향이 크지 않았다. 이 점은 유럽과 인도 본토·말레이반도 사이의 향료 무역액을 보면 분명해진다. 유럽 상인들도 중국으로부터 진기한 보배와 능라주단을 가져갔다. 그러나 중국의 부는 실어갈 수 없는 것이었다. 예물의 성격이 강했던 비단이 유럽인들에게 중요했던 이유는 직물이기 때문이 아니라 그것이 갖고 있던 정교하고 아름다운 무늬와 세속을 초월한 듯한 공예기술이었다. 거칠고 소박했던 당시 유럽인들에게 그것은 일종의 불가사의였다. 전설과 취미는 다 같이 문화의 한 부분이다. 그 광대한 제국에서 돌아오는 여행자들이 끊이지 않았고 그들이 가져온 물품은 빠르게 유럽사회의 사치품으로 자리 잡았다. 여행자들은 흥분하여 그들의 여행담을 쉴 새 없이 풀어놓았다. 그곳의 부, 인구, 도시, 교량…… 위대하다는 따위의 형용사가 너무 많이 동원되었기 때문에 처음에는 사람들이 믿지 않았다. 갈수록 증거가 쌓이자 신화 같지만 믿지 않을 수가 없었다. 마침내 유럽인은 키타이 얘기를 믿기 시작했다. 그들은 세속의 천당을 찾아냈다. 키타이 형상이 유럽인의 세속 정신을 해방시키고 그

---

121 『유럽과 중국』, p. 135.

들의 욕구를 부추겼다. 키타이 얘기가 갖는 가장 큰 역사적 의미는 기독교도 형제들에게 동방의 아름답고 부유한 인간 세상을 보여주었다는 점이다. 키타이 얘기로 영향을 받은 것은 경제 무역이나 세계정치 분야가 아니라 문화 정신 분야였다. 중국 형상이 유럽의 사상을 바꾸어 놓았다.

키타이 형상은 머지않아 부라는 하나의 특징으로 표출되었다. 키타이와 만자와 관련된 거의 모든 문헌이 중국의 부를 소개하거나 과장하지 않는 경우가 없었다. 처음에는 주류를 이루었던 중국의 종교와 신앙에 대한 관심이 중국의 부에 대한 관심으로 대체되었다. 몽고가 지배하던 시기에 가장 전형적인 동방 여행기는 마르코 폴로의 여행기도 아니고 뒤에서 우리가 다루게 될 맨더빌의 여행기도 아니었다. 그 시대의 종교적 관심과 세속적 관심을 동시에 표출한 문헌은 광범위한 분야에 걸쳐 흥미를 가졌던 선교사 오도릭이 쓴 것이었다. 그의 『동방여행기』는 종교와 부에 대한 이중적 열정을 표현하고 있으며 중세 후기 문예부흥 시대의 유럽의 문화정신을 표현하고 있다.

선교는 종교적 관심이고 부는 세속적 관심이다. 오도릭은 두 가지 모두에 깊은 흥미를 갖고 있었다. 그는 광주에서 뭍에 올랐다(여행기에서는 광주를 '센스칼란'이라 불렀다). 광주의 수많은 선박, 값싼 생강, 살찐 거위, 연회석에 오른 뱀 요리는 광주 시민의 우상숭배 못지않게 그의 관심을 끌었다. 광주에서 자동으로 가는 동안에 그의 중요한 관심사는 인도에서부터 가져온 네 명의 순교자 유골을 교회 안에 안치하는 일이었지만 그는 우상숭배자의 사원과 우상 앞에 놓인 모든 음식 접시에서 김이 오르고 있다는 사실에도 관심을 가졌다. "이곳이

세상에서 가장 좋은 지방 가운데 하나"였던 까닭은 결코 종교적인 이
유 때문이 아니라 "사람의 생활에 필요한 것들"이 풍부했기 때문이
었다. 마르코 폴로는 칸발릭 황궁의 화려함과 행재 시정의 번영에 대
해 찬탄했지만 이 점에 있어서 오도릭의 흥미도 상인 마르코 폴로에
비해 한 치도 뒤지지 않았다. 오도릭은 '이곳이 세상에서 가장 큰 도
시'이며 행재란 이름의 뜻은 '천당의 성'이라고 하였다. 학자들은 오
도릭이 이렇게 말한 근거는 중국에서는 늘 들을 수 있는 "위로는 천
당이 있고 아래는 소주 항주가 있다"고 하는 속담일 가능성이 높다
고 본다. 역사적 근거가 무엇이든지 간에 그가 항주를 '천당의 성'으
로 비유했을 때는 성 아우구스티누스의 '하느님의 성'(De Civitate Dei)
이 틀림없이 그의 머릿속에 떠올랐을 것이다. 어느 '성'이 더 흡인력이
있었을까?

　"그곳을 출발하여 항주 성으로 왔다. 항주는 '천당의 성'이란 뜻
이며 세계에서 가장 큰 도시이다(베네치아에서 그곳을 다녀온 여러 사람들
을 우연히 마주치지 않았더라면 너무나 커서 말도 꺼내지 않았을 것이다). 항주
의 둘레는 충분히 백 마일이 될 것이다. 한 뼘의 땅도 사람이 붐비지
않는 곳이라고는 없다. 그곳에는 여관이 매우 많다. 여관은 대부분 방
이 열에서 열두 칸이다. 넓은 교외 지역도 있고 인구가 성 안보다도
많다. 성에는 12개의 큰 문이 있고 모든 성문에서 8마일 정도 떨어진
곳이면 베네치아나 파도바보다 더 큰 마을이 있다. 그 중의 한 교외
지역에서 6~7일 동안 여행했다고 해도 극히 일부분 밖에는 보지 못
한 셈이다."

　"이 성은 베네치아와 마찬가지로—운하가 있다—조용한 물가

의 암초 위에 자리 잡고 있다. 이 도시에는 12,000여 개의 다리가 있고 다리마다 지키는 병사가 있다. 성 옆으로 강이 흐른다. 강변에 성을 쌓은 것은 포(Po) 강변의 페라라(Ferrara)를 연상케 한다."

"나는 이 성의 상황을 이해하기 위해 여러 가지 정보를 모았다. 나는 기독교도, 사라센인, 우상숭배자 등 가리지 않고 여러 사람에게 물었다. 그들이 일치하여 동의하는 바는 성의 둘레가 백여 마일이 된다는 점이다. 사람들은 매년 대 칸에게 1발리스(지폐 5장)의 세금을 바쳐야 하는데 1.5플로린과 비슷한 금액이다. 그들의 납세 관리 방식은 다음과 같다. 열 집 또는 열두 집이 한 화(火)가 되고 화 단위로 세금을 납부한다. 현재 이런 화가 85투멘(Tumen)이 있다고 하며 여기에 더하여 사라센인의 투멘이 4개라 하니 전부 89개의 투멘이 있는 셈이다. 1투멘은 1만 화와 같다. 그 밖에 기독교도와 상인과 단순한 여행객들이 있다."

"내가 신기하게 생각하는 것은 이렇게 많은 사람들이 어떻게 한 곳에 모여 살 수 있느냐 하는 점이다. 어쨌든 이 도시에는 밀가루 음식과 돼지고기, 쌀과 술이 늘 풍부하다. 술은 미양(米釀, Bigni)이라고 부르는데 명성이 자자하다. 그밖에도 여러 가지 음식이 있다."[122]

중국은 세속의 천당이었다. 도시와 교량 선박과 도로, 궁전과 정원, 명절과 연회, 풍부한 음식과 술, 이런 것들은 세속적 관심이 있어야 살필 수 있다. 오도릭은 선교사였다. 그의 여행기는 기독교의 신성

---

122 『오도릭 동방여행기』, 하고제 역, 중화서국, 1981년 판, pp. 67－68.

한 행적뿐만 아니라 각종 이교의 기이한 풍속, 황금과 보석, 화려하고 웅장한 궁전과 번화한 시정생활도 충실하게 기록했다. 마르코 폴로가 진기한 물건과 궁전에 매료되었던 것은 당연한 일이었다. 그는 '베네치아의 상인'이었으니까. 그러나 프란치스코회 규칙에 따라 탁발승으로서 가난한 생활을 해야 하는 수도사가 깊은 세속적 관심을 보였다면 의미는 달라진다. 키타이 형상의 세속 정신이 중세 신앙의 핵심이자 마지막 보루라고 할 수도사를 동요하게 만들었다.

카르피니와 루브룩은 중국 땅을 밟지 않았다. 1247년에 나온 카르피니의 『몽고여행기』가 유럽이 몽고와 중앙아시아의 상황을 이해하게 된 최초의 문헌이었다. 꼬박 반세기 뒤인 1299년에 나온 마르코 폴로의 여행기는 유럽이 중국의 상황을 이해하게 된 첫 번째 문헌이었다. 원나라가 지배하던 시기에 중국에 대한 이해가 가장 많았던 인물은 마르코 폴로와 오도릭이었다. 마르코 폴로는 중국에서 17년을 살았고 세상에 널리 알려진 여행기를 남겼다. 오도릭은 5년 동안 중국을 돌아다녔고 중국의 도시와 도로, 풍토와 민심을 상세히 기록한 『동방여행기』를 썼다. 이탈리아 안코나 출신의 야콥이란 유태인 상인이 쓴 『광명의 성』도 빠트려서는 안 될 문헌이다. 몽고족이 지배하던 시대에 서방 여행자들을 가장 감동시킨 것은 중국의 세속적 번영이었다. 서방 여행자들이 남긴 문헌 가운데서 키타이의 형상은 철저하게 세속적인 것이었다. 당연한 얘기지만, 세속 정신이 철저한 사람이라야 진정으로 중국을 감지할 수 있었다. 신앙심이 깊은 코르비노는 북경에서 보낸 첫 번째 편지의 마지막 부분에 다음과 같이 썼다. "내 견문이 미치는 한 영토의 넓이, 인구, 부의 크기에 있어서 세상의 어

떤 국왕 또는 군주도 대 칸 폐하와 겨룰 수 없다고 믿는 바이다."(코르
비노는 선교 사명을 받고 동방행에 나선 뒤로 세 통의 편지를 썼다. 첫 번째는 인도
에서 부쳤다. 두 번째와 세 번째 편지는 중국의 북경에서 부친 것이다. 그래서 그의
두 번째 편지가 중국에서 보낸 첫 번째 편지다.) 천주(泉州)의 주교 앙드레도
다음과 같이 말했다. "나는 이 위대한 황제의 부유함, 위엄과 영광,
제국의 광대함, 크고도 많은 도시, 제국 통치 질서의 투명함(감히 칼을
뽑아 다른 사람을 해치는 사람이 없다)에 대해서는 언급하지 않겠다. 이런
것들을 일일이 묘사하자면 편지는 너무 길어질 뿐만 아니라 읽는 사
람도 믿지 못할 것이기 때문이다. 이곳에서 직접 경험한 나도 이런 얘
기를 듣는다면 믿기 어려울 것이다."[123]

  이들 선교사의 서신에서 우리는 세속적 감성의 미세한 흔들림을
어느 정도 느낄 수 있다. 코르비노는 노쇠하고 사람들에게 잊히는 자
신을 돌아보고 비감에 젖었다. 편지의 마지막 부분에서 그는 중국의
세속적 번영을 언급함으로써 자신의 쓸쓸한 처지를 부각시켰다. 천주
의 주교 페레긴은 편지 첫 머리에서부터 "다른 세계에 임명된 빈궁한
주교"나 "이국에 유배된 아들"로 자처했다. 그는 자신의 정신이 충실
하고 신앙이 견고함을 끊임없이 강조했지만 우리는 어렵지 않게 숨겨
진 절망을 감지할 수가 있다. "우리 수도사들도 살날이 얼마 남지 않
았다." 그는 키타이의 풍요에 관해 몇 마디 표현을 반복적으로 사용

---

123 『몽고출사기』, (영) 크리스토퍼 도우슨 편, 중국사회과학출판사, 1983년 판, pp.
265, 273-274. 아래에서는 동일한 출처에서 인용할 경우 따로 주를 부치지 않
는다.

했지만 길게 말하지는 않았다. 어쩌면 자세히 말하고 싶은 유혹을 그렇게 억제했는지도 모른다. 이들 세 사람의 편지 가운데서 어느 정도 밝은 분위기를 띤 것은 앙드레의 편지뿐이었다. 공교롭게도 세속의 번영을 찬양한 사람도 앙드레뿐이었다. 그는 중국의 번영에 대해 찬사를 보냈고 자신이 일하는 천주의 교회당의 화려함과 쾌적함을 자랑했다. "요즘은 내 편한 대로 때로는 성 안에 있는 중앙 교회당에 거주하기도 하고 성 밖에 내가 지은 교회당에 머무는 때도 있다. 내 나이가 허락하는 범위 내에서 보자면 신체는 건강하다. 나 역시 정력이 왕성하고 활기가 넘친다. 머리의 백발을 제외한다면 나이든 사람에게서 나타나는 여러 가지 자연적인 결함과 특징이 아직은 내게 나타나지 않고 있다."

칸발릭의 대 칸 궁전의 웅장함이나 행재의 시민생활의 번영은 다같이 깊은 인상을 주었다. 마리뇰리는 교황의 명을 받아 몽고에 사절로 갔다가 유럽에 돌아온 뒤에 키타이와 만자에 관해 얘기할 때면 여러 가지 세속적 번영을 흥미롭게 소개했다. 그는 교회를 위해 『보헤미아사』를 저술했다. 세 권으로 구성된 『보헤미아사』의 제1권인 『세계사(Thearchos)』는 창세기에서부터 바벨탑이 세워진 때까지를, 제2권인 『국별사(國別史, Monarchos)』는 네로 황제 통치하의 로마에서부터 프랑크, 게르만, 보헤미아 왕국을, 제3권인 『종교사(Ierarchos)』는 멜기세덱, 모세, 그리스도, 로마 교황들을 거쳐 보헤미아의 여러 주교까지를 다루고 있다. 그의 저서에서 중국은 에덴낙원을 서술한 장에서 등장한다. "동방, 인도 부근에 에덴낙원이라 부르는 곳이 있다. 여기서 나는 이해를 돕기 위해 나 자신의 견문을 작은 단락으로 삽입하여 설명하고자 한다……. 1338년 나는 교황 베네딕트 12세의 명을 받고 타타르에 가서 교황의 국서와 예물을 대 칸에게 전했다. 대 칸의 제국은 동방에 있었고 영토는 동방세계의 거의 절반을 차지했다. 나라는 부강하고 백성은 부유했으며 성읍이 줄을 이었다……제국의 수도 칸발릭은 웅장하고 인구는 많았으며 군사는 씩씩했다. 더 긴말은 하지 않겠다……. 돌아올 때 만자국을 거쳐서 왔는데, 서로 이어져 있는 성읍은 수를 셀 수 없을 정도로 많았고 그 휘황찬란함은 표현하기가 어렵다. 만자국은 영토가 넓고 도시와 마을이 끝없이 이어져 있었다. 직접 경험하지 않은 사람이라면 그곳의 번영, 풍부한 물산을 믿지 못할 것이다. 수많은 종류의 과일은 유럽 사람들은 보지도 못한 것이다. 만자국에는 3만여 개의 큰 도시가 있고 작은 마을은 부지기수다. 그 가운데서 수도인 행재를 으뜸으로 친다. 행재의 도시 구역은 광활하고 시가지는 번화하며 시민은 부유하다. 가장 화려하고 웅장한 건물은 성 안의 불교 사원인데, 1~2천 명의 승려가 기거할 수 있다. 수도는 진실로 동서고금을 통틀어 가장 웅대한 도시이다. 성 안에는 돌로 만든 아름다운 다리가 만여 곳이나 된다고 하며 난간에 조각된 무사는 살아있는 듯 생생하다. 직접 경험해야 믿게 될 것이다. 모두가 사실이다……."[124]

세속의 상인에서부터 성직자에 이르기까지 보고 느낀 바는 대동소이했다. 물질화된, 부의 상징으로서의 키타이 형상이 점차로 형성

---

[124] *Cathay and the Way Thither*, V. 3, p. 247.

되었다. 처음에 키타이 형상은 여러 가지 흩어진 인상의 조각이어서 의미나 가치가 그리 명확하지 않았다. 여행이 늘어나고 견문이 넓어지자 문헌이 풍부해졌다. 풍부해진 문헌의 상호 인용과 인증을 통해 키타이 형상은 점차로 온전하고 명확해졌다. 문헌의 유형도 여행기에서 시작하여 사지, 소설과 시가 등으로 다양해졌다. 다양한 유형의 문헌들이 줄기차게 중국의 광활한 토지, 풍부한 물산, 번영하는 도시, 강대한 왕권, 기독교에 동정적인 분위기, 돈 벌 수 있는 기회를 묘사하고 강조했다. 키타이 형상은 끊임없이 풍부해지는 과정을 거치면서 또한 끊임없이 유형화되어 갔다. 부, 왕권, 도시 생활, 넓은 국토 …… 사실적인 여행기든 허구의 모험담이건 가릴 것 없이 분명한 유형화의 경향을 보였다.

황금이 부의 상징이듯이 키타이 형상 가운데 낭만적인 얘기로 묘사된 대 칸은 권력과 명예의 상징이 되었다. 마르코 폴로, 오도릭, 마리뇰리의 문헌은 모두 대 칸의 위엄을 묘사하고 있다. 마르코 폴로는, "이 책에서 우리가 말하고 싶은 것은 대 칸 쿠빌라이의 위대한 업적이다. '칸'이란 우리말로 하면 '왕 중의 왕'이다. 쿠빌라이는 그 이름 뒤에 이 칭호가 더해져야 마땅한 인물이다. 거느린 신하와 백성의 수, 영토의 넓이, 부의 규모에 있어서 지금까지 이 세상의 어떤 군주도 그를 넘어서지 못했다. 그의 신하와 백성이 그에게 바쳤던 것과 같은 절대적인 복종을 누린 군주는 이 세상에 존재하지 않는다"고 하였다. 마르코 폴로는 전쟁, 조정 연회, 수렵 등 대 칸의 호방하고 웅장한 행적을 수없이 찬양했다. "대 칸의 친위대는 만2천여 명의 기병으로 구성되어 있다. 대 칸의 생일 축하연에는 2만 명의 문무 고관과 귀족이 같은 모양과 색깔의 금실을 넣어 짠 화려한 비단 옷을 입고 참석한다. 어떤 예복은 보석과 진주로 장식한 것이다. 대 칸의 궁정에서 한 해에 몇 차례 명절 연회가 벌어질 때마다 만2천 명의 남작이 황금빛 외투를 입고 참석한다. 황금빛 외투는 모두가 대 칸이 하사한 것이다. 대 칸은 만2천 명의 남작에게 명절 예복으로서 매년 13벌씩, 합계 15만 6천 벌의 황금빛 외투를 하사하니 비용이 얼마인지 계산하기 어렵다. 이밖에도 금 허리띠와 가죽 장화를 지급하는 데 드는 돈도 적지 않다. 대 칸이 이렇게 하는 이유는 화려함과 웅장한 연회를 열기 위해서이다." "이런 예복은 보석과 진주, 기타 귀금속으로 장식되어 있다. 그뿐 아니라 만2천 명의 남작에게 각기 황금 허리띠 하나씩을 하사한다. 황금 허리띠는 매우 화려하고 값진 것이다. 화려한 예복을 입은 그들을 보면 웬만한 국왕을 연상케 하며…… 대 칸도 13벌의 예복을 갖고 있는데 색상은 여러 남작들의 예복과 같으나 좀 더 화려하고 기품이 있으며 값을 헤아릴 수가 없다." 대 칸이 사냥에 나설 때는 따르는 사람이 수만 명이나 되며 사냥개만 해도 5천 마리를 넘는다. 대 칸은 12명의 귀족을 통해 광대한 국토를 통치한다. 도로는 사통팔달로 뚫려 있고 역참은 대 칸의 명령을 빠르게 각지에 전달한다. 대 칸은 역참을 연결하는 도로에 나무를 심으라는 명령을 내렸는데 "심는 나무는 높이 자라는 수종이라야 하고 나무와 나무 사이의 간격은 두 걸음을 넘지 않아야 한다. 큰 길은 눈에 덮이는 때가 있으므로 이렇게 해야만 길을 가는 사람들에게 도움과 편의를 줄 수 있기 때문이다." "환경을 아름답게 할 수 있을 뿐만 아니라 실용적인 가치도 있다……"

마르코 폴로가 소개한 믿기 어려운 얘기는 이탈리아 반도와 이베리아 반도를 중심으로 하여 주로 남부 유럽에 전파되었다. 중세 후기의 영국인, 프랑스인, 독일인은 또 하나의 동방 여행기를 읽었다. 그 여행기는 『마르코 폴로 여행기』에 못지않게 널리 퍼진 『맨더빌 여행기』였다.

맨더빌은 영국의 귀족이라 자처했고 별명이 '털보 존'(John The Beard)이었다. 오도릭이 이탈리아로 돌아온 무렵 그는 프랑스로 달아났고 아마도 로마에도 갔던 것 같은데, 그가 가장 멀리 가본 곳이 거기까지였다. 그는 전기에서 키타이는 물론이고 전 세계를 돌아다녔다고 말했다. 대전환의 시대를 맞아 온 세상을 돌아다닐 수도 있었던 인물이 궁중의 권력투쟁에서 밀려 춥고 습기 찬 브리테인 섬에서 옹색한 리용으로 망명하였고 결국은 시골 오두막에 갇혀 책을 읽으면서 칸발릭의 황궁과 하늘의 성이 있다는 만자에는 가보지도 못하고 있으니 얼마나 억울한 노릇이었을까! 여행기를 쓰는 일은 고독하기 짝이 없는 망명 생활을 이겨내는 방식이었는지도 모른다. 그는 동방에 가 본 적이 없었지만 다른 사람의 여행기나 전설을 통해 여행하고, 방랑하고, 상상했으며 그렇게 자유롭게 허구를 만들어 냈다.

『맨더빌 여행기』의 허구의 주인공이 지중해를 건넌 뒤에 처음으로 발을 디딘 동방의 땅이 예루살렘인 것을 보면 저자는 주인공의 신분을 성지순례자나 십자군의 기사로 상정했던 것 같다. 성지순례가 인생의 중요한 과업이었던 중세 기독교도에게 이보다 더 흥미로운 설정은 없었을 것이다. 맨더빌 여행기는 문장이 아주 유려하다. 소개된 얘기는 앞에서 언급한 어떤 여행기보다도 더 생동감이 있다. 그는 산과 강, 성곽, 풍토, 민심과 풍속을 두루 묘사했는데 그 가운데서 가장 공들여 표현한 부분은 기이하고도 허황하기 짝이 없는 사물이었다. 마르코 폴로가 상인의 안목으로 쉽게 금은보화를 찾아냈다고 한다면 맨더빌 경은 고상한 귀족이라 그랬던지 금은보화에 대해서는 별로 관심을 보이지 않았다. 주인공은 예루살렘을 떠나 동남쪽으로 여행하면서 『성경』에 나오는 여러 명승지와 기적의 땅을 돌아본다. 그런 다음에는 인도로 갔다. 인도에서 주인공은 서방의 전설에 나오는 기이한 존재들을 빠짐없이 보게 된다. 사람의 몸통에 개의 머리를 가진 사람, 다리가 하나인 사람, 거대한 귀를 가진 인도인, 장로 요한의 광활한 땅, 각종 진기한 나무와 화려한 건물들……." 인도에는 머리가 없는 사람이 산다. 눈은 어깨에 달려 있고 입은 앞가슴에 붙어 있다." "어떤 괴상한 무리는 입이 엄청나게 커서 햇빛 아래 잘 때에 입술로 얼굴 전체를 가릴 수 있다."

미지의 땅에서는 무슨 일이든지 일어날 수 있다. 주인공은 남중국해를 거쳐 중국에 들어갔고 이 노선은 무슬림 상인들이 가던 길이었다. 중국 남쪽의 바다에는 식인종, 개의 머리를 가진 괴물, 다리가 하나인 괴물이 사는 섬이 도처에 널려 있었다. 이 바다를 거쳐 중국에 들어가자 비로소 야만의 땅을 벗어나 문명의 땅으로 들어가게 되었다. "이 섬에서 동쪽으로 오랜 여정을 거치면 만자라고 하는 왕국을 만날 수 있다. 그곳은 상부 인도이며 세상에서 가장 아름답고 풍요로운 곳이다. 이 나라에는 기독교도와 사라센인이 산다. 국토는 광활하며 2만 개의 큰 성과 셀 수 없이 많은 마을이 있다. 이곳에서 사람들은 살기 위해 먹지 않는다. 가난한 사람이 없기 때문이다. 남자

●중세 전설 속의 인도의 괴물. 머리가 없는 사람, 발이 우산만 한 사람

는 수염을 기르고 여자는 아름답기 짝이 없다……" 얘기가 이 정도에 이르면 본색이 드러나게 된다. 우리는 『오도릭 동방여행기』에 나오는 '쥐 잡는 동물'의 기묘한 얘기를 쉽게 떠올릴 수 있다. 오도릭의 여행기를 몇 페이지만 넘기면 맨더빌이 어디서 얘기를 끌어왔는지 금방 알게 된다.

"나 오도릭은 상인도와 만자에 갔었고 이 지역 사람들과 얘기를 나누었다. 동쪽으로 며칠 항해한 뒤 우리들이 상인도라고 부르는 유명한 만자에 도착했다. 나는 기독교도, 사라센인, 우상숭배자와 대칸의 관원들에게 물어보았다. 그들의 답변은 한결같이 만자에는 2천 개의 큰 성이 있다는 것이었다. 내가 강조하고 싶은 것은, 트레비소(Treviso)나 비첸짜(Vicenza) 정도 규모의 도시는 그 속에 포함되지 않

는다는 점이다. 이 나라의 인구가 얼마나 많은가 하면 이곳 우리들로
서는 믿을 수 없을 정도다(예수 승천일에 몰려든 베네치아의 군중만큼 인구가
조밀한 지역을 나는 여럿 보았다). 이 나라에서는 빵, 술, 쌀, 육류, 각종 생
선 등 온갖 종족이 사용하는 양식이 풍부하게 생산된다. 백성은 모두
가 상인이거나 기술자이다. 아무리 가난해도 자기 손으로 일해 먹고
살지 구걸은 하지 않는다(그러나 정말 가난한 사람은 충분한 보살핌을 받는
다)."

"체형을 얘기하자면 남자는 늠름하고 피부가 희다. 수염은 길고
성긴 것이 쥐 잡는 동물(내가 말하는 것은 고양이다)과 같다. 여자들로 말
하자면 세상에서 가장 아름답다!"[125]

책상 앞에 앉은 여행가가 쓴 여행기는 여러 곳에서 오도릭의 문
장을 베껴왔다. 필자가 본 『맨더빌 여행기』는 1928년 판본이었는데,
『오도릭 동방여행기』가 뒤쪽에 부록으로 붙어 있었고 두 여행기에서
완전히 중복되는 내용은 비스듬한 활자체로 표시해놓았다. 맨더빌의
중국에 관한 묘사는 기본적으로 오도릭에게서 나온 것이다. 난로 옆
책상머리에 앉아 머리로만 천하를 여행하다보면 저자나 독자 모두가
환상과 진실 사이를 자유롭게 드나들 수 있게 된다. 뱅상 드 보베가
쓴 『사감(史鑑)』과 플리니우스, 솔리누스, 세비야의 이시도로 등의 동
방에 관한 서술, 알렉산더 대왕의 전설적인 얘기, 『카르피니 몽고여행
기』, 『루브룩 동방여행기』, 『헤툼 여행기』, 『마르코 폴로 여행기』, 『오

---

125 『헤툼 여행기·오도릭 동방여행기·샤 루흐의 중국사절기』, 하고제(何高濟) 역,
중화서국, 1981년 판, pp. 64 – 65.

도릭 동방여행기』 등이 광활한 상상의 무대 위에 펼쳐졌다. 맨더빌의 가장 큰 업적이라고 한다면 그 시대의 동방에 관한 전설과 사실을 종합하였다는 점이며 그의 저서의 가장 뛰어난 특징은 저자 개인의 특색이 전혀 없다는 점이다. 허구의 한 여행자가 각종 저작 여기저기에 보이는 동방에 관한 얘기를 모조리 끌어모았다. 이것이 문예부흥 시대 통속소설의 전형적인 형식이자 그 시대 사람들이 가장 쉽게 받아들인 일종의 서술 관행이었다. 맨더빌은 동방에 관한 새로운 지식과 서방의 옛 전통을 하나로 모아 반은 진실이고 반은 허구인 얘기를 만들어 냈다. 그의 여행기는, 한 편으로는 문예부흥 시대 서방의 동방에 관한 인식의 평균적인 수준과 특색을 표현하였고, 다른 한편으로는 서방인의 지식과 상상 속에서 빚어져 유형화된 키타이 형상 또는 동방 형상을 표현하였다.

맨더빌 여행기는 허구임이 거의 틀림없다. 그러나 일상적으로 등장하는 허구였기 때문에 서방의 집단무의식 속에 자리 잡은 키타이의 형상을 진솔하게 보여줄 수 있었다. 서방인은 일상의 모든 배경 지식을 가지고 동방으로 갔다. 그 가운데는 인도의 마귀, 장로 요한, 동방의 낙원, 높은 담장이 쳐진 지옥, 곡과 마곡, 진기한 보배 따위의 전설이 있었고 헤로도토스와 이시도르 등에게서 나온 단편적인 묘사도 있었다. 물론 가장 중요한 것은 『성경』과 T-O형 지도였다. 이처럼 환상과 진실이 뒤엉켜 구분이 안 되는 기묘한 '지식'이 중세기 여행자들이 갖고 있던 선입견을 바탕으로 한 기대 시야를 구성했다. 그들은 동방에서 이런 기대 시야에 부합하는 어떤 것이든 찾으려 했고 약간의 차이는 나지만 견강부회할 수 있는 것은 언제든지 왜곡시켜 받아들였다. 예컨대 거의 모든 동방 여행자들이 장로 요한의 나라를 보았다고 공언했다. 이런 기이한 왜곡은 오늘날에 와서 보면 황당하고 가소로운 일이지만 마르코 폴로의 시대에는 진지할 뿐만 아니라 박학다식한 행위였다. 두 문화 사이의 차이를 처음으로 발견한 사람이 다음 단계에서 하는 일은 이런 차이가 만들어 낸 거부감을 어떻게 처리하느냐 하는 것이다. 비아적(非我的) 문화 유형은 언제나 자신의 결함을 일깨워 주기 때문에 일종의 위협이 되며, 따라서 비아적 문화 유형이 등장한 초기에 사람들이 보여준 태도는 대부분 회의와 거부다.

전설과 사실, 허구와 지식, 문예부흥 시대 유럽문화의 편향된 동방 시야가 궁극적으로 무엇을 필요로 했고 무엇을 만들어 낼 수 있었을까? 전설적인 키타이가 현실 속의 평범한 키타이보다는 더 흡인력이 강했을 것이다. 맨더빌의 여행기는 당시 베스트셀러였다. 사람들은 그가 끌어 모은 기이한 자연과 사람과 풍속에 관한 얘기를 좋아했다. 이런 얘기는 호기심을 만족시켜 주었을 뿐만 아니라 서방 문화 전통 안에서의 일체화 욕구를 만족시켜 주었다.

『맨더빌 여행기』도 다른 여행기와 마찬가지로 도식화된 상투어로 키타이의 물산의 풍부함과 도시의 번영을 찬양했다. 그러나 맨더빌의 관심사는 다른 데 있었다. 그는 서둘러 화제를 대 칸에게로 옮겼다. 그의 책에서 중국에 관한 부분의 70%가 대 칸의 얘기로 채워져 있다. 우리는 여기서 두 가지를 생각해 보아야 한다. 1) 그는 어떤 시야에서 대 칸을 이해(곡해)하고 묘사했는가? 2) 그 시대에 유포된 키타이에 관한 여러 측면의 얘기 가운데서 왜 저자는 대 칸에 대해서 특별한 애착을 느꼈는가?

타타르인의 대 칸이 이제는 기독교의 천진한 전설 속에 등장했다. 이런 진지한 일체화는 맨더빌의 발명품은 아니었다. 당시의 유럽인이라면 자연스럽게 그렇게 생각할 수 있었다. 그들은 기독교 신앙 속에서 살았기 때문에 『성경』 밖의 사물은 이해할 수 없었고 모든 것을 『성경』의 교리 안에서 해석했다. 대 칸의 가계는 거슬러 올라가면 노아의 둘째 아들에게까지 닿을 정도로 유구한 역사를 가진 혈통으로 미화되었다. 아시아의 대지는 비옥하고 아름다웠다. 어느 고요한 밤에 가난하고 노쇠한 타타르인 챠니우스(Chanius)가 놀라서 잠을 깼다. 정신이 몽롱한 가운데 그는 바람처럼 나타난 흰 말 탄 기사를 보았다. 기사의 음성은 너무도 매력적이었다. "칸이시여! 전능한 하느님께서 나를 보내 그대에게 일러라 하셨소. 그대는 그들에게로 가서 그대가 그들 일곱 부족의 황제가 될 것이라고 말하시오. 그대는 그대 주변의 땅을 정복할 것이며, 이전에 그대가 그들에게 복종했듯 앞으로는 그들이 그대에게 복종할 것이오." 텅 빈 밤하늘에 기사의 목소리는 낮게 멀리 퍼져나갔다. 황량한 들판에 새벽이 찾아왔다. 챠니우스 노인은 일어나 하느님의 뜻을 알리러 갔다. 누구도 그의 말을 들으려 하지 않았다. 검소한 차림에 흰 말을 탄 기사는 다시 어느 날 밤에 무지한 사람들에게 신의 뜻을 알렸다. 이렇게 하여 노아의 둘째 아들의 자손이 아시아의 일곱 부족이 되고 챠니우스를 그들의 황제로 추대하였으며, 신비의 기사가 말한 대로 그를 '칸'이란 존칭으로 불렀다. 그들은 법률을 제정하고 하느님을 받들었으며 용감무쌍한 기사가 되었다……

1206년 오논 강변의 초원에서 열린 지도자 추대모임과 무당 코카친이 한 예언은 서방 중세의 기사 얘기와 영웅서사시로 바뀌었다. 이질적인 문화의 수용과 일체화는 늘 이처럼 황당한 모습을 띤다. 한 세기 전에 타타르인은 기독교도에게는 악몽 속의 마귀 무리였는데 지금은 그들의 대 칸이 하느님이 특별히 사랑하는 기사 왕으로 변했다! 그 동안에 상상과 가치가 변한 폭을 보면 놀라지 않을 수 없다. 서방의 전통 가운데서 동방이 변조된 것은 이번이 처음도 아니며 가장 황당한 경우도 아니다. 우리가 서방 중세 후기의 키타이 형상을 연구한다고 할 때, 그것은 중국을 연구하는 것이자 중세 후기의 서방에 대한 연구이며 구체적으로는 맨더빌이 기독교 교리와 기사도의 시야 안에서 변조한 키타이의 형상을 연구하는 것이다. 그는 여행기에서 무의식적으로 키타이를 재현하고 있지만 사실은 서방의 집단기억 속의 욕구를 표현하고 있었다. 중세에는 여행기와 영웅기담 사이에 문학 형식상의 엄격한 경계는 존재하지 않았다. 허구와 진실을 나누는 객관적 척도가 없었듯이…… 쿠빌라이 칸을 위대한 기사왕으로 상상한 것은 맨더빌의 독창적인 작업이 아니었다. 일찍이 마르코 폴로의 여행기에서도 쿠빌라이 칸은 광대뼈가 튀어나오고, 코가 납작하고, 눈이 작게 찢어지고, 얼굴에 수염이 없는 타타르인의 모습이 아니었다. 마르코 폴로는 그가 "몸집은 보통이고 중간 정도의 키에 사지가 균형이 잡혔다. 전체 체형은 매우 조화로우며 미목이 수려하고 뛰어난 기상이 비쳐 나온다……. 눈동자는 새카맣게 빛나고 콧대는 높고 단정하다……"고 표현했다. 맨더빌은 대 칸을 아서 왕과 같은 기사왕으로 그려놓았다. 『오도릭 동방여행기』에서 대 칸 궁정의 명절 연회에 대한 설명은 마치 원탁 기사들의 연회를 묘사하는 것 같다.[126]

중세의 귀족들은 미개사회 때부터 내려오는 부를 과시하는 의식을 지켰다. 많은 사람을 초대하여 대규모 연회를 열고 거액의 예물을 주는 일은 세속적 성공의 표지였다. 중세 기사문학을 읽어보면 부를 바탕으로 한 호쾌함이 기사의 중요한 미덕으로 칭송되는 단락이 수도 없이 나온다. 연회, 오락, 궁정 모임, 기사들의 무술시합 등 정기적으로 열리는 의식은 중세 공공생활의 겉치레와 사치의 한 단면이자 기사 문학에서 끊임없이 되풀이 되어 유형으로 고착된 장면이다. 이런 배경을 이해한다면 마르코 폴로, 오도릭, 그리고 특히 맨더빌이 왜 그토록 의식에 관심을 갖는지 쉽게 알 수 있을 것이다.

『오도릭 동방여행기』는 대 칸이 일 년에 네 차례의 명절을 지킨다고 하면서 그 가운데서 두 가지, 칸의 생일과 할례일만 설명하고 있다. 몽고인은 할례를 행하지 않는다. 황당무계함은 여기서 이미 드러난다. 맨더빌은 대 칸이 숭배하는 우상이 말하기 시작한 날과 우상이 기적을 창조하기 시작한 날이라는 이상야릇한 명절을 지어냈다. 터무니없는 날조는 이것만이 아니다. 맨더빌이 오도릭이 서술한 가지에다 잎을 덧붙인 부분은 바로 맨더빌 자신과 맨더빌로 대표되는 문화적 기대 시야를 드러낸다. 오도릭은 왕공귀족들이 관을 쓰고 다양한 색깔의 예복을 입고 연회에 참석한다고만 서술했는데, 맨더빌은 여기 더하여 참석한 왕공귀족이 4천 명이라고 과장—물론 마르코 폴로

---

126 원탁기사의 얘기는 중세 유럽에서 유행한 아서 왕 모험담에 나온다. 유명한 작품으로는 12세기 프랑스 시인 트루아(Chretien de Troyes)가 쓴 『랜슬롯의 기사』와 15세기 영국 시인 맬러리(Thomas Malory)가 쓴 『아서 왕의 죽음』 등이 있다.

●포르투갈어 판 『마르코 폴로 여행기』(리스본, 1502년)

식의 과장에 비하면 아무것도 아니지만―하고 그들이 입은 예복은 금실을 넣어서 짠 비단으로 만들어서 값이 엄청나다는 친절한 설명까지 덧붙였다. 개작한 부분은 흔히 문헌의 가장 핵심적인 정보, 서술자의 의도와 의식 배경을 암시한다. 맨더빌이 강조한 부의 영광은 기사의 허영이다. 대 칸이 베푸는 연회에 대해서도 맨더빌은 절차의 복잡함을 과장하여 부각시켰다. 그는 연회가 서너 시간을 끌며, 철학자들이 나와서 알 수 없는 호령을 해대고 참석자들이 잠시 동안 손가락으로 귀를 막는다고 묘사했다. 이 정도까지 왔으면 이제는 허구의 여행자 본인이 얘기 속에 직접 등장할 차례다. 그가 대신에게 이 번잡한 의식의 의미가 뭐냐고 묻자 대신은 이것은 충성서약 의식이라고 답한다. 여기까지 읽다보면 우리는 이 일이 칸발릭에 있는 대 칸의 황궁에서 일어났는지, 샤를마뉴 대제의 왕궁에서 일어났는지, 아서 왕의 기사청에서 일어났는지 분간을 할 수 없게 된다. 이 영국의 돈키호테는 환상과 진실을 구분하지 못하거나, 아니면 그의 마음 속에서는 대 칸과 기사 영웅들이 다 같이 진실이거나 허구로 자리 잡고 있는 것 같다.

　중세 서방의 독자들에게 맨더빌의 여행기는 대 칸의 기사 무용담이었다. 맨더빌은 허구를 이어갔다. 대 칸의 궁정에는 거의 모든 종류의 사냥용 매와 앵무새 등 애완용 새를 키우고 있다. 코끼리도 만 마리나 키우고 여러 종류의 원숭이 만 마리도 키우고 있다. 물리학자도 많이 있는데 그 중에서 200명은 기독교도이고 20명은 사라센인이다. 대 칸은 기독교도를 신임하며, 대 칸의 궁정에는 비밀리에 기독교에 귀의한 사람이 많은데 우리가 모르고 있을 뿐이다. 천진난만하기가 짝이 없는 괴담이지만 특정 시야 안에서는 전혀 황당하지가 않다. 중국의 부와 권력에 관한 얘기는 모두가 이국의 낭만적인 얘기였다. 대 칸의 광대한 영토, 대 칸의 공명하고 엄격한 통치, 대 칸이 갖고 있는 무수한 금은보화…… 대 칸은 터키의 술탄과 같았다. 대 칸은 100명의 처첩을 거느리고 있고, 대 칸은 세계에서 가장 강대한 군주이며, 장로 요한도 그만큼 위대하지 못하다……. 중세 사람들은 이렇게 동방을 이해했고 기적이 충만한 얘기를 좋아했다. 키타이와 만자가 정말로 존재하는지는 중요한 문제가 아니었다. 중요한 것은 어떻게 하면 신의 뜻을 구현할 수 있고, 허구와 진실을 구분하지 못하는 돈키호테들의 상상과 욕구를 채워 줄 수 있느냐 하는 것이었다. 서방 문화의 키타이 형상은 완전한 현실도 완전한 신화도 아니었다. 수많은 산과 강이 교차하는 나라, 수없이 많은 성곽과 마을이 밤하늘의 별처럼 흩어져 있는 나라, 민속과 관습이 천차만별인 나라…… 책상 앞에 앉아있는 여행가가 이런 나라에 관해 전설에 의존하여 얘기를 계속 꾸며나가기란 불가능한 일이었다. 어쩌면 이방에 대한 '객관적 지식' 자체가 그에게는 중요하지 않았을지도 모른다. 이역 문화의 형상이 진정으로 중요한 의미를 가지는 경우는 그것을 선택적으로 이용할 때였다.

제노아의 감옥 안에서 마르코 폴로가 동방의 대 칸을 어떻게 묘사했는지 우리로서는 알 도리가 없다. 어쩌면 루스티첼로가 자신의 문학적 재능을 펼칠 수 있는 좋은 기회였는지 모른다. 그는 원래가 기사 무용담 작가였다. 영국 왕 에드워드 1세를 위해 『시종 귀롱과 원탁 기사들의 애기』와 『아서 왕과 그의 원탁 기사들의 무용담』이란 두 권의 책을 쓴 적이 있던 그의 머릿속은 기사 영웅담을 묘사하는 형용사로만 가득 차 있었다. 독자가 쿠빌라이 칸에게서 샤를마뉴 대제와 아서 왕을 연상하게 된다고 해도 이상한 일은 아니다. 첫째는 그것이 맨더빌의 서술 습관이었고, 둘째는 그의 문화 시야 자체가 그랬기 때문이다. 여행에서 돌아온 사람들이 전해주는 전설과 그들이 쓴 문헌이 퍼지면서 서방 문화는 자기조절의 메커니즘을 작동시키기 시작했다. 이와 동시에 자아화와 비아화의 구조운동도 시작되었다. 키타이 소재는 어떤 분야에서는 변조를 거쳐 서방 문화의 체계 속에 일체화되었고, 어떤 소재는 서방 문화의 대립면 또는 부정면으로 등장하여 서방 문화가 자신을 초월하도록 충격을 주는 이방의 형상이 되었다. 여행기의 수용 과정 자체가 서양문화의 내부구조가 변화한 궤적을 보여주는 색인이었다.

맨더빌은 여행이란 형식으로 자신의 '견문'을 조직해냈고 '지식'을 이야기로 퍼뜨렸다. 『맨더빌 여행기』의 독자는 셰익스피어에서 마르크스에 이르기까지 광범위했다. 지리대발견 시대 이전에는 마르코 폴로의 사실적인 여행기와 맨더빌의 허구적 여행기가 유럽의 민간이 갖고 있던 세계지식 백과전서였다. 『맨더빌 여행기』와 『마르코 폴로 여행기』는 다 같이 중요하다. 『마르코 폴로 여행기』가 새로운 문명의 형상이 서방의 시야에 어떤 모습으로 등장했는지를 보여주었다고 한다면 『맨더빌 여행기』는 서방 문화가 이 새로운 문명의 형상을 귀화시키고 일체화하는 과정을 보여주었다고 할 수 있다. 서방 문화 전통 중의 중국 형상을 연구하는 문제를 두고 얘기할 때 어떤 오독, 오해, 변조, 허구도 진실을 정확하게 재현하는 서술만큼 중요한 의미를 갖는다. 왜냐하면 이런 것들이 두 문화 유형이 교류할 때 생겨나는 주관성과 가치 창조를 설명해주고, 문화의 선택과 이용의 진정한 의미를 설명해주기 때문이다.

마르코 폴로가 진실을 허구처럼 얘기했듯이 맨더빌은 허구를 진실처럼 얘기했다. 중세 후기의 유럽인들의 시각에서는 마르코 폴로보다 맨더빌이 더 신뢰하고 환영할 수 있는 인물이었다. 서기 1500년 이전에 『맨더빌 여행기』는 유럽의 거의 모든 주요 언어로 번역되었다. 오늘날 우리가 볼 수 있는 『맨더빌 여행기』 필사본은 300여 종이나 되지만 『마르코 폴로 여행기』의 경우는 143종에 불과하고 『오도릭 동방여행기』는 70여 종에 불과하다. 책 저자의 저작 동기와 과정보다는 그 책이 문화집단 내에서 수용되어가는 과정사가 시대정신의 궤적을 더 잘 반영할 수 있다. 17세기 초까지도 유럽인들은 『맨더빌 여행기』의 진실성과 권위를 믿었다. 영국 학자 새뮤얼 퍼차스(Samuel Purchas, 1577~1626)는 맨더빌을 "지금까지 세계에서 가장 위대한 아시아 여행가"라고 평가했다. 퍼차스 목사는 자신에 관해서도 매우 솔직하게 말했다. "나는 여행가와 여행에 관해 많은 책을 썼지만 내 일생의 행적은 내가 태어난 에섹스 군의 덱스테드(Thaxted In Essex)를 중심으로 200마일을 벗어나 본적이 없다."[127] 덱스테드는 브리테인 섬 북부의 작은 시골 마을이다. 퍼차스 목사의 현실세계는 맨더빌의 현실세계보다 더 좁았다.

전설 속의 이국이 일단 서방 문화가 대면하지 않을 수 없는, 그리고 한편으로는 선망하는 속세의 천당이 되자 서방 문화는 비아(非我) 또는 외부 역량의 충격을 경험하게 된다. 이역의 형상과 마주했을 때 처음 느꼈던 냉담함과 이질감이 점차로 사라지자 서방 문화는 허구와 변조의 방식으로 키타이 형상을 소화해냈다. 키타이 형상은 끊임없이 내용이 늘어났고 서방 문화는 점차로 이를 이용했다. 키타이 형상은 일종의 이용 가능한 문화 상징이 되었다. 중국 문명이 서방 문명보다 뛰어나거나 다른 점이 한두 가지가 아닐 텐데 유럽인들은 왜 부와 권력에만 주목했을까? 선택적 수용과 선택적 배제는 어떤 정신적 또는 문화적 태도를 의미할까? 갈수록 더 많은 주관적 요소가 문헌 저

---

127 *Purchas His Pilgrimes,* Hakluytus, 1903, v. 11, p. 219.

작 속에 스며들었다. 키타이 형상은 풍부해진 동시에 서방화되었다. 부를 상징하는 속세의 천당—키타이 형상 가운데서 우리는 중국의 형상뿐만 아니라 서방 문화의 정신적 형상까지 볼 수 있다. 양자의 관계는 일종의 무의식적 은유 관계라고 할 수 있다. 중국은 국토가 광대하고 물산이 풍부하며 도처에 부유한 도시가 널렸다고 할 때, 그것은 한편으로는 유럽 자신의 결핍을 지적하는 표현이며 중세 기독교 문화에서 억압된 욕구와 불만의 표출이었다. 우리는 두 종류의 키타이 형상을 가정해야 한다. 하나는 중국의 현실로서의 형상, 다른 하나는 서방의 환상으로서의 형상. 키타이 형상은 또한 서방 문화의 상징이기도 했다.

여러 문헌을 읽다 보면 우리는 키타이 형상이 중국의 본모습이 아니라 서방 문화라고 하는 거울에 비쳐 왜곡되고 변조된 형상이었음을 알게 된다. 그것은 키타이의 형상을 반영했다기보다는 서양문화의 집단무의식의 내용을 표현했다. 그 속에서 우리는 모호한 키타이 형상은 물론이고 중국의 형상에 투사된 서방 중세문화의 억압된 욕구와 공포도 읽어낼 수 있다. 그것은 중국 문명의 사실이나 서방 문화의 본질을 설명하기보다는 두 문화가 접촉하고 교류하면서 등장한 이해와 오해, 수용과 창조의 과정을 설명한다. 키타이 형상이 서방 문화에서 갖는 의의는 중국 문화 본질의 재현이나 전통적인 서방 문화의 표현이 아니라 두 문화가 교류하면서 생성되고 창조된 제3의 의의이다. 이 제3의 의의는 중국과 서방 문화의 모종의 관계, 중국에 관한 단편적이거나 혹은 과장된 인식과 서방 문화의 비현실적 혹은 잠재의식적인 내용을 설명할 뿐이다.

문헌 가운데서 점차로 유형화된 키타이 형상은 일종의 공유된 특징과 가치를 의미하며, 이 특징과 가치는 바로 서방 중세후기 문화의 정신을 표현하고 있다. 그것은 문헌 서술자들에게 선택과 허구의 동기, 의도를 제공했으며 서술자들의 지식과 가치의 배경이 되었다. 서방에서 싹트고 있던 세속주의, 중상주의, 왕권사상, 도시 관념은 키타이 형상을 이용하여 자신의 갈망과 근심을 표출하였고 키타이 형상은 문헌을 통해 전파되고 확산되면서 부와 왕권의 상징이 되었다. 키타이 형상은 서방인이 선망하는, 가능하고도 이상적인 세속의 천당이었다.

제5장
유토피아이자 진실

키타이 형상은 대여행시대의 정신적 성과물이었다. 키타이 형상은 중세에서 근대로 넘어오던 시기 서방 문화의 세속주의, 상업적 열정, 왕권사상, 도시 관념을 표현했으며 중세 후기 유럽의 집단 기억 속에서 욕구하던 유토피아였다. 문예부흥 시대 서방인의 변혁적 지향과 새로 등장한 생활방식에서 우리는 키타이 형상이 준 영향과 계시를 분명하게 느낄 수 있다. 키타이 형상은 문예부흥을 촉발한 영감 가운데 하나였다.

하느님의 말씀에 젖어있던 영혼이 여행기가 퍼뜨린 각종 전설에 이끌려 동방으로 갔다. 오도릭의 라틴어 판 『동방여행기』는 널리 통용되고 구두로 전파하기 쉬운 민족 언어로 빠르게 번역되었다. 프랑스어, 이탈리아어, 독일어…… 우리가 오늘 날 볼 수 있는 필사본은 70종이다. 『마르코 폴로 여행기』는 143종, 『맨더빌 여행기』는 300여 종이다. 갈망과 열정이 여행기의 문구 속에 넘쳐났고 말없는 문헌이 사람들을 감동시켰다. 성직자들의 편지와 여행기가 전파되고 있었고, 상인들은 번쩍이는 동방의 금은보화를 펼쳐놓았으며, 왕공귀족들은 거실에 청화자기를 진열했고, 귀부인들은 자동에서 실어 온 비단을 몸에 걸쳤다. 마르코 폴로는 세상을 떠나고 없었지만 사람들은 그가 생전에 말한 다이아몬드와 진주와 사향을 잊지 않고 있었다. 어릿광대들이 도시의 술집에서나 축제날이면 마르코 폴로로 분장하고 허풍을 떨었다. 그들은 만 줄기의 강과 만 척의 배가 있는 나라, 2만 곳의 도시와 2만 곳의 다리가 있는 도시의 얘기를 들려주었다. 키타이 얘기는 도시와 마을에 확산되었다. 사람들의 욕구와 환상을 만족시켜주던 천일야화 같은 얘기가 집단기억 속에 자리 잡아서 점차로 중세 후기의 개인과 사회의 심리와 문화를 바꾸고 있었다.

이역의 형상은 본토화되고 있었다. 중국은 중세 후기 또는 문예부흥 시대에 서방인의 초기 상상 속에서 속세의 유토피아가 되었다. 카르피니와 루브룩은 초원제국의 수도 카라코룸에 가보았지만 그곳에서 그들이 본 것은 천막으로 이루어진 도시였다. 이런 도시는 베네치아와 피렌체와 파리를 본 적이 있는 유럽인에게는 특별한 감흥을 주지 못했다. 그들은 칸발릭(북경), 특히 만자의 행재 성과 자동, 금릉(金陵), 양주(揚州)를 보고 나서야 과거의 자신들이 얼마나 미미한 존재였는지 알게 되었다. 『루브룩 동방여행기』에서부터 키타이와 만자가 유럽인들의 견문에 갈수록 자주 등장하기 시작했고, 실제로 동방을 가본 사람이 많아지자 중국에 대한 관심도 더 커졌다. 그들은 속세의 기적을 목격한 사람들이었기에 믿지 않을 수가 없었다. 『카르피니 몽고여행기』에서 키타이가 언급된 부분은 서술 분량으로 보면 전체의 1%에 미치지 못하고, 『루브룩 동방여행기』의 경우도 전체의 2%가 못된다. 『마르코 폴로 여행기』에서는 이것이 22%로 올라가고 『오도릭 동방여행기』에서는 가장 많은 34.2%에 이른다. 마리뇰리는 21.8%, 맨더빌은 10.2%다. 지중해에서 출발하여 태평양에 이르기까지 서방인이 동방 행로에서 본 가장 중요한 나라는 당시 몽고 지배하에 있던 남북 중국(만자와 키타이)이었다.

　기적과도 같은 키타이 여행기가 유럽인들의 마음을 동방으로 데려갔다. 한 시대가 지나가려 하고 있었다. 계절의 미세한 변화에서 시간의 흐름을 감지하듯 우리는 시대의 미세한 변화 가운데서 중국의 영향을 찾아낼 수 있다. 중세 후기에 유럽에서 싹튼 세속주의의 시야에서 보자면 중국의 번화한 시정의 형상은 타자의 현실이자 또한 유럽 자신의 유토피아였다. 그들은 극동에서 세속 생활의 이상적인 상태를 보았다. 그 시대의 가장 민감한 영혼은 중국의 형상을 이용하여 이제 막 싹튼 자신의 욕구와 사상을 표현하기 시작했다. 그들은 문예부흥 시대의 전능한 야심가였다. 그들은 하느님과 내세의 천당을 잊을 수는 없었지만 세속의 부와 명예와 향락도 내려놓을 수 없었다. 그들은 일생을 모험으로 생각했다. 그들은 자신의 행위를 위해 가장 좋은 모범을 찾아냈고 가장 열정적이며 지혜로운 해설가를 초빙했다. 그들이 찾아낸 모범은 중국 형상이었고 그들이 초빙한 해설가는 인문주의자였다. 마르코 폴로와 오도릭이 부와 왕권의 모범으로서 중국 형상을 창조했다고 한다면 인문주의 사상가와 시인들은 서방의 전통 안에서 그들을 위해 설득력과 권위를 지닌 이론과 예증을 제공했다. 코시모 데 메디치(Cosimo de' Medici, 1389~1464)를 위해 번역된 아리스토텔레스의 저작—사실은 위작—인 『경제학』에서 자칭 저자는 당당하게 "물질적 부를 얻어야 덕행을 베풀 기회를 가질 수 있다"고 논증했다. 저택, 토지, 상점, 금화, 명성과 권력 같은 개인적이고 세속적인 욕구가 채워져야 하느님을 위해 더 좋은 공헌을 할 수 있게 된다는 주장이다. 문예부흥 시대의 인문주의 사상은 우리가 이해하고 있는 것처럼 기독교를 부정하지는 않았다. 그들의 진정한 의도는 세속적 정감과 종교적 열정을 조화시키는 데 있었다. 그 시대의 가장 걸출한 인물에게서 우리는 세속적 욕구와 종교적 열광이 기묘하게 하나로 엉겨있음을 보게 된다. 하느님은 중요했고 부도 마찬가지로 중요했다. 물과 불처럼 서로 받아들일 수 없는 존재가 어느새 하나로 뭉쳤다. 기독교 중세, 또는 기독교 중세에서 근대 자본주의에 이르는 시기에 이처럼 대립적인 존재가 타협점을 찾은 것보다 더 혁명적인 변화가 있었을까?

동방의 유혹, 고삐가 풀리기 시작한 욕구, 이에 따른 소란과 불안은 빠르게 역사상 깊고도 오랜 영향을 주게 되는 현실을 만들어 냈다. 최초의 탐험가들과 식민주의자들의 열정으로 들끓던 머릿속에서 하느님에 대한 헌신과 황금의 약탈은 모순되는 일이 아니라 다 같이 신성한 사명이었다. 콜럼버스는 일기에 황금은 모든 상품 가운데서 가장 고귀한 상품이며, 황금을 차지하는 자가 세상이 필요로 하는 모든 것을 얻을 수 있을 뿐만 아니라 황금은 영혼을 연옥으로부터 구해내 천당의 기쁨을 누리게 할 수 있는 수단이라고 적었다. 베르날 디아스(Bernal Diaz del Castillo)는 회고록에서 그와 그의 동시대인들이 신세계로 간 이유는 하느님과 황제 폐하를 위해 봉사하기 위해서, 암흑 속에서 생활하는 사람들에게 광명을 가져다주기 위해서, 그리고 부자가 되기 위해서였다고 말했다.

광대한 세계가 하나의 마을이 되었다. 대여행시대에 쓰여 전해진 여행기, 동방 역사서, 통상 안내서 등의 문헌은 번성하고 부유한 세속 낙원의 형상을 창조했다. 중세 후기의 키타이 여행기는 모두가 한 사람이 쓴 듯 부와 권력의 유토피아에 관한 얘기를 담았다. 이런 여행기는 유럽인들에게 다음과 같은 사실을 깨우쳐 주었다. 첫째, 지중해는 세계의 중심이 아니고 예루살렘도 세계의 배꼽이 아니며 나아가 세계의 다른 곳보다 부유하지도 않다. 넓은 유럽도 전 세계에서는 보잘것 없는 구석에 지나지 않는다. 둘째, 해가 떠오르는 곳(동방)에는 황금과 햇빛이 다 같이 가득하다. 세계의 모든 나라 가운데서 대 칸 통치하의 키타이와 만자가 가장 부강하며, 그곳은 세계의 중심은 아닐지라도 문명의 중심이다.

키타이 형상은 중세 후기에서 근대로 접어드는 시기의 서방의 문화심리를 표현했다. 키타이 형상은 유럽인의 세속주의, 상업적 열정, 왕권사상, 도시 관념을 표현했으며 서방 중세 후기의 사회문화 가운데서 유토피아가 되었다. 유토피아는 일종의 문화적 이상의 척도이다. 유토피아는 사람들로 하여금 기존 현실을 뛰어넘게 하고, 사회의 보편적 실망 때문에 조성된 초조감을 해소시키고 미래의 꿈을 향해 나아가게 하는 에너지이다.

전설속의 키타이 형상은 유럽 중세 후기의 집단 기억 속에서 욕구의 천당이었다. 폐쇄적인 유럽 기독교 이념은 천 년이라는 긴 시간 동안 인간의 세속적 욕구를 억압했고 억압된 욕구는 일종의 사회적 무의식이 되었다. 만약 이런 이념 속에 계속하여 갇혀 있었더라면 실제로는 존재하는 강력한 욕구와 허구적인 교리 사이의 모순은 영원히 드러나지 않았을 것이다. 키타이가 등장하였고, 키타이는 즉시로 서방 문화가 억압된 사회적 무의식을 표현하는 일종의 상징 부호가 되었다. 그들은 쉴 새 없이 키타이의 부를 묘사하고 강조했다. 이런

●콜럼부스의 신대륙 발견 목각화

표현은 자기 문화에 억압된 잠재의식 속의 욕구를 역설적으로 드러
낸 것일 뿐이다. 표면적으로는 다른 민족과 그들의 나라를 말했지만
실질적으로는 자신의 내면 깊은 곳에 있는 억압된 욕구의 세계를 말

했다. 중세 후기에 등장한 키타이 형상은 서방인이 상상한 일종의 해방 에너지이자 기독교 금욕주의를 부정하는 세속적 상징이었으며 서방문화 자신의 한바탕 혁명을 유발할 암시였다.

키타이의 최대 매력은 물질 문명의 번영이었다. 경제적인 면이든 정치적인 면이든 몽고 통치하의 중국은 중세 후기의 혼란스럽고 빈곤한 유럽과 비교했을 때 속세의 천당이었다. 거의 모든 여행기의 저자들이 자신의 필력으로는 돌아다니며 목격한 번영을 제대로 묘사할 수 없음을 한탄했고 그나마 서술한 극히 일부마저도 고향의 동포들이 믿지 못할까 두려워했다. 여행기를 읽는 우리 독자들은 관례적인 표현에서 그 시대 저자들의 마음을 읽을 수 있을 것이다. 중세 후기 서방인의 의식 속에 물질화된 키타이 형상은 역사에 깊고도 오래가는 영향을 미쳤다. 부를 쫓고 상업을 중시하며 이익을 탐하는 논리는 유럽이 자본주의 시대로 진입하는 주요한 동기였다. 교역 활동은 이윤을 쫓는 경제적 충동을 자극했고, 상업자본과 상인 계층은 세속적 세력으로서 사회 경제생활에 진입하는 동시에 정치 영역에도 진입했다. 이 세력은 처음에는 교회 권력에 도전했고 다음으로는 왕권에 도전했다. 만약 라반 사우마가 50년 뒤에 다시 유럽에 갔더라면 유럽의 도시가 크게 변한 모습을 보게 되었을 것이다. 주교좌 교회당만이 아니라 왕공귀족의 궁전이나 시 정부 청사도 도시의 표지 건물의 반열에 당당하게 자리 잡았다. 시장과 광장이 도시 면적에서 차지하는 비중이 크게 늘어나고 상점마다 상품이 가득 진열된 것이 도시의 새로운 풍경이었다. 건축은 문화의 부호이다. 세속의 왕권과 상업세력이 성장하고 있었고 인문주의자인 건축사들이 같은 열정을 가지고 시청,

왕궁, 시장을 설계하고 있을 때 현세를 지배하는 권력은 세 가지—교회, 국왕 또는 법률, 상인 또는 경제—임이 이미 드러나고 있었다. 교회당 안의 주교는 전과 마찬가지로 교리를 가르치고 모험가들에게 축복을 내려주었다. 국왕은 자신 있게 법률을 반포하고 세속적 분쟁을 처리했다. 시장은 북적였고 상인들이 홍정하는 소리는 인생의 득의와 실의를 그대로 표현했다. 중세 후기 유럽의 도시에서는 세 가지 세력이 등장하여 충돌하고 균형을 잡아가면서 자본주의 사회의 특징을 갖추어 가고 있었다. 유럽이 중세로부터 근대 자본주의로 진입하는 과정에서 물질화된 중국 형상은 서방 문화의 세속적 욕구를 자극했을 뿐만 아니라 그들의 상업주의와 국왕의 권위를 강화하는 일종의 유토피아 모델을 제시했다.

키타이 형상은 부의 상징이자 왕권의 상징이었다. 바로 이 점에서 키타이 형상은 문예부흥 초기 서방의 인문주의 정신을 표현하고 있었다. 대 칸은 세계에서 가장 강대한 군주이며 이 하나만으로도 대 칸의 형상은 군주정 시대의 유럽에 많은 영감을 줄 수 있었다. 마르코 폴로, 오도릭, 맨더빌 등은 실제로 여행을 한 사람이건 허구의 여행기를 쓴 사람이건 모두 대 칸의 위업을 적극적으로 선전하고 있었다. 대 칸에 관한 천일야화 식의 묘사 가운데는 서방인의 왕권의 이상이 자리 잡고 있었다. 평화는 좋은 것이며 가장 전제적인 왕권 하의 평화라도 상관없었다. 대 칸은 영명한 군주였다. 마르코 폴로는 루스티첼로에게 자랑스럽게 대 칸의 얘기를 들려주었다. 바로 그 무렵 그와 동향인 단테는 근심이 가득 찬 마음으로 '세계제국'을 구상하고 있었다. 훗날 단테는 자신의 근심과 이상을 한 권의 책, 『세계제국론』

으로 엮어 냈다. 이 저서에서 단테는 무엇보다도 먼저 권위 있고 강력한 통치자가 절대적으로 필요하다고 주장했다. 통일을 이루어야 평화가 가능하고, 인간은 행복해질 수 있으며, 하느님에게 다가갈 수 있다. 하느님은 역사의 목적이다. 그러므로 통일된 정치체제는 신의 뜻이다. 이것이 권위 있는 통치자와 세계제국의 신학적 기초였다. 다음으로는 권위 있는 세계 통치자가 나와 다양한 인간, 다양한 민족의 의지를 조화시켜 최대한의 평화를 이루어내야 한다. 일찍이 아리스토텔레스는 다음과 같이 말했다. "가장 두려운 상황은 혼란인데 권위가 많을수록 혼란은 더한다. 그러므로 권위는 유일무이해야 한다." 이것이 세계제국의 사회적 기초였다. 마지막으로, 권위에는 반드시 공정한 척도가 있어야 한다. 통치자의 공정함은 그의 도덕적 품행으로 결정된다. 위대한 통치자는 천하를 다 가지므로 더 이상 욕심낼 게 없다. 그러므로 그의 품행이 고상해야 세계제국의 통치자로서 가장 공정해질 수 있다. 단테는 자신이 생각하는 가장 이상적인 세계제국을 다음과 같이 정의했다. "통일천하의 세속적 정치체제는 세상의 모든 제국을 포괄한다. 다시 말해 통일된 정치체제이다. 이런 정치체제가 생업을 가지고 살아가는 모든 인간을 통치한다. 이런 정치체제는 영원히 없어지지 않을 사물로서 형체를 갖추어야 한다."[128]

문예부흥 시대 초기에 키타이 형상의 또 하나의 중요한 의의는 왕권의 상징이란 점이었다. 많은 문헌이 대 칸의 통치를 묘사하면서

---

128 『세계제국론』, 단테 저, 주홍(朱虹) 역, 상무인서관, 1985년 판, p. 67.

이 점을 부각시켰다. 단테가 쿠빌라이 대 칸의 얘기를 들은 적이 있는지는 알 수 없으나 그와 동시대인인 베네치아의 허풍쟁이 상인이나 몰락한 영국 귀족을 몰랐던 것은 분명하다. 단테가 그들의 저작을 읽었더라면 자신의 딱딱한 이상론에다 생생한 예증을 보탤 수 있었을 것이다. 문예부흥 시대에 살았던 맨더빌은 편집적이면서도 낭만적인 중세 사람이었다. 군왕 숭배가 어떻게 개성을 중시하는 인문주의자의 자유로운 정신 속에 수용될 수 있었을까? 이것은 역사적 인물의 실책이 아니라 역사에 대한 우리의 오해이다. 한 시대와 그 다음 시대의 경계를 명확하게 긋기는 매우 어렵다. 문예부흥 시대와 같은 과도기의 경우는 더욱 그렇다. 역사가 미래와 함께 얽히지 않은 곳은 없다. 교회당 건물을 설계한 미켈란젤로와 메디치 대공의 초상화를 그린다 빈치는 둘 다 경건한 기독교도이며 왕권 충성주의자였으나 그러면서도 개성의 자유를 주장한 예술가였다. 맨더빌이 전설 같은 얘기를 지어내고 있던 무렵에 인문주의의 거장 보카치오(G. Boccaccio)와 페트라르카(F. Petrarca)는 다툼 끝에 절교하였다. 원인은 페트라르카의 철저한 왕권주의 때문이었다. 1353년에 페트라르카는 밀라노 대공의 전제적인 조정에 들어가 일하기 위해 밀라노로 이주하기로 결정했다. '세계의 만유자(漫遊者)'라 불리던 그가 생애의 마지막 기숙처를 왕권의 이상이 머무는 곳에서 찾았던 것이다. 보카치오는 피렌체의 자유를 기꺼이 버리고 불쌍한 궁정의 시종이 되려는 그를 비웃었다. 페트라르카는 갔고, 가서는 돌아오지 않았다. 국왕을 위해 재능을 다 바치는 궁정 생활은 그 시대 인문주의자들 대부분이 갖고 있던 이상이었다. 14세기의 유럽에서 공화국은 '혼란'의 대명사였다. 문예부흥 시대는 군왕의 시대였다. 사회질서, 민족정서, 상업적 모험, 세속 정신이 모두 강력한 왕권의 등장을 바라고 있었다. 왕권은 세속적 권위로서 교회 권위에 대항하여 세속 정신의 발전을 지원했다. 왕권은 민족의 역량을 한 곳에 모았고 상업 발전을 보호했다. 혼란스러운 봉건 할거 상태를 끝내고 평화를 지키는 데는 왕권이 필요했다. 아이들의 끼워 맞추기 놀이판처럼 분열되어 있던 이탈리아에서 특히 그러했다. 카이사르의 후손이었던 그들은 폭군에 가까운 영웅을 어느 정도 숭배했다.

유럽에서 14-16세기는 군왕의 시대였다. 프랑스에서는 루이 11세가 즉위하여 왕권을 강화했고 1494년에는 그의 계승자가 이탈리아에 원정했다. 영국에서는 1485년에 헨리 7세가 튜더(Tudor) 왕조를 세웠고, 스페인에서는 1479년에 카스티야(Castilla) 왕조의 필립 왕이 아라공(Aragon) 왕조의 이사벨라 여왕과 결혼하였고, 독일에서는 1519년에 카를 5세가 즉위하였다. 이탈리아를 제외한 서방의 주요 국가에서는 문예부흥 시대에 강력한 왕정 민족국가가 등장했다. 많은 뛰어난 인문주의 사상가들이 강력한 왕권의 옹호자였다. 그 시대의 문인, 상인, 군인, 농민, 수공업자가 모두 봉건 대지주의 할거 통치로 인한 혼란보다는 강력한 전제 군주의 평화를 원했다. 셰익스피어의 여러 역사극에는 이런 관점이 드러나 있다. 키타이 형상은 유럽의 자본주의 문명을 싹틔운 동력의 하나가 되었다. 키타이 형상의 역사적 의의는 서방의 문화적 환경을 고려해야만 제대로 이해될 수 있다. 서방의 문화 환경에 비추어 보아야 키타이 형상이 생성된 원인을 해석할 수 있고 또한 그것이 끼친 영향도 해석할 수 있다. 생성된 원인을 두고 애기 한다면 키타이 형상은 중국 문명의 부분적 현실의 반영이자 서방 사회의 잠재적 욕구의 표현이었고, 사실과 허구가 일체가 된 문화적 상징이었다. 그 영향을 두고 얘기한다면 키타이 형상은 서방 문화의 유토피아가 되었고, 서방 문화는 키타이 형상 속에서 자신의 욕구와 환상을 체험했으며, 서방 문화는 키타이 형상에서 자신을 초월하고 사회를 개조할 동력과 목표를 찾아냈다. 키타이 형상이 문예부흥, 자본주의의 발생, 서방의 현대로의 진입을 가져온 필연적이고도 결정적인 원인이라고 할 수는 없지만 최소한 여러 원인 가운데 하나임에는 틀림없다. 동방의 발견과 서방 고전 전통의 재인식이 없었더라면, 세속적 열정과 개신교의 정신이 없었더라면 서방의 현대사는 나타나지 않았을 것이다.

중세 사회는 변화하고 있었다. 새로운 문화 유형은 자신의 의지와 가치를 표현할 문구를 시급히 찾아내야 했다. 이때, 고대든 극동이든 기존 현실이 아닌 것이라면 영감을 줄 수 있었고 계시가 될 수 있었다. 키타이 형상은 이 새로운 문화에 이상적인 문구를 제공해 주었다. 여행자들은 자신이 관심을 기울이는 시야의 범위 안에서 돌아다니고, 기록하고, 선택하고, 창조적으로 이역의 형상을 만들어 냈다. 그들은 허구의 키타이 전설 가운데서 부와 왕권의 측면만 강화하고 과장했다. 이렇게 하여 문화교류는 문화적 이용의 가치를 갖게 되었다. 우리는 지금까지 문헌의 문화적 기능을 살펴보면서 편향된 강조나 과장과 허구도 의의가 있음을 알게 되었다. 문헌이 퍼져나가고 있었다. 중국에 가본 적이 없는 중세 사람들에게 문헌은 유일한 현실이었다. 키타이는 순전히 문헌 속의 형상이었다. 문헌 속의 키타이 형상을 해석하려면 다음 두 가지를 명확히 알아야 한다. 1) 서방인은 어떤 관념적 시야에서 키타이 형상을 빚어냈는가, 2) 이런 형상이 일단 형성되고 난 뒤 서방 중세 후기의 사회생활이 어떻게 바뀌었는가.

중세 후기의 서방은 자기 문화의 시야 안에서 키타이 형상을 만들어 냈다. 키타이 형상은 그들의 결핍감과 기대의 표현이었으며, 자기 문화에 대한 평가였으며, 기존 역사현실을 뛰어넘으려는 시도로서의 유토피아였다. 서방화된 키타이 형상은 유토피아처럼 일단 초월적 가치와 부정의 힘을 갖게 되자 사람들의 상상력과 창조력을 해방시켰고 중세 후기의 서방사회를 서서히 바꾸어 놓았다. 몽고의 세기에서 문예부흥 시대에 이르기까지 서방의 키타이 형상은 유토피아이자 진실이었다. 유토피아라 함은 그것이 욕구에서 나온 허구였기 때문이며, 진실이라 함은 그것이 일종의 역사적 해방 에너지였기 때문이다.

대 칸의 형상은 완전한 현실도 아니었고 완전한 신화도 아니었다. 수많은 문헌을 통해 왕권과 부의 상징으로서 키타이의 전설적인 얘기가 널리 퍼져나갔다.

"타타르의 사레이라는 곳에 한 왕이 있었는데 군대를 동원하여 러시아를 공격했다가 많은 용사들이 전사했다. 이 왕의 이름이 칭기즈 칸이었다. 그 시대에 그의 명성과 재능은 다른 어떤 나라의 제왕도 넘어섰다. 제왕으로서 갖추어야 할 모든 덕목을 그는 두루 갖추고 있었다. 그는 조상의 신앙을 충실히 따랐다. 그는 용감, 현명, 부유했으며 신의를 지켰고 인자하고 공정했으며, 성품이 온건해 대지의 중심과 같았다. 그는 젊고 활기차고 강인하며 선량하기가 조정의 어떤 무사보다도 앞섰다. 그는 훌륭한 인재였고, 행운의 신으로부터 사랑을 받아 그의 고귀한 지위를 영원히 지켰으니 세상을 통틀어 비할 자가 없다……."[129]

초서(Chaucer)는 기사 모험담으로 변형된 대 칸의 형상을 자신의 작품 『캔터베리 이야기』에 실었다. 환상 속으로 들어온 칭기즈 칸은 지식 속으로 들어간 야만적인 몽고의 칸보다 영향력이 더 컸다. 중세 후기의 유럽인들은 기사 모험담의 시야 안에서 대 칸의 형상을 변조했는데, 이것은 문화 오독성(誤讀性)이 이용된 뚜렷한 사례이다. 1360년에서 1380년 사이에 초서는 프랑스와 이탈리아를 몇 차례 다녀올 기회가 있었다. 그는 영국 시가의 아버지라 불리는 인물이며 또한 초기의 인문주의자였다. 그가 이탈리아에 갔을 때 루브룩이나 마르코 폴로의 『여행기』를 읽었는지는 확인할 길이 없지만 최소한 그런 책의 존재에 대해서는 들었을 것이다. 또 그가 『맨더빌 여행기』의 초기 필사본 몇 종을 읽어보았을 가능성도 높다. 결론을 말하자면, 『캔터베리 이야기』를 쓰던 14세기의 마지막 15년 동안에 초서는 유럽 문화 전통 속에 흡수된 대 칸의 형상을 잘 알고 있었다. 「시종의 이야기」에서 대 칸은 자신의 생일을 위해 준비된 성대한 연회에 등장한다. 이것은 오도릭과 맨더빌이 특별한 노력을 기울여 묘사한 광경이지만 초서의 손을 거치면서 기사 모험담의 색채가 더욱 짙어졌다. "칭기즈 칸은 왕관을 쓰고 화려한 예복을 입고서 궁정의 높은 자리에 앉아 연회를 주재했다. 세상의 누구도 이만큼 화려하고 고귀할 수 없을 것이다

---

129 『캔터베리 이야기』, 〈시종의 이야기〉. 『초서문집』, 방중(方重) 역, 상해출판사, 1979년 판, 하권, p. 544 참조. 이후에 나오는 인용문은 모두 이 책에서 나왔다.

…… 세 번째 요리가 식탁에 오른 후 국왕이 높은 자리에 앉아 가수의 연주에 귀 기울이고 있을 때 갑자기 문이 열리고 무사 한 사람이 들어왔다. 무사는 동마(銅馬)를 타고 손에는 널찍한 유리 거울을 들고 있었다. 엄지손가락에 금반지를 꼈고 번적이는 칼을 차고 있었다. 무사는 말을 탄 채 칭기즈 칸이 앉은 높은 자리에까지 다가갔다. 이때 연회장은 쥐죽은 듯 조용했다……." 그야말로 전형적인 기사 모험담 필법이다. 이 장면은 갑자기 아서 왕의 원탁 앞에 나타난 녹색 옷의 기사를 연상케 한다(『가웨인 경과 녹색옷의 기사[Sir Gawain and the Green Knight]』를 참고하라). 무사는 네 가지 신비한 보물을 가져왔다. 동마는 어디든지 달려갈 수 있고, 유리 거울은 시비와 피아를 판별해 준다. 금반지를 끼면 새들의 대화를 알아들을 수 있고 번적이는 칼은 상처를 치료한다. 대 칸은 중세의 기사 전설에 나오는 기사 왕으로 변했다. 키타이 형상은 이미 서방 문화의 전통적인 시야 안에서 철저하게 소화되었다.

문학 작품 속의 키타이 형상은 키타이 형상이 변조된 가장 좋은 사례이다. 초서의 『캔터베리 이야기』는 서사 구조가 『데카메론』을 떠올리게 한다. 1370년 전후에 이탈리아로 여행을 떠난 초서가 피렌체에 살던 보카치오를 예방했을 가능성이 매우 높다. 그 시대에 이탈리아는 유럽의 교사였고 보카치오는 이탈리아의 교사였다. 보카치오의 『데카메론』에도 키타이가 언급되어 있다. 소설의 열 번째 날은 전체가 관용, 인내, 선행과 같은 인간의 미덕을 찬양하는 내용이다. 열 번째 날의 세 번째 얘기가 키타이에서 일어난 일이다. "키타이를 가본 적이 있는 제노아나 기타 지방의 사람이 돌아와 믿을 수 있는 얘기를 서술한다면 하나의 이야기를 빼놓을 수 없다. 그 이야기란 바로 키타이의 고귀한 문벌 출신이며 비할 데 없이 부유한 나탄이란 인물에 관한 얘기다. 그가 소유한 집 한 채는 교통의 요지 부근에 자리 잡고 있어서 동방으로 가는 서방인이나 서방에서 오는 동방인이 모두 그곳을 지나가게 된다. 그는 사람됨이 호방하고 관대했으며 사업을 일으켜 이름을 날리려는 꿈을 갖고 있었다. 그래서 그는 수많은 기술자를 불러 모아 아주 짧은 시간 안에 매우 웅장하고 화려한 건물을 지었다. 그 화려함은 일찍이 들어본 바가 없는 것이었다. 집안의 치장도 매우 뛰어나 천하의 손님을 후하게 대접하기에 충분했다. 집안에는 많은 시종이 있어서 손님은 따듯하고 융숭한 대접을 받을 수 있었다……."[130] 보카치오의 얘기는 기본적으로 이탈리아 주위에서 일어난 일들이다. 가장 먼 곳의 얘기가 키타이이다. 어쩌면 그가 부와 도덕에 관한 얘기를 서술하고자 했을 때 키타이보다 더 적합한 배경은 없다고 생각했는지도 모른다. 제노아나 기타 지방의 여행자들이 전해준 얘기가 그 점을 증명하기에 충분했다. 그들의 얘기에 의하면 키타이는 세계에서 가장 부유한 곳이었으니까. 오도릭이 '만자에서 가장 부유한 사람'의 얘기를 한 적이 있는데 내용은 아래와 같다.

"내가 아직 만자에 있을 때 한 귀인의 저택을 방문한 적이 있다.

---

130 『데카메론』, 보카치오 저, 전홍가(錢鴻嘉)/태화양(泰和庠)/전청(田青) 역, 역림(譯林)출판사, 1993년 판, pp. 702-703. 번역본에서는 Cathay를 카타이로 번역하였으나 명확하게 전달하기 위해 필자는 통상적으로 쓰이는 '키타이'라고 번역하였다.

그의 생활 방식은 다음과 같다. 그의 곁에는 50명의 처녀가 있어서 끊임없이 그에게 시중든다. 밥을 먹으려 식탁에 앉으면 요리가 다섯 접시씩 차례대로 올라온다. 미녀들이 노래하고 각양각색의 악기를 연주하면서 접시를 받쳐 들고 들어온다. 이 여인들이 밥도 먹여준다. 마치 애완용 새에게 먹이를 주듯 음식을 그의 입에 넣어주면서 접시가 빌 때까지 그 앞에서 끊이지 않고 노래 부른다. 그런 다음에 다섯 명의 다른 처녀가 다섯 개의 다른 접시를 들고 다른 노래와 다른 악기를 연주하며 들어오고 먼저 들어왔던 다섯 명의 처녀는 물러간다. 그는 매일 이런 모양으로 살아간다. 현재 이 사람에게는 30투멘 타가르(Tagars)의 곡식 수입이 있다. 1투멘은 1만이고 1타가르는 노새 한 마리에 싣는 중량과 같다. 그가 사는 궁정의 크기는 2마일이다. 그 안의 길은 금은 벽돌을 번갈아 가며 포장했다. 궁정 안에는 금은으로 된 산이 있고 그 꼭대기에 사원과 종루를 지었고 같은 모양의 (소형) 오락용 건물이 있다."[131]

맨더빌은 자신이 쓴 허구의 여행기 마지막 부분에서 이 얘기를 과장하여 이용했다. 대 칸의 나라에 있는 한 섬에 가장 유명하나 왕공귀족은 아닌 한 대부호가 살고 있다.

"… 그를 위해 쌀과 오곡을 실어다 주는 말이 40만 마리나 된다. 그는 그 나라의 풍습에 따라 부귀한 생활을 하고 있다. 그는 50명의 시중드는 소녀를 두고 있고 이들이 밥 먹는 일과 일상생활의 모든 일

---

131 『헤툼 여행기·오도릭 동방여행기·샤 루흐의 중국사절기』, pp. 83-84.

을 그가 원하는 대로 시중든다. 그가 식탁 앞에 앉으면 소녀들이 고기를 잘라 한 번에 다섯 조각씩 먹여준다. 먹여주는 한편으로 노래를 부른다. 그는 손톱을 길게 기르는데, 긴 손톱은 부귀의 표지이기 때문이다. 고귀한 부녀자는 전족(纏足)을 한다. 여자들은 태어나고 얼마 되지 않을 때부터 발을 싸매기 시작하는데 이 때문에 발은 정상인의 절반 크기밖에 자라지 못한다. 이 부호는 웅장하고 화려한 건물에 산다. 사면의 담장은 길이와 너비가 각각 2마일이고 그 안에 아름다운 화원이 있다. 건물의 회랑과 방은 모두 금은으로 쌓고 발랐다. 화원 가운데 정교한 정자가 있는데 금빛이 찬란하고 순전히 그의 휴식과 오락을 위해서만 사용된다. 우리가 대 칸의 나라를 떠나올 때는 이곳에서 출발했다."

속세의 상인, 하느님을 받드는 성직자, 혹은 인문주의자와 시인과 소설가 등 모두가 똑같은 시각을 가지고 같은 내용의 부와 왕권에 관한 키타이 신화를 만들어 냈다. 그 가운데는 지식도 있었고 상상도 있었다. 이 두 요소가 여러 유형의 문헌 중에서 차지하는 비중은 단지 정도의 차이만 있을 뿐이다. 상상을 바탕으로 하여 쓰인 문헌은 다른 문헌보다 훨씬 자유로울 수 있어서 키타이 형상에 집약된 서방의 잠재의식과 욕구를 훨씬 선명하고 강력하게 표현했다. 우리가 마르코 폴로와 맨더빌이 키타이의 부와 왕권의 형상을 어떻게 과장했는지를 논할 때는 같은 문제를 루브룩, 오도릭, 마리뇰리는 물론이고 초서와 보카치오의 작품에도 적용해야 한다. 상상과 허구는 욕구와 두려움의 확장이다. 키타이 형상은 서방 문화 시야에 들어온 이국 신화의 확장이자 서방 문화의 무의식의 확장이었다. 그렇기 때문에 같은 시대의 여러 유형의 작가들이 하나의 문헌을 베껴 쓰듯 키타이의 부와 권력에 관해 똑같은 신화를 그려냈다.

용맹스러운 몽고 기병이 유라시아 대륙의 중간에 드리워져 있던 장막을 걷어내자 서방인의 눈앞에는 그들이 상상도 할 수 없는 크기의 세계가 펼쳐졌다. 육로와 해로를 통해 실려 온 상품과 전해진 얘기는 서방인의 관념을 바꾸고 욕구를 자극하지 않는 것이 없었다. 그러나 몽고족이 세운 세계제국은 빠르게 무너졌다. 초서가 「시종의 얘기」를 쓸 무렵 대 칸의 후예들은 그들이 야만인 취급하던 '만자 사람들'에게 쫓겨 초원으로 돌아갔고, 페르시아의 일 칸국은 철저하게 이슬람화 되었으며, 티무르가 중앙아시아를 차지하고 돌궐인이 발칸제국을 정복했다. 눈 깜짝할 사이에 서방은 다시 서쪽 한 구석에 갇히게 되었고 흑해와 안티옥 조차도 접근할 수 없었다. 페르시아 만, 인도양, 칸발릭 또는 행재의 하늘의 성은 말할 것도 없었다. 루브룩, 마르코 폴로, 오도릭, 코르비노, 마리놀리 등 몇 세대의 사람들이 한 세기 가까이 쌓아올린 전설적인 경력은 결국은 절반은 허구이고 절반은 사실이며, 절반은 믿을 만하고 절반은 의문스러운 몇 권의 여행기로만 남았다.

현실 세계의 여행은 끝나고 문헌 세계의 여행이 막 시작되었다. 14세기 몽고 제국의 붕괴에서부터 16세기 포르투갈인들이 지금의 광동과 복건 연해에 다시 등장할 때까지 중국에 온 유럽인은 거의 없었고 중국에 관한 새로운 소식도 없었다. 그러나 키타이는 잊히지 않았고, 키타이가 촉발한 서방인의 부와 낙원에 관한 상상과 욕구도 사그라지지 않았다. 신화 또는 기담과 같은 키타이 형상은 문학작품 속과 지리학자들의 지도 위에 꾸준히 등장했을 뿐만 아니라 인도와 중앙 아시아 일대를 여행한 상인과 정객들도 키타이에 관한 전설을 끊임없이 가지고 돌아왔다. 이것은 서방인이 자신의 문화 전통을 바탕으로 하여 중국 형상을 소화하거나 구조를 다시 짜 맞추는 과정이었다. 유럽인의 감성과 상상과 사고를 변화시키는 문예부흥운동이 번져나갔다. 마르코 폴로와 맨더빌이 유럽인의 지도 위와 상상 속에 깊이 새겨 놓은 중국 형상을 시간과 망각도 쉽게 지우지는 못했다. 1404년 초가을에 티무르 대제가 베쉬발릭을 거쳐 중국으로 원정 준비를 하고 있을 때 스페인 카스티야 왕조의 사절 클라비호가 분수와 붉은색 금붕어 연못으로 이름난 사마르칸드의 궁정에서 티무르 대제를 알현했다. 클라비호가 티무르의 궁정에서 들은 중국에 관한 소식은 좋은 것도 있었고 나쁜 것도 있었다. 『클라비호 동방사절기』는 키타이 국왕의 이름은 카이스 칸(Cays Han)이며 아홉 개의 주(州)를 통치하고 있고 타타르인은 그를 '돼지고기를 먹는 황제' 또는 '돼지 황제'라고 부른다고 기록하였다. "키타이인은 모두 뛰어난 기술자이다. 그런데 그들은 세상에서 오직 자신들만이 눈이 두 개이고 프랑크인은 눈이 하나, 무어인은 눈이 없다고 생각한다. 그들은 세상에서 자신들이 가장 뛰어난 종족이라는 망상을 갖고 있다." 이것이 문예부흥 시대에 등장한 중국에 관한 최초의 부정적인 소식이었다. 그 밖의 서방의 전통적인 키타이 형상은 클라비호의 문헌 속에 그대로 이어지고 있다. 사마르칸드의 시장에서 키타이의 비단과 보석, 사향과 대황은 가장 우수하고도 진기한 상품이었고 키타이의 도성 칸발릭은 여전히 세상에서 가장 큰 도시였으며 이런 소식과 정보는 키타이의 부유함을 증명해주기에 충분했다. 어떤 타타르 상인은 그에게 다음과 같이 알려주었다. "카이스 칸이 출정할 때는 원정군을 빼고 국경을 지키는 군사만 해도 40만이나 된다. 키타이에는 황족도 없고 기사도 없다. 나라는 넓지만 초원과 목장은 없어서 말 타고 달릴 곳이 없다. 키타이 황제는 이전에는 우상 숭배자였지만 지금은 기독교도가 되었다."[132]

몽고의 세기가 가져다 준 미친 듯한 '바람 쐬기'를 한 뒤로 유럽인은 다시 광활한 유라시아 대륙의 가장 서쪽 후미진 반도에 갇혔다. 키타이에 관한 소식은 완전히 끊어지지는 않았고 중앙아시아를 통해 전해오는 전설은 그런대로 수시로 서방인의 귀에 와 닿았다. 물론 갈수록 신화 같기는 했지만…… 1427년, 티무르의 군대에서 수년간 복무했던 독일 바바리아 출신의 힐데베르크가 고향으로 돌아와 멋대로 지껄인 여행기도 티무르의 키타이 원정을 언급했다. 그러나 이런 정보는 직접적인 정보도 아니었고 구체적이지도 않아서 마르코 폴로 이후, 예수회 선교사 이전의 유럽의 중국 형상에는 새로운 영향을 미치지 못했다. 이처럼 300여 년 동안 유럽이 키타이를 잊지 않고 있었던 것은 앞선 100년 동안의 여행자들이 남긴 여행기가 여전히 사람들을 자극했기 때문이었다. 이런 여행기를 통해 사람들은 상상 속에서 키

---

132 『클라비호 동방사절기』에서 인용한 글은 모두가 1957년에 상무인서관에서 나온 양조균(楊兆鈞)의 번역본 『클라비호 동방사절기』가 출처이다. 그 가운데서 "키타이인은 모두가 뛰어난 기술자……. 세계에서 가장 우수한 종족"이라는 표현은 *Narrative of the Embassy of Ruy Gonzales de Calvijo to the Court of Timour at Samarcand, A. D. 1403–1406,* trans. by C. R. Makham, London, p. 133에는 나오지만 양조균의 번역본에서는 이 부분을 생략했다.

타이를 여행했다. 키타이는 시인과 모험담 소설가의 낭만적인 작품 속에서, 지리학자의 지도 위에서 살아 있었다.

　몽고제국의 붕괴와 콘스탄티노플 함락 때문에 가장 큰 손실을 본 사람들은 베네치아와 제노아의 상인들이었다. 돌퀄 왕공들과 이집트 술탄이 지중해 해상무역을 독점했다. 알렉산드리아 항구의 후추 가격은 짧은 시간 안에 몇 배로 뛰었고 유럽시장에서는 더 말할 것도 없었다. 1436년에 베네치아 공화국은 교역의 기회를 찾기 위해 바르바로라는 청년을 사절로서 페르시아에 파견했다. 바르바로는 만년에 저술한 『페르시아 사절기』(1478년)에서 자신이 인도의 타나에서 여러 사람으로부터 들은 키타이에 관한 얘기를 언급했다. 그는 교역과 교통, 행정제도, 종교, 복식 등 여러 분야의 얘기를 들었다. 교역과 교통 상황은 한 세기 전에 피렌체의 상인 페골로티가 『통상 안내서』에서 서술한 내용과 별 차이가 없다. 바르바로가 페르시아로 가기 전에, 또는 돌아온 후 회고록을 쓸 때까지 오랜 세월 동안 『통상 안내서』를 본 적이 있는지는 알 수가 없다. 14세기 중엽 마리뇰리가 사절로 간 때로부터 16세기에 포르투갈인 생존자들이 중국 남해안에서 유럽으로 도망올 때까지 키타이의 형상에는 거의 아무런 보충이나 수정이 없었다. 클라비호가 조롱 섞어 표현한 중국에 대한 최초의 반감은 그리 큰 영향을 미치지 못했다. 1441년, 니콜로 콘티가 25년 만에 고향 베네치아로 돌아왔다. 그는 동방의 여러 나라—시리아, 이집트, 아라비아, 페르시아, 인도, 세일론, 수마트라, 자바, 인도차이나 반도를 돌아다녔고 명 왕조의 중국에도 왔었던 것 같다. 교황 비서 포기오 브라치올리니는 인문주의자였고 콘티의 동방 여행 경험에 대해

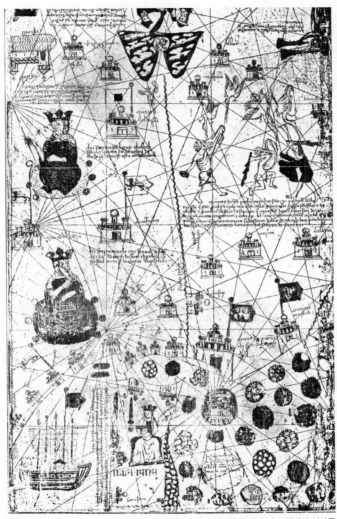

●14세기 유럽에서 유행한 카탈란 지도. 몽고제국 시대의 대여행 물결과 지리 관념의 성과를 종합하고 있다.

많은 흥미를 느꼈다. 그는 현장 경험을 대화체로 서술한 『만국통람』이라는 책을 저술하면서 관련 자료를 모으고 있었다. 이 책의 제3부는 인도를 집중적으로 다루었는데 주요 자료의 원천이 바로 콘티의 서술이었다. 그 가운데 중국에 관련된 얘기는 많지는 않았으나 도시의 건축, 물산, 부 등을 다루었고 역시 기존의 키타이 형상을 되풀이 소개했다. 유일하게 독창적인 면이라고 한다면 중국 여성의 치장과 중국의 분묘 형식을 소개했다는 점이었다. 그밖에도 그는 중국인의 편견—키타이인은 자기들만 눈이 두 개인 줄 안다—에 관해서도 들었다.

한 세기가 지나갔지만 서방의 중국에 관한 지식은 맨더빌과 페골로티의 시대와 비교할 때 오히려 더 빈약해졌다. 키타이와 만자에 대해 기억하는 것보다 잊힌 것이 더 많았다. 중국은 머나먼 곳, 깊은 안개 속에 묻혀 있었지만 그곳에서는 정화(鄭和)가 인솔하는 대규모 함대가 유가하(劉家河)와 자동(刺桐) 만에서 몇 차례나 출항하고 있었다. 정화의 함대는 태평양에서 대서양까지, 일본 열도에서 동아프리카 해안까지, "여러 오랑캐를 품고 먼 나라 사람들을 다독인다(懷諸夷, 柔遠人)"는 중국 중심주의의 태평성대의 이상을 선전하려 했다. 정화는 아덴만에 정박하면서 메카로 성지 순례단을 보냈는데 아마도 그곳이 그가 아는 가장 서쪽 세계였을 것이다. 유럽은 여전히 소식이 없었다. 서방인도 동아시아, 동남아시아, 남아시아의 북적이는 도시와 그곳의 시민들이 어떻게 살아가고 있으며 교역은 어떻게 이루어지는지에 대해서는 알지 못했다. 중국은 신화였고 한 편의 기담이었다. 좋은 소식도 있었고 나쁜 소식도 있었다. 주목할 만한 점은, 클라비호와 니콜로 콘티가 중국 형상에 처음으로 부정적인 면을 추가했다는 사실이다. 키타이인은 제 잘난 것만 안다. 역사에는 진리가 관부의 문건이나 선전 수단으로부터 도망쳐 나와 민간의 소문 속에 숨어 들어간 뒤에 더 생생한 모습을 드러내는 경우가 많았다. 소문은 기담이거나 한바탕 우스갯소리일 수도 있으나 권력과 정통 이념이 의도적으로 감추고자 했던 진실이 그 속에서 드러난다. 이전과 같은 여행의 열기는 찾아보기 어렵게 되었지만 부를 위해서라면 죽음을 겁내지 않는 상인들은 여전히 동방으로 갔다. 육로 여행이 완전히 봉쇄된 것은 기독교 신자인 헝가리의 기술자가 모하메드 2세를 위해 만들어 준 거대한 절구 모양의 대포가 비잔틴제국의 성벽을 뚫은 1453년 이후의 일이었다.

키타이 형상은 대여행시대의 정신적 성과였다. 중국은 중세 후기에 유럽인들이 동방에서 본 가장 중요한 나라였다. 중국의 문명, 물산과 부, 도시와 교통, 정치와 질서, 그 어느 것도 서방인으로 하여금 결핍감과 부러움을 느끼게 하지 않는 것이 없었다. 어쩌면 동방의 키타이와 만자라는 곳에 2만 여 곳의 큰 성이 있다는 얘기를 들은 때부터 서방은 묵묵히 자신을 변화시켰을 것이다. 문예부흥 시대에 드러난 서방인의 변화된 지향과 새로운 생활방식에서 중국의 그림자와 계시가 분명하게 느껴지는 점을 보면 그렇다. 여행과 독서는 둘 다 변화의 동기였다. 보다 넓고 자유로운 세계를 경험한 뒤에야 자신의 생존환경이 협소하고 열악하다는 사실을 깨닫게 되고, 스스로 변해야겠다는 생각이 싹트게 된다. 서방 현대 문명이 어느 해부터 시작되었다고 구체적으로 말하기는 어려우나 문예부흥이 그 시발점이었다는 사실만은 분명하다.

문예부흥은 1350년을 전후하여 이탈리아에서 시작되었다. 이 시기는 동서 무역과 여행이 최고로 번성했던 때였고, 마르코 폴로와 맨더빌이 키타이 형상을 유럽 민간의 지식과 상상 속에 새겨놓던 때였고, 유럽인이 자신의 결핍을 인식하고 키타이와 만자의 부와 도시, 대칸의 권력과 위엄을 동경하기 시작한 때였다.

1250년부터 1450년까지 2백 년 동안 자본주의 도시경제가 등장했고, 세속 군주제가 중세의 교회 권력을 대체할 준비를 했으며, 사람들은 현세와 감성 생활에 열중했다. 풍부한 먹을거리, 화려한 복장, 문명과 도시, 번성하는 시장, 축제일과 연회, 예술과 문학…… 이 모든 새로운 생활방식이 몽고족이 세운 원나라 때 여행자들이 중국에서 목격한 바를 유럽에 전파한 키타이 형상 속에서 표현된 바로 그것이 아닌가? 상상을 자극하고, 기성관념을 넘어뜨리고, 새로운 사상을 불러일으킨 대여행시대의 각종 견문이 역사 발전에 제공한 동력은 헤아릴 수 없을 정도로 컸다. 중세 후기의 유럽인들에게 키타이는 다른 세계를 의미했고, 그 세계는 그들의 집단무의식 속의 욕구와 정보를 거의 그대로 표현했으며, 서방인의 세계와 서방 문명 자체에 대한 자기인식을 표현했다.

몽고가 세운 원나라의 시대는 끝났고 거의 같은 시기에 서방은 중세의 몽매에서 벗어나려는 문예부흥운동을 시작했다. 우리는 서방 현대 문명을 만들어 낸 이 문화운동 가운데서 키타이 형상의 냄새를 어느 정도 맡을 수 있다. 그 냄새 속에는 중앙아시아의 모래바람과 열풍, 중국 북부 칸발릭의 사람 냄새, 행재 성의 돌판으로 포장된 도로에서 비 그친 후 올라오는 산뜻한 냄새, 자동 항구의 파도가 내뿜는 옅은 비린내가 묻어 있다. 그 냄새는 유럽인의 마음 속에 스며들었다. 인류의 의식과 역사의 진화과정은 원래가 미세한 것에서 시작되기 때문에 쉽게 관찰할 수가 없다. 허구와 진실의 각종 정보, 진부하고 새로운 사상과 관점이 뒤섞여 주의를 분산시켰다. 바로 이 혼란의 밑바닥에서 정신적인 흐름이 역사의 핵심을 조용히 바꾸고 있었고 생활을 조금씩 바꾸고 있었다. 이런 변화의 흔적을 당시 사람들은 일상에서 감지하지 못했을 뿐만 아니라 후세 학자들도 명확하게 밝혀내기 어려웠다.

키타이 형상이 유럽의 문예부흥에 미친 영향은 그 위대한 시대의 역사적 동력 가운데 하나였다. 그러나 이점은 과소평가되거나 잊히고 있다. 인류문화의 진보는 파도와 같아서 뒤 물결이 앞 물결을 재빨리 덮어버린다. 앞장서서 몽매한 중세기의 해안을 때린 키타이라는 파도는 뒤따라온 큰 파도 속에서 흔적 없이 사라졌다. 그 시대에 새로 발견된 동방의 키타이 형상이 어떻게 유럽 중세 후기의 영감이 되었는지, 유럽이 스스로 새로운 역사를 만들어 내는데 어떻게 자극과 계시를 주었는지 거슬러 올라가며 역사의 흔적을 찾기란 비교적 힘든 일이다. 시간의 퇴적이란 문제를 제외하더라도 서방 문화 중심주의가 끊임없이 '선택적 망각'을 진행하고 있기 때문이다. 그들은 문예부흥 시대를 서방 고전문화의 영혼을 불러낸 마법으로만 기억할 뿐 동방의 해 뜨는 곳의 나라가 보여준 계몽적 역할은 잊고 있다. 중세 기독교 세계에서 자족하던 유럽인들이 왜 갑자기 머나먼 고대와 낯선 이역에 대한 열정을 피워 올리게 되었을까? 천 년 가까이 부정되고 망각

되었던 문화와 예술에 대해 갑자기 큰 관심을 보인 이유는 무엇이었을까? 신앙 안에서 완벽한 기독교 세계를 갑자기 버리고 하느님의 지도에서는 보이지 않는 바다와 육지를 갈망하고 찾아 나선 이유는 무엇이었을까? 궁극적으로 어떤 역사적 동기가 인문주의자의 열정을 유발하고 모험가들을 바다로 나가도록 유혹했을까? 어떤 관념, 어떤 신앙적 변화가 세속 정신으로 하여금 기독교 금욕주의에 도전하고 현세의 행복을 추구하게 했을까? 어떤 역사적 기회가 무역과 도시경제를 발전시키고 왕권이 교권에 도전하도록 부추겼을까? 문예부흥과 지리대발견은 그 시대의 위대한 성과이지만 그 역사적 동인을 찾아들어가면 훨씬 복잡하고 심원하며 그곳에는 키타이 형상의 영향이 자리 잡고 있다.

몽고족이 세운 원나라가 끝났을 때 문예부흥이 시작되었다. 우리는 역사의 한 시대와 다른 시대가 이어지는 접점에서 키타이 형상의 의의를 발견한다. 몽고 기병이 유라시아 대륙을 가로막고 있던 이슬람이란 장막을 걷어내자 오랫동안 폐쇄된 세계에서 살아왔던 유럽인들 앞에 상상하기 어려울 만큼 넓고 번영하는 세계가 펼쳐졌다. 지중해에서 타타르 해까지 가는 길에서 모험가, 상인, 선교사들을 가장 크게 감동시킨 것은 폐허로 변한 칼리파들의 바그다드나 신의 솜씨가 그대로 남아있던 말라바르 해안이 아니라 대 칸 통치하의 키타이와 만자였다. 그곳의 고도의 문명, 놀라운 부와 도시, 광대한 국토와 또한 그만큼이나 광대한 대 칸의 권력은 그들에게 깊은 인상을 남겼다. 1245년에 카르피니가 사절로서 카라코룸을 향해 출발한 때부터 1441년 니콜로 콘티가 인도에서 돌아올 때까지, 그 동안에 수많은 유럽인들―지금까지 알려진 사람만 최소 백여 명―이 중국을 다녀갔고 중국에 관한 얘기는 유럽의 각종 문헌에 끊이지 않고 등장했다. 여행기, 역사서, 서간집, 소설과 시가를 통해서…… 그들이 묘사한 '키타이 형상'은 그들 자신의 여행 인상기일 뿐만 아니라 서방의 시대정신에서 나온 부강함에 대한 선망의 은유적 표현이었다.

몽고족의 원나라에서부터 문예부흥기까지, 동방과 서방의 교합점이었던 이탈리아에서 키타이 형상은 문예부흥의 일종의 영감이 되었다. 유럽의 문예부흥이 시작된 이탈리아는 중국과 유럽 사이의 무역의 시발점이자 중개지였다. 중국으로 가는 여행자는 모두 이탈리아에서 출발했고 돌아올 때도 마찬가지였다. 중국을 다녀온 사람들은 거의 모두가 이탈리아인이었다. 중세의 4대 여행가라고 하는 마르코 폴로, 오도릭, 니콜로 콘티, 이븐 바투타 가운데서 이븐 바투타를 뺀 나머지는 모두 이탈리아인이다! 이탈리아의 인문주의자들이 낡은 학문과 신흥 세속주의 정신 사이를 오가며 정보와 기쁜 소식을 북유럽과 이베리아반도로 실어 날랐다. 수장가와 학자들은 목마른 사람이 물을 마시듯 각종 지식을 읽고 전파했다. 이탈리아의 귀족과 상인부호들의 개인 도서관에는 플라톤과 아리스토텔레스, 역사지리학자 스트라보, 멜라, 프톨레마이오스의 저작과 마르코 폴로, 카르피니의 여행기, 페트라르카의 시, 보카치오의 소설이 함께 꽂혀 있었다. 구텐베르크에게서 최초의 성경이 인쇄되어 나온 뒤로 이런 저작들은 독일과 네덜란드에서 인쇄되어 다시 유럽 각지로 퍼져나갔다. 독서, 사색, 연설, 여행이 한 순간에 유럽을 뜨겁게 달구었다. 새로운 시대의 창조를 결코 하나의 요인 또는 하나의 영감의 작용으로 귀결시킬 수는 없다.

그것은 다방면의 작용이며, 우연과 필연의 힘이 합쳐진 결과이다. 고대 세계를 부흥시킨다고 해서 새로운 세계가 창조되지는 않는다. 마찬가지로, 동방에서 온 계시 때문에 서방인이 오랫동안 지켜왔던 중세의 생활습관을 과감히 버릴 수는 없었다. 혁명은 죽은 영혼의 한바탕 난폭한 가장행렬로 끝날 가능성이 높다. 그러나 진정한 역사의 변혁은 고요와 침묵 속에서 발생한다. 사람들이 길거리와 골목 안에서 차 한 잔 마시며 동방의 부와 세계의 광대함에 대해 토론했을 때, 시민들이 술집에서 마르코 폴로를 조롱하고 성직자들이 오도릭 등의 여행기를 읽었을 때, 상인의 아내들이 비단옷을 입고 파리 나들이를 했을 때, 청화자기가 한 귀족의 손에서 다른 귀족의 손으로 넘어갔을 때, 베네치아인들이 국수라는 음식을 먹기 시작했을 때, 런던 사람들이 『맨더빌 여행기』라는 책이 있다는 얘기를 들었을 때, 세계는 알지 못하는 사이에 변화했다. 중세 서방에게 고전 세계와 동방은 다 같이 다른 세계였으며, 일종의 초월적 가치이자 자기 부정을 의미했다. 고대의 부흥은 유럽인들로 하여금 비교하는 중에 당대를 인식하게 하였고 동방의 발견은 서방인으로 하여금 서방 자신을 인식하게 하였다. 기독교가 죄악과 타락의 시대로서 잊게 한 고대는 오히려 마땅히 기억해야 할 황금시대였고, 동방에서 그들은 처음에 생각했던 것을 찾지는 못했으나 생각하지도 못했던 것을 찾아냈다. 고대가 없으면 현대라는 것도 없다. 동방에 관한 의식이 없으면 서방의 자기인식도 확정될 수 없었다. 유럽의 현대인식과 문화적 정체성은 이러한 시간과 공간의 좌표 위에서 완성되었다.

1245년 카르피니가 동방을 향해 출발한 때로부터 1441년 니콜로 콘티가 인도에서 돌아온 때까지 200년이 흘렀다. 몽고의 세기는 끝나고 문예부흥이 시작되었다. 유럽 문명의 입장에서 보자면 이 200년은 결정적인 시기였다. 이 시기는 과도기이자 분기점이었다. 전면적으로 새로운 정치 경제와 사회제도, 전면적으로 새로운 생활방식이 국가와 민족과 개인의 가정을 바꾸고 있었다. 새로이 발견된 키타이 형상과 부흥된 고전 정신이 하나가 되어 서방 문화의 발전 과정에서 근대정신의 비아적 또는 자아초월적 신화가 되었다. 여러 종류의 여행기에서 서술자들은 자각하지 못한 사이에 비교의식을 드러냈다. 키타이의 부와 유럽의 빈곤, 키타이의 질서와 유럽의 혼란, 대 칸의 권위와 유럽의 교회권력과 왕권 사이의 분열과 허약…… 키타이 형상은 욕구를 북돋우는 환상적인 해방 동력이었다. 키타이 형상 가운데서 서방인은 결핍감, 갈망, 자기비판의 고통을 체험함과 동시에 각성과 희망을 찾아냈다. 다른 문화끼리의 교류는 역사발전의 동력이다. '키타이 형상'은 허구든 현실이든, 전설이든 역사이든 모두 현대 문명이 등장하기 전야의 서방의 생활방식에 영향을 주고 또한 그 생활방식을 표현하고 있었다. 그것은 위대한 시발점이었다. 모든 것이 그 당시의 여행에서 시작되었다.

마르코 폴로 여행기

『마르코 폴로 여행기』는 중국인이라면 모르는 사람이 없을 것이다. 중국에서는 여러 종류의 번역본이 나와 있다.

인용한 원전은 *The Travels of Marco Polo*, Translated and Edited by William Marsden, Re-edited by Thomas Wright, Introduction by John Masefield, London: J. M. Dent & Sons Ltd., 1896이며 수록된 부분은 중국과 관련된 내용을 기술한 제2권이다.

맨더빌 여행기

『맨더빌 여행기』는 영국인 맨더빌이 쓴 허구의 여행기이다. 중세 후기의 유럽에서는 『마르코 폴로 여행기』보다 더 널리 보급되었다. 유럽의 거의 모든 언어로 번역되었다. 오늘날까지 남아있는 맨더빌 여행기의 필사본은 300여 종이지만 마르코 폴로 여행기는 119종에 불과하다. 지금까지 중국어로 번역되기는 이 문선에 수록된 것이 처음이다.

인용한 원전은 *The Travels of Sir John Manderville*, London: J. M. Dent & Sons Ltd., 1928이다.

역자
후기

이 책의 저자는 마르코 폴로 이후로부터 현대에 이르기까지 7세기 동안 서방 문화에서 사회적 상상으로서 중국 형상이 생성되고 변천한 과정을 살펴보고 있다.

중국 형상은 중국과 중국인에 관한 일련의 양극단의 인상과 특징이 시대마다 약간의 수식을 가한 형태로 구성되었다. 이 인상과 특징은 마치 장기공연에 들어간 레퍼터리처럼 기본 줄거리는 변함없고 단지 시대의 배경이 바뀌면 약간의 연출 상의 변화만 주어졌다. 한 시대에 상상 속 중국의 '본질'로 자리 잡은 요소는 시대가 바뀌어도 여전히 '본질'의 지위를 잃지 않았다. 그러나 어떤 인상과 특징이든 간에 그것이 생성된 조건과 근거는 중국의 현실을 불완전하게 반영했을 뿐만 아니라 오히려 서방의 현실—서방의 자신과 중국의 관계에 대한 의식—을 더 많이 반영하였다. 결론적으로 말하자면 어느 시대든 서방의 중국 형상은 거시 상상적 기초 위에, 광활하고 신비로우며 머나먼 땅에 대한 선망과 공포 위에, 우호와 적대의 심리적 원형 위에 구축되었다.

독자는 이 총서에서 수백 년의 시간을 흘러오면서 중국 형상의 두 가지 원형이 서방사회의 상이한 역사 배경 속에서 어떻게 반복적으로 등장했는지, 상이한 역사 조건 하에서 서방사회가 어느 원형을 선택했는지를 볼 수 있을 것이다.

중국에 관한 진실을 왜곡하지 않고 진지하게 논술한 저작은 지금까지 서방에서 주목을 받은 적이 없다. 어떤 책이 잘 팔리고 안 팔리고는 흔히 그 책이 독창적인 발견과 관점을 담고 있는지 여부와는 관계가 없고 그 책이 나온 시기와 장소에 따라 결정되는 경우가 많다. 매체의 보도나 일반적인 문화상품은 대중 취미의 소비재이다. 대중의 취향에 영합하거나 대중의 취향을 암암리에 유인하는 문화상품이라야 널리 받아들여져 '베스트셀러'가 될 수 있다. 중국을 다룬 베스트셀러는 대중의 중국 형상을 창조할 뿐만 아니라 대중이 기대하고 느끼는 중국 형상을 표현한다. 그러므로 어떤 시대에 서방에서 베스트셀러가 된 중국에 관한 저작은 그대로 (서방의) 중국 형상의 전형적인 문건이 되었다. 중국과 관련된 "시사문제"를 두고 전문가들이 여러 각도에서 해설을 하지만 그 해설이란 사실은 오래된 악몽을 일깨우는 촉매일 뿐이다. 그 악몽의 연원을 찾아간다면 '황화론(黃禍論)'에서 시작하여 기독교 성서의 '계시록'에까지 소급된다. 그 결과로 매우 비극적인 일이지만 서방인의 중국에 대한 집단 무의식적 이해는—선의든 악의든, 우호적이든 적대적이든—부정확하다. 그들이 보고 생각한 "중국 형상"은 상상이었기 때문이다. 어느 시대건 한 두 나라의 중국에 관한 상상이 다른 나라의 중국관에 영향을 주었다. 그런 나라는 우호적이든 적대적이든 중국과 긴밀한 관계를 맺고 있었고 중국에 관한 정보의 원천을 장악하고 있었다. 더 중요한 것은 그런 나라가 정치, 경제, 문화적으로 우월한 지위에 있었기 때문에 다른 나라에 영향을 줄 수 있었다는 점이다. 요컨대 그런 나라가 '담론의 패권'을 쥐고 있었다. 그래서 그런 나라가 서방의 이른바 중국 형상의 제조자가 되었다. 오늘날에도 그들은 중국의 형상을 만들어내고 있다. 그 대표적인 사례가 '중국위협론'인데 이것은 과거 역사의 경험에서 보았듯 어느 날 갑자기 전혀 다른 극단으로 달려갈지 모른다. 시대가 바뀔 때마다 사람들의 중국에 대한 인상은 완전히 달라질지 모른다. 같은 시대일지라도 전혀 다른 두 개의 중국 형상이 존재할 수 있다. 다만 어느 한 쪽의 형상이 우월한 자리를 차지하고 다른 형상은 잠복할 뿐이다.

모든 역사 단계에서 서방이 중국을 보는 시각은 경제적, 정치적, 군사적 이익이라는 실질적인 고려를 바탕으로 하면서도 한편으로는 심층적인 문화 역사적 관점의 영향도 받았다. 역자가 보기에 『중국의 형상: 서방의 학설과 전설』은 서방의 중국 형상이 형성되고 전파되는 데 영향을 미친 경제적·정치적·문화역사적 원인에 대해 지금까지 나온 어떤 저작보다도 정교한 정리와 분석을 담고 있을 뿐만 아니라 가장 상세하고도 전면적인 증거자료를 제시하고 있다.

중국–서방 교류사에 관한 연구 성과는 우리나라에서는 잘 알려져 있지 않고 일부 소개된 저작들도 대부분이 유럽 쪽 학자들의 성과물이다. 그런 가운데서도 서방의 중국 형상 변천사 연구는 새로운 분야인데다가 여러 분야의 학문 영역을 넘나드는 현대 서방 관념사 연구이기 때문에 우리에게는 더욱 알려진 성과가 적다. 이 책의 저자 쩌우닝(周寧, 1961~ . 샤먼廈門대학 교수)은 이 분야의 중국의 신진학자이다. 그는 1990년대 중반부터 '문화적 타자로서의 이역 형상'을 이론적 바탕으로 하여 서방 현대의 중국 형상을 해석하는 작업을 해왔다. 주요 저서로는 『환상과 진실 幻想与真实』(1996), 『빛은 동방에서 光来自东方』(1998), 『영원한 유토피아 永远的乌托邦』(2000), 『중국과 서방의 최초의 만남과 충돌 中西最初的遭遇与冲突』(2000), 『20세기 서방 희극사조 20世纪西方戏剧思潮』(陈世雄과 공저, 2000), 『중국의 형상: 서방의 학설과 전설 中国形象：西方的学说与传说』(2004), 『중국을 상상하다 想象中国』(2004), 『영혼을 수확하러 동방으로 去东方, 收获灵魂』(2006), 『머나먼 천조: 서방의 중국형상 연구 天朝遥远：西方的中国形象研究』(2006), 『세계는 하나의 다리다: 중－서방 문화의 교류와 구조 世界是一座桥：中西文化的交流与建构』(2007), 『기상천외: 서양의 거울에 비친 중국 异想天开：西洋镜里看中国』(2007), 『비교문화연구: 중국 형상을 방법론으로 하여 跨文化研究：以中国形象为方法』(2011) 등이 있다.

　　이 번역서의 원저는 『중국의 형상: 서방의 학설과 전설 中国形象：西方的学说与传说』, 周寧 저, 學苑出版社, 北京, 2004년이다. 원저는 8권으로 구성된 총서이며 각권의 제목은 다음과 같다. 제1권 『키타이의 전설 契丹的傳奇』, 제2권 『대중화제국 大中華帝國』, 제3권 『세기의 중국풍 世紀中國潮』, 제4권 『아편제국 阿片帝國』, 제5권 『역사의 난파선 歷史的沈船』, 제6권 『유교유토피아 孔教烏托邦』, 제7권 『제2인류 第二人類』, 제8권 『용의 환상 龍的幻象』(상, 하).

총서 각권은 본문과 문선(文選)으로 구성되어 있다. 문선은 본문에서 인용한 참고문헌 가운데서 중요한 것들을 전문 또는 부분 형태로 수록하고 있다. 각권 본문과 문선의 분량은 대체로 대등하거나 어떤 경우에는 문선이 분문보다 많을 정도로 저자는 참고문헌을 중시한다. 독자로 하여금 주장하는 논지의 근거를 직접 확인할 수 있도록 해준다는 면에서 이러한 방식의 문선수록이 의미는 있겠지만 일반 독자의 입장에서는 읽기에 적지 않은 부담이 된다고 판단된다. 그래서 번역서에서는 문선에 수록된 문헌의 제목과 더불어 서지학적인 의의만 요약하여 목록의 형태로 정리하였다.

　　번역 작업이 끝날 때마다 언제나 느끼는 바이지만 배움이 얕은 역자가 무모하게 덤비지 않았는지, 그래서 원저의 성취를 오히려 손상시키지 않았는지 두렵다. 그런 부분이 있다면 오로지 역자의 책임이며 독자 여러분의 지적을 받아 바로잡고자 한다.

　　많은 시간 기다리며 지원해준 인간사랑 출판사에 경의와 감사를 표한다.

2016. 5
역자

키타이의 전설
중국의 형상1

발행일 1쇄 2016년 5월 30일
지은이 쩌우닝(周寧)
옮긴이 박종일
펴낸이 여국동

펴낸곳 도서출판 인간사랑
출판등록 1983. 1. 26. 제일 - 3호
주소 경기도 고양시 일산동구 백석로 108번길 60-5 2층
물류센타 경기도 고양시 일산동구 문원길 13-34(문봉동)
전화 031)901-8144(대표) | 031)907-2003(영업부)
팩스 031)905-5815
전자우편 igsr@naver.com
페이스북 http://www.facebook.com/igsrpub
블로그 http://blog.naver.com/igsr
인쇄 인성인쇄 **출력** 현대미디어 **종이** 세원지업사

ISBN 978-89-7418-758-3 04910
ISBN 978-89-7418-757-6 (전8권)

* 책값은 뒤표지에 있습니다. * 잘못된 책은 바꿔드립니다.
* 이 책의 내용을 사용하려면 저작권자와 도서출판 인간사랑의 동의를 받아야 합니다.

이 도서의 국립중앙도서관 출판시도서목록(CIP)은 서지정보유통지원시스템 홈페이지(http://seoji.nl.go.kr)와 국가자료공동목록시스템(http://www.nl.go.kr/kolisnet)에서 이용하실 수 있습니다.(CIP제어번호: CIP2016012386)